林周年鉴

ལྷུན་གྲུབ་ཀྱི་ལོ་རིམ་མེ་ལོང་།

2022

（总第11卷）

林周县地方志办公室　编

方志出版社
Publishing House of Local Records

图书在版编目（CIP）数据

林周年鉴. 2022 / 林周县地方志办公室编.—北京：方志出版社，2022.10
ISBN 978-7-5144-5352-2

Ⅰ. ①林… Ⅱ. ①林… Ⅲ. ①林周县—2022—年鉴
Ⅳ. ①Z527.54

中国版本图书馆CIP数据核字（2022）第256994号

责任编辑：王娜
责任校对：刘玉霞
责任印制：梅中英
出 版 者：方志出版社
地　　址：北京市朝阳区潘家园东里 9 号（国家方志馆4层）
邮　　编：100021
网　　址：http://www.zgfzcb.cn
发　　行：方志出版社图书营销中心（010-67110500）
印　　刷：河南金宝丽印刷科技有限公司
开　　本：889毫米×1194毫米　1/16
印　　张：22.5
字　　数：619千字
版　　次：2022年10月第1版
印　　次：2022年10月第1次印刷
定　　价：350.00元

林周县行政区划图

当雄
曲登居委会
曲才
宁中
麦灵
巴嘎当
5544 玛木龙
5448 扎日浪董
霍咬瓦柏郎
隆仁多
5462 塔扎
5208 尼隆拉
美琼
邦仲
帮多
曲泽多
古如
5300 亚加
吉隆库
卓拉多
日布
热琼多
达多
西摘岗
仁木
热吉荣
5487 波波拉达
江多
觉木穷
沙色岗
卓改多
多查岗
卓宗多
那隆多
5472 卓拉日
曲果朵
日多郎
日布
唐古
杂那
友布
拉木丁
赫布可
章岗
阿多
藏雄
朵巴
嘎格
札村
自村
洛隆日
5390
恰隅曲果
皮龙库
5508 阿尔觉
江多
曲桑朵
董罗岗
隆那多
隆莎多
扎普
贡岗
5573 贡日
达龙
达拉岗
5303 冈亚拉
旁多
宁布
加给
乃琼
加布惹希格
丹纳
澄澄则
阿朗
布岗
阿布
纳布洛
拉康
塔耒冈
若贡
扎琼
列吉布仲
蒙松多
确普
5368 日达安
热贡岗
米洛
羌岗
5359 斯木庆
扎雪
龙珠岗
扎雪
其朗
5599 扎嘎杂日
门堆
5506 日拉
加日库
羌格仁
曲灿冈
普鲁
丁吉
丹增来协
切玛
齐隆
托斯
涅日库
拉木
日宗朗
热玛
岗巴
松盘
松盘
白定
康罗汉巴
普琼
虫扎
德薛冈
卡隆贡巴
邦通多
普琼多
达杂
埃津列巴
斯瓦日冈
洛巴堆
面查
觉布
撒布
连布
仁庆岗
典冲
夏尼多
卡东
强嘎
春堆
尼隆冈
哈隆岗
昂木热康
曲嘎强
卡孜
林周
甘丹曲果
久荣
拉定
卡日
长巴夏
克布
田嘎
白纳
托门
夺桑卡
当木热剃
甲贡巴
懂村
尼隆
白朗
江角
朗当
帕亚
加荣
朱加
江热夏
布丁
屋隆松那
平林果
津玛
藏佐
觉布
连巴
工列
5395 去隆巴
嘎布冈
切岗
罗雄
来余则日
唐麦
帕勒巴
卓莎岗
丁榨岗
联冈
当杰
程巴
色康
5221 申木拉
边交林
雪乡
唐嘎
穷达
拉木
章多
塔杰
克日
尊木采
墨竹工卡
龙达
甲玛
达玛岗
雪普
热格丁
洛普
卓村
扎尼玛
东布岗
达孜区
拉东
帕嘎多
仲尼
章达
索巴岗
玛热
帮达
帕那
荣多
尼玛江热
羊日岗
其玛卡
G109
S202
S302
G308
当雄县
墨竹工卡县
嘉黎县
堆龙德庆区
城关区
帮村
岗吉
巴热

图例

拉萨市 省级行政中心
城关区 地（市）级行政中心
尼木县 县级行政中心
纳金 乡级行政中心
次角林 行政村
东嘎 自然村
国界
地区界
省级界
地级界
县级界
乡级界
铁路
高速公路
国道
省道
县道
乡道
湖泊
河流

比例尺 1:420 000
0 4.2 8.4km

西藏自治区测绘院编制
审图号：藏S（2018）022号

2021年6月17日，西藏自治区党委副书记、自治区政府党组书记、主席，拉萨市委书记严金海（中）一行到林周县格桑塘现代农牧产业示范园调研

2021年9月10日，西藏自治区人大常委会副主任其美仁增（中）一行到林周县开展2021年中华环保世纪行活动执法检查

2021年9月2日，西藏自治区副主席江白（左三）一行到林周县调研矿山修复工作

2021年12月15日，西藏自治区政协副主席白玛旺堆（后排中）一行到林周县旁多乡宣讲中共十九届六中全会精神

2021年11月11日，水利部水利工程建设司司长王胜万（中）一行到林周县督导调研水利部“我为群众办实事”项目建设情况

2021年6月23日，西藏自治区党委统战部常务副部长俞允贵（右一）一行到林周县检查指导工作

2021年8月27日，西藏自治区人大常委会代表人事选举工作委员会主任徐非（中）一行到林周县开展《西藏自治区实施宪法宣誓制度办法》执法检查

2021年1月5日，西藏自治区生态环境厅厅长罗杰（左四）一行到林周县检查指导矿山生态环境问题整改情况

2021年6月18日，西藏自治区税务局党委书记、局长郭顺民（右一）一行到林周县党员党性教育基地参观

2021年7月14日，拉萨市委副书记、市长果果（右二）一行到林周县格桑塘现代农牧产业示范园调研

2021年11月9日，拉萨市人大常委会党组书记、主任贺鹏（前排右二）一行到林周县调研人大工作

2021年6月17日，江苏省昆山市人大常委会原主任、二级巡视员张雪纯（中）一行到林周县考察交流工作

2021年9月6日，西藏自治区那曲市政协党组书记、主席扎南（右三）一行到林周县松盘乡调研饲草种植发展情况

2021年9月23日，西藏林周馆参加第十届中国苏州文化创意设计产业交易博览会，苏州市副市长王飏（前排左二）一行到博览会西藏林周馆巡视观摩

2021年4月26日，西藏自治区应急管理厅党委委员、副厅长拉增（右二）一行到林周县开展矿山安全监管专题调研工作

2021年9月15日，西藏自治区政协机关党组成员、副秘书长刘晖（前排左二）一行到林周县调研低氟茶补贴政策落实情况

2021年3月23日，西藏自治区总工会党组成员、副主席边巴（左二）一行到林周县调研基层工会工作

2021年10月27日，拉萨市委副书记、常务副市长、江苏援藏指挥部总指挥陈静（前排左一）一行到林周县唐古乡旅游集散中心调研

2021年5月31日，拉萨市委常委、常务副市长毛东军（前排左一）一行到林周县格桑塘现代农牧产业示范园调研

2021年12月14日，拉萨市委常委、组织部部长张定成（右一）一行到林周县江热夏乡检查指导基层党组织建设工作

2021年10月14日，拉萨市委常委、纪委书记、监委主任王洪勇（左一）一行到林周县纪委监委调研指导工作

2021年8月26日，拉萨市人大常委会副主任张慧（前排右二）一行到林周县开展“人大代表之家”提档升级工作交叉考察

2021年2月9日，拉萨市人大常委会党组成员、副主任、县委书记次仁顿珠（前排右一）一行先后到林周县特困人员集中供养服务中心、县武装部、县消防救援大队、县武警中队慰问官兵

2021年12月28日，拉萨市人大常委会党组成员、副主任彭飞跃（主席台）到林周县江热夏乡宣讲中共十九届六中全会精神

2021年3月23日，拉萨市副市长扎西白珍（右一）一行到林周县阿朗乡调研产业项目

2021年6月11日，拉萨市副市长陆从福（中）一行到林周县调研生态文明建设工作

2021年2月25日，拉萨市政协党组副书记、副主席、市总工会主席张勤（右一）一行到林周县慰问全国劳模

2021年10月15日，拉萨市政协党组成员、副主席达娃（前排左三）一行到林周县调研畜牧业发展情况

2021年11月12日，西藏自治区那曲市政协党组成员、副主席西绕加措（前排右二）一行到林周县考察社会治理工作

2021年6月29日，西藏自治区财政厅支付中心局局长钟萍（右排中）一行到林周县交流指导预算管理一体化系统运行工作

2021年3月9日，拉萨市中级人民法院党组书记、院长李世蓉（左二）一行到林周县人民法院调研指导工作

2021年10月23日，拉萨市卫健委主任次旦卓嘎（中）一行到林周县开展新冠疫情防控督导检查工作

2021年11月18日，拉萨市乡村振兴局党组副书记、局长格桑罗布（右四）一行到林周县松盘乡调研

2021年5月19日，拉萨市农业农村局党组书记、副局长崔勇刚（左二）出席林周县种植养殖实用技能人员培训开班仪式

2021年11月23日，拉萨市应急管理局党委副书记、局长蔡卫旗（右排左三）一行到林周县财胜矿业检查指导工作

2021年7月22日，拉萨市退役军人事务局党组书记何镛（中）一行到林周县边交林乡慰问解放军第十八军后代

2021年5月17日，拉萨市妇联党组书记赵金花（右一）一行到林周县宗雪合作社督导调研藏毯编织培训进展情况

2021年9月2日，拉萨市妇联党组副书记、主席达珍（左二）一行到林周县慰问贫困女大学生

2021年11月29日，拉萨市藏语委办（编译局）党组副书记、主任（局长）达瓦次仁（前排右一）一行到林周县检查社会用字情况

2021年8月26日，县委书记高军（主席台左五）主持召开中国共产党林周县第十届委员会第二次全体会议

2021年7月6日，县委副书记、县长次仁卓嘎（主席台右六）出席中国共产党林周县第十次代表大会

2021年9月26日，江苏省太仓市人民法院党组副书记、副院长袁满（左排左四）一行到林周县人民法院考察交流工作

2021年10月13日，江苏省苏州市文广旅局党组副书记、副局长尤培东（右八）一行到林周县考察交流工作

2021年9月6日，江苏省苏州市总工会党组成员、副主席吴洪斌（前排左一）一行到林周县考察交流工作

2021年9月6日，江苏省苏州团市委副书记王超（前排左五）一行到林周县考察交流工作

2021年9月11日，江苏省苏州市工商联副主席王益宾（前排左二）一行到林周县格桑塘牦牛繁育基地调研

2021年6月28日，林周县第十三届人民代表大会第一次会议召开

2021年6月28日，中国人民政治协商会议第三届林周县委员会第一次会议召开

2021年3月26日，林周县举办“忆苦思甜感党恩　不忘初心跟党走”——喜迎“3·28”民族团结进步创建先进乡村文艺会演

2021年4月29日，唐古旅游服务中心正式投入使用

2021年5月31日，林周县乡村振兴局揭牌仪式举行

2021年6月6日，江苏省援藏指挥部在林周县开展党建视频录制活动，向中国共产党建党100周年献礼

2021年7月6日，林周县举办庆祝中国共产党成立100周年文艺会演

2021年7月7日，北京第二外国语学院、西藏旅游总公司、拉萨布达拉旅游文化集团等院校、企业专家团队走进林周，共商旅游发展大计

2021年7月23日，由新华社、《人民日报》等20多家媒体代表组成的中央媒体代表团走进唐古旅游服务中心，现场考察援藏项目、观摩非遗文创

2021年8月2日，林周县“2021年青年普法志愿者法治文化基层行”活动启动仪式举行

2021年9月23日，林周县举办第四届中国农民丰收节庆祝活动

2021年10月18日，“苏拉一家亲、共圆复兴梦”江苏文艺小分队一行到西藏举办惠民演出暨文化交流活动

2021年11月25日，由西藏自治区摄影家协会、书法家协会、林周县艺术团共同开展的“我为群众办实事”文化惠民活动走进卡孜乡田嘎村

格桑塘现代农牧产业示范园奶牛场挤奶厅

黑颈鹤

旁多水库

《林周年鉴》编纂委员会

《林周年鉴》编辑部

编辑说明

一、《林周年鉴（2022）》以马克思列宁主义、毛泽东思想、邓小平理论、“三个代表”重要思想、科学发展观、习近平新时代中国特色社会主义思想为指导，坚持辩证唯物主义和历史唯物主义的立场、观点和方法，始终坚持“实事求是、质量第一、存史资政、服务大众”的办鉴宗旨，旨在全面、系统、翔实地记述林周县2021年政治、经济、文化、社会等各项事业的基本情况，为社会各界与国内外人士了解和研究当今林周县提供翔实资料。

二、《林周年鉴（2022）》分为正文与彩页两部分。正文采取分类编辑法，以类目、分目、条目为主要框架结构，条目为主要记事单元。

三、《林周年鉴（2022）》载录林周县2021年经济社会发展的基本资料，设有特载、大事记、县情概览、中国共产党林周县委员会、林周县人民代表大会、林周县人民政府、中国人民政治协商会议林周县委员会、纪律检查（监察）、人民团体、军事、法治、经济管理、社会事业、城市建设·环保、交通·通信、金融、乡（镇）概况、国有企业、附录、索引等。

四、《林周年鉴（2022）》统计数据使用法定计量单位，价值指标绝对数凡未注明的，按记载2021年价格计算。计量单位一律以1994年施行的《量和单位》（GB 3100—3102—1993）为准，个别常用成习惯且不便换算的用市制，如农田单位“亩”。简化字以全国文字改革委员会、文化部、教育部公布的《简化汉字总表》为准；标点符号以2012年施行的《标点符号用法》（GB/T 15834—2011）为准；数字以2011年施行的《出版物上数字用法》（GB/T 15835—2011）为准。

五、《林周年鉴（2022）》入鉴资料、图片均由各撰稿单位提供，并经主要负责人审核。部分资料由编辑部收集，主要数据和统计资料由统计局提供，部分数据由各相关部门提供。由于统计口径等原因，相关部分的个别数据与统计资料不一致的，以统计资料为准。

目 录

特 载

大事记

县情概览

中国共产党林周县委员会

办公室工作

组织工作

宣传工作

统一战线和民族宗教工作

巡察工作

林周县人民代表大会

综述

办公室工作

林周县人民政府

综述

办公室工作

行政审批和便民服务

应急管理

消防救援

信访工作

藏语言及编译工作

中国人民政治协商会议林周县委员会

综述

办公室工作

纪律检查(监察)

综述

人民团体

工会

共青团

妇联

工商联

军　　事

人民武装

武警林周中队

法　　治

政法委及综治

公安

检察

法院

司法行政

经济管理

发展和改革

财政

审计

统计

人力资源和社会保障

卫生健康

林周县人民医院

市场监督管理

文化和旅游(文物)

农业农村

医疗保障

乡村振兴

退役军人事务

林业和草原(自然保护区管理)

水利

教育 体育

林周县中学

林周县鹏博健康产业园管理委员会

城市建设·环保

住房和城乡建设

生态环境保护

交通·通信

交通运输

邮政

电信

移动

联通

金 融

中国农业银行股份有限公司林周县支行

乡(镇)概况

甘旦曲果镇

边交林乡

春堆乡

江热夏乡

卡孜乡

阿朗乡

旁多乡

强嘎乡

松盘乡

唐古乡

国有企业

拉萨市林周城镇化建设投资发展集团有限公司

林周县净土产业投资开发有限公司

中国人民财产保险股份有限公司西藏分公司林周县公司

国网林周县供电公司

附 录

特 载

在县委十届五次全会上的讲话

中共林周县委书记 高 军

（2022 年 1 月 14 日）

一、过去一年工作

刚刚过去的 2021 年，习近平总书记亲临西藏视察，为西藏发展把舵定向、擘画蓝图，也带来了对西藏各族干部群众的关心关怀。我们同全国人民一道庆祝了中国共产党百年华诞，见证了全面建成小康社会的伟大辉煌，共同迈上了建设社会主义现代化强国的伟大新征程。我们热烈庆祝西藏和平解放 70 周年，共同见证了党的第三个历史决议的诞生，也在十九届六中全会精神指引下更深刻、准确地认识党的百年历史，并从历史经验中汲取智慧和力量，向着“建设美丽幸福西藏，共圆伟大复兴梦想”的伟大目标不断前行。区市第十次党代会在新的历史交汇点上，坚决捍卫“两个确立”，把做到“两个维护”转化为办好“四件大事”，实现“四个确保”的实际行动，全面谋划了今后五年的工作，作出了“四个创建”“四个走在前列”的战略部署，为我们指明了发展方向，明确了工作目标。刚刚过去这一年，在区市党委坚强领导下，县委进一步增强“四个意识”、坚定“四个自信”、做到“两个维护”，团结带领全县各族干部群众脚踏实地、真抓实干，实现了社会持续和谐稳定、经济持续健康发展、生态环境持续改善、民生福祉持续提升的喜人景象，“十四五”起步顺利、开局良好。

一是政治建设力量更实。坚持将对“两个维护”的绝对忠诚转化为抓落实的思想自觉和行动自觉，不断用党的最新理论强化实践思维、创新开展工作，进一步完善县委工作规则，严格执行民主集中制和重大事项请示报告制度，全面贯彻中央、区市党委各项要求，做到了中央有号召、区市有安排、林周有落实。

二是经济发展质量更高。坚持按照“三个赋予一个有利于”要求，立足新发展阶段、完整准确全面贯彻新发展理念、服务融入新发展格局，全方位推动高质量发展。全县地区生产总值同比增长 9.4%；规模以上工业增加值同比增长 18.3%；财政一般预算收入同比增长 51.36%；社会消费品零售总额同比增长 7.5%，呈现出稳中有进、稳中向好良好态势。

三是改善民生民心更聚。坚持把改善民生、凝聚人心作为经济社会发展的出发点和落脚点，政策制定、资金支出向民生领域倾斜，农村居民人均可支配收入同比增长 14%。扎实开展“我为群众办实事”活动,解决农村水利灌溉、生活用水等实事 800 余件。落实惠民资金 9300 余万元,大力实施民政救助、医疗报销等惠民工程,群众获得感、幸福感超出预期。

四是产业发展创新更活。坚持发挥产业发展带动作用。深入实施“格桑塘行动计划”,探索“优质饲草种植”“冬粮夏草”等种植新模式,累计产草 3.07 万吨。党员党性教育基地、热振国家森林公园等景点声名远扬,共接待游客 18.36 万人次,实现旅游收入 2172.53 万元。净土健康产业、现代服务业、绿色经济蓬勃发展。产业发展带动经济增长、助推群众增收成效明显。

五是改革开放措施更细。坚持把惠企利民工程摆在突出位置。取消调整县级部门行政职权 366 项,全面取消兜底性文件,切实减少企业和群众线下跑动次数。优化办事流程,前期材料减少 60%,高频事项基本做到“最多跑一次”。企业轻松上阵、群众轻松办事的目标初步实现。

六是生态保护成效更优。坚持贯彻“绿水青山就是金山银山”发展理念,落实最严格生态环境保护制度,一体推进山水林田湖草沙冰系统治理,坚持“三高”企业和项目零引进、零审批,持续巩固污染防治攻坚成果,黑颈鹤、白唇鹿等珍稀动物与人类和谐共生的美好画面处处可见。

七是管党治党要求更严。坚持“三个牢固树立”,管党治党主体责任全面落实。扎实开展党史学习教育、“三更”专题教育、“三新”大学习大讨论活动,县乡村换届圆满完成,着重在急难险重任务中发现使用干部,最大限度实现了人岗相适。不断强化“四风”特别是形式主义、官僚主义等问题整治力度,处置党员干部涉嫌违纪违法问题线索 31 件,处理党员干部 27 人次。全县呈现出清明清朗、清新清正的良好气象。

八是凝心聚力人心更紧。坚持以民主法治建设为保障,推动全过程人民民主,支持人大、政府、政协、监委、法院、检察院依法依章履行职责,引导工青妇等群团组织提高工作质量,巩固发展爱国统一战线,中华民族共同体意识进一步铸牢。

这些成绩的取得,根本在于总书记掌舵领航,党中央特殊关怀,得益于区市党委的坚强领导和苏州人民的无私援助,是全县上下团结一心、真抓实干的结果。在此,我代表县委向关心、支持林周发展的各位同志、社会各界的朋友们表示衷心的感谢并致以崇高的敬意!

二、关于今年的经济工作

(一)认清形势、准确定位,补齐短板弱项

区党委经济工作会议和市委十届二次全会,站在捍卫“两个确立”,做到“两个维护”的政治高度,深刻理解、准确把握“稳字当头、稳中求进”的要求,确定了 2022 年经济发展目标,既把握了“稳”,又考虑了发展的实际,体现了“进”的担当和底气。我们一定要时刻牢记“西藏发展不是单纯的经济问题,而是政治问题、经济问题、社会问题、民生问题的辩证统一”,准确把握经济发展与社会稳定、民生改善、基层治理的外在依存和内在联系,把“三个赋予一个有利于”作为经济社会发展的“纲”和“魂”,做到“管肚子”与“管脑子”齐头并进,推动改善民生凝聚人心和夯实基础长治久安有机统一。立足新发展阶段,要学会利用新发展理念看待经济问题,用系统观念判断形势、审视工作、研究对策,加强全局性战略性谋划,学会在全区、全市的大局中思考和落实林周的工作,也要采取有力的措施解决好市场营商环境、产业散小弱、经济基础小、发展后劲不足的现实问题。还要在工作中不断地自我革命、自我完善,直面形式主义、官僚主义的问题,以深化思想认识、加强理论学习、转变工作作风、提升工作本领的实际行动,展现新时代党员干部的担当和作为。

(二)今年经济工作的总体要求

以习近平新时代中国特色社会主义思想为指导,全面贯彻党的十九大和十九届历次全会精神,深入贯彻中央经济工作会议和中央“七次会”精神,深入贯彻习近平总书记关于西藏工作重要论述和新时代党的治藏方略,按照自治区第十次党代会和区党委经济工作会议、拉萨市第十次党代会和市委十届二次全会部署,以迎接服务党的二十大胜利召开为主线,弘扬伟大建党精神、“两路”精神、老西藏精神和孔繁森精神，坚持稳中求进工作总基调，完整准确全面贯彻新发展理念，服务融入新发展格局，全面深化改革开放，坚持创新驱动发展，推动高质量发展，以优化发展格局为切入点，以要素和设施建设为支撑，以制度机制为保障，统筹疫情防控和经济社会发展，统筹发展与安全，锚定"四件大事""四个确保"，继续做好"六稳""六保"工作，高标准推进"四个创建"，努力做到"四个走在前列"，保持平稳健康的经济环境、国泰民安的社会环境、风清气正的政治环境。

主要预期目标是：地区生产总值增长8%以上，城乡居民人均可支配收入分别增长10%和13%以上，固定资产投资增长11%以上，规模以上工业增加值增长10%以上，社会消费品零售总额增长10%以上，居民消费价格涨幅控制在3%以内，城镇调查失业率控制在5%以内。

（三）几项重点工作

实现以上目标，中心思想在"稳"，改进作风在"实"，狠抓落实在"进"，目标追求在"好"。要紧密结合"全区农牧结合示范县""拉萨城市后花园"定位，按照县第十次党代会确定的发展目标，立足新发展阶段，走出一条具有林周特色的高质量发展之路。

1."三农"工作突出基础提升。全面落实中央农村工作会议精神，持续推动脱贫巩固与乡村振兴有机衔接，确保不发生规模性返贫；以发展壮大农村集体经济为抓手，务实推进"美丽乡村·幸福家园"建设行动；执行最严格的耕地、草场保护制度，提高农业综合生产能力，切实把农业生产搞好、把农村社会管好、把农民事情办好，牢牢稳住"三农"基本盘。要强化基础支撑，围绕乡村道路畅通、农田水利提升、供水电力保障、人居环境整治等，不断改善发展基础条件。要加强科技基础研究和成果转化，"深耕"林周农牧产业，以农作物、饲草增产、牦牛繁育为突破点，推行"科研人员＋项目资金＋具体项目"机制，深化产学研结合，真正实现科技创新引领产业变革。

2.投资工作突出落地见效。投资是经济发展的重要引擎，今天的投资就是明天的产出；项目是经济发展的重要基础，今天的项目就是明天的产业。要聚焦政策红利、精准引资，充分发挥国家、区市投资的重大引领作用，认真研究中央、区市政策倾向，捕捉信息、有所作为，力争更多投资落地林周，要紧跟发展之需，积极培育优质投资，形成有效供给。要创新招商引资方式，做足前期工作，开展敲门式、委托式、代理式精准招商，确保到位资金有"量"的提升和"质"的飞跃。要强化项目支撑，用战略眼光和长远眼光谋划做实项目前期工作，紧盯"三率"（落地率、开工率、投产率）、挂图作战。按照"招商项目抓谋划、前期项目抓开工、在建项目抓进度、竣工项目抓投产、问题项目抓整改、投产项目抓效益"的要求，做到项目清单化、清单责任化、责任时效化，切实把项目建设做精做细做实。

3.产业发展突出创新驱动。坚持优化一产、壮大二产、提升三产，突出优势、靶向发力，持续用力做大做强林周现代化产业。推进"一产提档"重点在"融"，以种业振兴、克土改良为抓手，以"小种子"撬动种植业"大提升"；以克土改良本土，不断推动种植业"量"的提升和"质"的改进；以格桑塘现代农牧产业示范园为引领，推动粮经饲统筹、农牧业结合，促进饲草变成肉蛋奶；加强产销对接，提高精深加工比重，提高产品附加值。推进"二产赋能"重点在"专"，以园区经济为牵引，以科技创新为驱动，重环保、创品牌，大力推进绿色工业、清洁能源等产业转型升级，开发县域经济"新增长点"。推进"三产升级"重点在"特"，坚持做大规模、做优结构、提升质量并重。大力发展特色旅游业，充分利用党员党性教育基地、"神秘小树林"、黑颈鹤等特色旅游资源，进一步打响"到林周度周末"旅游品牌，以文化旅游为引领，带动餐饮、住宿、康养、快递等领域快速发展。加快培育高新数字、金融服务等新兴产业，推动服务业线上线下融合发展。

4.民生保障突出凝心聚力。要持续做好"六稳""六保"，正确把握"靠保市场主体保就业、通过保就业来保民生"工作方法，栽好营商环境这棵"梧桐树"，落实落细减税降费、纾困惠企等支持政策，持续深化"放管服"和工程建设审批改革，强化对不同行业市场主体经营状况的定期调度和精准帮扶，让企业、个体工商户真正成为经济韧劲、就业韧劲的重要支撑，推动"有效市场"和"有为政府"有机结合。按照"提标扩面"原则，重点关注边缘户、搬迁户、"老弱病残"户等困难群众的安危冷暖，以解决问题到户、落实政策到人、扶持帮助到点为标准，努力疏通就业、教育、社保、医疗、养老、托幼、住房等领域工作堵点，把民生实事一件一件办好，让群众说好。要强化就业保障，依托就业服务保障工作机制，实施积极的就业政策，强化技能培训和市场岗位开发，积极对接区内外产业发展和企业需求，有计划推动人力资源"组团式"异地就业，在扩大就业范围、提升就业质量上取得新突破。按照国企改革三年行动计划，今年国企改革务必取得实效。要进一步完善政府社会管理、公共服务等职能，全方位为群众提供便利。要加强对低收入家庭的动态监测和帮扶救助，牢牢兜住民生保障底线。要统筹财政资源，严肃财经纪律，落实零基预算，坚持花钱必问效、无效必问责。同时要着力解决支出进度缓慢，有钱不敢花、不会用的问题。

5. 安全方面突出均衡发展。正确认识和把握总书记强调的5个方面重大理论和实践问题，聚焦共同富裕，千方百计抓发展，把"蛋糕"做大做好，处理好效率和公平的关系，把"蛋糕"切好分好。巩固拓展脱贫成果要抓好动态监测和精准帮扶、扶贫产业分类提升等重点；稳岗就业要用好技能培训和市场吸纳、"双创"带动等有效渠道；村集体经济发展要借助好农牧民企业家和致富带头人、村级合作社等强劲"东风"，多措并举提升城乡居民持续增收的能力和水平，全面增强各族群众共享发展成果的安全感。要防范化解重大风险，把防范政治安全风险置于首要位置，有力有效化解债务风险和金融风险，慎终如始做好疫情防控工作，牢牢守住安全生产底线，织牢社会治安防控网，为经济社会发展营造良好环境。要深入实施节约行动，全面开展绿色机关、绿色家庭、绿色出行创建和垃圾分类、"光盘"等节约行动，推进资源全面节约、集约、循环利用，保障粮食安全。要处理好保护与发展的关系，坚定"治"的决心，提升"管"的水平，守护好林周的生灵草木、万水千山，实现美丽环境、美丽经济、美丽生活"三美"融合、美美与共。要切实加强统筹协调、增强系统观念，准确把握政策措施的时度效，在解决两难或多难的矛盾问题中注重动态平衡，坚决守住不发生系统性风险的底线。

三、改进作风狠抓落实，确保各项工作落到实处

（一）加强和改进党的领导。要善于运用政治眼光观察和分析经济问题，从讲政治的高度思考和推进经济工作，把提高政治判断力、政治领悟力、政治执行力，体现到推动高质量发展的实际行动上，体现到为党分忧、为民奉献的实际行动上；悟透以人民为中心的发展思想，尊重客观实际和群众需求，综合考虑政治和经济、现实和历史、物质和文化、发展和民生、资源和生态等多方面因素，推动经济社会平稳进步；坚持正确的政绩观，慎重决策、慎重用权，坚决防止简单化、乱作为，坚决反对不担当、不作为。

（二）改进作风、狠抓工作落实。自治区党委和市委先后召开了改进作风狠抓落实工作动员部署会，对广大党员干部改进作风狠抓落实提出了明确要求。县委将围绕"四查四问"负面清单和市委"改作风、抓落实"专项行动要求，结合我县实际，出台具体实施细则，需要我们全县各级党组织和广大党员干部自觉从政治和全局的高度认识改进作风、狠抓落实的极端重要性，以更高的政治标准、更严的党性要求、更强的组织纪律性推动各项工作落实落地。一要更新观念抓落实，坚持把党的最新理论作为更新观念的源头活水，系统学习习近平新时代中国特色社会主义思想，坚持以思想理论指导工作实践、以实践丰富工作方法，以工作方法推动观念更新，坚决破除惯性思维和路径依赖。二要提高本领抓落实，提高善学、善谋、善做、善成的本领，深入学习经济学知识、科学知识、历史知识，厚植文化底蕴，强化生态观念，不断提高推动工作的行动力、干事创业的执行力、敢闯敢试的创新力。三要压实责任抓落实，各级党组织特别是"一把手"要深刻保持"一分部署、九分落实"的力度，展现舍我其谁的担当，以上率下、带头抓落实，敢担事、能扛事，坚守岗位、尽职尽责，对确定的任务部署，逐条逐项分解落实。四要强化督查抓落实，树立督查权威，进一步

健全督查工作机制、配强督查工作力量,以工作清单为依托、开展精准督查,突出效果导向、开展实地督查,强化工作时效、开展跟踪督查。完善责任追究制度,确保工作具体化、具体工作项目化、项目管理责任化、责任落实高效化,真正凸显督查“利剑”作用。

(三)持之以恒加强党的建设。以政治建设为统领,坚守党的政治纪律和政治规矩,坚持一手抓反分裂斗争,一手抓党风廉政建设和反腐败斗争,营造风清气正的政治生态。树立“凭能力用干部、以实绩论英雄”的鲜明导向,扎实开展改进作风、狠抓落实活动,领导干部要主动对标对表自治区党委“八个必须”“六个表率”要求,努力打造忠诚干净担当的干部队伍。

春节、藏历新年临近,各级各部门要切实履行职责,合理安排人员轮休和带班值班,科学精准做好生活必需品和年货保供稳价、社会稳定和安全生产、农民工工资保障等重点工作,要密切关注疫情变化形势,做到精准防控、收放有度,让群众过上喜庆祥和、幸福温暖的节日。

同志们,事成于和睦、力生于团结。让我们更加紧密地团结在以习近平同志为核心的党中央周围,着力改进作风、狠抓工作落实,积极工作、开拓进取,以优异成绩迎接党的二十大胜利召开。

林周县人民代表大会常务委员会工作报告

——在林周县第十三届人民代表大会第三次会议上

林周县人大常委会主任 格旦次仁

（2022 年 1 月 18 日）

2021 年主要工作

2021 年，是我们党和国家历史上、西藏发展史上、人大工作史上具有历程碑意义的一年。在县委的坚强领导下，在区市人大常委会的有力指导下，县人大常委会坚持以习近平新时代中国特色社会主义思想为指导，深入贯彻习近平法治思想、习近平总书记关于坚持和完善人民代表大会制度的重要思想、关于西藏工作的重要论述和新时代党的治藏方略，坚决贯彻中央和区党委人大工作会议精神，坚定坚持党的领导、人民当家作主、依法治国有机统一，紧紧围绕党中央、区市县党委决策部署，依法履职尽责，各项工作取得新进展新成效。

一年来，共召开人代会 3 次、人大常委会会议 10 次、主任会议 13 次，服务保障市人代会 2 次；作出有关重大事项的决议决定 13 件；听取审议 9 个专项工作报告，检查 1 件法律的实施情况，开展 4 项专题调研，跟踪检查 2 件审议意见和执法检查报告研究处理情况；依法选举任免国家机关工作人员 89 人次，举行宪法宣誓仪式 6 次。

一、坚持党对人大工作的全面领导

常委会坚持把政治建设放在首位，坚持党的全面领导、绝对领导，确保人大工作正确政治方向。

旗帜鲜明讲政治。以高度自觉坚定捍卫“两个确立”，坚决维护习近平总书记党中央的核心、全党的核心地位，坚决维护党中央权威和集中统一领导，始终在政治立场、政治方向、政治原则、政治道路上同以习近平同志为核心的党中央保持高度一致。把维护祖国统一、加强民族团结作为各项工作的着眼点和着力点，坚定不移反对分裂，持之以恒教育引导人大代表铸牢中华民族共同体意识，严守党的政治纪律和政治规矩特别是反分裂斗争纪律，在大是大非问题上始终做到旗帜鲜明、立场坚定、行动坚决。

加强思想政治建设。党组理论学习中心组学习 12 次，首个议题坚持学习习近平总书记重要讲话、重要指示批示精神，及时传达学习重要会议、文件精神，切实增强了贯彻落实的思想自觉、政治自觉、行动自觉。党史学习教育、“三更”专题教育、“三新” 大学习大讨论活动扎实开展，贯通党的百年奋斗史、人民代表大会制度发展史、西藏和平解放 70 年发展进步史，组织党员干部、人大代表前往林周县党员党性教育基地参观 “学习庆祝中国共产党成立 100 周年、西藏和平解放 70 周年” 主题展览，做到学史明理、学史增信、学史崇德、学史力行。

把党的领导贯穿工作全过程各方面。县委高度重视人大工作，及时研究解决人大工作中的重大问题，县委书记高军同志多次亲临人大指导工作，并作出具体批示 5 份，支持和保证县人大依法行使职权。县人大常委会紧扣县委重大决策部署，确定人大工作思路和工作重点。坚持请示报告制度，按季度向县委报告全面工作，就重要会议、重大活动、重要工作共向县委请示 17 次，确保党的领导贯穿人大工作的全过程各方面。积极发挥党组把方向、

管大局、保落实作用，召开常委会党组会议16次。坚持党管干部原则与人大依法任免有机统一，依法任免国家机关领导人员，组织宪法宣誓，圆满实现党委重要人事安排意图。

主动服务大局。人大常委会班子成员按照县委的统一安排部署，在扎实做好本职工作的同时，积极参与民族宗教、维护稳定、农业农村、乡村振兴、新冠肺炎疫情防控等工作一线，在促进我县长治久安和高质量发展中彰显人大作为。班子成员经常深入联系乡村、寺庙，特别是在重要时段蹲点调研指导维稳工作。

二、扎实履行人大监督职责

坚持围绕中心、服务大局、突出重点，实行正确监督、有效监督、依法监督。

深化财经监督。开展全口径预算审查、全过程预算监管，审查和批准2020年财政决算、2021年预算调整方案，听取审议预算执行情况的报告，守护好人民的“钱袋子”。听取审议国民经济和社会发展计划执行情况，促进我县完整准确全面贯彻新发展理念，实现高质量发展。听取审议2020年度国有资产管理情况报告，促进国有资产管理提质增效。首次听取审议上一年度本级预算执行和其他财政收支情况的审计报告，标志着人大对审计工作监督迈出新步伐。

做好专项工作监督。听取审议县政府关于法治政府建设、生态文明建设等2项专项工作报告，并将这2项监督内容列为常规监督范围。实地跟踪检查2020年“放管服”改革工作情况报告审议意见的研究处理情况和2020年传染病防治法执法检查报告的研究处理情况。开展联合办学、产业发展、生态文明建设、乡村振兴等4项专题调研，提出加强和改进工作的建议。

加强执法司法工作监督。检查《西藏自治区民族团结进步模范区创建条例》的实施情况，助力我县民族团结进步事业。听取审议“两院”年度工作计划执行情况，组织人大代表列席法院庭审活动。

全年配合区市人大常委会开展专题调研、执法检查6次，共同推动党委决策部署落地落实。

三、充分发挥人大代表作用

尊重代表主体地位，树牢服务代表理念，不断提高代表工作水平。

胜利完成县乡人大换届工作。坚持党的领导、充分发扬民主、严格依法办事，有序推进选民登记、选区划分、代表名额分配、代表候选人提名推荐等各环节工作，依法选举151名县级人大代表、475名乡级人大代表，成功选举新一届人大、政府、监委、法院、检察院领导班子成员，选举产生31名林周县出席拉萨市第十二届人民代表大会代表。

认真办好代表建议。落实重点督办机制，以实地查看、承办单位和代表面对面座谈交流等方式，督办道路桥梁水渠建设、户籍管理、学生接送等23件代表建议办理情况，调研代表建议修建的边林江夏“幸福路”工程实施情况，有力推进代表建议办理高质量。县十三届人大一次会议上代表提出的130件建议，交由20家承办单位办理并全部答复代表，代表建议所提问题得到解决或计划逐步解决的占79.23%，有力推动了一批群众关心、社会关注重点难点问题的解决。

落实“双联系”制度。每名常委会组成人员联系2—8名代表，认真听取代表意见建议。推动代表深度参与常委会工作，邀请180余人次人大代表列席人大常委会会议、参加人大常委会活动。代表通过深入乡村与群众面对面沟通交流、接待来访选民、座谈等方式，直接听取和反映群众意见建议，发挥了党和政府联系群众的桥梁纽带作用。

加强代表履职能力建设。举办1期代表培训班，培训人大代表90余人次，讲解习近平总书记在庆祝中国共产党成立100周年大会上的重要讲话精神、《西藏自治区民族团结进步模范区创建条例》以及人大代表履职知识，代表思想政治水平、法律政策水平、专业知识水平进一步提高，联系人民、代表人民、服务人民自觉性主动性进一步增强。

强化代表履职服务保障和管理监督工作。实施“人大代表之家”提档升级工程，争取本级财政投入50万元，全力推进县乡村三级57个“人大代表之家（活动室）”提档升级工作，实现阵地升级、制度完善、台账规范、责任明确、活动经常，代表作用得到更好发挥。按照“一人一档”的原则，及时登记代表述职评议、学习培训、视察调研、接待选民、提出建议等情况，把履职管理贯穿代表履职尽责全过程、各方面。开展代表述职评议活动，推动代表自觉接受选民监督，有效激发代表履职动力和潜力。

四、不断提升常委会自身建设水平

自觉履行全面从严管党治党主体责任，贯彻落实新时代党的建设总要求，努力打造政治坚定、服务人民、尊崇法治、发扬民主、勤勉尽责的人大工作队伍。

加强纪律作风建设。严肃党内政治生活，严格执行民主集中制，认真召开民主生活会，党组成员以普通党员身份主动参加党支部活动。严格执行中央八项规定及其实施细则精神，坚决反对和纠正“四风”。坚持以案明纪、以案为戒，强化党员干部日常管理监督。扎实开展“下基层大接访办实事”调研活动，形成5篇调研报告，协调解决16条问题，及时回应了群众期盼，有效解决了群众面临的难题。

加强能力建设。加大县乡人大工作联系和交流，开展业务培训，提升人大工作整体实效。先后与昆山市、堆龙德庆等兄弟县区开展工作交流，互学互鉴共发展。积极选派干部参加学习培训，提升履职能力。优化常委会会议流程，提升审议质量。

各位代表！

常委会工作取得的成绩，根本在于以习近平同志为核心的党中央的坚强领导，根本在于习近平新时代中国特色社会主义思想的科学指引，离不开区市人大常委会的有力指导，是县委坚强领导的结果，是常委会组成人员和全体代表共同努力的结果，是县“一府一委两院”和乡镇人大主席团积极配合的结果，是全县各族人民和社会各界大力支持的结果。在此，我谨代表县人大常委会表示崇高的敬意和衷心的感谢！

同时，我们也清醒地认识到，常委会工作还有一些差距和不足，主要是：监督工作的实效性需要进一步提升，代表工作能力建设需要进一步加强。常委会将虚心听取代表和各方面意见建议，不断加强和改进工作。

2022年主要任务

各位代表！

2022年，县人大常委会工作总体要求是：在县委坚强领导下，坚持以习近平新时代中国特色社会主义思想为指导，全面贯彻落实党的十九大和十九届历次全会及中央人大工作会议、中央第七次西藏工作座谈会精神，深入学习贯彻习近平法治思想、习近平总书记关于坚持和完善人民代表大会制度的重要思想，深入贯彻落实习近平总书记关于西藏工作的重要论述和新时代党的治藏方略，弘扬伟大建党精神，增强“四个意识”、坚定“四个自信”、做到“两个维护”，坚持党的领导、人民当家作主、依法治国有机统一，全面贯彻自治区第十次党代会和区党委经济工作会议、拉萨市第十次党代会和市委十届二次全会、县第十次党代会和县委十届五次全会部署，全面贯彻落实区市县第十次党代会、区市县党委经济工作会及区市改进作风狠抓落实工作动员部署会议精神，锚定稳定、发展、生态、固边“四件大事”，高质量做好监督、代表、自身建设等工作，不断发展全过程人民民主，发挥好全面建设社会主义现代化新林周中的职能作用，以优异成绩迎接党的二十大胜利召开。

一、坚定坚决做到“两个维护”。把坚决做到“两个维护”作为最高政治原则和根本政治规矩，始终拥戴核心、信赖核心、忠诚核心、捍卫核心，以习近平总书记指引的方向为方向，以党的旗帜为旗帜。围绕县委贯彻落实党中央大政方针的部署安排，依法履职尽责。严格执行请示报告制度，定期向县委报告全面工作情况，主动请示人大工作中的重大问题和重要事项。组织和动员全县各级人大代表带头遵守、广泛宣传西藏自治区民族团结进步模范区创建条例，推动铸牢中华民族共同体意识。

二、纵深推进人大监督工作。不断丰富和探索监督形式，督办县人大及其常委会决议决定和审议意见落实情况，增强监督刚性和实效。紧扣法律规定、突出法律责任，检查《西藏自治区国家生态文明高地建设条例》落实情况。深化人大预算审查监督重点向支出预算和政策拓展改革，加强国有资产管理监督。落实审计查出突出问题向本级人大常委会报告机制。加强对司法、普法工作的监督，促进法治林周建设。围绕高质量发展、民生改善等领域开展专题调研，提出有针对性的对策建议。

三、强化代表工作能力建设。增强为代表服务的意识，有序组织代表活动，支持和保障代表依法履职。建立健全代表列席人大常委会会议、召开列席代表座谈会等工作机制，深化代表对常委会工作的参与。持续加强“人大代表之家”建设和管理，使之成为人大代表密切联系人民群众的“民意窗”“连心桥”，成为人民有序政治参与的重要载体。建立健全代表反映群众意见和要求的处理反馈机制。建立代表提出议案建议前的沟通协调机制，推进人大代表议案建议内容高质量、办理高质量。完善代表述职评议工作，推进代表履职档案规范化建设。加强代表培训工作的系统化、规范化、专业化。

四、切实加强自身建设。发挥人大党组集体学习的带动作用，深入学习贯彻习近平新时代中国特色社会主义思想，把习近平总书记关于坚持和完善人民代表大会制度的重要思想作为理论学习的重要内容，丰富和拓展人大工作的实践特色、时代特色。坚持和完善议事程序和工作制度，不断提升人大工作制度化规范化水平。全面履行管党治党主体责任，扎实做好党风廉政建设和意识形态工作，进一步改进作风、狠抓落实。坚持新时代好干部标准和民族地区干部“四个特别”要求，着力打造让党委放心、各族群众满意的政治机关、国家权力机关、工作机关、代表机关。

各位代表！

拼搏正当其时，圆梦恰逢其势。让我们更加紧密团结在以习近平同志为核心的党中央周围，高举习近平新时代中国特色社会主义思想伟大旗帜，在县委坚强领导下，勇于担当、锐意进取、扎实工作，奋力开创新时代人大工作新局面，为推进林周长治久安和高质量发展做出新的更大贡献。

政府工作报告

——在林周县第十三届人民代表大会第三次会议上

林周县人民政府县长 德吉央宗

（2022 年 1 月 17 日）

2021 年工作回顾

2021 年，是中国共产党成立 100 周年，西藏和平解放 70 周年，也是“十四五”规划的开局之年。在区市党委、政府和县委的坚强领导下，在苏州市对口支援的鼎力支持下，全县上下坚持以习近平新时代中国特色社会主义思想为指导，全面贯彻党的十九大，十九届二中、三中、四中、五中、六中全会和中央经济工作会议、中央第七次西藏工作座谈会精神、习近平“七一”重要讲话、习近平在西藏考察时的重要讲话精神，聚焦“四件大事”，坚持稳中求进总基调，深入贯彻新时代党的治藏方略，以满足人民日益增长的美好生活需要为根本目的，扎实做好“六稳”工作，全面落实“六保”任务，统筹推进疫情防控和经济社会发展各项工作，较好地完成了林周县十二届人大六次会议确定的相关目标任务。

2021 年，全县经济运行持续保持稳中有进、稳中向好的态势。完成地区生产总值 19.68 亿元，同比增长 6.5%；一般公共预算收入 3.89 亿元，同比增长 51.4%；农村居民人均可支配收入达到 18667 元，同比增长 15.8%；规模以上工业增加值完成 9462 万元，同比增长 18.3%。

一年来，我们立足实际抓产业、提质效，经济实力逐步壮大。农牧业基础更加牢固，全年牲畜出栏 3.44 万头（只、匹），产粮 5.81 万吨、饲草 3.07 万吨，格桑塘现代农牧产业示范园牦牛群体繁殖率和新生犊牛成活率达到 51.7%、90%。阿朗圣菜籽油完成商标注册。积极培育新型农牧业经营主体，年内成功评选市级家庭农牧场 8 家，拥有合作社 244 家。文化旅游蓬勃发展，平措康桑唐古酒店正式运营，实现热振旅游片区配套设施大提升。林周农场获“全国关心下一代党史国史教育基地”称号，入选西藏自治区“红色旅游景区”“爱国主义教育基地”名录，全县接待游客参观 18.59 万人次、实现旅游收入 2200.1 万元。

一年来，我们把握机遇抓项目、招好商，投资成效持续向好。编制完成《林周县国民经济和社会发展“十四五”规划和二〇三五年远景目标纲要》，储备“十四五”项目 192 个，估算总投资 108.2 亿元。全年实施项目 66 个，完工项目 36 个，其余项目正在稳步推进中。江热夏乡、边交林乡“幸福路”工程等 8 个农村公路桥梁项目全部竣工。农田水利建设投入不断加大。总投资 1.72 亿元的 11 个受援项目，年内完成投资 7884 万元。前往江苏、贵州、广西等地招商 4 次，成功对接 12000 吨乳化炸药生产、热带水果种植等重大招商项目。招商引资到位资金 1.41 亿元。

一年来，我们践行初心抓民生、增福祉，社会事业全面进步。

就业创业持续向好，转移就业 1.26 万人，创收 1.23 亿元，应届高校毕业生就业率达 99.5%。着力实施中小学校维修改造及联网监控、供暖工程，为林周莘莘学子创造了一个更为安全温暖的学习环境。注重师资队伍培养，全县小考成绩连续 5 年名列全市前茅。县医院开通“健康西藏”线上挂号、支付等就医服务，获“中国市县医院智慧创新奖”。城乡低保标准逐年提高，特殊群体保障有力，兑现养老金1558.9万元、医保金3079.33万元、民政救助金1196.8万元。典冲村委会荣获“全国农村留守儿童关爱保护和困境儿童保障工作先进集体”称号。双拥工作荣获自治区级“双拥模范城（县）”称号。

一年来，我们精心谋划抓建设、严管理，城乡统筹融合发展。脱贫成效更加巩固，挂牌成立乡村振兴局，整合涉农资金1.34亿元，完成49户贡党县搬迁群众入住工作。编制完成45个行政村村庄规划。“美丽乡村·幸福家园”8个示范村新建房屋79套。持续保障住房饮水安全，改造房屋254套，新建公共租赁住房458套，修缮村组饮水点38个。新修公路52千米，养护公路172处。县城污水处理厂试运行，实施县城自来水厂水源地搬迁项目、“明厨亮灶”工程。县城“四化”种植苗木1.76万株，新增6个停车场，私搭乱建、牛皮癣、通讯“蜘蛛网”等顽疾得到整治，县城面貌井然有序、焕然一新。

一年来，我们顺应潮流抓改革、促创新，发展活力明显提升。

农村集体产权制度改革通过区市两级验收，成立45个村级集体经济组织，认定组织成员5.92万人。制定《林周县深化国资国企改革三年行动方案（2021—2023年）》，理清县属国有企业公司架构、经营状况。成功申报全国小型水库管理体制改革样板县，完成4座水库维修养护。预算管理一体化改革实现全覆盖。商事制度改革实现企业登记全程电子化、受审合一、限时办结。税费改革推行十项财行税合并申报，完成税收6.71亿元，落实减税降费1亿元。“放管服”改革取消调整行政职权366项，取消证明材料36个、规范证明材料75个，行政许可事项网上跑办率达87.9%、按时办结率达到100%，政务服务更加规范快捷。

一年来，我们毫不动摇抓保护、守底线，生态环境保持良好。

定期开展环境质量监测，各项指标均达到或优于标准限值。整治扬尘隐患131处，燃煤锅炉全部淘汰。水土保持综合治理4.3万亩，推广测土配方施肥11.3万亩，全县耕地保持无污染。全面落实河（湖、林）长制，管理河流423.53千米，开展河道清淤2.6万立方米、清理垃圾65吨。完成义务植树造林21.6亩、乡村“四旁”植树2301.6亩。实施旁多乡生活垃圾低氮低温裂解处理项目，新建江热夏乡、松盘乡2座垃圾转运站，县城主干道四分类垃圾桶全覆盖，垃圾分类已然人人知晓、共同参与。设计制作“美丽林周　生态文明”宣传短片，发放环保宣传资料、物品1.4万余件，生态文明思想逐渐深入人心。

各位代表！过去一年，县人民政府始终把政治建设摆在政府自身建设的首位，深入开展党史学习教育、“三更”专题教育、“三新”大学习大讨论活动，累计为群众办实事好事626件。坚持重大问题向县委请示报告，主动接受人大法律监督、政协民主监督、监委监督、审计监督和社会监督，办理人大建议和政协提案251件，办复率100%、满意率100%。深入推进党风廉政建设和反腐败工作，严格落实中央八项规定及其实施细则精神和区市县党委有关规定，驰而不息纠治“四风”，政治生态得到持续净化，风清气正的干事创业氛围更加浓厚。

各位代表，回首一年的工作，大事喜事交织，要事急事叠加，历程极不平凡，拼搏历历在目，我们始终坚定信心、主动作为，在应对挑战中保持经济平稳运行，推进各项社会事业健康发展。这些根本在于以习近平同志为核心的党中央的亲切关怀，根本在于区市党委、政府和县委的坚强领导，在于苏州市无私援助的结果，在于全县上下同心同德、团结奋斗的结果。在此，我代表林周县人民政府，向全县各族人民，向对口支援林周的苏州市人民，表示诚挚的感谢！向给予政府工作大力支持的人大代表和政协委员，向驻县部队、武警官兵、政法干警，表示诚挚的感谢！向关心支持我县经济社会发展的各界人士，表示诚挚的感谢！

安而不忘危，存而不忘亡，治而不忘乱，方能行稳致远。在总结成绩的同时，我们也清醒地看到发展面临的问题和挑战以及政府自身工作的不足。主要表现为：固定资产投资不足，同比降幅较大；

县域综合实力还不强，规上企业数量少、龙头企业弱，经济发展的新动能还需提升，争先进位的任务仍然艰巨；脱贫攻坚与乡村振兴的有机衔接还需探索；政务环境还不够优良，行政效能和服务意识还需要进一步提升等等。对此，我们一定要正视问题，采取强有力的措施，认真加以解决。

2022 年重点工作

各位代表，2022 年是喜迎党的二十大之年，是实施“十四五”规划的重要一年。我们将聚焦市委、市政府和县委提出的主攻方向，始终以“拼”的勇气、“抢”的意识、“实”的作风，全力以赴做好各项工作，让林周高质量发展成色更足，让林周人民生活更加美好。

今年政府工作总体要求是：坚持以习近平新时代中国特色社会主义思想为指导，深入贯彻党的十九大和十九届历次全会精神及中央经济工作会议、中央第七次西藏工作座谈会精神，全面贯彻习近平总书记关于西藏工作的重要论述和新时代党的治藏方略，捍卫“两个确立”、增强“四个意识”、坚定“四个自信”、做到“两个维护”，按照区市县第十次党代会和区党委经济工作会、市委十届二次全会、县委十届五次全会工作部署，坚持稳字当头、稳中求进工作总基调，立足新发展阶段，完整、准确、全面贯彻新发展理念，积极服务融入新发展格局，牢牢把握西藏工作的着眼点着力点和经济社会发展的出发点落脚点，以推动高质量发展为主题，以深化供给侧结构性改革为主线，以改革创新为根本动力，以满足人民日益增长的美好生活需要为根本目的，按照“三个赋予一个有利于”的要求，统筹发展和安全，锚定“四件大事”“四个确保”，继续做好“六稳”“六保”工作，围绕“一核一圈两节三区”区域发展布局，全力形成“一心三带多点”县域发展格局，努力建设团结富裕文明和谐美丽的社会主义现代化新林周。

主要预期目标是：地区生产总值增长 8% 左右；一般公共预算收入平稳增长；农村居民人均可支配收入增长 13% 以上；固定资产投资增长 11% 以上；规模以上工业增加值增长 10% 左右；城镇调查失业率控制在 5% 以内；节能减排各项指标控制在国家核定范围内。

围绕上述目标，我们将重点抓好以下工作：

（一）聚焦夯实基础，在扩大有效投资上聚力突破。争取更多投资落实。抢抓当前政策机遇，继续做好“十四五”项目储备。用活 1000 万元项目前期工作经费，全力跑办衔接，争取更多资金和优惠政策，让更多项目纳入自治区和拉萨市项目盘子。抓好招商引资，加大招商频次力度，完善服务机制，切实提高招商引资精准度、成功率。积极促成工业民用天然气、唐古乡滑翔伞旅游等招商项目，力争招商引资到位资金增长 50% 以上。狠抓重点项目建设。全年计划实施项目 52 个，力争开工率达到 90% 以上。积极配合 G561 林周至拉萨新改建工程、旁多引水工程前期工作，同步做好旁多引水移民安置工作。重点抓好 9 个市级重点项目。开工建设 12000 吨乳化炸药生产线项目和林周 · 彭波花园、德吉卓康 2 个房地产项目。统筹推进交通、水利、通讯、民生等各领域项目，确保固定资产投资强势反弹。优化项目建设环境。强化用地保障，建立健全项目用地保障机制，采取占补平衡、土地整理、增减挂钩、提前报批储备等方式，努力增加建设用地指标。强化服务保障，建立健全项目实施全过程跟踪服务、监督机制，着力压减项目审批时间。强化管理保障，继续落实项目调度会议制度。强化环境保障，严厉打击欺行霸市、强买强卖、阻挠施工等违法行为，为项目建设营造良好环境。

（二）聚焦增量提效，在促进产业升级上聚力突破。发展高原特色产业。深入推进“格桑塘行动计划”，加强智慧牧场建设，实施牦牛产业研发和服务中心项目，巩固拓展牦牛高效扩繁、短期育肥等科研成果。推进澎波半细毛羊提纯复壮，做好良种公羊培育和后备母羊储备，争取年内存栏 3.2 万只以上，推广优质种羊 1200 只。实施农产品冷链库建设项目。加强质量强县，完成澎波牦牛、澎波半细毛羊“两品一标”认证，实现食用农产品合格证全覆盖。新建高标准农田 3.5 万亩，种植良种 7500 亩，稳定粮食产量在 6 万吨左右。应用推广高效节水灌溉和水肥一体化技术，保持饲草种植在7.4万亩左右。做好阿朗乡油菜籽深加工产品研发，打响“阿朗圣菜籽油”品牌。发展新兴产业。加快实施数字产业发展中心、产业人才培训基地项目，建立健全产业人才培养激励机制，提升“三园”承载力和发展活力，力争园区总产值实现4.07亿元。加快贯通县乡村三级电子商务服务体系和快递物流配送体系，增加“快递+农村客运”服务，实现农村物流多站合一、资源共享，力争在乡（镇）快递通达率达到100%的基础上，行政村快递通达率达到30%，电商服务站点建设九乡一镇全覆盖。搭建林周县网络同城服务平台，深入挖掘林周特色产品，做好电商培训、产品包装设计及线上线下产品推广等工作。全年新建7个5G基站，着力提升乡村通讯覆盖率。发展旅游产业。大力发展城市周边休闲游，做好旅游特色产品开发，设计研发具有林周地域特色、价位大众化的旅游产品。加快推进热振景区、林周农场旅游配套基础设施提升改造，精心打造边交林乡“神秘树林”、卡孜乡候鸟观赏点等特色网红打卡点，促进旅游资源向经济利益转化。全面启动林周农场AAAA和唐古旅游小镇AA景区创建工作，实现旅游接待人次和旅游收入分别增长8%、10%。

（三）聚焦破除制约，在深化改革开放上聚力突破。加快重点领域改革。深化农业农村改革和草原承包经营权改革。建设完成10个乡（镇）产权交易平台，建立健全集体耕地、林地、草原等资源性资产物权管理制度，推进土地规模化经营。落实国企改革三年行动，完善国有企业内控管理制度体系，优化整合国有企业子公司，推进国有企业做大做强。加强综合行政执法改革，严格落实行政执法“三项制度”，加快建设江热夏乡、卡孜乡、强嘎乡司法所。统筹推进财政管理一体化改革、税收征管改革和农业综合水价改革。持续优化营商环境。深化“放管服”改革，提高“一网、一门、一次”服务效率，落实政务服务“好差评”制度，增加基层帮办代办服务。优化再造服务流程，重点厘清乡、村两级便民服务事项，推动部分县乡政务服务事项延伸到村级办理。推进商事制度改革，加强电子营业执照注册管理，优化“证照分离”“多证合一”和市场准入负面清单制度，力争企业开办2个工作日内办结。推行“双随机、一公开”、信用监管、大数据监管等监管模式，推动事前监管向事中事后监管转变，以公正监管保证公平竞争。全面做好自治区营商环境迎考工作。推进高质量对外合作。充分借力拉萨市“3小时”经济圈和拉萨“全域旅游”，强化与周边县区协同联系，做好发展规划衔接。共同做好拉萨河流域生态治理，协调开展区域性草原、湿地等生态环境修复和保护工作。加强与具备畜牧养殖或农畜产品深加工条件的县区、企业洽谈合作，畅通饲草、牦牛等农畜产品供销渠道。促进苏林两地交往交流交融，立足“小组团”援藏模式，不断创新援藏方式方法，拓展援藏成果，深化援藏格局。实施好总投资2亿元的10个援藏项目，配合做好援藏干部轮换工作。

（四）聚焦美好生活，在保障改善民生上聚力突破。稳步提升教育质量。继续加大教育投入，实施县中学维修改造、阿朗乡中心小学改扩建等项目，全面提升教育教学基础设施条件。深化教育体制机制改革，推动“双减”及“五项管理”落实，提高“5个100%”和义务教育均衡发展水平。强化德育教育，全面推行国家通用语言文字教育。加强教师队伍建设，广泛开展信息化2.0学员培训和片区教研，提升教师专业素养。健全完善校园安全管理制度，着力打造平安校园。完善控辍保学制度，巩固控辍保学成效。加快发展健康事业。推进县乡医共体、医联体建设，开工建设县人民医院整体搬迁项目，完工县人民医院改扩建项目、感染防治综合楼项目、藏医楼项目，一体化推进乡（镇）卫生院和村卫生室标准化建设。成立县医院远程诊疗中心，增加“下级检查、上级诊断”医疗服务。持续做好常见病、地方病综合防治，稳步推进大骨节病、先天性心脏病等疾病筛查救治工作，确保居民健康素养水平达到26%以上。持续巩固爱国卫生运动成果，加快创建边交林乡、唐古乡自治区级卫生城镇。全面强化民生保障。持续扩大各类保险覆盖面和参保率。加快推进村级“留守儿童快乐之家”“幸福院”建设，不断做好特殊群体保障工作。合理调整医保政策，推进大病医保待遇向特困人员、低保对象和易返贫致贫人员倾斜。配合做好医疗支付方式改革试点工作,提升医保系统信息化水平,提高医保报销效率。巩固双拥模范城(县)创建成果。繁荣发展文化事业。弘扬好“老西藏精神”,宣传好“农场精神”。进一步完善县级文化馆、乡(镇)文化站和农家书屋服务体系。充分发挥林周县艺术团、村级文艺演出队、藏戏演出队等文艺团体作用,不断丰富干部群众文化生活。精心筹办县级体育赛事及校园运动会,完工松盘乡、江热夏乡小学风雨操场项目,完善城乡公共文化体育设施。

(五)聚焦强农固本,在实施乡村振兴上聚力突破。深化拓展脱贫成果。严格落实“四个不摘”,持续加强脱贫不稳定户、边缘易致贫户和突发严重困难户三类人群监测。对现有帮扶政策逐项分类优化调整,逐步实现由集中资源支持脱贫攻坚向全面推进乡村振兴平稳过渡。推进 19 个扶贫产业项目建设,进一步优化产业利益联结机制,确保扶贫产业项目持续发挥效益。做好第三批“三岩”片区跨市整体易地扶贫搬迁准备工作,完成康姆桑村搬迁点灌溉工程。强化搬迁后续扶持,千方百计促进就业,搞好社会管理,确保搬迁群众稳得住、有就业、逐步能致富。全面推进乡村振兴。加强规划引领,强化国土空间规划与专项规划衔接融合,年内编制完成县城国土空间规划、城区规划和强嘎乡国土空间规划。促进非公经济发展,鼓励和引导社会资本进入农牧区,支持本地能人、个体工商户参与农牧区建设。稳步推进“美丽乡村·幸福家园”建设行动,完成当杰村、江热夏村等 8 个示范村“八到村”“村十有”建设任务,逐步实现“十到户”目标。大力培育文明乡风,推进农村移风易俗,建立健全村规民约,引导农牧民养成健康文明的生活习惯。实施农牧区集中供水试点和供水保障提升工程,着力解决高海拔地区冬季季节性断水问题。尽快完成县城自来水厂改扩建,推进市政道路、大桥建设等项目前期手续跑办,争取更多市政项目建成投用,提升县城品位。全力促进农牧民增收。统筹抓好就业创业、技能培训等服务工作,确保全年精准培训劳动力 1800 人次,转移劳动力不低于 1.26 万人次,争取创收 1.25 亿元。支持鼓励高校毕业生到企业就业、其他省市就业和自主创业,确保应届高校毕业生就业率达到 99% 以上。严格落实“项目三规”,增加工资性收入。积极培育家庭农场牧场、农牧民合作社等新型经营主体,通过订单农业、入股分红等方式,增加经营性收入。盘活农牧区资源资产资金,增加财产性收入。认真落实党的强农惠农政策,增加转移性收入。

(六)聚焦绿色发展,在加强生态建设上聚力突破。以更实举措推进生态治理。持续打好蓝天、碧水、净土保卫战。统筹山水林田湖草沙系统治理,着力实施彭波曲水源地保护项目、甘曲湿地保护与恢复项目、黑颈鹤国家级自然保护区林周县湿地项目。全面落实“河(湖、林)长制”,开工建设旁多乡至阿朗乡段河道、边交林乡段河道治理工程。深入开展河道“三清”,完成虎头山水库上游杰曲二片区清淤任务。全面排查入河湖口污染源,大力整治黑臭水体,确保地表水、地下水水质优于标准值。加强重点领域扬尘管理,保持县域空气质量持续向好。实施县畜禽规模养殖场粪污利用工程。严控农药、化肥使用,推广有机种植。以更大决心推进生态建设。积极推进生态文明建设示范县、乡、村三级联创工作,力争年内创建成功“自治区级生态文明示范县”。完成“四旁”植树 13.6 万株,新增造林 1836 亩,建设乡土草种繁育基地 1.09 万亩。实施旁多乡、唐古乡、边交林乡集镇污水处理设施项目,探索更加高效的生活垃圾处理模式和农村污水治理方式。积极推广垃圾分类,促进资源循环利用,确保年内建设生活垃圾再生资源回收网点覆盖 30% 以上行政村。健全生态文明教育体系,倡导绿色生活。以更强力度推进生态保护。认真落实生态环境保护“党政同责”“一岗双责”,正确处理好保护生态与富民利民的关系,坚定不移走生态优先、绿色发展之路。实行最严格的生态环境保护制度,持续强化“三线一单”硬性约束,严禁“三高”项目进入林周。加强生态执法监管,继续保持打击各类乱砍滥伐、乱捕滥猎等违法行为的高压态势,保护好林周的绿水青山和野生动植物资源。重拳出击整治“两违”问题。加快整改“森林督查”反馈问题,全面做好第二轮中央生态环境保护督察迎检工作。

各位代表！我们要在县委的坚强领导下，不断提高政府治理能力和水平。要秉承忠诚为政。坚持以习近平新时代中国特色社会主义思想为指导，心系“国之大者”，增强“四个意识”、坚定“四个自信”、做到“两个维护”，持续巩固党史学习教育成果，始终在思想上政治上行动上同以习近平同志为核心的党中央保持高度一致。要坚持依法行政。全面加强法治政府建设，完善政府法律顾问制度，加强政府重要工作和规范性文件合法性审查力度，提高行政决策科学化、民主化、法治化水平。坚持政务公开，依法接受人大监督，自觉接受政协民主监督，主动接受监委监督和社会监督，让权力在阳光下运行。要脚踏实地理政。树立“功成不必在我，功成必定有我”的责任意识，加强基层调研，把工作干在一线、抓在平时，解决好群众关注的热点难点问题。持续改进作风，对标对表“六个表率”，求真务实，真抓实干，敢于担当，勇于斗争，善于斗争，以更高政治标准、更严党性要求、更强组织纪律推动各项工作落实落地。要清正廉洁从政。严格落实中央八项规定及其实施细则精神，全面落实好从严治党主体责任和“一岗双责”，一以贯之纠正“四风”，深入推进政府系统党风廉政建设和反腐败斗争。严格控制和压缩“三公”支出，做到政府过紧日子，让群众过好日子。坚决杜绝形式主义、官僚主义，保持“亲”“清”政商关系，全力打造风清气正、廉洁高效、人民满意的政府。

各位代表，大道至简，实干为要。让我们更加紧密地团结在以习近平同志为核心的党中央周围，坚持以习近平新时代中国特色社会主义思想为指导，全面贯彻新时代党的治藏方略，在市委、市政府和县委的坚强领导下，不忘初心、牢记使命，以昂扬奋进的斗志、只争朝夕的干劲、坚韧不拔的毅力，登高望远谋全局，蓄力突破谱新篇，以民之所忧我必念之、民之所盼我必行之的信仰信念和决心，为建设团结富裕文明和谐美丽的社会主义现代化新林周而不懈努力奋斗，以优异成绩迎接党的二十大胜利召开。

名词解释

新时代党的治藏方略：必须坚持中国共产党领导、中国特色社会主义制度、民族区域自治制度，必须坚持治国必治边、治边先稳藏的战略思想，必须把维护祖国统一、加强民族团结作为西藏工作的着眼点和着力点，必须坚持依法治藏、富民兴藏、长期建藏、凝聚人心、夯实基础的重要原则，必须统筹国内国际两个大局，必须把改善民生、凝聚人心作为经济社会发展的出发点和落脚点，必须促进各民族交往交流交融，必须坚持我国宗教中国化方向、依法管理宗教事务，必须坚持生态保护第一，必须加强党的建设特别是政治建设。

“两个确立”：确立习近平同志党中央的核心、全党的核心地位；确立习近平新时代中国特色社会主义思想的指导地位。

“三个赋予、一个有利于”：所有发展都要赋予民族团结进步的意义，都要赋予维护统一、反对分裂的意义，都要赋予改善民生、凝聚人心的意义，都要有利于提升各民族群众获得感、幸福感、安全感。

“一核一圈两节三区”：“一核”，做大做强拉萨核心增长极；“一圈”打造以拉萨为中心，辐射日喀则、山南、林芝、那曲的三小时经济圈；“两带”，加快建设边境沿线发展带和繁荣发展铁路经济带；“三区”藏中南重点开发区、藏东清洁能源开发区和藏西北生态涵养区。

一心三带多点：“一心”是以林周县城为中心的城市发展核心。“三带”是重点打造形成高原特色农作物种植带、高原特色畜牧养殖带、文化旅游融合发展带。“多点”是打造唐古乡、旁多乡、强嘎乡、卡孜乡等一批特色村镇，促进基础设施改善提升，推动一二三产融合发展，形成县域向外辐射的重要节点。

“四个确保”：确保国家安全和社会长治久安；确保人民生活水平不断提高；确保生态环境良好；确保边防巩固和边境安全。

“四上企业”：规模以上工业企业、资质等级建筑业企业、限额以上批零住餐企业、国家重点服务企业。

“美丽乡村·幸福家园”建设行动计划：为促进

乡村建设,全面提升农牧民住房质量,切实改善农村人居环境,实现农牧民群众安居乐业,所采取的一系列建设行动。

“明厨亮灶”:是指餐饮服务提供者采用透明玻璃、视频等方式,向社会公众展示餐饮服务相关过程的一种形式。是对餐饮企业员工的一种监督。

“智慧城管”:是新一代信息技术支撑、知识社会创新2.0环境下的城市管理新模式,通过新一代信息技术支撑实现全面透彻感知、宽带泛在互联、职能融合应用,推动以用户创新、开放创新、大众创新、协调创新为特征的以人为本的可持续创新。

“雪亮工程”:以县、乡、村三级综治中心为指挥平台、以综治信息化为支撑、以网格化管理为基础、以公共安全视频监控联网应用为重点的“群众性治安防控工程”。

“四化”:城市绿化、亮化、净化、美化。

“三个不增加”:宗教活动场所和规模不增加、僧尼定员数不增加、宗教活动不增加。

“两品一标”:绿色食品、有机农产品和农产品地理标志。

行政执法“三项制度”:行政执法公示制度、行政执法全过程记录制度、重大执法决定法制审核制度。

拉萨市“3小时”经济圈:以拉萨市为中心,辐射日喀则、山南、林芝、那曲的3小时经济圈。

教育“双减”及“五项管理”:减轻学生作业负担、减轻学生校外培训负担;手机管理、睡眠管理、读物管理、作业管理、体制管理。

“四个不摘”:摘帽不摘责任、摘帽不摘政策、摘帽不摘帮扶、摘帽不摘监管。

“两违”:违法用地、违法建筑。

“六个表率”:做坚定践行“两个维护”的表率、勤政为民的表率、勇于担当的表率、团结干事的表率、清正廉洁的表率、管党治党的表率。

政协第三届林周县委员会常务委员会工作报告

——在政协第三届林周县委员会第二次会议上

林周县政协主席　朱宝忠

（2022 年 1 月 17 日）

2021 年工作回顾

2021 年是中国共产党成立 100 周年，也是西藏和平解放 70 周年。在这极不平凡的一年里，县政协及其常委会坚持以习近平新时代中国特色社会主义思想为指导，在县委坚强领导下，在区市政协精心指导和县人大、政府的大力支持下，贯彻落实党的十九大和十九届历次全会精神，贯彻落实中央第七次西藏工作座谈会精神、习近平总书记关于西藏工作的重要论述和新时代党的治藏方略，按照加强新时代人民政协党的建设及加强和改进人民政协工作的部署要求，坚持团结和民主两大主题，积极发挥专门协商机构作用，紧扣全县发展大局履职尽责、凝心聚力、担当作为，努力把人民政协制度优势转化为广大政协委员、社会各界的共识和行动，把智慧和力量汇聚到林周长治久安和高质量发展上来，委员履职取得新成果，干出了新时代政协工作的新样子。

一、旗帜鲜明讲政治，牢牢把握政协工作正确方向

人民政协是政治组织，旗帜鲜明讲政治、坚持党的全面领导是本质要求。一年来，县政协及其常委会牢牢把握人民政协是党领导的政治组织和民主形式、政协工作是党的工作重要组成部分这一根本定位，充分发挥政协党组的示范引领作用，党组书记、党组班子和主席会议成员深入各包乡联系点、政协机关党支部、村委会、寺庙和界别委员、群众队伍中带头讲党课、强党性、颂党恩、传党情，开展专题授课、集中宣讲 10 余次、参与 300 余人次。严格执行重大事项请示报告制度，就政协换届、召开全体会议、季度工作、政协常委会要点、委员调研视察培训、区市各级政协来林周考察学习等向县委请示、报告工作 12 次。认真组织实施县政协常委会年度工作要点，实行政协主席会议成员和党员委员以“1+1”“1+N”方式联系党外委员，推进政协党建工作与委员履职有机结合，实现党的组织对党员委员、党的工作对政协委员“两个全覆盖”。党组会、常委会专题学习全国和自治区政协系统党的建设工作经验交流会暨宣传思想工作座谈会精神，学习《关于加强和改进政协宣传思想工作的意见》，力促政协系统党的建设、意识形态和宣传思想工作深入推进。

二、彰显作为讲担当，紧紧围绕中心服务大局

人民政协就是要坚持一切为了人民，把群众的利益放心上，发挥好委员的桥梁纽带作用，破解群众急难愁盼事。一年来，县政协及其常委会坚决落实“三个赋予、一个有利于”要求，坚持在锤炼党性上力行、在为民服务上身行、在推动发展上助行，围绕县委、县政府重大决策和中心任务，紧扣县之要、民之需，深入调查研究、积极建言献策、办实事做好

事、广泛凝心聚力。主动邀请党外人士、非公经济人士、新的社会阶层人士参加政协活动，在深入交流协商、积极建言资政、相互尊重诉求的过程中统一思想、升华认识、凝聚共识，激发政协委员守护民族团结生命线的政治担当。2 名党外副主席全面贯彻党的民族和宗教政策，大力开展与宗教界人士谈心、走访、宣讲活动，积极引导宗教与社会主义社会相适应。政协机关党员干部全覆盖，先后深入开展反分裂斗争、发声亮剑活动 2 次，触及思想灵魂、自觉做到知行合一。邀请区市县党委党校、各级专家学者围绕“铸牢中华民族共同体意识”“西藏地方和祖国关系史”等作专题辅导。举办庆祝西藏和平解放 70 周年学习座谈会，让各族各界人士、群众代表从西藏翻天覆地的历史巨变中，亲身感受祖国大家庭的温暖，深刻感悟社会主义制度的优越性，不断增进“五个认同”。

在区市政协的指导和帮助下，扎实推进专题协商、对口协商、界别协商，组织委员和行业领域人才围绕“社会治理体系和治理能力现代化、巩固脱贫攻坚成果同乡村振兴有效衔接、民主法治领域改革”等方面协商议政 3 次，围绕“关注人民群众舌尖安全推动低氟茶补贴政策落实落地、农业科技发展和优化种植业结构、持续优化营商环境、疫情防控和公共卫生、村集体经济发展”等主题开展调研议政活动 8 次，上报调研报告 3 份、社情民意信息简报 20 余篇，助推政务环境、法治环境、人文环境等不断优化。提案工作稳步推进，流程更加规范、程序不断优化、督办持续加强，全年共收到提案 57 件、立案 57 件，政协主席会议成员领衔督办重点提案 6 件，提案办复率达 100%，部分提案成效明显。发挥民主监督作用，选派委员参与全县民生工程、惠民项目建设的视察、座谈等活动，参与县委政法委开展的政法系统第二次教育整顿工作、县人民法院案件审理旁听、县人民检察院开放日参观及各行各业的监督评议活动 14 人次，促进有关部门不断改进作风、提升服务水平。

牢记“稳定、发展、生态、强边”四件大事，时刻把林周发展放在心里、扛在肩上，助推党委政府把实事办好、好事办实，提升群众满意度、幸福感。上半年，党组班子 1 名成员专门负责三岩易地扶贫搬迁工作，其他班子成员主动接受县委、县政府安排，积极参与全县脱贫攻坚、乡村振兴等工作，全体委员更是积极投身疫情防控、民生改善和社会公益事业，倾力服务全县工作大局，进一步彰显了政协委员亲民为民利民情怀。全年重要节日、重要节点等时间段，党组班子成员 3 人分别下沉对口联系乡镇、村组、寺庙和寺管会督导维稳工作 10 余次。

三、发挥优势讲出彩，深深厚植情怀描绘新画卷

一年来，县政协及其常委会坚持把突出特色亮点、发挥独特优势作为政协工作的底色，在发展扩大“朋友圈”上常做常新、出彩出新。一是不断加强民族交往交流交融。严格落实市政协党员委员联系党外委员的意见，通过走访谈心、座谈交流、电话沟通、微信互动等方式，注重与工商界和民族宗教界委员的联系，鼓励引导他们为林周经济社会发展、维护社会稳定等献策出力；加强与苏州市各地政协的工作联系、交往联谊，协同配合区市政协、那曲市各地政协来林视察调研、考察学习 5 次，深化同各级政治组织、网络媒体、区市政协委员和各界人士的交流。二是不断宣传传播政协声音。努力推动政协信息网络宣传工作创新发展，畅通政协系统各方协同、联动履职渠道，编报信息动态 60 余条，履职简讯 20 余期，在政协微信公众号刊发学习习近平总书记重要讲话、委员发言、履职报道和理论文章等 10 余次，推动理论研究与履职实践相互促进、创新发展；组建政协委员联络交流微信群，为广大政协委员交流履职经验、分享工作动态、借鉴工作方法等提供“掌上平台”；加强与县委宣传部、学教办的协调联动，促进各类媒体多角度、多层次宣传报道政协声音。三是不断传承文化讲好林周故事。贯彻落实习近平总书记关于文艺事业的重要讲话精神，深刻把握民族复兴的时代主题，加强对林周历史底蕴、红色文化资源的挖掘，努力创作出属于这个时代的文艺经典，在市政协牵头下完成拉萨文史系列丛书之林周篇《天成之地》的编撰出版工作，深入挖掘 1966 年河北邢台地震西藏人民千里送马的故事《良马骥邢》、林周县三岩搬迁事迹《雪域如此多娇》、参战支前民工讲述 1962 年对印

自卫反击战前线战事等报告文学和珍贵历史资料，有的在杂志刊物上得到发表，有的列入自治区 2022 年文艺扶持项目，创作了电影剧本、届时将以电影的形式向全国人民呈现。

四、改革创新讲提升，推动自身水平再上新台阶

按照中央和区市县委的部署要求，深入开展党史学习教育、“三更”专题教育和“三新”大学习大讨论活动，用党的奋斗历程和伟大成就鼓舞斗志、明确方向，用党的光荣传统和优良作风坚定信念、凝聚力量，用党的实践创造和历史经验启迪智慧、砥砺品格，组织各类学习研讨 40 余次，交流发言 15 人次，接受革命传统教育 6 次；投入资金近 2 万元，帮助结对户、困难老人、品学兼优且家庭困难的学生解决生活问题、排查安全隐患、志愿服务等 4 次。大接访活动中累计收集 31 个问题，为群众办实事解难事 28 件，积极回应了人民群众的关切，引领各族群众发自内心地听党话、感党恩、跟党走，真正把学史力行的要求落到了实处。严格按照上级统一部署要求开展换届工作，推荐产生新一届政协委员，胜利召开了政协第三届林周县委员会第一次会议，选举产生了主席、副主席和常务委员，依法依章依规高质量完成了县政协换届工作，为团结带领广大政协委员凝心聚力开新局、建言献策促发展提供了坚强组织保障。

同时，县政协及其常委会还在增强“四种能力”（即政治把握能力、调查研究能力、联系群众能力、合作共事能力）、筑牢意识形态阵地、提升委员履职能力等方面持续发力、绵绵用力，不断取得新成效。

各位委员，一年来的工作成绩，是县委正确领导、区市政协精心指导和县人大、政府大力支持的结果，是政协各参加单位和广大委员团结奋斗的结果。在此，我代表三届县政协常委会，向所有关心支持政协工作的各位领导、各个部门、各界人士和全体委员表示衷心的感谢！

对标对表习近平总书记关于加强和改进人民政协工作的重要思想，对标对表区市县委的部署要求，我们的工作还存在一些短板和弱项：一是思想政治引领工作的针对性、有效性有待加强；二是建言资政和凝聚共识工作深度融合需要强化，坚持“双向发力”仍有一定差距；三是协商议政、民主监督的方式方法仍需进一步探索等。这些问题必须清醒认识、积极面对，坚持目标导向、问题导向、结果导向，在今后工作中认真加以改进。

2022 年主要任务

自治区第十次党代会聚焦“四件大事”“四个确保”，做出了“四个创建”“四个走在前列”的战略部署，拉萨市第十次党代会指出，“身在伟大时代，是我们的无上荣光”，县委就全面贯彻习近平新时代中国特色社会主义思想、党的十九大和十九届历次全会精神、习近平总书记关于西藏工作的重要论述和新时代党的治藏方略，紧紧绕中央第七次西藏工作座谈会确定的目标任务，吹响了全面冲锋的强劲号角。做好 2022 年政协工作，必须以迎接党的二十大胜利召开为主线，紧紧围绕县委既定的奋斗目标、重大任务、部署要求谋划政协工作，将其转化为做好政协工作、发挥政协职能的思路、任务、载体、措施；坚持团结和民主两大主题，在发扬民主、建言资政中凝聚共识，在宣传政策、解疑释惑中增进团结，做深做好协调关系、化解矛盾、凝心聚力、促进落实的工作，最大限度地团结和汇聚“实现人民富裕、西藏美丽、林周繁荣”的磅礴力量，切实把习近平总书记关于加强和改进人民政协工作的重要思想落实到政协工作的各方面和全过程，为推进林周长治久安和高质量发展做出新贡献。

（一）更坚定地捍卫“两个确立”。把学习宣传好、贯彻落实好党的十九届六中全会精神作为当前和今后一个时期的重大政治任务，与学习贯彻区、市第十次党代会精神有机结合，与推动党史学习教育走深走实相结合，深刻认识中国共产党百年奋斗的重大成就和历史经验，深刻认识中国特色社会主义进入新时代的历史性成就和历史性变革，深刻认识“两个确立”对新时代党和国家事业发展、推进中华民族伟大复兴历史进程具有的决定性意义，坚定不移地把“两个确立”转化为坚决做到“两个维护”的思想自觉、政治自觉、行动自觉，通过广泛深入的民主和扎实有效的工作，使人民政协更好成为坚持

和加强党对各项工作领导的重要阵地、用党的创新理论团结教育引导各族各界代表人士的重要平台、在共同思想政治基础上化解矛盾和凝聚共识的重要渠道。

（二）更好地凝聚团结奋斗的共识。坚持系统观念和统筹谋划，把加强思想政治引领、广泛凝聚共识这一中心环节，同建言资政和凝聚共识双向发力的工作要求贯通起来，融入学习、视察、调研、会议、协商等各项活动之中，统一于政协履职始终，让建言资政有基础、有质量、有价值，让思想政治引领有温度、有力度、有深度，让凝聚共识有载体、有方向、有效果，通过巩固共同思想政治基础求同存异、聚同化异，推动建言资政和凝聚共识在服务大局和中心工作中有机融合、相互赋能。一是深入开展“交朋友”活动。组织开展机关干部与政协委员、党员委员与党外委员、委员与界别群众“交朋友”活动，在“交朋友”中相互学习、共同提高，在“交朋友”中宣传群众、引领群众，不断扩大“朋友圈”。二是讲好“委员故事”“西藏故事”“林周故事”。把讲好“三个故事”作为提高政治把握能力、调查研究能力、联系群众能力、合作共事能力的重要途径和履行委员职责的重要载体，讲好委员自身的故事，讲出身边有感染力的人和事，通过“小而美”的故事和一个个真实鲜活的案例，印证说明中国共产党领导和社会主义制度的无比优越，展现习近平总书记和党中央的亲切关怀，展现“中华民族一家亲、同心共筑中国梦”的情怀，阐释党的治藏方略和富民兴藏各项政策的伟大力量，提升和增强“三个故事”在各媒体平台上的影响力、说服力、感染力，有效服务大局。三是用好“书香政协”平台。坚持线上线下结合，灵活多样开展学习座谈、专题讲座、培训研讨等学习活动，通过委员讲、委员听、委员议，切实提升委员自我学习、自我教育、自我提高的积极性和主动性。既邀请专家学者、领导干部进行形势教育，又鼓励委员宣讲政策、正面发声，推进“委员宣讲课堂”进寺庙、进村居、进企业、进学校，把加强思想政治引领、广泛凝聚共识从委员走向界别群众，扩大覆盖面、提升影响力。

（三）更好地担当新时代的职责使命。围绕中心、服务大局，是人民政协性质职能和在国家治理体系中的政治功能决定的，必须自觉把政协工作放在全县工作大局中研究思考和推动落实，始终与县委中心工作同频共振、同向发力。全体政协委员要深切认识县委既定的主要目标、重点任务在哪里，团结引领各族各界代表人士增进思想共识和广泛团结，凝聚广大干部群众智慧和力量，共同致力于建设团结富裕文明和谐美丽的社会主义现代化新林周。具体工作中，委员要找准政协履职工作的结合点和切入点，为建言资政和凝聚共识打牢思想政治基础，把广大人民群众更好地团结在党和政府周围，不断增进对伟大祖国、中华民族中华文化、中国共产党、中国特色社会主义的高度认同。要深入群众、深入实际开展调查研究论证，更多占有第一手资料，为县委、县政府科学决策及相关部门推动工作建务实有用之言，把调查研究论证的过程转化为自我学习、自我提高的过程，转化为联系群众、宣传群众、为民办实事的过程，转化为促进落实、服务全局的过程。

（四）更好地发挥好专门协商机构作用。要准确把握专门协商机构的性质定位，把协商民主贯穿政治协商、民主监督、参政议政、凝聚共识全过程。组织召开全体会议、专题议政性常委会会议、专题协商座谈会、听取意见协商座谈会，灵活开展提案办理协商、界别协商、对口协商、联动协商，不断提高政协履职活动制度化规范化程序化水平。开展好民主协商和民主监督活动，在广泛深入的协商民主中凝聚共识，在统一思想中汇聚力量、促进落实，切实担负起“落实下去、凝聚起来”的政治责任。积极探索政协协商制度化实践，善于将实践总结为经验、将经验提升为理念、将理念固化为制度，建立健全覆盖政协党的建设、协商履职、组织管理、队伍建设等各方面的制度体系，实现从“有形覆盖”到“有效覆盖”转变。

（五）更好地提高自身履职能力水平。要坚持为国履职、为民尽责的情怀，真正把事业放在心上、把责任扛在肩上，在“四个创建”“四个走在前列”中担当作为、真抓实干、尽职尽责，在事关国家统一、民族团结、社会稳定等重大原则问题上，积极正面发声，旗帜鲜明斗争，做“懂政协、会协商、善议政，守纪律、讲规矩、重品行”的践行者。发挥党员委员和机关党员干部的先锋模范作用，提高联系沟通委员、密切联系群众的工作能力，多做为国家立心、为民族立魂的工作。认真落实区市县委关于加强作风建设的部署要求，大兴求真务实之风、调查研究之风，强化政协办公室作为政协综合办事机构的职能属性，苦练服务、协调、落实“三种本领”，规范办文、办会、办事流程，大力提升工作质量和效果，以作风之实彰显履职之能，建设一支政治坚定、业务精良、作风过硬、纪律严明的政协机关干部队伍。

各位委员，新时代需要新担当，新征程要有新作为！让我们更加紧密地团结在以习近平同志为核心的党中央周围，在县委的坚强领导下，精诚团结、砥砺奋进，不断开创林周政协工作新局面，奋力推进林周长治久安和高质量发展，以优异成绩迎接党的二十大胜利召开。

大事记

1月

5日　西藏自治区生态环境厅厅长罗杰带领厅监察室、生态处相关负责人到林周县检查指导“绿盾”自然保护区专项行动问题整改工作。

6日　团区委联合团市委、团县委到林周县党性教育基地就学习贯彻落实十九届六中全会精神开展宣讲。

7日　拉萨市人大常委会党组成员、副主任、林周县委书记次仁顿珠主持召开九届县委第98次常委会会议。

8日　林周县召开2020年度乡（镇）党委书记、行业系统党（工）委书记抓基层党建工作述职评议会。

9日　拉萨市人大常委会党组成员、副主任、林周县委书记次仁顿珠主持召开九届县委第九十九次常委会会议。

同日　中国共产党林周县第九届委员会第七次全体会议暨县委经济工作会议召开。

同日　拉萨市委常委、市政协党组副书记、统战部部长阿努次仁带领部机关干部职工到市委统战部驻村工作点唐古乡唐古村检查指导工作。

11日　西藏自治区妇联二级巡视员拉巴卓玛带领自治区“两规”实施摸底调研组，到林周县开展摸底检查指导工作。

19日　西藏自治区经济和信息化厅副厅长赵亚带领自治区“三农”工作调研组到林周县调研“三农”工作开展情况。

20日　拉萨市政协副主席，市村（社区）“两委”换届工作第五指导检查组组长达娃一行到林周县边交林乡指导村“两委”换届前期准备工作。

同日　拉萨市人大常委会党组成员、副主任林生到卡孜乡康姆桑村开展调研。

同日　拉萨市教育局局长中楚成到林周县指导项目设计工作。

21日　拉萨市人大常委会党组成员、副主任、林周县委书记次仁顿珠主持召开林周县村“两委”换届工作专题会。

25日　林周县卡孜乡卡孜村、托门村、克布村，唐古乡恰扎村、唐古村，旁多乡加格村、宁布村，阿朗乡拉康村、布岗村，松盘乡白定村、岗巴村，强嘎乡连布村、切玛村、强嘎村，春堆乡洛巴堆村，甘旦曲果镇甘曲村、久荣村，江夏乡联巴村、卡日村、拉顶村，边交林乡当杰村、卡优村共22个村党组织换届选举工作结束。

25—29日　林周县46个村陆续召开党员大会，圆满完成村党组织换届选举工作。

27日　政协第二届林周县委员会第六次会议完成各项议程，胜利闭幕。

1月31日至2月1日　林周县边交林乡当杰村，唐古乡唐古村、恰扎村，阿朗乡布岗村、拉康村，强嘎乡强嘎村、连布村，卡孜乡托门村、卡孜村，江热夏乡联巴村、拉顶村，松盘乡白定村，旁多乡加格村13个村村民委员会、村务监督委员会换届选举工作圆满结束。

2月

1日　拉萨市妇联一行到林周县卡孜乡康姆桑村开展“送家风故事”“送家教服务”“送法制安全”“送社会关爱”为内容的“四送”活动。

4日　林周县完成村“两委”、村务监督委员会换届选举工作，46个村均已选举产生新一届村党组织、村民委员会、村务监督委员会班子及其成员。

5日　林周县召开新任村“两委”班子集体谈话会。

9日　拉萨市人大常委会党组成员、副主任、县委书记次仁顿珠，县委副书记、县长高军等一行先后到林周县特困人员集中供养服务中心、县武装部、县消防救援大队、县武警中队进行慰问。

23日　林周团县委举行2020年国务院国资委党费专项资助西藏贫困学生助学金发放仪式。

25日　墨竹工卡县人大常委会组织部分基层人大代表到林周县参观考察交流。

同日　政协党组副书记、副主席、市总工会主席张勤带队到林周县探望患病劳模。

3月

3—5日　按照县委统一部署，九届县委第九轮巡察于2020年12月至2021年1月对8家单位党组织开展常规巡察，对9家单位党组织开展巡察“回头看”，全面完成九届县委届内巡察全覆盖任务。

4日　全县各乡镇团委均已召开村级团组织换届选举工作部署会。

8日　林周县妇联开展以“巾帼心向党·奋斗新征程”为主题的庆“三八”国际妇女节系列活动。

8—9日　拉萨市文化局非遗工作调研小组到林周县调研非遗保护与传承工作开展情况。

11日　西藏自治区森林草原防火第一督导检查组到林周县督导检查森林草原防灭火工作开展情况。

15日　林周县举行2021年度春季入伍新兵欢送仪式。

16日　拉萨市生态环境局副局长德吉央宗到林周县以座谈会形式对接重点工作。

同日　拉萨市县粮食局联合开展秋季售粮大户表彰前核实工作。

18日　县委常务副书记、常务副县长韦国岭召集相关单位负责人召开2021年全县计划实施项目推进会。

22日　拉萨市审计局党组副书记、局长任玉萍到市审计局驻村点林周县当杰村开展“领导干部下基层大接访办实事”活动。

23日　西藏自治区总工会党组成员、副主席边巴到林周县开展调研指导工作。

同日　拉萨市副市长扎西白珍到林周县嘎列村开展“领导干部下基层大接访办实事”活动。

24日　林周县召开2021年卫生健康工作暨卫生城镇创建动员部署会议。

25日　林周县举行农机具购置贷款发放仪式。

同日　拉萨市政协党组副书记、副主席张勤带队，社会科教文卫体委员会牵头，邀请市教育局、市卫健委相关人员，组织医卫界、教育界委员围绕“学校开学疫情防控工作”对林周县各校进行视察。

28日　林周县举行“升国旗、唱国歌”仪式，纪念西藏百万农奴解放62周年。

29日　林周县松盘乡岗巴村股份经济合作联合社成立大会暨第一次成员代表大会召开。

同日　林周县启动全县18—59周岁人员新冠疫苗免费接种工作。

31日　拉萨市委常委、宣传部部长、市委党史学习教育领导小组副组长吴亚松到林周县检查指导党史学习教育工作。

同日　中国共产党林周县第九届委员会第八次全体会议召开。

同日　林周县召开2021年全县基层党建工作会议。

4月

6日 拉萨市妇联副调研员洛桑玉珍一行到林周县开展“两规”调研。

同日 林周县召开农村居民收支调查培训会。

8日 “全国关心下一代党史国史教育基地”揭牌仪式在林周农场(林周县党员党性教育基地)举行。

12日 林周县举行2020年度拉萨市市级示范社集中授牌仪式。

同日 林周县2021年新任村“两委”班子成员开展专题培训暨学习贯彻中共十九届五中全会、中央第七次西藏工作座谈会精神。

19日 中共林周县委常委会班子召开落实中央第十巡视组反馈意见整改专题民主生活会。

20日 中共林周县人民政府党组召开落实中央第十巡视组反馈意见整改专题民主生活会。

同日 林周县召开全县义务教育基本均衡迎国检工作动员部署会。

21日 拉萨市人大常委会党组成员、副主任、林周县委书记次仁顿珠主持全面从严治党专题党课。

同日 江苏省对口支援西藏拉萨市前方指挥部党委书记、总指挥,拉萨市委副书记、常务副市长沈海斌与拉萨市委组织部副部长张戴一行到林周县看望慰问江苏省苏州市第十五批援藏医疗队。

同日 林周县组织召开县域内推进“五个100%”教育目标现场会。

22日 党史学习教育自治区宣讲团赴林周县举行集中宣讲报告会。

同日 共青团拉萨市委员会牵头,联合拉萨市教育局与共青团林周县委员会组织拉萨市学生联合会第二届主席团的学生代表与县中学45名学生在林周县党员党性教育基地围绕党史学习教育开展“小小少年听党话、跟党走”主题团日活动。

23日 林周县组织召开中国共产党林周县第十次代表大会代表选举工作会议。

26日 林周县召开青年工作联席会议第一次全体会议。

27日 林周县召开新冠疫苗接种工作再安排再部署会议。

29日 苏州援藏年度重点项目唐古旅游服务中心正式投用。

同日 林周县开始面向18周岁及以上居民开展新冠病毒疫苗免费接种工作。

30日 拉萨市教育局副局长陈渠汇一行到林周县检查义务教育基本均衡发展迎国检工作。

同日 林周县10个乡镇党员代表大会全部顺利召开,乡镇党委换届工作完成。

4月30日至5月1日 林周县10个乡镇174个选区陆续召开选举大会。

5月

1—3日 林周县10个乡镇新一届人民代表大会第一次会议陆续召开,截至3日,林周县乡镇人大换届选举工作结束。

7日 拉萨市物价科一行到林周县卡优村卡果组及县自来水厂实地调研农村安全饮水收费情况。

11日 拉萨市行审局副局长王永谦一行到林周县检查指导政务服务工作。

13日 林周县对甘曲村2处违规占用耕地和基本农田建房行为进行巡查。

17日 拉萨市妇联党组书记赵金花一行到林周宗雪妇女纺织农牧民专业合作社督导藏毯编织培训工作。

同日 林周县召开新冠肺炎疫情防控及新冠疫苗接种工作调度会。

18日 南京市司法局副局长、市律师行业党委书记陈宣东,《法制日报》江苏记者站站长丁国风一行到林周县司法局考察交流法律援助工作。

19日 拉萨市监察委员会委员肖华平一行到林周县甘旦曲果镇督导检查换届后续工作。

同日 拉萨市民政局副局长强琼一行到林周县边交林乡卡优村调研基层政权建设情况。

同日　由林周县人民政府与西藏大学招生就业处主办，林周县人社局与林周城投集团承办的西藏大学林周籍学子就业座谈会（招聘会）在西藏大学双创服务中心召开。

20日　“百年奋斗展辉煌、不忘初心再起航”党史教育主题展厅和“三更”专题展馆正式开馆。

21日　拉萨市妇联、林周县妇联联合开展的“童心向党·爱我中华”巾帼关爱困境儿童活动在林周县旁多乡中心小学举行。

24日　中国少年先锋队林周县第二次代表大会召开。

27日　拉萨市文化局党组副书记、局长拉巴旺堆一行到林周县检查指导基层公共文化管理工作。

28日　林周县2021年新任村“两委”班子成员专题培训班在县委党校顺利结业。

31日　林周县乡村振兴局挂牌成立。

6月

1日　林周团县委、县妇儿工委在卡孜乡白朗幼儿园开展“初心逐梦、童心向党”庆“六一”活动，卡孜乡白朗幼儿园师生及家长共200余人参加。

3日　林周农场旧址、拉萨警史馆、藏域星球西藏天文馆、当雄烈士陵园等4处被新命名为拉萨市市级爱国主义教育基地。

4日　西藏自治区血液中心、市红十字会联合林周县卫健委开展无偿献血活动。

8日　林周县邀请苏州高新区红十字会、苏州高新区人民医院专家5人到林周县开展“我为群众办实事——光明行眼科义诊”活动。

同日　拉萨市生活垃圾分类工作领导小组办公室负责人、北京援藏高级工程师刘旭一行到林周县考核督导垃圾分类工作。

9日　林周县推送申报的热振曲卓成功入选国家级非物质文化遗产代表性项目名录，实现林周在该层级非遗名录中“零”的突破。

11日　拉萨市副市长陆从福一行到林周县开展生态文明建设基层调研工作。

同日　由西藏自治区党委组织部选送，自治区群众艺术馆创造编排，林周县委组织部表演的情景剧《老西藏》，从全国选送的11个精彩节目中脱颖而出，荣获全国二等奖。

同日　山南市琼结县副县长孟再波率县水利局工作人员到林周县学习小型水库管理体制改革经验。

17日　林周县庆祝中国共产党成立100周年“学党史，强信念，跟党走”主题演讲比赛在林周县党员党性教育基地举行。

同日　昆山市人大常委会原主任、二级巡视员张雪纯率领昆山市人大系统代表团到林周县考察交流。

同日　西藏自治区党委副书记、拉萨市委书记严金海到林周县格桑塘现代农牧产业示范园考察农牧业发展情况。

18日　拉萨市党史学习教育宣讲团到林周县宣讲。

21日　拉萨市政府副市长郑卫国一行到林周县调研社会救助体系工作。

同日　林周县召开2021年全县防汛抗旱工作部署会议。

21—22日　拉萨市党史学习教育宣讲团成员、达孜区委党校讲师雷春利到林周县宣讲。

22日　林周县召开县委九届第一百一十四次常委会会议，县委书记高军主持会议。

23日　林周县召开中国共产党林周县第十次代表大会预备会议。

24日　中国共产党林周县第十次代表大会召开。

同日　由拉萨市委组织部牵头、市人社局统一部署、拉萨市妇联主办，西藏卓番林有限公司承办的藏毯编织培训班结业。

28日　林周县召开第十三届人民代表大会第一次会议“各代表团第一次会议”。

同日　林召开周县第十三届人民代表大会第一次会议“预备会议”。

同日　林周县召开“两会”党员大会。县委书记高军作讲话。

同日　林周县召开第十三届人民代表大会第一次会议“各代表团第四次会议”,会议分组审议人大、政府、法院、检察院四个报告的决议草案,继续酝酿各项候选人名单草案。

同日　中国人民政治协商会议第三届林周县委员会第一次会议胜利闭幕。

30日　林周县第十三届人民代表大会第一次会议在县文化活动中心礼堂闭幕。

7月

1日　林周县分别在县、乡(镇)、村(居)等设置270余个会场,集中收看庆祝中国共产党成立100周年大会直播。

5日　林周县庆祝中国共产党成立100周年文艺演出在县综合文化活动中心礼堂举行。

6日　林周县召开“两优一先”表彰大会。

9日　林周县召开优秀政法干警表彰大会暨先进事迹报告会。

13日　县委书记高军到县税务局指导工作。

15日　江苏省常熟市海虞镇党委副书记、镇长须亚军一行到卡孜乡召开援藏交流座谈会。

19日　西藏自治区党委编办体改处处长韩泽亮一行到边交林乡调研指导机构改革与综合行政工作推进情况。

同日　林周县园区服务中心举行“情系林周科创未来”车辆捐赠仪式。

25日　林周县新任村党组织书记赴苏集中培训班开班仪式在苏州干部学院举行。

8月

4日　县委办公室党支部集体学习会召开,县委书记高军、县委副书记方文伟以普通党员身份参加。

10日　林周县召开疫情防控工作推进会议,县委常务副书记、县政府常务副县长韦国岭出席会议并讲话。

16日　全县9所小学全部开学。

17日　县委书记、县委机构编制委员会主任高军主持召开县委机构编制委员会会议。

18日　团市委联合团县委组织开展第一期青少年社会工作及预防青少年违法犯罪工作培训班。

19日　林周县组织县(中)直各单位、各乡(镇),村,寺管会,学校通过电视、网络收听收看西藏和平解放70周年庆祝大会实况并组织交流研讨、畅谈感悟。

同日　由西藏天堂时光文化传播有限公司出品的电影《恋恋乡谣》在林周县开机拍摄,部分取景地位于林周县春堆乡、强嘎乡。

21日　拉萨退役军人事务局副局长肖国庆率工作组到林周县开展全国示范型退役军人服务中心(站)初审验收工作。

同日　全县组织机关干部职工、驻村工作队、农牧民党员等为河南灾区捐款。

24日　西藏自治区应急管理厅科技和信息化处副处长黄平带领党史学习教育第一巡回督导组一行3人到林周县对全县党史学习教育工作情况进行督导检查。

26日　拉萨市人大常委会副主任张慧率考察组开展“人大代表之家”提档升级工作交叉考察。

30日　林周县委流动党校巡回宣讲启动仪式暨首场巡回宣讲报告会在卡孜乡举行。

9月

1日　林周县组织全县9800余名师生收听收看《开学第一课》。

2日　林周县组织2021年增收工作业务培训开班仪式。

同日　县委常委、纪委书记、监委主任,县委反腐败工作协调小组组长李静主持召开县委反腐败工作协调小组

6日　苏州市总工会党组成员、副主席吴洪斌带队到林周县考察交流。

同日　西藏自治区人大常委会内务司法工作委员会主任布尼玛率领自治区人大调研组到林周县，开展法治政府建设情况专题调研。

8日　林周县在县中心幼儿园培训基地组织召开园长工作会议。

10日　林周县委书记、县委审计委员会主任高军主持召开县委审计委员会第二次全体会议。

13日　江苏省委宣传部副部长、省文明办主任葛莱率江苏媒体采访团到林周县采访援藏工作，人民日报社、新华社、光明日报社、中国日报社驻江苏记者，以及江苏广电总台、现代快报社等12家媒体记者一行20余人参加采访活动。

14日　林周县组织召开全县防范电信网络诈骗犯罪以案示警专题会。

16日　西藏自治区党委党史学习教育第九巡回指导组组长扎南率指导组成员与区科技厅党组成员、副厅长扎西达杰一行到林周县，调研指导区科技厅"十四五"重大科技专项"西藏草业时空拓展技术模式创新与示范"科技成果转移转化及农牧民受益情况。

同日　林周县在鹏博健康产业园举行重点援藏项目开工仪式。

23日　林周县在江热夏乡江热夏村举行以"庆丰收，感党恩"为主题的第四届"中国农民丰收节"庆祝活动。

同日　苏州市高新区枫桥街道办事处副主任刘旭鹏一行到林周县旁多乡考察交流，并召开座谈会。

27日　拉萨市经信局党组书记索群，党组成员、副局长卫智军一行到林周县就工业企业生产经营情况进行实地调研。

同日　苏州市立医院、林周县人民医院同时举行"苏林云诊"品牌发布暨5G远程超声机器人启用活动。

30日　在拉萨举行的以"新西藏・心视界"为主题的西藏旅游新业态分享会上，林周农场红色之旅入选其中发布的9条"黄叶金秋"轻度假目的地线路之一。

10月

10日　林周县组织全体西部计划志愿者在边交林乡开展"环境保护——你我同行"活动。

11日　林周县开展网络安全宣传教育活动。

12日　昌都市民政局一行到林周县考察交流。

同日　民建江苏省委联合拉萨市水利局在松盘乡松盘村举行"大爱无疆、情系松盘"公益捐赠活动。

同日　由拉萨市人民政府妇女儿童工作委员会联合林周县妇联、县教育局举办的2021年"护蕾行动"自护教育活动暨妇儿工委工作人员专题培训活动走进林周县。

13日　苏州市文广旅局副局长尤培东率代表团到林周县考察交流。

同日　西藏自治区高级人民法院党组成员、副院长达瓦一行到林周县人民法院调研人民法庭工作。

同日　江苏援藏前方指挥部项目组组长董伯林一行到林周县调研援藏项目推进情况。

同日　苏州吴中区、相城区卫生健康系统专家代表团队一行到林周县考察交流，并召开对口医疗支援座谈会。

15日　西藏自治区党委宣传部讲师团团长范磊一行到林周县调研"农家书屋"和基层宣讲工作情况。

同日　林周县召开"人大代表之家"提档升级工作推进会。

同日　林周县召开十届县委第七次常委会会议，县委书记高军主持会议。

16日　拉萨市委常委、宣传部部长王慧到林周县拉康村慰问驻村工作队并就宣传思想文化工作进行调研。

17日　林周县公安局甘旦曲果镇派出所火速破获3起盗窃电动车案，成功抓获1名系列盗窃电动车惯犯。

18日　江苏文艺小分队惠民演出暨文化交流活动在林周农场举行。

同日 林周县举办2021年村干部国家通用语言文字教育培训班。

20日 团市委副书记曹伟一行到林周县党员党性教育基地开展示范宣讲活动。

21日 拉萨市教育局调研组一行到林周县调研教育工作。

同日 拉萨市商务局一行到林周县开展供销合作社及农村电商工作专题调研并召开座谈会。

25日 县委书记高军带领全体在岗县级干部参观藏传佛教活佛转世专题展。

同日 林周县召开十届县委第八次常委会会议,县委书记高军主持会议。

同日 林周县组织召开近期新冠肺炎疫情防控工作专题会议。

27日 苏州娄葑街道党工委副书记吴奇率代表团一行与阿朗乡开展对口帮扶交流活动并举行座谈会。

29日 西藏自治区党委党校(行政学院)党史党建教研部何茂云副教授一行到边交林乡开展"关于基层党务工作存在的问题及对策研究"专题调研活动并召开座谈会。

30日 林周农场红色遗址入选中共西藏自治区委员会宣传部公示的拟命名新一批西藏自治区爱国主义教育基地名单。

31日 苏州市对口支援西藏林周县工作组被江苏省委省政府表扬为全省脱贫攻坚暨对口帮扶支援合作工作表现突出的集体"三对"工作先进集体。

11月

1日 拉萨市平安建设(综治工作)考核组到林周县开展考核验收工作。

4日 林周县召开十届县委第九次常委会会议,县委书记高军主持会议。

同日 拉萨市生态环境局林周县分局联合县应急监督管理局、县自然资源局、西藏梓鑫农业科技发展有限公司和林周县江夏乡财胜矿业有限公司,开展林周县2021年突发环境事件应急演练。

9日 拉萨市人大常委会一行到林周县就人大工作开展调研。

同日 拉萨市委常委、常务副市长占堆一行到林周县调研指导。

同日 林周县召开《林周县妇女发展规划(2021—2025年)》《林周县儿童发展规划(2021—2025年)》(简称新《两规》)编制征求意见会,征求对新《两规》框架内容,特别是各领域重点目标任务和策略措施的修改意见建议。

11日 水利部水利工程建设司司长王胜万一行到林周县督导调研水利部"我为群众办实事"项目建设情况及林周县小型水库运行管护工作。

12日 林周县委巡察工作领导小组组织召开对软弱涣散村党组织开展市县联动巡察试点暨十届林周县委第一轮巡察工作动员部署会议。

同日 那曲市政协党组成员、副主席西绕加措一行到边交林乡交流考察学习综治中心规范化建设和基层社会治理工作。

同日 林周县中学举行"青年之家"揭牌仪式。

同日 拉萨市副市长扎西白珍带领拉萨市增收工作调研组一行到林周县开展增收工作调研指导工作。

同日 林周县新冠肺炎疫情联防联控领导小组统筹安排下,在全县范围内开展3—11周岁人群新冠病毒疫苗接种工作。

13日 林周县市场监督管理局获拉萨市庆祝西藏和平解放70周年活动表现突出集体表彰;林周县公安局选矿厂检查站获拉萨市庆祝中国共产党成立100周年活动表现突出集体表彰;林周县委组织部专业技术人员、市大庆办工作人员益巴,林周县公安局交警大队四级警长巴桑伦珠,林周县医疗保障局一级科员王丽获拉萨市庆祝西藏和平解放70周年活动表现突出个人表彰;林周县江热夏乡拉定村村委会主任获拉萨市庆祝中国共产党成立100周年活动表现突出个人表彰。

同日 拉萨市委组织部、市发改委、市国资委有关负责人一行到林周县调研粮食和应急物资储备工作。

16日 拉萨市行政审批和便民服务局党组书记、副局长向巴彩喜一行到林周县检查指导政务服务工作。

17日 召开林周县第十三届人民代表大会第二次会议“各代表团第一次会议”。

同日 召开林周县第十三届人民代表大会第二次会议“预备会议”。

同日 召开林周县第十三届人民代表大会第二次会议党员大会。

同日 召开林周县第十三届人民代表大会第二次会议“主席团第一次会议”。

同日 召开林周县第十三届人民代表大会第二次会议“各代表团第二次会议”。

同日 拉萨市生态环境局林周分局组织执法人员到县人民医院开展辐射安全和疫情防控执法检查。

18日 召开林周县第十三届人民代表大会第二次会议“主席团第二次会议”。

同日 召开林周县第十三届人民代表大会第二次会议。

19日 西藏自治区农业农村厅党组成员、副厅长林木带领区、市两级农业农村部门工作人员到林周县检查指导高标准农田建设及“大棚房”自查自改工作。

同日 中央农村工作领导小组办公室、农业农村部、中央宣传部、民政部、司法部、国家乡村振兴局公布第二批全国乡村治理示范村镇名单。其中，西藏10个村被认定为第二批全国乡村治理示范村，林周县强嘎乡曲嘎强村上榜。

24日 林周县召开迎接2021年度全区生态环境保护考核工作动员部署会。

26日 西藏自治区粮储局局长徐海、区财政厅副厅长杨勇及市粮储局、市财政局负责人一行到林周县检查涉粮工作。

30日 拉萨市城关区财政局局长次仁德吉一行到林周县财政局，就预算管理一体化系统使用过程中遇到的问题进行交流学习。

12月

1日 西藏自治区妇联联合市县妇儿工委办，带领宣讲员、区市妇幼保健院专家和自治区母子保健协会人员，到林周县甘旦曲果镇久荣村开展阿佳讲堂乡村行—母婴营养保健及卫生健康知识讲座暨巡回义诊活动。

1—2日 林周县召开冬春季常态化疫情防控工作部署会议暨疫情防控专题培训工作会议。

6日 林周县召开创建文明城市工作推进会。

7日 林周县对全县46个驻村工作队开始进行为期一周的年终考核。

同日 西藏自治区财政厅农业农村处何纯一行到林周县开展农业财政资金监管和督促工作。

8日 拉萨市委常委、统战部部长、市政协党组副书记格桑次旦到林周县唐古乡唐古村宣讲中共十九届六中全会和区市第十次党代会精神。

9日 西藏自治区生态文明建设示范区创建现场复核组一行到林周县对生态文明建设示范创建工作开展督导检查与现场复核。

同日 拉萨市政府党组成员、副市长扎西白珍先后到林周县旁多乡宁布村和林周县机关，集中宣讲中共十九届六中全会精神和区市第十次党代会精神。

同日 政协第三届林周县委员会第二次常委（扩大）会议召开，县政协党组书记、主席朱宝忠主持会议并讲话。

同日 林周县召开2021年1—11月预算执行情况通报会暨2022年部门预算编制工作推进会。

同日 拉萨市市场监督管理局联合西藏皐康医院为驻村工作点林周县联巴村群众开展送医送药义诊活动

10日 中共林周县委全面依法治县委员会第一次会议召开，县委书记、县委全面依法治县委员会主任高军出席会议并作讲话。

同日 西藏自治区党委宣传部和自治区交通运输厅有关领导共同为“两路”精神纪念馆爱国主义教育基地揭牌，是自治区党委宣传部命名的16

家西藏自治区爱国主义教育基地之一。

13日 拉萨市委常委、组织部部长张定成到林周县旁多乡宁布村，宣讲中共十九届六中全会和区市第十次党代会精神。

15日 中共十九届六中全会和自治区第十次党代会精神自治区宣讲团一行到林周县开展集中宣讲。

17日 拉萨市退役军人事务局副局长昌拉一行到林周县调研指导退役军人事务工作。

同日 林周县召开2021年度年终述职大会。

20日 拉萨市副市长赵世东到林周县卡孜村宣讲中共十九届六中全会精神及区、市第十次党代会精神。

23日 林周县春堆乡举行集体经济分红仪式。此次共有2312名集体经济组成成员共享成果，分红193.8万元。

同日 林周县召开“一站两联”建设推进工作会暨团代表联络站揭牌仪式。

同日 林周县委全面深化改革委员会会议召开。

同日 林周县召开十届县委第十三次常委会会议，县委书记高军主持会议。

28日 林周县组织藏传佛教界代表人士开展中共十九届六中全会和自治区第十次党代会精神宣讲会，全县共40余名寺管会僧尼班子成员参加。

29日 拉萨市委讲师团成员、市委党校高级讲师廖承英一行到林周县宣讲区、市第十次党代会精神。

同日 林周县召开“三节”期间疫情防控工作安排部署会。

31日 林周县组织召开2021年全县驾驶员第四季度安全行车教育暨元旦、春节、藏历新年期间公务车辆使用管理工作会议。

县情概览

【基本情况】 林周，藏语含义为天然形成的沃土，位于拉萨市东北，距离市区65千米。全县辖9个乡、1个镇、46个行政村，15773户、65342人；总面积4464.5平方公里，永久基本农田19.04万亩，林地160万亩，草地437万亩，是拉萨市5个县3个区中的第一产粮大县、第二牧业大县。全县南北狭长，跨度达180千米。念青唐古拉山支脉——恰拉山横贯全境，将林周县分割为南北两大部分。北部属拉萨河上游及其源流区域，素有“三河一流”的美称（即热振河、达龙河、乌鲁龙河、拉萨河流域），平均海拔4200米，气候干燥，年平均气温2.9℃，以牧业生产为主。南部地区属拉萨河支流澎波河流域，平均海拔3860米，谷地开阔，气候温和，雨水充沛，年平均气温5.8℃，主产小麦、青稞、油菜、土豆等，是拉萨市的主要粮食生产基地。林周县风光秀美、山川壮丽、人杰地灵，人文历史底蕴深厚，是拉萨城市“后花园”。全县有雅江中游河谷黑颈鹤国家级自然保护区和西藏热振国家级森林公园。有寺庙38座，著名的藏传佛教寺庙热振寺，距今已有千年历史。

【经济社会发展】 2021年，全县地区生产总值完成19.68亿元，同比增长6.5%；一般公共预算收入完成3.89亿元，同比增长51.4%；社会消费品零售总额完成3.9亿元，同比增长6.2%，全县经济持续向好、稳定向好。

【产业发展】 2021年，全县牲畜存栏22.39万头（只、匹）、出栏3.42万头（只、匹），肉产量达到3491.5吨。格桑塘现代农牧产业示范园东区牦牛存栏3375头，牦牛群体繁殖率和新生犊牛成活率分别达到51.7%、90%。全年完成粮食作物种植15.2万亩，稳定粮食产出5.81万吨。高效节水饲草生产示范基地建成投用，稳定饲草种植面积7.75万亩，产量突破3.07万吨。鹏波阿朗菜籽油项目试运营，完成阿朗圣菜籽油商标注册。唐古游客服务中心、林周农场（二期）提升改造工程竣工验收，平措康桑唐古酒店正式运营，林周农场获评“全国关心下一代党史国史教育基地”称号，入选西藏自治区“红色旅游景区（点）”“爱国主义教育基地”名录，全县累计接待游客18.59万人次，实现旅游收入2200.1万元。

【项目提质】 2021年，编制完成《林周县国民经济和社会发展“十四五”规划和二〇三五年远景目标纲要》，储备“十四五”项目192个，估算总投资108.2亿元。全年实施项目66个，完工项目36个。江热夏乡、边交林乡“幸福路”工程，卡孜乡克布村朱古桥改建工程等8个农村公路桥梁项目竣工。总投资1.72亿元的11个受援项目，涉及产业发展、教育医疗提升等多个领域，年内完成投资7884万元。始终坚持招商引资“走出去”“请进来”，前往江苏、贵州、广西等地招商4次，其间，对接成功12000吨乳化炸药生产、热带水果种植等重大投资项目，全年完成招商引资到位资金1.41亿元。

【民生保障】 2021年，完成技能培训40期、1881人次，转移就业1.26万人，创收1.23亿元。应届高校毕业生就业590人，就业率达99.5%。教育事业不断提升。调整充实师资队伍27人，培训教师700余人次，全县小考成绩连续5年名列全市前茅。智慧医疗建设加快。县医院开通“健康西藏”线上挂号、支付等就医服务，获评“中国市县医院智慧创新奖”，居民电子健康建档率、计生奖励覆盖率均达到100%。社会保障更加有力。发放社保卡6.83万张，兑现养老金1558.9万元、医保金3079.33万元。城乡低保标准逐年提高，残疾人、事实无人抚养儿童等特殊群体持续得到保障，兑现民政救助资金1196.8万元。强嘎乡典冲村村民委员会荣获“全国农村留守儿童关爱保护和困境儿童保障工作先进集体”称号。双拥工作荣获自治区级“双拥模范城（县）”称号。

【城乡发展】 2021年，挂牌成立乡村振兴局，制定《林周县关于健全防止返贫动态监测和帮扶机制的实施方案》，全年整合涉农资金1.34亿元，拆除易地搬迁旧房屋783套，兑现补助资金2888.8万元。顺利完成贡觉县49户搬迁群众入住工作。全县45个行政村村庄规划已基本编制完成，“美丽乡村·幸福家园”8个示范村建设全面启动，新建房屋79套。持续保障住房安全，改造房屋254套，新建公共租赁住房458套。新修公路52千米，养护农村公路172处。县城自来水厂水源地搬迁项目全面启动，“智慧城管”“明厨亮灶”加快建设，县城污水处理厂项目建成试运行。“四化”整治工作取得实效，城市面貌井然有序、焕然一新。

【改革创新】 2021年，农村集体产权制度改革通过区市两级验收，成立45个村级集体经济组织，认定组织成员5.92万人。制发《林周县深化国资国企改革三年行动方案（2021—2023年）》，厘清县属国有企业公司架构、经营状况。扎实做好市委涉粮问题专项巡察反馈意见整改落实。成功申报全国小型水库管理体制改革样板县，完成4座水库维修养护。预算管理一体化改革实现全覆盖。商事制度改革实现企业登记全程电子化、受审合一、限时办结，全县新增市场主体483户，注册资金达4.3亿元。推进税费改革，十项财行税合并申报，增值税专用发票电子化替换，完成税收6.71亿元，落实减税降费1亿元。深化“放管服”改革。2021年，受理行政审批服务事项18.42万件，按时办结率达100%，办理“12345”热线工单124个，满意率达99%。

【生态保护】 2021年，定期开展环境水质、气质、土质监测，各项指标均达到或优于标准限值。整治扬尘隐患131处，非道路移动机械编码审核登记190辆，燃煤锅炉全部淘汰。妥善处置危废物24.54吨。开展水土保持综合治理4.3万亩，推广测土配方施肥11.3万亩，保持全县耕地无污染。全面落实河（湖、林）长制，管理河流423.53千米，河道清淤2.6万立方米、清理垃圾65吨，编制完成《澎波河支流果当沟岸线保护与利用规划》。全年义务植树造林21.6亩、乡村“四旁”植树2301.6亩。旁多乡生活垃圾低氮低温裂解处理项目开工建设，江热夏乡、松盘乡、强嘎乡垃圾转运站投入使用，县城主干道四种分类垃圾桶全覆盖，垃圾分类达到人人知晓、共同参与。

（王江涛）

中国共产党林周县委员会

综述

【概况】 2021年,顺利召开中国共产党林周县第十次代表大会,选举产生中国共产党林周县第十届委员会委员24名、候补委员5名、常务委员会委员11名,设书记1名、常务副书记1名、副书记3名。十届县委坚持以习近平新时代中国特色社会主义思想为指导,深入贯彻自治区、拉萨市第十次党代会精神,团结带领全县各级党组织和广大党员干部群众,忠诚捍卫"两个确立",坚决做到"两个维护",扎实做好"六稳"工作、全面落实"六保"任务,全县呈现出社会大局和谐稳定、经济发展稳中有进、生态环境持续改善、党的建设全面加强的良好态势。

2021年8月26日，县委书记高军（左五）主持召开县委二次全会

【新冠肺炎疫情防控】 年内,稳妥有序推进新冠疫苗接种工作。截至年底,第一针疫苗接种已完成3.88万人次,第二针疫苗接种已完成3.56万人次,第三针已完成1.24万人次。

年内,始终坚持落实"外防输入、内防扩散、人物同防"措施,层层压实"四方责任",严格落实防控要求。强化重大活动的疫情防控,结合2021年换届选举、中国共产党建党100周年、西藏自治区成立70周年及其他大型活动等实际,县委、县政府及时调整办公室工作力量,指派2名副县级领导负责办公室工作,专门成立由二级调研员任组长的疫情专项督导组。办公室现有工作人员6名,并制定完善林周县应对新冠肺炎疫情防控工作方案、应急预案,将工作细化且分工明确,成立14个专项组,组长均为县级领导干部担任,各成员单位为小组成员,开展日常的监督检查和各项保障,使社会面疫情防控工作井然有序开展。2021年组织实施林周县新冠肺炎防控核酸检测采样应急实战演练2次,检测人数达860余人次,演练中专门抽调人员136人次,落实开展登记、扫码、测体温、提醒戴口罩、场地消杀、一米距离排队等防控措施和演练所

2021年10月18日，县委书记高军（右三）一行到格桑塘现代农牧产业示范园东区调研牦牛繁育工作

需的医疗保障。继续加强风险岗位、重点从业人员的核酸检测抽检工作，持续开展公安民警、医务人员、一线防控人员、快递物流人员核酸检测工作，最大限度排除潜在感染源隐患。截至年底，已开展2800余人次核酸检测，结果均呈阴性。排查车辆3.76万辆，人员21.31万余人，检查商店、茶馆、超市213家，排查人员1.25万人次，检查疫情安全隐患11处，现场整改11处，签订林周县进口冷链食品规范经营承诺书3份。

【农牧业生产】 年内，全县牲畜存栏达21.93万头（只、匹），其中牦牛12.61万头、黄牛5.74万头、绵羊2.07万只、山羊0.94万只、猪0.36万头、马属动物0.21万匹；牲畜出栏达6.57万头（只），其中牦牛2.96万头、黄牛1.38万头、绵羊1.30万只、山羊0.62万只、猪0.31万头。2021年肉产量0.59万吨，其中牛肉0.54万吨、羊肉0.03万吨、猪肉0.02万吨；奶产量为1.99万吨；禽蛋产量为132.82吨。全县完成粮食作物种植面积15.20万亩（其中青稞10.68万亩、小麦4.53万亩），全县粮食总产量为5.81万吨，其中青稞总产量为4.07万吨，小麦总产量为1.74万吨。持续大力发展优质牧草种植，全县饲草种植面积8.13万亩。组建农业技术培训班，系统培养农业科技人才，不断提高农牧民群众种养殖水平，截至年底，累计开展技术服务活动50余场次，受益群众达4000余人次；组织培训10余场次，培训村级防疫员、科技特派员、农牧民群众达2000余人次。完成果蔬农药残留快速检测样品404批次，合格率达到99.7%；完成全县风险监测（定量定性）抽样样品180批次，其中蔬菜120批次、禽蛋10批次、水产类10批次、畜产品40批次。

【项目建设】 年内，全县共计划实施项目79个，其中续建19个、新建55个、争取实施类5个，总投资约16.7亿元，年内，投资10.61亿元。全县开复工项目59个，其中500万元以上的项目46个，开工率72.16%，完成固定资产投资22714万元。

【民生事业】 年内，坚持就业优先，深挖潜力、拓宽渠道、精准就业，全年高校毕业生就业589人，就业率达到99.3%，实现农牧民转移就业1.26万人，实现组织化就业收入达6.1亿元。优先发展教育，加大教师培训力度，有序推进“培优辅差”工作，教学质量持续保持全市县（区）前列。纵深推进县域综合医改工作，城乡医保参保率达100%。持续关心关爱困难群众、留守儿童和困境儿童，强嘎乡典冲村村民委员会荣获“2021年度全国农村留守儿童关爱保护和困境儿童保障工作先进集体”称号。足额落实救助标准，各项惠民资金全部落到实处。狠抓安全生产，持续加大对山体滑坡、泥石流、食品药品安全、矿山企业巡查监管力度，有效保障了人民生命财产安全。基本医疗保险系统开通运行全覆盖。积极与上级业务部门进行对接，完成9个乡镇卫生院“医服通”医保结算业务，36个村卫生室“村医通”门诊购药POS（销售终端）机结算业务，为当地广大干部群众开展门诊、门诊特殊病、“两病”购药报销服务提供了方便。

年内，坚持“四不摘”（摘帽不摘责任、摘帽不摘政策、摘帽不摘帮扶和摘帽不摘监管）要求，对低收入群体进行核查、动态管理，及时将4户13人纳入检测、帮扶范畴。扎实有序推进房屋腾退工作，房屋腾退协议签订率达100%，兑现资金达2888.8万元。高质量完成昌都贡觉县49户跨市整体易地搬迁工作，截至年底，安置“三岩”搬迁群众112户，并妥善做好搬迁群众就医、就学、就业等工作，不断提升群众安全感、获得感、幸福感。制定“路线图”“任务书”“时间表”，加快推进“美丽乡村·幸福家园”示范村建设，计划完成房屋建设79户，已完成48户内外墙涂料、墙地砖、防水等施工作业。

【意识形态领域建设】 年内，处理好“管肚子”和“管脑子”的关系，持续开展“五下乡”活动，深入开展“四讲四爱”群众教育实践活动，创新开展“讲党史、谈变化、颂党恩”大讨论活动，集中习近平总书记最鲜活的思想、与基层联系最紧密的语句，深刻阐释习近平新时代中国特色社会主义思想的科学内涵和对西藏各族群众的特殊关怀，深刻阐释党的英明伟大和社会主义制度的无比优越性，不断增强“五个认同”。

年内，以开展党史学习教育和“三更”专题教育为抓手，切实做好干部群众经常性思想工作。订购发放党史学习教育和“三更”专题教育指定教材、参考教材共4030本；举办第三期党员政治教育培训、初任干部政治教育培训、宣讲骨干赴井冈山集中培训、新任村党组织书记赴苏州集中培训、农牧民基层宣讲员培训等系列培训班12次，选派55名干部参加区市相关培训，累计培训党员干部1090人次。组织党员、干部、群众赴拉萨市廉政警示教育基地、“两路”精神纪念馆、西藏民主改革第一村、山南市烈士陵园等红色教育基地开展参观见学活动300余人次。针对不同群体党员的不同特点，充分发挥204名基层宣讲员、优秀教师、驻村工作队等宣讲力量作用，开展宣讲活动320余场次、覆盖3.6万余人次，特别是以县委党校为依托启动流动党校，深入10个乡镇、46个行政村开展巡回宣讲活动，不断增强党史学习教育的参与度和吸引力。

年内，深入开展“扫黄打非·清源·固边·护苗·秋风·净网”专项行动，全力扫除淫秽色情、少儿类有害出版物、侵权盗版等文化垃圾，社会环境得到极大净化。深入实施文化惠民工程，先后推出“我的小康生活”“我家门前那条路”“追寻革命先烈足迹”“再唱山歌给党听”等优秀短视频，获得全国各地网友的一致好评。大力推进农牧区新一代直播卫星广播电视覆盖工程，申请“中央厨房”建设场地，持续推进融媒体中心建设。讲好“老西藏”故事，精心编排情景剧《老西藏》，荣获浙江省委党史和文献研究院、中共嘉兴市委主办的“追寻——庆祝中国共产党成立100周年红色故事会”全国大赛二等奖。持续深入推进“两馆一站”县文化馆、县图书馆、乡镇综合文化站免费开放。县综合文化活动中心举办各类演出3次，观众达1000余人次，召开各类会议9次，接待人员1200人。各乡镇综合文化站举办群众文化活动42场，受益群众8000余人次。广泛开展群众性文化活动，县艺术团开展文化惠民文艺下基层70场次，45个行政村文艺演出队利用农闲时间累计演出达384场次，受益群众6万余人次，切实丰富了城乡人民群众精神文化生活。利用“4·23”世界读书日开展阅读宣传、送书下

2021年11月10日，县委副书记韦国岭（前排左二）一行到边交林乡调研连巴村至卡优村的乡村道路修筑情况

2021年11月15日，县委副书记方文伟（中）一行到唐古乡督导疫情防控工作

乡等活动，为10个乡镇综合文化站充实发放图书共计2480册。

【生态环境】 年内，落实主体功能区战略和自然保护地制度，执行最严格的生态保护政策，坚持“三高”企业和项目零引进、零审批，定期邀请第三方对县域环境空气、地表水、地下水以及人工湿地污水处理站出水进行监测。2021年全县环境质量均为合格标准。制定印发《林周县2021年巩固“禁白”成果工作方案》，压实工作责任，厘清工作职责，持续开展“禁白”宣传和限塑专项整治行动，收缴一次性塑料袋1万余袋。持续落实河湖草长制。试点引进低氮低温裂解垃圾处理工艺，极大解决了垃圾处理难题。严厉打击环境违法行为，查处环境违法案件5件，查封扣押企业1家，共处罚金3.1万元。持续推进中央生态环境保护督察、自治区巡视反馈问题整改工作，整改全部反馈问题。国土绿化、山体修复取得新突破，澎波河综合整治稳步推进，县域水系基本实现连通，甘曲湿地保护成果实现全民共享，生态环境实现持续良好。全面实施乡村“四旁”植树，种植苗木15.3万株、2300余亩。加大生态环保政策宣传力度，引导广大群众树立绿色发展理念。

【民主政治建设】 年内，选举产生新一届县委委员、候补委员29名；人大常委会委员、主任、副主任27名；政府县长、副县长8名；政协常委、主席、副主席23名；纪委委员、常委16名；县法院院长、检察院检察长各1名，当选的新一届县级班子中，有7名具有乡（镇）党政正职经历。依法选举产生新一届乡（镇）党委班子成员90名、纪委班子成员20名、人大班子成员10名、政府班子成员40名，乡（镇）党政正职全部达到“一藏一汉”标准，实现经验能力互补、性格气质相容。按要求选举新一届村级党组织书记、副书记、委员273名；村民委员会主任、副主任、委员189名；村务监督委员会主任、委员139名，村“两委”班子成员平均年龄45.8岁，较上一届下降6.5岁，大专及以上学历40名，较上一届增加40名，实现了班子年龄、学历、人员类别等结构的进一步优化。

年内，围绕县委中心工作，坚持党的领导、人民当家作主、依法治国有机统一，批准人大、政府、“十四五”规划纲要、法院、检察院等报告7个。依法选举任免国家机关工作人员51人次。研究制定《政协第二届林周县委员会常务委员会2021年工作要点》，高质量完成新一届政协委员培训工作，建立政协委员档案，完善专委会工作细则、多层次联络服务委员制度，有效推动政协工作提质增效。

【党的建设】 年内，研究制定《林周县委落实全面从严治党主体责任2021年度工作要点》，修订完善县委常委会议事规则，推动建立权责对等、分类有序的主体责任体系。充分发挥“关键少数”作用，落实巡视巡察整改责任，深挖问题产生根源，坚持问题不解决不放过、整改不彻底不罢休，确保整改成效经得起全方位检验。坚持好干部标准和民族地区“三个特别”要求，树立正确的选人用人导向，注重在维护稳定最前沿发现使用干部，格外关心在高海拔和艰苦地区工作的干部，选拔任用来自维稳、驻村驻寺等领域的干部168名。对18名任职试用期满的干部进行考核，全部正式任职。突出政治功能，统筹推进各领域基层党组织建设。巩固村“两委”班子成员100%是党员成果，持续推进“1+3”专干工程，全面推广普及国家通用语言文字，村干部能力素质得到持续提升。整顿软弱涣散基层党组织2个，符合“三有”条件的企业党组织覆盖率达100%。严格落实中央八项规定及其实施细则精神，加大“四风”特别是形式主义、官僚主义等问题整治力度，累计发现问题406条，追缴违纪违规资金19.4万元，已整改到位404条。坚持抓早抓小抓苗头，对14家单位开展常规约谈，运用“四种形态”处理干部21人次。紧盯“六大顽瘴痼疾”问题，坚决惩治群众身边“微腐败”，严肃查处侵害群众利益腐败和不正之风问题2件4人，全县政治生态更加清明。

（卓　珍）

【机构领导】

拉萨市人大常委会党组成员、副主任、林周县委书记

次仁顿珠（藏族，5月免）

县委书记

高　　军（5月任）

县委副书记、人大常委会主任

格旦次仁（藏族，5月免副书记）

县委常务副书记、常务副县长

韦国岭（江苏援藏）

县委副书记、组织部部长

何　　震（5月免）

县委副书记

方文伟（6月任）

普布旺堆（藏族，12月任）

办公室工作

【概况】 年内，县委办紧紧围绕全县工作中心，以庆祝中国共产党百年华诞、西藏和平解放70周年为契机，不断提高综合素质、强化队伍建设、狠抓工作落实，充分发挥参谋助手、督促检查和综合协调等职能，有力保证和促进各项工作的高效运行，为推动全县长治久安和高质量发展做出应有的贡献。

【自身建设】 年内，县委办干部职工坚持以习近平新时代中国特色社会主义思想为指导，增强“四个意识”、坚定“四个自信”、做到“两个维护”，坚定不移贯彻落实党中央和区市县党委重大决策部署，以高度的政治责任感坚决维护县委、县政府的权威，把县委、县政府的工作部署全面落到实处。不断加强党性修养、陶冶品格、提升思想境界，树立正确价值观、政绩观，坚持立党为公、执政为民，在政治上、思想上、行动上始终与党中央保持高度一致，永葆共产党人的政治本色。始终胸怀远大理想，坚定崇高信仰，时刻牢记全心全意为人民服务的宗旨，牢记党和人民的重托，保持“蓬勃朝气、昂扬锐气、浩然正气”，主动作为，为建设团结富裕文明和谐美丽现代化新林周而努力工作，不懈奋斗。

【办公室党组织建设】 年内，县委办以落实“三会一课”制度、开展“主题党日+”活动等为抓手，深入学习中共十九大和十九届历次全会精神、习近平总书记在中国共产党成立100周年大会上的讲话及视察西藏时的重要讲话精神、区市县党委重要会议文件精神，不断用习近平新时代中国特色社会主义思想武装头脑、指导实践。全年共开展支部学习36次、“主题党日+”活动12次。

【党风廉政建设】 年内，严格落实

2021年7月12日，中共林周县委办党支部开展“党史学习教育”专题组织生活会

党风廉政建设责任制，始终把党风廉政建设作为办公室一项重要工作来抓，深入开展反腐倡廉教育，推进惩防体系建设。认真组织开展廉政党课学习，不断提高党员干部特别是领导干部廉政自觉意识和能力，筑牢拒腐防变的思想防线。严格落实“三重一大”制度规定，遇重大事项召开会议，广泛征求党员干部意见，共同协商确定。

2021年10月29日，林周县委办公室一行到县文化活动中心参观藏传佛教活佛转世专题展览

【文秘工作】 年内，编印文件277件，其中以县委名义行文180件，以县委办名义行文35件，所有文件均做到格式规范、内容准确无误。充分发挥办公室沟通协调职能作用，上传各乡镇、县(中)直单位工作开展情况、对县委工作的意见建议等，下达县委的决策部署、主要领导指示精神，促进全县各项工作扎实有序开展。

【会务工作】 年内，会务组织严密细致，认真筹划、精心组织县委全委会、县委常委会、县委专题会等；协调参与全县依法治县委员会会议、审计委员会会议、全面深化改革委员会会议等各类专项会议。会前，精心布置会场，严格确定参会人员座次对与否、会场整洁与否等。会中，全力做好服务工作。会后，及时整理归档会议资料，并查找会务工作中存在问题，及时形成会议简报、会议纪要。全年累计组织参与各类大型会议活动40余场次。统筹协调推进建党100周年、西藏和平解放70周年大庆活动，全面完成大庆各类活动筹备开展工作，及时将中央代表团赠送的大庆礼品发放到干部群众手上，让广大干部群众真正感受到党中央的关心关怀。

【信息工作】 年内，充分发挥信息“主渠道”和“参谋助手”作用，不断提高信息报送质量，共计报送各类信息1056条、专报44条、直报信息550条、约稿11篇，其中31条信息、4条专报、7篇约稿被拉萨市采用。围绕县委中心工作和县委主要领导的工作思路以及群众诉求，不断提升信息服务的敏锐性、精准度，抓住重点、关注热点、剖析难点，为领导决策提供了有效依据。

【突发事件应对处置】 年内，立足办公室岗位职能，切实发挥紧急情况下信息的上传下达职能，在突发事件处理中，办公室迅速行动，全面细致做好事件发生原因、过程、应对情况的收集整理、核实上报工作，确保各级领导在第一时间掌握最翔实、最准确的资料。

【政研工作】 年内，在各类重大会议事项确定后，立即组织政研人员，按照领导对讲话稿等会议材料内容做出的指示，进行充分讨论酝酿，及时确定提纲，指定专人或分工协作起草稿件。积极梳理学习上级领导的讲话精神和工作思路，整理汇编，为领导决策提供科学依据。完成第十次党代会、经济工作会议、年终述职大会、各项重要工作调度会等大型会议材料以及各类会议讲话稿的起草，全年完成领导讲话、汇报等综合性文稿500余篇，撰写文字材料80万字，制发文件277份。

【督查工作】 年内，紧盯县委、县政府中心工作、重点项目及重要工作部署，积极组织开展督促检查，及时跟踪、了解工作进展情况，反映存在的问题，有效推动了县委工作快速落实。全年开展现场督查54家次，编发各类督办通报35期，迎接市级以上督查1次，办理市级以上督办25件，有力推动了工作落实。办理网民留言22条（含上级转办6条），全部按时完成答复，办复率、满意率均达100%。

【档案收集归档】 年内，全面加快档案资料整理，现有馆藏总量为11903卷，对全县2021年度县、乡、村、户四级精准扶贫191卷档案进行梳理补修，馆藏档案资料价值得到进一步显现。全年接收档案704卷，涵盖各级各部门。收集婚姻档案536卷、医保凭证399卷。开展业务指导50余次。在对档案馆硬件设施进行改造提升的基础上启动数字档案工作，拟将所有档案资料扫描录入系统，推动档案信息化建设工作迈上新台阶。

【密码机要工作】 年内，坚持24小时值班制度，保证密码通信工作安全、及时、畅通；进一步完善文件传阅，收发办理各类传真电报、上三级文件176件，均做到保密、及时、准确，无漏办、错办现象，确保党委、政府的指示政令安全畅通。

【保密工作】 年内，严格涉密载体管理，做好涉密文件资料保密工作，坚决杜绝文件泄密现象。涉密文件资料发放履行登记、签收、定期检查手续，整理完毕的涉密文件资料及时归档、入柜，加强对移动存储介质管理。认真开展保密工作督查，进行保密法律法规宣传教育，切实提高各单位干部职工保密意识。积极配合开展全县涉密计算机多功能设备配备工作，加强涉密计算机管理。认真做好保密基础工作，组织参加上级培训2次110余人，开展本级培训3次260余人，完成全县保密检查工作，全县未发生一起失泄密事件。

【党政信息网建设】 年内，积极推进县乡党政信息网建设使用，切实推进政务电子化，提高工作效率。加强网络传送信息的管理，严禁在县乡党政信息网上传输涉密内容，切实做好保密工作。全县党政信息网正常使用的单位达到100%，利用率持续在全市8县区中位于前列，为提高工作效率发挥了明显作用，大大降低了全县行政成本。

（卓　珍）

【机构领导】

县委常委、县委办公室主任

卢智杰（5月免）

常务副主任

杨海龙（5月任）

副主任

王金燕（女，5月任）

县机要局副局长

姜　伟（2月任）

组织工作

【概况】 县委组织部是县委的工作机关，主管全县组织工作，统一管理公务员工作、老干部工作和机关党建相关工作，对外保留县委老干部局牌子，对外加挂县公务员局、县直属机关工作委员会牌子。县委机构编制委员会办公室为县委机构编制委员会的办事机构，承担县委编委日常工作，负责全县行政体制改革、机构改革和机构编制管理工作。县委党校为县委直属事业单位，由县委组织部管理。

2021年，林周县共有党组织

2021年8月30日，林周县委办公室一行到拉萨市城市管理和综合执法局参观生活垃圾分类宣传教育展览

405个，其中党委29个，党总支32个，党支部344个。全县共有党员5846人，其中农牧民党员4219人，占全县党员总数的72.17%；藏族党员5364名，占全县党员总数的91.76%；35岁以下党员2052名，占全县党员总数的35.10%。

【党建工作】 1月8日，组织召开2020年度乡（镇）党委书记、行业系统党（工）委书记抓基层党建工作述职评议会。10位乡（镇）党委书记和县直机关工委、县委“两新”工委、统战部、国企党工委、教育局、公安局、老干部局、网信办等8位行业系统党（工）委书记就抓基层党建情况分别进行现场或书面述职，总结2020年度履职情况，查摆存在问题，剖析问题原因，明确下一步努力方向，坚决压实全面从严治党主体责任，不断增强基层党组织的政治领导力、思想引领力、群众组织力和社会号召力。

【周密安排部署】 3月31日，组织召开2021年全县基层党建工作会议，总结2020年全县基层党建工作，并围绕党史学习教育、“三更”专题教育、“三新”大学习大讨论活动和县乡领导班子换届等重点工作，聚焦中国共产党成立100周年和西藏和平解放70周年等重大节日进行规划、安排、部署。同时及时成立由组织部部长担任组长的指导调研组，集中利用1个月时间，深入乡（镇）、村、寺管会、两新、学校、国有企业党组织，通过召开座谈会、查阅台账、一对一交流、与党组织书记谈心谈话等方式，摸清底数、了解短板，为各领域基层党建工作又好又快发展奠定扎实基础。

2021年8月30日，县委常委、组织部部长米玛次仁（右二）主持召开林周县委流动党校巡回宣讲启动仪式

8月4—26日，分批次组织召开农牧区、寺庙领域、国有企业、县直机关工委基层党建重点任务推进会，从压实工作责任入手，强化抓党建工作的主责意识、大局意识、质量意识、过程意识，明确工作重点，针对存在问题精准施策，细化工作要求，增强做好党建工作的责任感和使命感，凝聚做好党建工作的强大合力。

【村“两委”换届】 年内，县委主要领导累计主持召开换届工作专题部署会、推进会5次；县换届办累计下发做好换届工作各类通知6次；成立换届工作指导检查组10个；累计深入乡村检查指导230余次，及时发现和纠正问题30多条。通过选举，产生了新一届村党组织书记46名，副书记85名，委员142名，选举产生新一届村民委员会主任46名，副主任46名，委员97名，选举产生新一届村务监督委员会主任46名，委员93名。通过换届选举实现年龄、学历“一降一升”，确保老中青梯次配备合理，进一步优化班子结构。同时未就业大学生、致富带头人、技术能手、退役军人、乡村振兴专干等进入“两委”班子比例增长，切实将有信念、政治品格过硬，有担当、实干本领过硬，有口碑、品行作风过硬，有敬畏、法治能力过硬的优秀农牧民党员选进了班子。

【乡镇领导班子换届】 年内，坚持把党的领导贯穿乡镇领导班子换届工作全过程、各方面，狠抓县乡（镇）党委书记第一责任人职责，分级成立县乡（镇）两级党委书记任组长的换届工作领导小组，先后召开3次县委常委会、2次专题部署会了解掌握换届工作准备情况、工作进展及存在困难。建立健全换届工作指导检查机制，成立由10名县级领导带队的乡镇领导班子换届工作指导检查组，负责换届选举工作的程序把关、现场指导以及纪律监督等工作。县乡领导班子换届工作领导小组深入乡镇指导换届工作20余次，换届工作指导检查组深入乡镇指导换届工作30余次。经精心组织实施，乡镇领导班子换届工作于3月启动，5月3日全部完成，各乡镇于4月28—30日召开第二次党员代表大会，选举产生新一届党委班子；各乡镇于5月1—3日召开人民代表大会，选举产生新一届政府、人大班子。各乡镇党员代表大会、人民代表大会各项议程完成，大会选举流程规范，代表资格符合要求，候选人全票当选，实现县委既定目标。在换届中，20名政治素质过硬、能够驾驭全局、善于抓班子带队伍的干部新当选为乡镇党政正职，10名熟悉党的建设工作的干部新当选为专职副书记，10名履行党风廉政建设主体责任、监督责任表现突出的同志新当选为纪委书记，64名熟悉乡村振兴、基层治理、生态环保等工作的干部进入领导班子，3名县直机关优秀年轻干部到北部高海拔乡担任党委书记，真正激活了乡镇干部队伍“一池活水”。

【县级领导班子换届】 3月，筹备县级领导班子换届有关工作，并于6月23—30日，分别召开中国共产党林周县第十次代表大会、林周县第十三届人民代表大会第一次会议、中国人民政治协商会议第三届林周县委员会第一次会议，完成县级领导班子换届各项工作任务。成立由县委书记为组长的县级领导班子换届工作领导小组及工作机构，形成主要领导牵头负责、分管领导具体落实、相关部门协同配合的工作格局，县委常委会召开5次专题会议，换届工作领导小组召开10次会议研究换届工作重点任务、方法步骤和具体措施。严格人选资格条件，坚持把政治标准放在首位，突出道德品行要求，县委组织部会同县纪委监委、政法委、国安办、税务局等8个部门对代表委员候选人进行资格联审，及时公示接受社会监督，保证代表先进性和纯洁性。加强对县级领导班子的日常了解，分析研判班子运行情况，充分考虑现任班子的进退留转问题，多次与市委及市委组织部沟通干部调配事宜，并根据县域改革发展需要，积极推荐在脱贫攻坚、维护稳定、疫情防控等重大工作中表现突出的干部，尤其是优秀年轻干部。通过换届，把一批德才兼备的优秀年轻干部充实到了县级领导班子中，班子成员既有45岁以上经验丰富的“领头羊”，又有35岁左右年轻有为的“突击队”，更有40岁左右成熟稳重的“主力军”，班子成员的民族、年龄、知识结构更加合理，班子活力和整体功能进一步增强。

【庆祝中国共产党成立100周年】

年内，开展先进典型评比和宣传活动，在按照自治区和拉萨市要求积极选取政治立场坚定、党性觉悟高、工作成效显著的先进典型参与“两优一先”“三优一先”评选的同时，组织开展林周县“两优一先”评比表彰、“光荣在党50年”纪念章颁发、走访慰问等活动，充分展示几十年来各条战线、各个领域、各项工作中取得的丰硕成果，推动形成见贤思齐的良好氛围。“七一”中国共产党建党节前后，为51名老党员颁发“光荣在党五十年”纪念勋章，走访慰问老党员、老干部282名，生活困

2021年4月30日，林周县第九指导检查组为卡孜乡新当选乡领导班子献哈达

2021年12月1日，县委常委、组织部部长米玛次仁（左二）到甘旦曲果镇江角村检查指导基层党建工作开展情况

难党员100名，因公殉职党员干部家属2名，国家荣誉称号获得者1名，“3·28”老干部（1959年3月28日前参加工作的退休干部）6名。

7月6日，召开林周县“两优一先”表彰大会，表彰全县优秀共产党员25名，优秀党务工作者25名，先进基层党组织20个。

【村干部、村级组织班子考核】年内，严格按照《林周县村级组织班子考核办法》《林周县村干部业绩考核奖励实施细则》，联合各乡（镇）党委综合运用日常考核和年度考核，组织实施2021年度村干部、村级组织班子考核工作，准确识别思想政治素质高、工作能力强、工作作风好、工作实绩突出的村干部、班子。全县共46个村级组织班子参加考核，确定一类班子8个，二类班子38个；共有268名村干部参加考核，考核等次为优秀的有27名，称职的有241名。按照考核结果，及时兑现村干部业绩考核奖励资金370余万元，做好村干部待遇保障，解除村干部后顾之忧，不断增强村干部岗位吸引力、提高工作积极性。

【村干部国家通用语言文字教育培训】年内，在日常了解掌握的基础上，通过走村入户、座谈了解、摸底测试等方式深入基层一线，围绕“听、说、读、写”四个方面对村干部国家通用语言文字情况进行摸底，把功底弱、基础差的村干部精准识别出来，一村一册建立工作台账实行动态管理，形成县委组织部有“大库”、乡镇党委有“中库”、村级党组织有“小库”的良好局面，为针对性开展教育培训工作打下坚实基础。

坚持“干”字当头、“实”字托底，成立由县委组织部牵头，县委党校、县教育局、县藏语委办协调配合的工作小组，制定《林周县村干部国家通用语言文字教育培训工作方案》，组织召开全县村干部通用语言文字教育工作动员部署会，编印发放《林周县国家通用语言文字教育培训辅助资料》（初级、中级、高级）、专属作业本等资料500余套，逐步完善“党委领导、政府主导、部门支持、社会参与”的工作机制。丰富工作载体，提升培训实效。推行“日常学与经常学并举，线上学与线下学并重，个人自学与结对帮学并行”的教育培训模式，极大提升教育培训工作的针对性、实效性和嵌入感。同时，注重发挥学校作为国家通用语言文字规范普及的主阵地作用，开展“小手拉大手”活动，让学生既当“教练员”又当“裁判员”。2021年，县乡村三级累计组织培训239期，培训789人次，其中村主干275人次；开展结对帮学250次，帮学1229人次。

【村干部能力素质提升】年内，将新一届村“两委”班子综合素质提升作为重要工作任务，以县内培训为主要载体，以区外培训为补充渠道，积极开展村“两委”班子轮训工程，举办3期新任村干部专项培训，组织31名新任村党组织书记赴苏集中培训，培训村干部303人次。同时选派140余名村干部参加自治区、拉萨市组织的培训班，涉及美丽乡村建设、财会、学历提升、基层治理等多个领域，想干事、能干事的能力得到提升。

【村级集体经济发展壮大】年内，把加强基层组织建设与发展村集体经济深度融合，各乡镇党委、村党组织要作为一项重要职责，明确各级党组织书记为第一责任人，确保村级集体经济层层有人负责。切实管好村集体经济账，抓好村级财务人员队伍素质建设，做好村集体经济项目运行概算，造好村集体经济收支预算，加强村集体资产、财务的规范化管理，并充分发挥村务监督委员会的职能作用，加强对村集体经济收支情况的财务监督，确保村集体经济收入账目公开。将连布村、江夏村、康姆桑村申报的3个扶持项目列为2021年度重点扶持项目，制定《林周县关于扶持壮大村级集体经济实施方案》，申报中央扶持村级集体经济资金，切实为薄弱村“找资金、引项目、理思路、促发展”，认真履行引导责任，积极帮助“薄弱村”发展壮大。

年内，全县46个村级集体经济收入再上新台阶，其中村级集体经济收入为10万—50万元的有35个；50万—100万元的有4个；100万元以上的有7个。

【基层党建示范点创建】 年内，为全面加强基层党组织建设，不断增强党组织的凝聚力、战斗力和创造力，提升党建工作整体水平，以边林乡当杰村党委和县人民医院党支部为重点，带动全县打造11个党建工作示范点，真正体现出“一点一主题、一点一特色”。与此同时，及时总结推广基层党建工作示范点创建工作的经验和典型，扩大工作辐射面和影响力，在全县营造“比学赶超”的党建工作氛围，形成学先进、当先进的良好风尚，实现“打造一个、带动一片”的效果，确保党建工作水平提质增效。

【软弱涣散党组织整顿】 年内，按照从严排查、不留死角的要求，印发《关于做好2021年全县软弱涣散基层党组织排查整顿工作的通知》，细化出9类重点整顿情形，明确整顿原则、时间安排以及工作要求。在全面排查的基础上，结合梳理出的具体问题，确定楚杰寺管委会党支部和森库寺管委会党支部为2021年软弱涣散基层党组织整顿对象。2个软弱涣散基层党组织坚持倒排工期、挂图作战，制定出整顿工作时间安排表，实行问题销号制度，实现整改可量化。县委组织部联合县委统战部加强对整顿工作的督促检查，认真对照工作时间安排，从严督促整改落实，确保整顿工作的蹄疾步稳，取得积极成效，软弱涣散党组织的组织力得以提升、政治功能不断强化。

2021年7月6日，林周县召开“两优一先”表彰大会

【“三级书记讲党史”】 年内，制定下发《关于在全县开展“三级书记讲党史”活动的通知》，各级党组织书记突出学习践行习近平新时代中国特色社会主义思想，突出坚定理想信念，恪守党的性质和宗旨、践行初心使命，围绕基层党组织和党员在抗日战争、解放战争、改革开放、决胜全面建成小康社会、决战脱贫攻坚、打赢疫情防控阻击战等一线的生动实践和先进事迹，结合老西藏精神、“两路”精神和林周农场精神，以落实党员领导干部讲党课、“三会一课”、“主题党日+”、理论中心组学习等制度为契机，讲述中国共产党带领中国人民走过的光荣辉煌、艰苦卓绝、奠基立业、开辟未来的百年历程。

年内，通过“电化教育、典型报告、互动交流”的形式，推动县乡村三级党组织书记带头围绕党史讲党课100余场次，推荐报送“优秀党课”1件。

2021年8月31日，县委组织部党支部一行到强嘎乡曲嘎强村开展“田间地头党旗飘，同心协力迎丰收”主题党日活动

【党员教育培训】 年内，坚持突出问题导向，针对部分党员政治素质不高、基层党组织开展政治教育不经常等问题，进一步强化党员政治教育培训。精心设置课程内容，围绕党章党规，习近平新时代中国特色社会主义思想，中共十九大、十九届历次全会精神，习近平总书记治边稳藏重要论述，习近平总书记在庆祝中国共产党成立100周年大会上的重要讲话精神和在西藏考察调研时的重要讲话精神等内容，通过集中授课、学员分组讨论、实地参观等方式开展集中培训。截至年底，累计举办党员及党员干部专题培训共13批900余人次。

坚持重心下移、教育阵地前移，及时成立流动党校，深入各行政村开展送教下乡活动，用当地土话，通过举事例、说事实的方式以清晰的条理、生动的语言进行讲解，真正使农牧民党员学有所得、学有所获。年内，累计开展送教下乡活动10余场次，印发系列重要讲话精神《宣传手册》6000余份，受教育农牧民党员群众达8000余人次。

在县委党校教师授课的基础上，根据教育培训特点，紧紧围绕培训内容，在一些培训工作坚持群众路线，采取邀请“两代表一委员”“三老人员”、纪检干部等群体走上讲台，综合运用讲授式、案例式、体验式等教学方法，拓宽授课形式，形成“人人都是讲师”的良好局面。

【党员联系基层和服务群众】 年内，坚持以宣传教育、维护稳定、为民服务为抓手，发挥基层党组织和广大党员作用，常态长效推进党员“三包”工作，不断稳固党在基层的执政基础。以厚植思想根基为基本任务，建立党员领导干部示范带头的工作机制，县级党员领导干部在“两大庆典”重要时间节点沉入联系点，召开座谈会30余次、入户走访100余次；县委党校、巾帼宣讲团、基层宣讲员，通过集中授课、田间地头宣讲等多种形式，用群众思维、方言口语，开展宣讲300余场次。以筑牢坚强保障为主要目标，制定下发《关于在西藏和平解放70周年庆祝活动期间充分发挥基层党组织和党员作用的通知》，组成“保稳定、促发展、营氛围”的46支党员巡逻队、党员先锋队，在“两大庆典”期间开展治安巡逻470余次，排除安全隐患40余起。同时，健全完善党员“报到—结对—履职—反馈”工作机制，促使党员累计搜集社情民意信息242条，办结202件，为农牧民群众解决了一批急难愁盼问题。

以践行为民服务为根本宗旨，组织开展“党员领导包片促稳定、机关党员包户促增收、普通党员包人促感情”的“三包三促”工作，全县广大党员结合“我为群众办实事”活动，深入农牧民群众家中，帮助解决烦心事、操心事、揪心事，密切党群干群关系、提高群众满意度。累计为群众办实事400余件，帮助孤寡老人、留守儿童、残疾人士260余人次，依托“码上办”“送证上门”等便民举措服务群众1300余名；党员领导干部深入所包片区50余次，通过听取汇报、召开党员和群众座谈会等方式提出意见建议78条，帮助解决问题31个。

【干部选拔任用】 年内，深入贯彻落实《党政领导干部选拔任用工作条例》《公务员职务与职级并行规定》《关于进一步激励广大干部新时代新担当新作为的意见》等规定，坚持新时期好干部标准和民族地区干部“四个特别”要求，围绕“稳定、发展、生态、强边”四件大事，突出“重德才、重基层、重实绩、重担当”的导向，坚持以岗选人、依事择人、以绩用人，大力发现培养使用各类优秀人才，打造忠诚干净担当的高素质专业化干部队伍。截至年底，提拔使用干部84人次，晋升职级212人次。

【机构编制管理】 年内，坚持围绕中心、服务大局的原则，科学合理设置事业机构，进一步满足县经济社会事业发展需要，调剂使用编制12名，先后设立县产业园区服务中心、劳动和就业服务中心、乡村振兴信息采集监测中心，此外，调整事业编制1次、政法专项编制1次，充分发挥编制使用效益。开展重点领域综合执法改革，整合交通运输、农业、市场监管、文化和旅游领域相关执法职责和职能，调配编制19名，分别组建林周县交通运输综合行政执法队、农业综合行政执法队、市场监管综合行政执法队、文化市场综合行政执法队，实行“局队合一”体制，保障重点领域综合执法各项工作开展。积极推进乡镇机构改革，围绕稳定、发展、生态、强边四件大事，坚持优化协同高效原则，统筹优化加强党的建设、区域发展、公共服务、综合管理、维护稳定、生态环境保护等主要职责，科学设置乡镇党政机构和事业单位，合理核定设置人员编制和职数，扎实做好机构组建、人员转隶等工作，构建更好的服务群众、简约高效的基层组织架构。

【老干部服务管理】 年内，积极落实老干部各项经费，在按时足额发放退休工资和每年体检补助、护工费、医药费报销的基础上，充分利用好10万元的“离退休干部职工爱心基金”，坚持生病住院、重大节日、丧事喜事必访的“三必访”制度和“三大节日”期间全员慰问，看望慰问18名生病住院老干部。

6月11日，县委老干部局牵头组织编排《老西藏》情景剧，参加由中央党史和文献研究院、浙江省委宣传部指导，浙江省委党史和文献研究院、中共嘉兴市委主办的“追寻——庆祝中国共产党成立100周年红色故事会全国大赛”，并荣获全国二等奖。此外，以“九九重阳节　浓浓敬老情”为主题，在驻市、驻县离退休党组织中开展“召开一次座谈会、开办一场健康讲座、开设一堂党史课、举办一次趣味活动”的“四个一活动”，既弘扬了中华民族尊老、敬老、爱老的优良传统，又丰富了离退休老干部的精神生活，得到老干部的广泛赞誉。

【强基础惠民生】 年内，聚焦落实干部驻村“七项职责”，不断深化干部驻村工作。突出思想引领，牢牢把握正确政治方向，把学习宣传贯彻习近平新时代中国特色社会主义思想作为首要政治任务，组织群众学习习近平在庆祝建党100周年重要讲话精神共计100余场次，开展党史学习教育共计450余场次，确保党的理论政策“飞入寻常百姓家”。致力强基固本，工作队牢固树立党建各项工作是紧密相连、相辅相成的思想意识，协助“村两委”建立健全制度41项，召开党员大会46次，开好组织生活会60余次，开展主题党日活动360余次，落实党组织书记讲党课46场次，逐渐夯实党在基层的执政根基。保障改善民生，担起为民服务职责，想人民之所想，急人民之所急，通过“望闻问切”方式，主动深入村组农户、田间地头与群众交心谈心，全面了解驻在村基本情况，倾听群众急难愁盼问题。其间，累计为群众办实事、办好事200余件，涉及资金超过100万元。

（徐子翔）

【机构领导】

县委副书记、组织部部长

何　　震（6月免）

县委常委、组织部部长

米玛次仁（藏族，6月任）

常务副部长、老干部局局长

扎西卓玛（女，藏族）

副部长

段 小 红

旦增罗布（藏族，2月任）

宣传工作

【概况】 中共林周县委宣传部是县委主管全县意识形态工作的综合职能部门，统一管理宣传思想工作、网络信息工作和精神文明建设指导相关工作，与林周县精神文明建设指导委员会办公室合署办公，对外加挂林周县互联网信息办公室、县人民政府新闻办公室、县新闻出版局、县广播电视局牌子。林周广播电视台和电影管理站为县广播电视局所属事业单位，负责全县广播电视、电影放映、“乡乡通”建设等工作。县新华书店为林周县新闻出版局所属事业单位，县互联网评论中心为县互联网信息办公室所属事业单位，由县委宣传部统一管理。

2021年12月15日，西藏自治区宣讲团一行到林周县宣讲党的十九届六中全会和自治区第十次党代会精神

【理论学习与宣讲】 年内，县委高度重视理论学习，及时制定印发《林周县委理论学习中心组2021年度理论学习安排》，突出学习习近平新时代中国特色社会主义思想，特别是习近平在庆祝中国共产党成立100周年大会上的重要讲话和视察西藏重要讲话精神、中共十九届六中全会精神、党史学习教育、“政治要求要更高、党性要求要更严、组织纪律性要更强”专题教育、“把握新发展阶段、贯彻新发展理念、构建新发展格局”大学习大讨论和党风廉政建设等学习内容。

年内，开展县委理论学习中心组学习17次，邀请专家学者专题辅导14次，切实用党的科学理论武装头脑、指导实践、推动工作，充分发挥县委理论学习中心组的示范带头作用。县委、县政府整合优势资源，着重培养优秀宣讲员队伍，坚持用通俗的语言和表达方式来讲好党史、政策理论、民族文化、惠民政策等各方面知识，让群众乐意听、能听懂。全年在县域显著位置张贴悬挂宣传标语1500余条、开展宣传宣讲2300余场次、通过“林周之窗”“网信林周”等新媒体持续推送总书记重要新闻信息130篇，营造拥戴信赖忠诚捍卫核心的浓厚氛围。

【主流宣传】 年内，紧紧围绕县委、县政府中心工作，充分利用“学习强国”学习平台、《西藏日报》《拉萨日报》、“西藏卫视+”“拉萨发布”“林周之窗”微信公众号、“林周融媒”抖音号等载体，报道林周县在贯彻落实中共十九大、中共十九届历次全会、习近平总书记“七一”重要讲话和视察西藏重要讲话精神，以及在庆祝中国共产党成立100周年和西藏和平解放70周年等方面取得的成效，积极配合好媒体采访报道，确保报道林周县的稿件质量大幅提升。

年内，通过“学习强国”学习平台、《西藏日报》《西藏商报》等网上平台报道林周140篇，《人民日报》、新华社等39家中央媒体团采访报道林周，刊发稿件10篇；策划制作的《林周人民心向党 再唱山歌给党听》新媒体作品，在《西藏日报》App、腾讯、今日头条等媒体播出，观看量达到27万余人次；通过“林周之窗”微信公众号、“林周融媒”抖音号，累计发布公众号信息1200余条、抖音视频38条。同时，继续做好外宣品《林周之窗》季刊的制作和发行工作，努力扩大林周的知名度。

【党史学习教育和“三更”专题教育】 年内，成立以县委书记为组长的党史学习教育领导小组，领导小组办公室设在县委宣传部，负责日常工作，统筹推进党史学习教育和“三更”专题教育。各级领导干部坚持带头学习，把学习习近平总书记重要讲话精神作为理论学习中心组第一议题、支部学习首要任务、党校培训重点内容，县委常委会会议、理论学习中心组学习党史、“三更”、“三新”等相关内容29次，参与人数达2000

余人次；订购发放党史学习教育和“三更”专题教育指定教材、参考教材共4030本；由县委党教办编写印发《林周县党史学习教育应知应会知识测试题》，全县共58家单位1707名党员干部参加测试，1204人达到优秀（90分以上）水平；选派2批次8名宣讲骨干到井冈山集中培训、农牧民基层宣讲员培训等系列培训班14次，选派55名干部参加区市相关培训。

年内，林周县投入资金近80万元，以林周农场既有设施条件为基础，精心打造以“百年奋斗展辉煌、不忘初心再起航”为主题的党史展厅和“三更”专题教育展厅，接待县内外单位640余家、17850余人次；组织党员、干部、群众代表到拉萨市廉政警示教育基地、“两路”精神纪念馆、西藏民主改革第一村、山南市烈士陵园等红色教育基地开展参观见学活动；组织干部职工、学校师生、农牧民群众分批次参观学习西藏和平解放70周年成就展活动6000余人次。针对不同群体党员的不同特点，充分发挥基层骨干宣讲员、优秀教师、驻村工作队等宣讲力量作用，开展宣讲活动320场次、覆盖3.6万余人次，以县委党校为依托启动流动党校，深入10个乡镇、46个行政村开展巡回宣讲活动，不断增强党史学习教育的参与度和吸引力。

年内，着眼于解决群众急难愁盼问题，制定印发“我为群众办实事”相关工作方案，深入开展“党史学习教育我为群众办实事”实践活动，投入劳力1.49万余人次、金额8000多万元，为群众办理牲畜圈养、道路维修、拍证件照、收割庄稼等实事500余件，不断增强各族群众的获得感幸福感安全感。开展林周县“县级领导干部下基层大接访办实事”活动，全县24名县级领导深入10个乡（镇），累计利用128天开展下基层大接访办实事活动，共发现并解决涉及水利灌溉、生活用水、道路交通、土地改良等问题110件。

【新时代文明实践工作】 年内，着眼凝聚群众、引导群众，以文化人、成风化俗这一总目标，坚持围绕“学习实践科学理论、宣传宣讲党的政策、培育践行主流价值、推动民族团结进步、丰富活跃文化生活、持续推进移风易俗、淡化宗教消极影响、深化精神文明创建”这8项实践活动要求，聚焦中国共产党成立100周年、西藏和平解放70周年、中共十九届六中全会、自治区和拉萨市第十次党代会重大主题主线，以“西藏新时代文明实践推动日”“我们的节日”主题文化活动、“精神文明五大创建”活动为契机，广泛开展节日民俗、文化娱乐等新时代文明实践活动和志愿活动，不断丰富和活跃广大农牧民群众的精神文化生活，提高百姓思想觉悟、道德水准、文明素养，持续改善城乡环境面貌、社会公共秩序、公共服务水平。

年内，全县共开展新时代文明实践活动5900余场次、参与人数达31万余人次；开展各类志愿服务活动2500余场次，参与志愿者1.9万余人次，受益人数达10万余人次。

【“扫黄打非”】 年内，林周县“扫黄打非”办始终保持清理和打击十四世达赖集团为首的分裂势力反动宣传品渗透的高压态势，进一步规范文化市场经营秩序，扎实开展文化市场综合执法检查活动，将日常巡查与联合检查、专项检查相结合。

2021年9月1日，江苏省太仓市代表团一行到林周县考察交流工作

2021年10月18日，江苏文艺小分队惠民演出暨文化交流活动

年内，对林周县文化市场日常巡查35次，专项检查8次，共检查经营单位350家次，出动检查人员620人次，有力地规范林周县文化市场经营秩序，为推动文化市场的健康发展起到了积极作用。

【跟踪研判舆情动态】 年内，根据《网络舆情应急处置预案》，充分利用互联网平台，加快政务信息的传递和民情民意的收集、分析、研判、报送、处置工作。加大舆情信息报送力度，把握舆情信息需求重点，努力拓宽和畅通舆情信息采集渠道，利用“林周之窗”“林周融媒”等网络平台大力宣传中国共产党拉萨市第十次代表大会、中国共产党建党100周年和西藏和平解放70周年等相关报道，既讲好党百年奋斗的“史”、又讲好党治国理政的“道”，全面展示好西藏和平解放70年来，中国共产党在西藏办成的“五件大事”的丰功伟绩、辉煌成就。

【广播电视、电影】 年内，林周广播电视台牢牢把握正确的舆论导向和工作方向，为林周经济社会发展营造了良好的舆论氛围。年内，全县累计更换维修户户通零件：高频头1478个、夹子1517副、馈线1327卷、主板800个、电源板1200个、遥控器1412个、卫星锅盖500余个。为解决部分僧尼反应老旧电视机故障率多，尺寸偏小看不清等问题，采购“舍舍通”替换电视机176台，为各寺庙陆续发放（以旧换新）100余台；自办新闻节目《林周新闻》全年制作播出新闻126期，200余条，上传市台45条，制作专题片6期，制作播出公益广告1条，制作播出宣传片3条。

年内，林周电影管理站坚持以人民为中心，树立服务为先的意识，狠抓满足广大农牧民群众观影需求这个关键，深入推进“农村电影放映工程”各项工作，林周县公益电影放映任务超额完成，共放映各类受群众欢迎的电影795场次，观影人数3.5万余人次，其中进寺庙253场2102人次，进乡村542场3.3万余人次，极大满足了广大农牧民群众和寺庙僧尼的精神文化生活；林周县南玛南数字电影院共放映各类影片109场次，观影人数1000余人。

【人才队伍建设】 年内，先后选派3名干部到区、市委党校学习十九届六中全会精神及党史学习教育；1名干部到重庆，参加区党委宣传部组织的第三期西藏高层次人才国情研修班；1名干部到江西井冈山参加党史学习教育，进一步提升了宣传干部的理论素养和业务水平，真正把学习成果转化为谋划推进工作的新思路，新方法。同时，不断加强干部队伍思想作风建设，深入推进党员理论学习教育和党风廉政建设，干部理论的组织纪律观念进一步增强，思想作风得到进一步改进。

（刘 兵 段文峰）

【机构领导】

县委常委、宣传部部长

朱宝忠（6月免）

焦春壮（6月任）

副部长、网信办主任

刘 进

副部长

刘 兵

网评中心主任

其 美（藏族）

统一战线和民族宗教工作

【概况】 中共林周县委员会统一战线工作部(民族事务委员会)、县宗教事务局合署办公。统战部主要职责:贯彻执行中央、区、市统一战线的方针、政策,开展调查研究,向县委反映情况,提出开展统战工作的意见、建议;研究贯彻中国共产党领导的多党合作和政治协商制度以及民主党派的方针、政策;负责党外人士的政治安排,联系县内外的工商界社团和代表人士;贯彻执行党的民族宗教政策,依法管理宗教事业,加强民族团结、维护社会稳定,引导宗教与社会主义相适应。民族事务委员会和宗教事务局主要职责为:贯彻执行党中央、国务院关于民族、宗教工作方针、政策和法律、法规有关民族、宗教工作的部署,依法管理民族、宗教事务;指导和开展民族、宗教政策和有关法律、法规的宣传和教育工作;指导、监督民族区域自治制度建设和民族区域自治法的贯彻实施;依法保护公民的宗教信仰自由,保护宗教团体和宗教活动场所的合法权益,保护宗教教职人员履行正常的教务活动和信教群众正常的宗教活动;依法处置宗教领域的违规违法行为,维护社会稳定,积极引导宗教与社会主义社会相适应;推动宗教界人士进行爱国主义、社会主义、拥护祖国统一的自我教育,巩固和发展同宗教界的爱国统一战线。团结和动员广大信教群众为经济建设和社会发展服务;协同有关部门处理宗教方面的突发性事件和影响社会稳定的问题。统战部核定行政编制5人,宗教局核定编制8人。2021年,统战部共有9人。其中,二级调研员1人,副县级1人,副科级2人,四级主任科员1人,科员4人。公益性岗位1人;宗教局共有5人,其中正科级1人,副科级1人,二级主任科员2人,四级主任科员1人,公益性岗位1人。

【完善宗教工作"导"的体系】 年内,按照《林周县藏传佛教教职人员教育培训规划方案(2018—2022年)》既定安排,开展2期78人次县级教职人员培训班,选派38名僧尼参加自治区级培训、40名僧尼参加拉萨市级培训,参训率达到87.3%。常态化开展"遵行四条标准、争做先进僧尼"教育实践活动,深化党史学习教育、感党恩教育、爱国主义教育,累计开展宣讲教育活动160余场,参与僧尼人数达到2500余人次,不断提升广大僧尼依法从事宗教活动和辨别是非的能力水平,引导藏传佛教与社会主义社会相适应。

推进国家通用语言文字学习培训进寺庙工作,坚持把国家通用语言文字学习贯穿"寺庙文化补习班"始终,开展1期30人次藏传佛教教职人员国家通用语言文字培训班,让寺庙僧尼在学习国家通用语言文字的同时学好中华文化知识,提升综合文化素质。增强驻寺干部"导"的本领,坚持把习近平总书记关于宗教工作的重要论述和党的治藏方略纳入各寺管会(专职特派机构)党组(党支部)理论学习内容,加强对《宗教事务条例》《西藏自治区实施〈宗教事务条例〉办法》等宗教工作政策法规和规范性文件的学习领会和贯彻落实,累计选派60余人次参加区市各级寺管会干部培训,不断提高寺管会干部"导"的本领。

2021年1月13日,林周县召开2021年统战民族宗教工作会议

【引导藏传佛教同社会主义相适应】 年内，学习贯彻习近平新时代中国特色社会主义思想，学习宣传中共十九大，中共十九届五中、六中全会和中央第七次西藏工作座谈会精神，邀请专家开展中共十九届六中全会精神解读1场30人次，学习宣传习近平总书记视察西藏时的重要讲话精神26场542人次。持续深化寺庙法制宣传教育活动，推进“法律进宗教场所”活动，拓宽线上线下普法工作渠道，围绕《中华人民共和国宪法》《宗教事务条例》《西藏自治区实施〈宗教事务条例〉办法》《中华人民共和国文物保护法》《中华人民共和国消防安全法》《中华人民共和国民法典》等国家法律法规和政策举措进行更为深入、更为广泛的宣讲，开展1期僧尼法律知识考试，明确国大于教、国法大于教规、公民大于教民，不断提升广大寺庙僧尼国家意识、公民意识、法治意识，提升广大僧尼依法从事宗教活动的能力水平。

结合中国共产党成立100周年、西藏和平解放70周年，深化教育实践活动，开展1期“喜迎建党百年华诞和西藏和平解放70周年”僧尼书法比赛，开展26场次“跟党走、听党话，永做爱党爱国好僧尼”签名合影活动，开展5期外出参观学习活动；联合教体局开展基层送体育活动，组织部分寺庙僧尼开展掷骰子、拔河、足球比赛等体育活动。同时，各寺管会（专职特派机构）结合自身实际，组织开展升国旗唱国歌、参观红色教育基地、集中宣讲、座谈会、植树造林、新旧西藏对比、法律知识考试、文体活动、法制宣传等各类实践活动。

【民族团结进步事业】 年内，全面贯彻落实自治区民族团结进步模范区创建条例和规划，制定《林周县民族团结进步示范创建工作实施方案》，10月，启动本级民族团结进步模范单位创建申报审批程序，实现本级民族团结进步模范单位创建率达到30%的工作目标。深入学习贯彻中央民族工作会议精神，全面深化民族团结进步宣传教育，制作民族团结宣传挂历1.8万余份以及17个民族团结高立柱宣传牌，投入资金9.7万元制作雨伞、书包等各类民族团结宣传用品，翻印藏语和汉语版《西藏自治区民族团结进步模范区创建条例》读本2500册，实现党政部门、乡（镇）、村（居）、寺庙、企业、学校全覆盖。

坚持把民族团结进步教育纳入国民教育、社会教育、干部教育、僧尼教育主要内容中，将民族团结进步宣传教育与党史学习教育结合起来，与各类群众性教育实践活动结合起来，与爱国主义教育结合起来，发挥林周县民族团结进步示范教育基地（林周农场遗址）的优势作用，教育引导各族群众铸牢中华民族共同体意识，凝聚起维护祖国统一、维护中华民族大团结的强大合力。

2021年8月3日，县委统战部（宗教局、工商联）联合党支部召开党史学习教育专题组织生活会

【爱国统一战线】 年内，加强宗教界代表人士教育培养工作，贯彻实施好藏传佛教代表人士“234”培养工程，全面加强宗教界代表人士培养，开展2期78人次教职人员培训班，培养一批政治上靠得住、宗教上有造诣、品德上能服众、关键时起作用的宗教界代表人士。

注重发挥宗教界代表人士作用，推荐县级政协委员10名、人大代表2名，推荐市级政协委员3名、人大代表1名，推荐自治区级政协委员2名，进一步拓宽广大

2021年6月25日，林周县僧尼代表参观日喀则市烈士陵园

宗教界人士参政议政的渠道。完善更新林周县党外知识分子和新的社会阶层人士数据库，注重发现、培养党外代表人士，夯实统一战线。加强归国定居藏胞管理服务，年初进行走访慰问，同时加强宣传教育力度，增强其对祖国的归属感和认同感。

【新冠肺炎疫情防控】 年内，严把场所入口体温测量关，严格执行凭身份证、“藏易通”健康码入寺朝拜、参观的要求，引导信教群众在场所内全程佩戴口罩、自觉扫码登记、主动配合体温检测、文明有序参观朝拜。加强宗教教职人员和勤杂人员健康管理监测，做好宗教活动场所内部消毒工作，并积极组织僧尼开展爱国卫生、环境整治活动，确保宗教活动场所疫情常态化防控不松懈。

做好防疫物资储备，购置发放一次性医用口罩2.2万余只，84消毒液170余瓶、免洗消毒液160余瓶、体温枪20余支，确保林周县宗教领域防疫物资不断档。扎实推进疫苗接种工作，全县僧尼两针疫苗接种率达到83%。

（曹 巍）

【机构领导】

县委常委、统战部部长

次仁占堆（藏族，6月免）

普布热旦（藏族，6月任）

宗教局局长

群培达瓦（藏族，5月任）

宗教局副局长

拉巴次仁（藏族）

副部长

朱 文 政

益西卫色（女，藏族，2月任）

巡察工作

【概况】 根据中央《关于市县党委建立巡察制度的意见》《中共西藏自治区委员会关于建立县（区）委巡察制度的意见》《拉萨市机构编制委员会关于设立林周县委巡察机构的批复》《林周县机构编制委员会关于设立林周县委巡察机构的通知》，成立中共林周县委巡察工作领导小组，设立中共林周县委巡察工作领导小组办公室（以下简称“县委巡察办”）。县委巡察办为正科级建制，属县委工作部门，是县委巡察工作领导小组日常办事机构，核定行政编制3名，其中科级领导职数2名（一正一副）。

主要职责是贯彻落实区市县党委巡察工作领导小组的决策部署，向市委巡察工作领导小组和县委巡察工作领导小组报告工作情况；统筹、协调、指导巡察组开展工作；承担巡察工作政策研究、制度建设、服务保障等工作，组织起草县委巡察工作规划、年度工作计划和年度工作总结等重要材料，对县委和县委巡察工作领导小组决定的事项、巡察整改工作、移交问题线索及事项等进行督办；配合有关部门对巡察工作人员进行培训、考核、监督和管理；完成县委和县委巡察工作领导小组交办的其他任务。同时，设有县委巡察一组、二组2个常设巡察组，均为正科级建制，每组核定行政编制2名，其中正科级领导职数各1名。主要职责是以《中国共产党章程》和《中国共产党巡视工作条例》为遵循，对辖区乡镇和县直各部门及单位、科级寺管会、县属国有企业及其领导班子和成员进行巡察监督，对县委巡察工作领导小组负责并报告工作，按照党章和巡视工作条例

2021年11月12日，县委书记高军（中）主持召开对软弱涣散村党组织开展市县联动巡察试点暨十届林周县委第一轮巡察工作动员部署会

以及县委授权的范围和方式开展工作。

【巡察工作】 年内，县委将巡察工作列入常委会会议年度工作要点，强化组织领导，先后召开2次县委书记专题会、4次巡察工作领导小组会议，听取巡察情况汇报，督办巡察事项进展，进一步深化巡察了解、规范问题移交，不断提高巡察发现问题的针对性和精准度，强化后勤保障，确保巡察工作顺利开展。

【自身建设】 年内，县纪检巡察联合党支部持之以恒抓学习教育，把政治建设摆在首位，不断提升巡察干部政治判断力、政治领悟力、政治执行力。年内，深入学习贯彻习近平总书记关于巡视巡察工作重要论述，将党史学习教育、“三更”专题教育和“我为群众办实事”实践活动等作为增强“四个意识”、坚定“四个自信”、做到“两个维护”、胸怀“两个大局”、心系“国之大者”的具体实践，组织开展10次集中学习、12次“主题党日+”活动，1次调研活动，形成调研报告1篇、交流发言材料11篇；坚持把支部建在组上，巡察期间，县委巡察组临时党支部开展集中学习8次，将党组织活动贯穿巡察工作始终。此外，高度重视“实战培训”，格外珍惜各级组织的业务培训机会，加强与上级纪检监察机关和巡视巡察机构的沟通协调，委派2人分别到自治区纪委和市纪委跟案学习，1人到中国纪检监察学院参加审查调查业务培训，1人参加市委巡察办组织的巡察业务培训，有效提升了巡察干部政策理论水平和实战操作能力。

【巡察全覆盖】 年内，有条不紊推进九届县委第九轮巡察工作报告、反馈和移交环节，高质量完成各项工作，为九届县委巡察全覆盖画上圆满的句号。九届县委第九轮巡察共派出4个巡察组32人，对县委办、政府办、国安办、退役军人事务局、行政审批与便民服务局、财政局、审计局、医保局等8家单位开展常规巡察，对扶贫办、市场监管局、民政局、信访局、春堆乡、城投公司、人民医院、朗当寺管会、司木寺管会等9家单位开展巡察“回头看”，发现并反馈问题351条，下达立行立改71件，移交问题线索3件3人，向被巡察党组织提出整改意见

2021年11月15日，十届林周县委第一轮巡察三组进驻江热夏乡联巴村动员会召开

2021年11月12日，十届林周县委第一轮巡察工作业务培训会召开

57条。

【巡察整改】 年内，县委巡察办主动加强与县纪委监委和组织部的沟通协调，持续加大巡察整改督查督办力度，对九届县委第六至第八轮巡察反馈问题整改情况开展监督检查，分12期将九届县委第七轮、第八轮巡察反馈问题整改情况和第九轮巡察立行立改事项整改情况及巡察发现的突出问题在“林周之窗”和“林周纪检监察”微信公众号公开，促进全县各级党组织以案促改、未巡先改，推动被巡察党组织对巡察反馈问题切实做到“事事有回音，件件有着落”。

【梳理底稿】 年内，为确保九届县委巡察工作经得起历史和实践检验，县委巡察机构始终坚持一问题一底稿，5月集中利用3周时间，对九届县委第一轮巡察以来的底稿台账进行重新梳理完善，创新方式，制作《九届林周县委巡察工作底稿查询数据库》，形成巡察工作数字底稿和纸质底稿。在此基础上，进一步细化工作台账，形成针对每个被巡察单位的以谈话资料、印证资料、巡察报告、反馈意见、整改落实等为主要内容的巡察底稿台账66套579册，切实做到巡察发现的每个问题有具体来源、有定性依据、有研究过程、有整改结果，确保已反馈的每个问题的精准性、客观性，体现县委的权威。

【启动十届县委第一轮巡察】 年内，认真编制十届县委巡察工作五年规划，确保“党组织建立到哪里，巡视巡察跟进到哪里”，并根据市委统一安排部署，11月12日召开关于对软弱涣散村党组织开展市县联动巡察试点暨十届林周县委第一轮巡察工作动员部署会，共派出3个巡察组（含一个交叉巡察组）对甘旦曲果镇朱加村党总支、边交林乡色康村党总支、江热夏乡联巴村党总支、强嘎乡曲嘎强村党总支、春堆乡洛巴堆村党委开展为期30天的巡察，为高质量推进十届县委巡察全覆盖和县委巡察向村深入延伸起好步、带好头。于12月29日召开书记专题会和县委巡察工作领导小组会议听取汇报，向被巡察单位反馈问题111条，向纪委监委移交问题线索2件2人，向有关县直单位和职能部门转交巡察建议5条。

【党风廉政建设】 年内，巡察机构严格落实党风廉政建设责任制，持续深入开展廉政教育，狠抓惩防体系建设，筑牢拒腐防变思想防线。严格落实民主集中制，重大事项执行集体研究、集体决定，高度重视党员干部意见。持续加强作风建设，按照“忠诚、干净、担当”的要求，带头改进作风，坚决杜绝“灯下黑”。

（玉　啦）

【机构领导】

主　任

嘎旺伦珠（藏族）

副主任

曾书巧（女）

县委巡察一组组长

边巴卓玛（女，藏族）

县委巡察二组组长

王春燕（女）

林周县人民代表大会

综述

【概况】 2021年，共召开人民代表大会3次、人大常委会会议10次、主任会议13次，服务保障市人民代表大会2次；做出有关重大事项的决议决定13件；听取审议9个专项工作报告，检查1件法律的实施情况，开展4项专题调研，跟踪检查2件审议意见和执法检查报告研究处理情况；依法选举任免国家机关工作人员89人次，举行宪法宣誓仪式6次。

【县十二届人大六次会议】 1月26—27日，林周县第十二届人民代表大会第六次会议召开。会议应出席代表124人，出席105人，符合法定人数。会议听取和审议林周县人民政府工作报告，审查和批准林周县国民经济和社会发展"十四五"规划和二〇三五年远景目标纲要，审查和批准林周县人民政府关于2020年国民经济和社会发展计划执行情况与2021年国民经济和社会发展计划草案的报告，审查和批准林周县人民政府关于2020年财政预算执行情况和2021年财政预算草案的报告，审议林周县人民政府关于林周县第十二届人民代表大会第五次会议代表议案建议批评意见办理情况的报告，听取和审议林周县人民代表大会常务委员会工作报告、林周县人民法院工作报告、林周县人民检察院工作报告。会议选举林周县人民检察院检察长1人。会议经表决，通过《林周县第十二届人民代表大会第六次会议关于政府工作报告的决议》《林周县第十二届人民代表大会第六次会议关于林周县国民经济和社会发展"十四五"规划和二〇三五年远景目标纲要的决议》《林周县第十二届人民代表大会第六次会议关于林周县2020年国民经济和社会发展计划执行情况与2021年国民经济和社会发展计划的决议》《林周县第十二届人民代表大会第六次会议关于林周县2020年财政预算执行情况和2021年财政预算的决议》《林周县第十二

2021年6月30日，新任职县人大常委会组成人员在林周县第十三届人民代表大会第一次会议上向宪法宣誓

届人民代表大会第六次会议关于林周县人民代表大会常务委员会工作报告的决议》《林周县第十二届人民代表大会第六次会议关于关于林周县人民法院工作报告的决议》《林周县第十二届人民代表大会第六次会议关于林周县人民检察院工作报告的决议》。

2021年11月19日，林周县人大常委会党组书记、主任格旦次仁（中）主持召开林周县出席拉萨市第十二届人民代表大会第一次会议代表座谈会

【县十三届人大一次会议】 6月28—30日，林周县第十三届人民代表大会第一次会议召开。会议应出席代表151人，实出席144人，符合法定人数。会议听取和审议林周县人民政府工作报告、林周县人民代表大会常务委员会工作报告、林周县人民法院工作报告、林周县人民检察院工作报告，审议林周县人民政府关于林周县第十二届人民代表大会第一次会议以来代表议案建议批评意见办理情况的报告。会议选举林周县第十三届人民代表大会常务委员会主任1人、副主任4人、委员22人，选举林周县人民政府县长1人、副县长7人，选举林周县监察委员会主任1人，选举林周县人民法院院长1人，选举林周县人民检察院检察长1人。会议经表决，通过《林周县第十三届人民代表大会第一次会议关于政府工作报告的决议》《林周县第十三届人民代表大会第一次会议关于林周县人民代表大会常务委员会工作报告的决议》《林周县第十三届人民代表大会第一次会议关于林周县人民法院工作报告的决议》《林周县第十三届人民代表大会第一次会议关于林周县人民检察院工作报告的决议》。

【县十三届人大二次会议】 11月17—18日，林周县第十三届人民代表大会第二次会议召开。会议应出席代表151人，实出席130人，符合法定人数。会议选举林周县出席拉萨市第十二届人民代表大会代表31人。

【旗帜鲜明讲政治】 年内，以高度自觉坚定捍卫“两个确立”，坚决维护习近平总书记党中央的核心、全党的核心地位，坚决维护党中央权威和集中统一领导，始终在政治立场、政治方向、政治原则、政治道路上同以习近平同志为核心的党中央保持高度一致。把维护祖国统一、加强民族团结作为各项工作的着眼点和着力点，坚定不移反对分裂，持之以恒教育引导人大代表铸牢中华民族共同体意识，严守党的政治纪律和政治规矩，在大是大非问题上始终做到旗帜鲜明、立场坚定、行动坚决。

【思想政治建设】 年内，党组理论学习中心组学习12次，首个议题坚持学习习近平总书记重要讲话、重要指示批示精神，及时传达学习重要会议、文件精神，切实增强了贯彻落实的思想自觉、政治自觉、行动自觉。党史学习教育、“三更”专题教育、“三新”大学习大讨论活动扎实开展，贯通党的百年奋斗史、人民代表大会制度发展史、西藏和平解放70年发展进步史，组织党员干部、人大代表到林周县党员党性教育基地参观学习庆祝中国共产党成立100周年、西藏和平解放70周年主题展览，做到学史明理、学史增信、学史崇德、学史力行。

【坚持党的领导】 年内，县委高度重视人大工作，及时研究解决人大工作中的重大问题，县委书记高军多次到人大指导工作，并作出具体批示5份，支持和保证县人大依法行使职权。县人大常委会紧扣县委重大决策部署，确定人大工作思路和工作重点。坚持请示报告制度，按季度向县委报告全面工作，就重要会议、重大活动、重要工作共向县委请示17次，确保党的领导贯穿人大工作的全过程各方面。积极发挥党组把方向、管大局、保落实作用，召开常委会党组会议16次。坚持党管干部原则与人大依法任免有机统一，依法任免国家机关领导人员，组织宪法宣誓，圆满实现党委重要人事安排意图。

【服务大局】 年内，人大常委会班子成员按照县委的统一安排部署，在扎实做好本职工作的同时，积极参与民族宗教、维护稳定、农业农村、乡村振兴、新冠肺炎疫情防控等工作一线，在促进林周长治久安和高质量发展中彰显人大作为。班子成员经常深入联系乡村、寺庙，特别是在重要时段蹲点调研指导维稳工作。

2021年6月30日，林周县人大常委会党组书记、主任格旦次仁（左五）与第十三届人民代表大会代表合影

【财经监督】 年内，开展全口径预算审查、全过程预算监管，审查和批准2020年财政决算、2021年预算调整方案，听取审议预算执行情况的报告，守护好人民的“钱袋子”。听取审议国民经济和社会发展计划执行情况，促进林周完整准确全面贯彻新发展理念，实现高质量发展。听取审议2020年度国有资产管理情况报告，促进国有资产管理提质增效。首次听取审议上一年度本级预算执行和其他财政收支情况的审计报告，标志着人大对审计工作监督迈出新步伐。

【专项工作监督】 年内，听取审议县政府关于法治政府建设、生态文明建设等2项专项工作报告，并将这2项监督内容列为常规监督范围。实地跟踪检查2020年“放管服”改革工作情况报告审议意见的研究处理情况和2020年传染病防治法执法检查报告的研究处理情况。开展联合办学、产业发展、生态文明建设、乡村振兴等4项专题调研，提出加强和改进工作的建议。

【执法司法工作监督】 年内，检查《西藏自治区民族团结进步模范区创建条例》的实施情况，助力林周民族团结进步事业。听取审议“两院”年度工作计划执行情况，组织人大代表列席法院庭审活动。

【县乡人大换届】 年内，坚持党的领导、充分发扬民主、严格依法办事，有序推进选民登记、选区划分、代表名额分配、代表候选人提名推荐等各环节工作，依法选举151名县级人大代表、475名乡级人大代表，成功选举新一届人大、政府、监委、法院、检察院领导班子成员，选举产生31名林周县出席拉萨市第十二届人民代表大会代表。

【办理代表建议】 年内，落实重点督办机制，以实地查看、承办单位和代表面对面座谈交流等方式，督办道路桥梁水渠建设、户籍管理、学生接送等23件代表建议办理情况，调研代表建议修建的边林江夏“幸福路”工程实施情况，有力推进代表建议办理高质量。县十二届人大六次会议上代表提出的66件建议、县十三届人大一次会议上代表提出的130件建议，交由各承办单位办理并全部答复代表，代表建议所提问题得到解决或计划逐步解决的占82.14%，有力推动了一批群众关心、社会关注的重点难点问题的解决。

2021年7月21日，林周县第十三届人民代表大会代表在县党员党性教育基地与党旗合影

【落实“双联系”制度】 年内，每名常委会组成人员联系2—8名代表，认真听取代表意见建议。推动代表深度参与常委会工作，邀请180余人次人大代表列席人大常委会会议、参加人大常委会活动。代表通过深入乡村与群众面对面沟通交流、接待来访选民、座谈等方式，直接听取和反映群众意见建议，发挥了党和政府联系群众的桥梁纽带作用。

【代表履职能力建设】 年内，举办1期代表培训班，培训人大代表90余人次，讲解习近平总书记在庆祝中国共产党成立100周年大会上的重要讲话精神、《西藏自治区民族团结进步模范区创建条例》以及人大代表履职知识，代表思想政治水平、法律政策水平、专业知识水平进一步提高，联系人民、代表人民、服务人民自觉性主动性进一步增强。

【代表履职服务保障和管理监督】 年内，实施“人大代表之家”提档升级工程，争取本级财政投入50万元，全力推进县乡村三级57个“人大代表之家(活动室)”提档升级工作，实现阵地升级、制度完善、台账规范、责任明确、活动经常，代表作用得到更好发挥。按照“一人一档”的原则，及时登记代表述职评议、学习培训、视察调研、接待选民、提出建议等情况，把履职管理贯穿代表履职尽责全过程、各方面。开展代表述职评议活动，推动代表自觉接受选民监督，有效激发代表履职动力和潜力。

【纪律作风建设】 年内，严肃党内政治生活，严格执行民主集中制，认真召开民主生活会，党组成员以普通党员身份主动参加党支部活动。严格执行中央八项规定及其实施细则精神，坚决反对和纠正“四风”。坚持以案明纪、以案为戒，强化党员干部日常管理监督。扎实开展“下基层大接访办实事”调研活动，形成5篇调研报告，协调解决16条问题，及时回应群众期盼，有效解决了群众面临的难题。

【能力建设】 年内，加大县乡人大工作联系和交流，开展业务培训，提升人大工作整体实效。先后与昆山市、堆龙德庆等兄弟县区开展工作交流，互学互鉴共发展。积极选派干部参加学习培训，提升履职能力。优化常委会会议流程，提升审议质量。

(次仁曲珍)

【机构领导】

党组书记、主任

格旦次仁(藏族)

副主任

洛桑元旦(藏族)

普布旺堆(藏族)

赵 光 超(5月免)

米　　玛(藏族，6月任)

郑　　杰(6月任)

办公室工作

【概况】 2021年，林周县人大常委会办公室紧扣全县中心工作，围绕人大常委会工作部署，苦干实干、开拓进取，扎实履行服务发展、服务决策、服务落实的工作职责，完成了既定的目标任务，有力保障了县人大及其常委会依法履职。

【旗帜鲜明讲政治】 年内，始终把坚决维护习近平总书记党中央的核心、全党的核心地位，维护党中央权威和集中统一领导作为最高政治原则和根本政治规矩，始终在政治立场、政治方向、政治原则、政治道路上同以习近平同志为核心的党中央保持高度一致。把维护祖国统一、加强民族团结作为各项工作的着眼点和着力点，坚定不移反对分裂，持之以恒教育引导干部职工铸牢中华民族共同体意识，严守党的政治纪律和政治规矩，在大是大非问题上始终做到旗帜鲜明、立场坚定、行动坚决，自觉做政治上的明白人。

2021年12月30日，林周县人大机关党支部书记、办公室主任刘勇（中）主持召开林周县人大办2021年终述职大会

【理论武装】 年内，党史学习教育、“三更”专题教育、“三新”大学习大讨论活动扎实开展，党支部集中学习、“学习强国”学习平台作用充分发挥。年内，组织党员干部深入学习习近平新时代中国特色社会主义思想，特别是习近平总书记关于坚持和完善人民代表大会制度的重要思想，习近平总书记在庆祝中国共产党成立100周年大会上的重要讲话、在党史学习教育大会上的重要讲话、在西藏考察调研时的重要讲话精神，深入学习中共十九届五中、六中全会精神，中央第七次西藏工作座谈会精神，在庆祝西藏和平解放70周年大会上的系列讲话精神，深入学习中央人大工作会议精神、区党委人大工作会议精神，深入学习区市县第十次党代会精神，在学思践悟中坚定理想信念，在奋发有为中践行初心使命。全年组织党支部集中学习12次，学习习近平总书记讲话60次，学习党章党规11个，撰写学习体会39篇，其中1篇心得体会被全国人大网络学院采用。

【党史学习教育】 年内，组织学习习近平《论中国共产党历史》《习近平新时代中国特色社会主义思想学习问答》《毛泽东　邓小平　江泽民　胡锦涛关于中国共产党历史论述摘编》《中国共产党简史》4本中央指定书籍，并组织研讨交流，教育引导党员干部中国共产党为什么“能”、马克思主义为什么“行”、中国特色社会主义为什么“好”，在学思践悟中坚定理想信念，在奋发有为中践行初心使命。组织全体党员、90余名辖区内区市县人大代表到林周县党员党性教育基地参观学习庆祝中国共产党成立100周年、西藏和平解放70周年主题展览，观看党史教育片《1921》，支部书记围绕董存瑞、邱少云等革命先烈事迹讲了一堂党史专题党课，参加党史党规知识线上测试，进一步提升了党史学习成效。支部中的县级领导干部扎实开展“下基层大接访办实事”调研活动，协调解决涉及道路、水渠、村集体经济发展等方面的11条问题，及时回应群众期盼，有效解决了群众面临的难题，把党史学习成效转化为了工作成效。

【意识形态工作】 年内，举办1期代表培训班，党支部成员围绕《西藏自治区民族团结进步模范区创建条例》作了专题讲座，教育引导代表铸牢中华民族共同体意识；组织参训人大代表到林周党员党性教育基地，接受党史学习教育，组织党员代表再次重温入党誓词，引导人大代表强化党的意识、党员意识。狠抓精神文明建设，组织观看《长津湖》《榜样5》《党的光辉历程》，在元旦、春节、清明开展“我们的节日”主题活动，开展向时代楷模卓嘎学习宣传活动，集中收看庆祝中国共产党成立100周年大会、庆祝西藏和平解放70周年大会盛况。

【坚持党管一切】 年内，紧扣党中央和区市县党委决策部署和县人大党组的任务要求，确定工作思路，抓好贯彻落实。重大问题、重要事项、重要情况，都及时向县人大党组请示报告，确保各项工作毫不动摇地体现党的全面领导。坚持党支部对各项工作的领导，确保各项工作有计划有落实有成效。

【会务保障】 年内，按照“精、严、细、实”的要求，周到服务“三会”，针对会议规模、时间、议程等事项，周密安排部署，规范会务规则，做好各类会议的组织、服务工作。全年共筹办县人民代表大会3次、常委会会议10次、主任会议13次，会议质量不断提高，服务保障市级人民代表大会林周团工作2次。

【文稿服务】 年内，紧扣人大工作大局，聚焦求新、求深、求实、求精要求，把精品意识贯穿到每篇文稿的起草中，高质量完成人大常委会年度工作要点和工作计划、年度工作报告、领导讲话等综合性文稿起草任务。用好党政信息网，提升办文效率。加强和改进档案管理和保密工作，增强涉密安全教育，严格执行保密工作条例。

【组织协调】 年内，协助常委会组织开展视察调研4次、执法检查1次，听取审议专项工作报告9项，跟踪检查审议意见和执法检查报告研究处理情况2件，配合区市人大常委会开展专题调研、执法检查6次；任免国家机关工作人员89人次，举行宪法宣誓仪式6次；办理代表建议196件，组织代表培训1次，邀请180余人次列席人大常委会会议、参加人大常委会活动；依法选举31名市级人大代表、151名县级人大代表、475名乡级人大代表，胜利召开县、乡两级新一届人民代表大会第一次会议，成功选举新一届人大、政府、监委、法院、检察院领导班子成员，圆满完成县乡两级人大换届选举任务；全力推进县乡村三级57个“人大代表之家（活动室）”提档升级工作，实现阵地升级、制度完善、台账规范、责任明确、活动经常。注重与市人大、县委、“一府一委两院”和县政协的联系沟通，及时通报重大活动安排，掌握工作动态，并向常委会党组汇报，逐步形成“勤联系、常交流、多协商”的工作机制。加强与墨竹工卡、达孜等兄弟人大的联系交流，认真做好昆山市人大到林周县学习考察工作，真正做到对外宣传交流、对内沟通协调。

【党内政治生活】 年内，严格执行民主集中制，凡属“三重一大”事项，均通过集体讨论决定，自觉做到公正用权、依法用权、廉洁用权。进一步加强和规范党内政治生活，严肃认真召开组织生活会，以持之以恒的党性教育和积极健康的思想斗争，增强党员干部自我净化、自我完善、自我革新、自我提高能力。人大党组成员以普通党员身份主动参加党支部活动，参加支部组织生活率达50%以上。召开党员大会5次，支部书记讲党课2次，召开组织生活会2次，谈心谈话累计26次，开展党员民主评议1次，全体党员主动交纳党费1071.1元。开展“主题党日+”活动12次，组织全体党员前往拉萨市生活垃圾分类宣教中心参观学习，参加林周县植树活动、爱国卫生“城乡清扫·爱卫家园”清扫活动。

2021年5月26日，林周县人大常委会机关党支部、县政协机关党支部组织全体党员干部到县党员党性教育基地参观学习党史主题展览

2021年8月6日，林周县人大常委会机关党支部、县政协机关党支部组织全体党员干部到拉萨市生活垃圾分类宣教中心参观

【改进作风】 年内，锲而不舍执行中央八项规定及其实施细则精神，把纪律挺在前面的要求贯穿到对党员干部的日常教育管理和监督中，深入查找廉政风险点，切实强化车辆、财务、公务接待等管理，抓早抓小，真管真严，长管长严，对发现的苗头性、倾向性问题，及时纠正，防止小错酿成大错，筑牢纪律防线。严格落实请销假制度，确保干部在岗、在位、在状态、履好职。干部职工既明确分工、又紧密协作，确保办公室高效运行。

（次仁曲珍）

【机构领导】

主 任

群培达瓦（藏族，5月免）

刘 勇（5月任）

副主任

次仁曲珍（女，藏族）

林周县人民政府

综述

【概况】 2021年，是中国共产党成立100周年，西藏和平解放70周年，也是“十四五”规划的开局之年。全县上下坚持以习近平新时代中国特色社会主义思想为指导，全面贯彻中共十九大、十九届六中全会和中央经济工作会议、中央第七次西藏工作座谈会精神，习近平“七一”重要讲话精神，习近平在西藏考察时的重要讲话精神，聚焦“四件大事”，坚持稳中求进总基调，深入贯彻新时代党的治藏方略，以满足人民日益增长的美好生活需要为根本目的，扎实做好“六稳”工作，全面落实“六保”任务，统筹推进疫情防控和经济社会发展各项工作。

2021年，全县经济运行持续保持稳中有进、稳中向好的态势。完成地区生产总值19.68亿元，同比增长6.5%；一般公共预算收入3.89亿元，同比增长51.4%；农村居民人均可支配收入达18667元，同比增长15.8%；规模以上工业增加值完成9462万元，同比增长14.7%。

2021年6月28日，县委副书记、县长次仁卓嘎在林周县第十三届人民代表大会第一次会议上作报告

【产业发展】 截至年底，全县牲畜存栏22.39万头（只、匹）、出栏3.44万头（只、匹），肉产量达到3491.5吨。格桑塘现代农牧产业示范园东区牦牛存栏3375头，牦牛群体繁殖率和新生犊牛成活率分别达到51.7%、90%。全年完成粮食作物种植15.2万亩，稳定粮食产出5.81万吨。高效节水饲草生产示范基地建成投用，稳定饲草种植面积7.75万亩，产量突破3.07万吨。鹏波阿朗菜籽油项目试运营，完成阿朗圣菜籽油商标注册。林周农场获评“全国关心下一代党史国史教育基地”称号，入选西藏自治区“红色旅游景区（点）”“爱国主义教育基地”名录，全县累计接待游客18.59万人次，实现旅游收入2200.1万元。

【项目提质】 年内，编制完成《林周县国民经济和社会发展“十四五”规划和二〇三五年远景

2021年9月30日，县委常委、副县长查焱（左三）一行到重庆金苏化工有限公司参观学习

目标纲要》，储备"十四五"项目192个，估算总投资108.2亿元。全年实施项目66个，完工项目36个。江热夏乡、边交林乡"幸福路"工程、卡孜乡克布村朱古桥改建工程等8个农村公路桥梁项目竣工。澎波河流域防洪堤、澎波灌区渠道改造等工程快速推进，农田水利建设投入不断加大，在防汛抗旱、小型水利工程改造提升等方面取得显著成效。总投资1.72亿元的11个受援项目，涉及产业发展、教育医疗提升等多个领域，年内，完成投资7884万元。始终坚持招商引资"走出去""请进来"，前往江苏、贵州、广西等地招商4次，其间，对接成功12000吨乳化炸药生产、热带水果种植等重大投资项目。全年完成招商引资到位资金1.41亿元。

【民生保障】 年内，完成技能培训40期1881人，转移就业1.26万人，创收1.23亿元。应届高校毕业生就业590人，就业率达99.5%。教育事业不断提升，调整充实师资队伍27人、培训教师700余人次，全县小考成绩连续5年名列全市前茅。智慧医疗建设加快。县医院开通"健康西藏"线上挂号、支付等就医服务，获评"中国市县医院智慧创新奖"，居民电子健康建档率、计生奖励覆盖率均达到100%。

发放社保卡6.83万张，兑现养老金1558.9万元、医保金3079.33万元。城乡低保标准逐年提高，残疾人、事实无人抚养儿童等特殊群体持续得到保障，兑现民政救助资金1196.8万元。典冲村委会荣获"全国农村留守儿童关爱保护和困境儿童保障工作先进集体"称号，双拥工作荣获自治区级"双拥模范城（县）"称号。

【城乡发展】 年内，脱贫成果更加巩固。挂牌成立乡村振兴局，制定《林周县关于健全防止返贫动态监测和帮扶机制的实施方案》，全年整合涉农资金1.34亿元，拆除易地搬迁旧房屋783套，兑现补助资金2888.8万元。顺利完成贡觉县49户搬迁群众入住工作。全县45个行政村村庄规划已基本编制完成，"美丽乡村·幸福家园"8个示范村建设全面启动，新建房屋79套。持续保障住房安全，改造房屋254套，新建公共租赁住房458套。编制完成《农村分散式饮用水水源地保护范围划定方案》，完成村组饮水修缮38个，提升6000余人饮水质量。新修公路52千米，养护农村公路172处。县城自来水厂水源地搬迁项目全面启动，"智慧城管""明厨亮灶"加快建设，县城污水处理厂项目建成试运行。

【改革创新】 年内，重点领域改革深入推进。农村集体产权制度改革通过区市两级验收，成立45个村级集体经济组织，认定组织成员5.92万人。制发《林周县深化国资国企改革三年行动方案（2021—2023年）》，厘清县属国有企业公司架构、经营状况。扎实做好市委涉粮问题专项巡察反馈意见整改落实。成功申报全国小型水库管理体制改革样板县，完成4座水库维修养护。

商事制度改革实现企业登记全程电子化、受审合一、限时办结，全县新增市场主体483户，注册资金达4.3亿元。推进税费改革，十项财行税合并申报，增值税专用发票电子化替换，完成税收6.71亿元，落实减税降费1亿元。深化"放管服"改革，取消调整行政职权366项，取消证明材料36个、规范证明材料75个,行政许可事项承诺时限压缩84%,网上跑办率达87.9%,政务服务更加规范,群众办事更加方便快捷。2021年,受理行政审批服务事项18.42万件、按时办结率达100%,办理12345热线工单124个、满意率达99%。

【生态保护】 年内,定期开展环境水质、气质、土质监测,各项指标均达到或优于标准限值。整治扬尘隐患131处,非道路移动机械编码审核登记190辆,燃煤锅炉全部淘汰。妥善处置危废物24.54吨。开展水土保持综合治理4.3万亩,推广测土配方施肥11.3万亩,保持全县耕地无污染。全面落实河(湖、林)长制,管理河流423.53千米,河道清淤2.6万立方米、清理垃圾65吨,编制完成《澎波河支流果当沟岸线保护与利用规划》。全年义务植树造林21.6亩、乡村“四旁”植树2301.6亩。成立西藏雅鲁藏布江中游河谷黑颈鹤国家级自然保护区检察联络室。设计制作《美丽林周生态文明》宣传短片,发放环保宣传资料、物品1.4万余份,生态文明思想逐渐深入人心。

年内,国防动员、消防、审计、统计、编译、邮政、老龄、工会、共青团、妇联等各项事业都取得了新进步。县人民政府坚持重大问题向县委请示报告,主动接受人大法律监督、政协民主监督、审计监督和社会监督,办理人大建议和政协提案251件,办复率和满意率均达到100%。扎实开展“我为群众办实事”实践活动,累计为群众办实事好事626件。按照“过紧日子”的要求,严控财政一般性支出和三公经费。深入推进党风廉政建设和反腐败工作,严格落实中央八项规定及其实施细则精神和区市县党委有关规定,驰而不息纠治“四风”,着力整治侵害群众利益的不正之风和腐败问题。

(王江涛)

2021年6月4日,县委常务副书记、常务副县长韦国岭(前排左四)一行调研林周县“四化”整治工作

【机构领导】

县委副书记、县长

高　　军(5月免)

次仁卓嘎(女,藏族,6月任,11月免)

德吉央宗(女,藏族,11月任)

县委常务副书记、常务副县长

韦国岭(江苏援藏)

县委常委、副县长

方文伟(6月免)

查　　焱(江苏援藏)

李　　辉(6月任)

洛　　旦(藏族,6月任)

副县长

旦　　增(藏族)

朱彦宾

张刚强

拉　　穷(藏族,6月任)

张　　强(6月任)

徐文杰(女,6月任)

米　　玛(藏族,6月免)

边　　巴(女,藏族,6月免)

万诗亮(6月免)

李　　辉(6月免)

办公室工作

【概况】 林周县人民政府办公室是协助县人民政府领导同志处理县人民政府日常工作机构,为正科级,加挂县外事办公室牌子,核定行政编制11名、核定事业编制16名,科级领导职数4名。

【工作职责】 林周县人民政府办公室贯彻落实党中央、国务院方针政策和自治区党委、区政府,市委、市政府及县委、县政府决策部

2021年5月27日，林周县人民政府办公室主任、支部书记梅青松（左一），政府办副主任、支部副书记白玛央（右一）与95岁的老党员合影

署，在履行职责过程中坚持和加强县委、县政府对县人民政府办公室的统一领导。主要职责是负责处理县人民政府的日常政务和事务，负责县人民政府会议和县人民政府领导同志重要活动的组织准备工作，协助县人民政府领导同志实施会议决定事项；负责组织起草或审核以县人民政府、县人民政府办公室名义发布的公文和县人民政府领导的有关文稿；研究各乡（镇）人民政府和县人民政府各部门请示县人民政府的事项，提出审核意见，报县人民政府领导审批；根据县人民政府领导的指示，对各乡（镇）人民政府、县人民政府各部门之间出现的争议问题，提出处理意见，报县人民政府领导同志决策；督促检查各乡（镇）人民政府、县人民政府各部门对县人民政府决定事项及县人民政府领导同志批示指示的贯彻落实情况，及时向县人民政府领导报告。负责全县经济社会发展目标绩效考核评价工作；承办林周县领导出访和外事接待活动，执行县委、县政府关于外事工作的指示和决定，协调指导全县重要外事工作和涉外活动；负责林周县地方志、年鉴的编纂工作；负责政务信息工作，负责县人民政府信息公开和政务公开工作；负责县人民政府与上级有关部门，与县委、县人大、县政协、驻地部队、县人民法院、县人民检察院及其他县（区）人民政府办公室的联络和协调工作；承办县委、县人民政府和县人民政府领导交办的其他事项。

【党建工作】 年内，中共林周县人民政府办公室党支部有党员14名（正式党员13名、预备党员1名），男性党员占57.1%，女性党员占42.9%；积极分子1名。2021年6月，中共林周县人民政府办党支部召开党员大会，投票改选出新一届支委班子，设支部书记、副书记各1名，支委成员3名。截至年底，召开政府办党组会议20次、支委会8次、党员大会6次、学习会27次，组织开展主题“党日+”活动12次，书记讲党课2次，按程序转正预备党员1名，确定发展对象1名，已转为预备党员，确定入党积极分子1名。

年内，政府办全体党员干部始终坚持思想建党、思想强党，始终坚持党的领导不动摇，紧紧围绕县委、县政府中心工作，强化办公室“三服务”工作职能，不断推动全办各项工作扎实有效开展。先后组织支部对党章党规党纪等党内法规进行系统学习，自觉加强对习近平新时代中国特色社会主义思想，中共十九大及十九届二中、三中、四中、五中、六中全会精神，第七次西藏工作座谈会精神，习近平总书记“七一”重要讲话精神和习近平总书记视察西藏时重要讲话指示精神的学习力度。“学习强国”参与度和日均在线率均为100%，位列全县前列。通过组织开展党建活动，培养支部党员团结互助，引导支部党员争做旗帜鲜明立场坚定的模范，有效激发了党员干部的凝聚力、战斗力，提高了工作热情。

【党风廉政建设】 年内，林周县人民政府办公室始终把“转作风、树形象、促工作”作为贯穿年度始终的大事，高度重视，狠抓落实。严格落实主体责任和一岗双责，压紧夯实责任体系，坚持常态化开展党纪法规、廉政警示、理想信念学习教育，建立完善工作制度，加强廉政风险防控，弘扬新风正气，开展作风建设整顿会议，坚决纠正组织纪律观念不强、责任心不够、工作不严不实、精神不振等现象。深化廉政建设。坚持把纪律和规矩挺在前面,年初制定党风廉政建设工作要点,对党风廉政各项工作进行安排部署,根据办公室工作职责、职能,重新设定廉政风险点,制定切实可行的防控措施。强化廉政教育,结合党史教育开展廉政党课1次,学习典型案例通报5件,使党员干部的责任意识、廉政守纪意识进一步增强。严格执行干部上下班、加班值班考勤制度,如遇特殊情况未能按时打考勤的干部,及时登记备案,纪检委员负责监督干部遵守正常纪律。

【规范办文】 年内,林周县人民政府办公室先后起草政府工作报告,经济工作报告,政府涉粮安全、月调度会议汇报材料,政府全体会议、廉政会议领导讲话稿等一系列大型材料500余份,100万余字。进一步规范来文审查、发文审核等流程,严格实行公文专人负责制,提高公文质量。截至年底,共撰写、印发政府文件49份,政府办公室文件31份,县政府党组会议纪要11期,政府常务会议纪要10期,县长办公会议纪要9期,县政府专题会议纪要32期。打造数字化政务信息平台,采用线上审批办理模式,严格规范政务工作、收发文办理流程,及时处理政务、传阅文件。年内,中共林周县人民政府办公室共收发文件1900余份,数字OA(办公自动化)政务平台线上平台流转3861份文件,均做到迅速传递、及时送批、全面处理,并提供第一手资料给领导提供决策依据。

【务实办会】 年内,严格控制会议次数和规模,大力精简各种会议,认真搞好会务的统筹协调,切实做好会务工作,办理包括县政府党组会议11次,政府常务会议10次,县长办公会议9次,县政府专题会议32次,政府全体会议4次,全县视频会议130次,中央、区市领导及对口单位来人座谈会等在内的各类会务60余次,为确保政令畅通、提高工作效率提供了有力的硬件支持;协助做好林周县2021年林周县第十三届人民代表大会第一次会议、中国人民政治协商会议第三届林周县委员会第一次会议等相关筹备工作、会议后勤保障工作。

【督办检查】 年内,始终把督促检查作为促进工作落实的重要抓手,注重办理时限,提高办理质量,狠抓县政府年初经济工作目标任务落实,狠抓县政府会议决定事项、领导批示和上级单位督办落实,狠抓人大代表建议和政协委员提案的办理工作落实,狠抓社会热点、难点问题督查,扎扎实实地抓好督查督办工作,使政府的每一项决策和县领导的每一次重要批示均得到贯彻落实。

截至年底,共立项督查130项,实地检查乡(镇)、部门5次,形成《督查报告》13期,督办县长办公会议议定事项122项,督办市县两级人大代表建议198件,政协委员提案55件,代表委员满意率达100%,为推动县委、县政府的决策和重要工作部署的落实发挥了重要作用。

【公车管理】 年内,对全县所有公务用车全部建立一车一档,车辆管理档案逐步规范。强化驾驶员教育管理,召开安全驾驶员专题会议4次,与县直机关公车驾驶员签订林周县公务车辆安全行车

2021年7月1日,中共林周县人民政府办公室党支部开展主题为“守初心抒情怀,庆百年话党史”的7月主题党日系列活动

责任书，不断强化驾驶员的安全意识、责任意识和节约意识，确保行车安全。认真执行制度规定，严格执行公车定点加油、定点维修和节假日、重要时段公务用车相关规定，全县公车使用管理更加规范。

【接待服务】 年内，严格执行《林周县公务接待管理办法》和相关制度规定，本着严格标准、务实节俭的原则，认真做好后勤接待服务保障工作。协同林周县委办公室及相关单位共接待江苏代表团30余批，并承担大量国家、区、市领导及来人的接待工作，圆满完成各项重大会议期间的后勤接待工作。

截至年底，各类接待共计450次，6000余人。保障就餐服务，在就餐服务保障与疫情防控的双重压力下，县机关后勤服务中心采取严格的食品安全防控措施，制定《林周县机关后勤服务中心物资采购管理办法》《林周县机关后勤服务中心食品安全制度》《林周县机关后勤服务中心食品留样制度》，做好食品采购进货查验、登记入库工作。随着全县就餐人员的增多和就餐补助的调整，机关后勤服务中心在做好食品安全查验的基础上，进一步丰富菜品种类，加强餐厅环境卫生管控，打造厨师团队，全方位保障广大干部职工的就餐安全，增加全县干部职工幸福感和满足感。全年食堂共计消费10万余人次、40万余元。在机关食堂内共张贴勤俭节约类宣传标语（展板）20余条，发放宣传手册、倡议书300余份。

2021年6月10日，中共林周县人民政府办公室党支部召开党员大会进行支部委员改选工作

【政务公开】 年内，全面深化政务公开，提高行政效能，持续推进行政决策和政务服务阳光运行，成立政务公开领导小组、明确政务公开责任分工，由专人负责政务公开工作，负责发布重大决策、工作动态等信息，回应群众关切和信息需求，为政务公开工作提供了有力的组织保障，同时在林周县人民政府网站设置政务公开专栏，依法依规做好机构编制、职能职责、政务公开领导小组、财务预决算等常规事项公开的同时，大力推进办事服务公开，动态调整并公布权责清单、公共服务事项，切实做到行政权力和公共服务全面公开、规范运行。制定《政务公开保密审查机制》，规范县政府信息公开保密审查工作。同时，建立政府信息公开指南，依法公开并适时更新。

年内，政府网站设立在线互动平台，公众参与并及时反馈互动，开通县长信箱，受理群众来信18件，均已办理。截至年底，累计撰写政务信息501条，政府门户网站发布各类动态3600条，月均访问量3000余人次。

【志鉴工作】 年内，完成《林周年鉴（2021）》收集、核稿、出版及发放工作。完成《拉萨年鉴》《西藏年鉴》林周县部分资料上报工作。作为体现林周县各项工作成效成果和亮点特色，《林周年鉴》编纂工作发挥着巨大的作用，体现着林周县各项工作取得的成绩，为林周县的发展留下不可磨灭的历史痕迹。《林周年鉴（2020）》荣获中国地方志指导小组、中国地方志学会三等奖。

【其他各项工作】 县增收办挂靠县政府办，负责统筹协调全县增收工作。有序推进增收工作，年初制定印发《2021年林周县农牧民增收工作实施方案》，设立增收办公室及4个专项工作推进小组，具体负责增收各项工作的推进。强化日常调度，全年组织召开增收工作调度会7次，组成督导小组深入各村组对全县增收工作进行督导调研5次。邀请国家统计局拉萨调查队对各收支调查点记账员、乡村收支调查人员开展农村居民收支调查培训2次，有效提高了基层增收工作人员业务水平。年内，全县农牧民人均可支配收入实现18667元，同比增长15.8%。

年内，强化财经纪律，严格执行办公用品购置、政府采购、公务车辆维修报批等财务制度，加强报销票据审核，坚决杜绝不合规、不合法票据列支，确保财务管理严格规范。严格执行财务管理制度和差旅费报销制度，严格控制办公室“三公”经费，进一步规范财务审批制度，保证财政开支的合法性、合理性。截至年底，林周县人民政府办公室预算资金2117.54万元，支出进度为77%，预算绩效处于全县中上游位置。

年内，严格遵守各项保密管理制度，突出抓好印章、机密、秘密文件、计算机信息安全等重点领域保密管理，未发生泄密事件；大力规范公文流转程序、公文流转效率不断提高。截至年底，共收文处理区、市、县各级机密、秘密内部来文157份。

（王江涛）

【机构领导】

主　任

刘智仁（4月免）

梅青松（4月任）

副主任

梅青松（4月免）

白玛央（女，藏族，4月任）

王善红

行政审批和便民服务

【概况】 2021年，林周县行政审批和便民服务局有1个县级政务服务中心，10个乡镇便民服务大厅，45个村级便民服务站。县级政务服务中心设置20个窗口，业务量较大的单位设置独立窗口，业务量相对少单位整合设立小综窗口，为企业和群众办事奠定良好的基础。林周县行政审批和便民服务局行政编制3名，科级领导职数1名，科员2名。

【基本职能】 主要任务是贯彻落实党中央关于行政管理体制、行政审批制度改革等方面的方针政策和自治区党委、市委、县委的决策部署，在履行职责过程中坚持和加强县委对审批和便民服务工作的统一领导。贯彻执行国家、自治区、拉萨市行政管理体制、行政审批制度改革等方面的法律法规，制定行政审批和政务服务、便民服务各项规章制度和管理办法并组织实施。

负责全县行政审批制度改革工作，负责牵头推进“两集中、两到位”和相对集中行政许可权改革工作。负责指导、协调县直各部门、驻县中直部门、乡（镇）规范行政审批行为，优化政务服务环境等工作；负责进驻单位行政审批和公共服务事项的规范、管理和监督。负责进驻单位工作人员日常管理、教育培训和检查考核等工作；负责组织、指导、协调、督促全县各级政务服务体系标准化建设和各类专业办事服务大厅标准化建设。负责“互联网＋政务服务”的规划设计和建设维护；负责指导、协调乡（镇）行政审批和便民服务业务工作。

2021年11月18日，林周县行政审批和便民服务局工作人员到旁多乡帮多村开展政策宣讲

2021年5月24日，林周县行政审批和便民服务局党支部一行到县党员党性教育基地参观

【高度重视、强化责任】 年内，县政府先后2次召开政务服务专题会议，专题研究林周县政务服务各项工作开展情况，县委书记高军多次到县级政务服务中心检查指导工作，要求牢固树立全县“一盘棋”思想，牢固树立大局意识、看齐意识，以强化服务职能、提高办事效率、促进勤政廉政为宗旨，为群众和企业提供优质高效的“一站式”服务，最大限度方便企业和群众办事。

【厘清权责、明确责任】 年内，以党史学习教育为契机，深入学习贯彻习近平总书记在西藏考察期间重要讲话精神，规范审批流程、优化制度体系、明确部门职能，针对机构改革部门职能划转、取消、合并、划出、下放情况，最终确定林周县人民政府部门权责清单事项835项，其中，行政许可338项，行政确认104项，行政其他86项，行政给付24项，行政奖励89项，行政裁决11项、公共服务183项。同时，取消调整的县级人民政府部门行政职权366项，其中，取消的行政职权164项，新增的行政职权73项，划转的行政职权127项，合并的行政职权2项。

【服务规范化标准化】 11月4日，召开专题会议传达《关于拉萨市政务服务网上不办则挂牌督办的通知》，针对挂牌督办的内容，要求各单位对标对表，做好分析研判工作，整改优化短板问题。

按照政务服务事项“应进必进”原则，业务量相对较小的入驻综合窗口，业务量较大的设独立窗口，梳理拉萨市已进驻、林周县未进驻事项，针对事项未进驻、进驻不全的单位进行通报，督促各行业部门做到应进必进，林周县政务服务中心入驻248个行政审批和便民服务事项。

年内，县政府研究确定保留证明类材料197项，在取消证明类材料127项的基础上，2021年各部门按照要求汇总梳理证明事项和涉企经营许可事项告知承诺制24项，证明事项总数111个，取消证明材料36个，规范证明材料75个。

年内，先后3次组织25家县直部门梳理政务服务事项，修改完善全县777个政务服务事项，针对2020年市局提出事项规范、核查情况，林周县除税务局外已全部完成整改。截至年底，林周县行政许可事项提升政务服务事项承诺时限4.83个工作日，压缩比例78%，平均跑动次数压缩至0.28次，即办件占比44%，四级网办深度73%，离市级目标仍有差距，林周县将积极落实“两减一即一深”指标提升，推进政务服务标准化、规范化建设。

【服务理念】 年内，积极推行“集中办、网上办、马上办”工作模式，打造线上线下深度融合、高效便捷服务体系，建立“好差评＂制度，由办事群众填写评价卡、投诉建议簿等方式对窗口工作人员服务态度进行评价。同时开展基层帮办代办工作，积极主动与国泰公司技术人员沟通，初步梳理出乡镇便民服务事项4个，边交林乡作为试点乡镇应用帮办代办系统，及时总结经验，评估试点结果，逐步推广全县使用。

截至年底，县级政务服务中心和乡镇便民服务大厅共受理行政审批事项和便民服务事项131845件，按时办结率100%，其中县级政务服务中心行政审批类事项共受理9901件，便民服务类事项2232件，乡镇便民服务大厅受理便民服务类事项119712件，均在时限内办结，“好差评”评价79327件，接转“12345”热线工单99个，已办结99个工单，满意率为98.9%。

【党建工作】 年内，林周县行政审批和便民服务局党支部召开支部会议15次，党员大会6次，开展学习大讨论10次、干部交流发言30人次、撰写心得体会48人次，书记讲党课1次，组织开展主题党日“+”活动11次，开展系列红色主题活动4次（参观1次红色教育基地、观看1次红色影片、组织1次红色主题征文活动、开展1次红色歌曲传唱比赛），开展节前廉政提醒谈话4次，开展2020年度党支部组织生活会1次、巡察专题组织生活会1次、党史学习教育专题组织生活会1次，“我为群众办实事”工作开展1次，于11月18日到旁多乡帮多村开展政策宣讲。

（格桑尼玛）

【机构领导】
副局长
贡秋卓玛（女，藏族，主持工作）

应急管理

【概况】 2021年，林周县应急管理局共有行政编制4名，实有3名，其中正科级干部1名，副科级干部1名，科员1名（另一名干部被派去驻村并担任村第一书记），内设3个办公室，分别为局长办公室、副局长办公室、安委会办公室（应急管理局办公室）。

【安全生产】 年内，全县共发生死亡事故4起，其中矿山安全生产责任事故2起，死亡2人，较2020年死亡人数和事故起数持平；道路交通领域发生死亡交通事故2起，死亡2人，较2020年下降50%。截至年底，未发生较大及以上安全生产事故。2021年较好地完成对财胜矿业“4·23”安全生产事故及西藏烨鑫矿业有限公司“7·11”安全生产事故的调查结案，事故共计罚款98.09万元。

【组织领导】 年内，根据全国、全区、全市安全生产工作部署电视电话会议精神，县委、县政府高度重视安全生产工作，强化工作部署，先后召开4次安委会全体会议，安排部署全县安全生产和自然灾害防治工作以及林周县迎接国务院安全生产和消防工作考核动员部署，县政府常务会议召开1次常务会议，研究全县安全生产工作和自然灾害防治工作。各乡（镇）、县直各部门认真贯彻落实县委、县政府的工作安排，及时召开会议，安排部署各项安全生产工作。

【工作举措】 年内，林周县安委办结合实际制定印发《林周县2021年“安全生产月”和“安全生产林周行”活动方案》《林周县“双庆”期间安全防范攻坚行动方案》等一系列工作方案，明确各领域的监管检查目标任务，严格落实安全生产监管主体责任，紧盯事故易发频发的重点地区、重点行业全面开展安全生产和消防隐患排查整治专项行动，集中解决一批突出问题，消除了一大批安全隐患。

【监管执法】 年内，林周县安委会办公室组织县安委会成员单位及

2021年4月16日，县委常委、副县长方文伟（后排左一）主持召开林周县第一次应急管理工作会议

2021年4月8日，林周县安委办组织成员单位开展“五一”国际劳动节节前安全检查

行业主管部门按照“全覆盖、零容忍、严执法、重实效”要求切实加强对非煤矿山、烟花爆竹、危险化学品、道路交通、寺庙、加油站、加气站、建筑工地、公交公司、人员密集场所等重点领域的安全生产隐患排查治理。

截至年底，全县共开展各类安全隐患排查2050家次，发现隐患1160余处，下发责令改正通知书269份，已整改各类隐患1160余处。一般隐患和重大隐患整改率达100%。工矿商贸领域下发现场措施决定书4份，停产停业整顿4家，事故罚款累计98.09万元。

【安全宣传教育】 年内，深入开展全县安全生产宣传月主题活动、“安全生产林周行”、安全生产咨询日活动和安全生产“八进”活动等宣传教育活动，筑牢安全发展理念，增强群众及务工人员的安全意识，同时，积极开展矿山安全、危化安全、交通安全、食品安全、消防安全领域宣传160余次，印发各类宣传资料、宣传品1万余份，受教育群众达5000余人。

【完善应急管理制度和应急预案】 年内，根据国家及区市县的有关预案，结合实际及时制定《林周县自然灾害应急预案》，建立和完善灾害救助应急体系，提高灾害应急反应能力和救灾工作整体水平，充分发挥各灾情处置主管部门救灾资源合力作用，最大限度地减轻灾害造成的损失，确保人民生命财产安全，维护社会稳定。

强化值班值守，应急救援保障到位，按照县委、县政府先后关于加强重点时段应急管理和值班值守的文件，严格执行节日期间领导干部带班、关键岗位专人值守、突发事件报告制度、安全生产每日一报制度。同时，结合各乡镇和安委会有关成员单位之间信息报送制度工作，建立健全值班值守制度，出现事件及时获取信息，以便更好地处置突发事件。

【应急物资储备】 年内，按照区市县的物资储备工作要求及工作部署，积极作为，按照“宁可备而不用，不可用而无备”的应急物资储备原则，从“出”“入”两方面做好应急物资保障工作。截至年底，储备救灾应急物资各类帐篷1039套、床400张、棉被1686床、雨衣647件、铁锹513个等，全力做好应急物资储备工作。

（加　略）

【机构领导】

局　长

土登欧珠（藏族）

副局长

巴　桑（藏族）

消防救援

【概况】 2021年，林周县消防救援大队以习近平总书记训词精神为总指引，对标应急救援主力军和国家队等定位，着眼“全灾种”“大应急”任务需要，着力从救援理念、职能、能力、装备、方式、机制等6个方面推动队伍发展。

【思想教育】 年内，林周县消防救援大队始终坚持“对党忠诚、纪律严明、赴汤蹈火、竭诚为民”的建队理念，把铸牢指战员的思想防线放在第一位，把政治合格作为对指战员的首要要求，把理想信念培养作为政治教育的第一步。坚持党史学习教育成果始终贯穿在日常工作和生活中，坚持每周党课、党章学习的同时，狠抓两个经常性工作，动态分析全体指战员思想状况，加强一对一的教育管理，及时消除指战员队伍中可能出现各种不稳定因素，切实带动指战员保持强执勤、严备战的积极状态。

【队伍管理】 年内，林周县消防救援大队以正规化建设为落脚点，努力实现队伍纪律严明、秩序正规、安全稳定、形象良好、士气高昂的目标，在强化安全管理、狠抓各项规章制度落实及全面做好队伍安全防事故工作上下功夫，通过定期召开队伍管理教育和安全工作形势分析会，组织指战员学习《国家综合性消防救援队伍消防员管理规定（试行）》等规章制度，并严格落实经常性思想教育工作制度，切实把事故隐患消除在萌芽状态，杜绝事故发生。

【火灾防控】 年内，林周县消防救援大队始终坚持以建设平安林周为工作中心，全面保持高压强力的火灾排查整治态势。大队联合应急管理、民宗、治安、教育等行业部门成立专项整治小组，坚持以文物古建筑、易燃易爆场所、人员密集场所及公共娱乐场所为重点，坚持定期开展监督检查的同时，针对各行业特点开展针对性检查，并定期开展复查、回访工作；在重大节点期间，大队通过消防监督人员错时工作制，形成日间、夜间两批检查队伍，把消防监督力量部署到火灾高发时段和高发部位，着力提高对重点部位、重点时段公共消防安全的火灾防控力度，确保辖区火灾防控工作万无一失。截至年底，林周县消防救援大队共计执法检查单位785家次、发现火灾隐患和违法行为381处、下发责令整改通知书281份、督促整改火灾隐患355处。

【灭火救援】 年内，为切实做好各领域火灾灭火救援准备工作，确保科学专业、安全高效处置为目标，紧密结合林周县的灾害事故类型、特点和分布规律，深入研究高原地质和气候条件下各类灾害的处置措施，科学应对“五大风险”。狠抓攻坚组建设，广泛开展各类灾害处置演练，不断深化打造消防“铁军”，建立指战员训练情况登记和“每周”“每月”考核成绩档案，采取阶段性考核、综合考评等手段，不断激发指战员练兵热情，并积极做好水源调查和灭火救援装备实际测试工作，普查县区消火栓86个，建立健全辖区水源档案，同时，文物古建筑、社会福利机构、医院等重点单位建立健全灭火预案并定期开展灭火演练。年内，林周县消防救援大队共计参加安保执勤32次、处置小型火灾4起、抢险救援3次。

2021年5月3日，林周县消防救援大队组织指战员参观县党员党性教育基地

【宣传教育】 年内，林周县消防救援大队始终以打造“全民消防”为目标，积极发动社会消防宣传力量，动员消防志愿群体，切实扩大宣传教育的覆盖面和影响力，并联合宣传部门，组织各乡镇及时开展消防安全宣传工作，发动各类宣传人员深入农村发放宣传资料，主要针对村民用火、用电、用气、用油安全教育及基本的灭火常识、火灾逃生方法进行全面普及，大队共计组织消防教育活动30余次、开展寺庙宣传42次、开展寺庙管委会及僧尼代表专项培训会1次、开展“九小”场所集中教育培训1次，发放宣传单17200余份。

【为民助民】 年内，林周县消防救援大队共计慰问贫困家庭4次，深入养老院开展为老人洗衣、打

2021年3月11日，林周县消防救援大队组织开展消防安全培训

扫卫生活动3次。

（嘎　玛）

【机构领导】

大队长

洛松格来（藏族）

政治教导员

平措旺杰（藏族）

信访工作

【概况】 2021年，林周县信访局共协调信访事项57件，其中包括来信来访28件、网投29件、人民网投诉4件，完成率为98%。较好地完成上级交办任务。带头学习贯彻中央关于全面从严治党的重大决策部署和区市党委的决定及县委工作安排。

【党建工作】 年内，组织干部职工全面系统学习党在新时期的各项路线、方针和政策，学习与工作实际紧密联系的法律法规。认真学习习近平新时代中国特色社会主义思想，中共十九届五中、六中全会精神和中央第七次西藏工作座谈会精神。局班子坚持民主集中制，在处理"三重一大"过程中，每位班子成员都能充分发表意见，严格按照组织程序，做到公平、公正、公开，使各项工作都具有较高的透明度。在出现临时性和突击性的重大工作时，班子成员能打破分工，全力以赴，确保按时完成任务。同时定期召开民主生活会，主动开展批评和自我批评，自觉接受其他党员干部的监督，制定整改方案加以落实。

截至年底，召开专题学习30场次，谈心谈话20余人次，讨论发言6人次，书记讲党课2场次，受教育党员达2人。

【信访工作联席会议】 截至年底，全县召开3次信访工作联席会议、10次专题会议部署信访工作，同时对重点难点信访案件进行研究部署，及时研究应对措施。积极传达落实区、市信访工作会议精神。持续开展县级领导包案制度，按照"五包一"原则，做到一个信访案件、一名包案领导、一个工作专班、一张任务清单、责任一抓到底，切实加快办理进度，限期推动化解。

【开展领导大接访活动】 年内，持续深入开展县级领导大接访活动，全县各级领导干部牢固树立

2021年6月21日，副县长米玛（中）参加县级领导接访日

以人民为中心的发展思想，认真落实领导干部接访制度，千方百计为群众排忧解难。了解民情、集中民智、维护民利、凝聚民心，依法及时就地解决群众合理诉求，努力把矛盾解决在第一个关口、把问题化解在第一道防线。

【法律法规宣传】 年内，通过悬挂宣传条幅、设置宣传点、现场咨询、入户宣传、派发宣传资料等线上线下多种形式向广大居民群众普及信访知识，同时还热心讲解农牧民信访篇、依法逐级走访逐级解决答复流程图及信访相关的法规政策，引导信访群众依法理性表达诉求。让群众更好地了解、知晓信访条例，让大家做到矛盾就地化解、大事不出乡镇、小事不出网格，引导群众走正确的信访途径，积极化解基层矛盾。截至年底，共计发放宣传册1000本，受益群众达300余人。

（德吉央珍）

【机构领导】

局　长

米玛次仁（藏族）

副局长

德吉央珍（女，藏族）

藏语言及编译工作

【概况】 林周县根据《中共拉萨市委员会　拉萨市人民政府关于进一步加强藏语文工作的建议》和《拉萨市机构编制委员会办公室〈关于调整各县（区）部分事业机构的通知〉》《林周县编办〈关于将林周县编译室更名为林周县藏语文工作委员会办公室（编译局）的通知〉》，于2018年6月1日，将林周县编译室更名为林周县藏语文工作委员会办公室（编译局），由县政府办公室管理事业单位调整为林周县人民政府直属参照公务员管理事业单位，正科级建制。核定编制数5个，其中科级职数2名，经费来源为全额拨款。2021年有4名专职工作人员（主任、局长1名，副主任、副局长1名，科员2名）。

【编译工作】 年内，林周县藏语委办（编译局）在圆满完成林周县2021年“两会”材料翻译任务的同时，翻译县级“两会”代表意见建议、县级“两会”代表意见建议的答复、区市“两会”代表意见建议答复翻译任务的同时，完成《候选人和村务监督承诺书》《换届工作人员承诺书》《关于严肃换届纪律加强换届风气监督的通知》等换届相关材料的翻译任务、中国共产党林周县第十次代表大会代表团第一次会议和林周县第十三届人民代表大会第一次会议相关材料的翻译任务，顺利完成《在庆祝中国共产党成立100周年大会上的重要讲话》《中央政治局委员全国政协主席中央代表团团长汪洋同志在庆祝西藏和平解放七十周年大会上的讲话》《林周县县城商铺门前三包责任书》《致警察家属的一封信》等部门材料翻译任务。截至年底，林周县藏语委办（编译局）共计完成155份、30余万字的翻译任务。

【社会用字整改规范】 年内，根据《拉萨市社会用字管理办法（试行）》，把保障林周县社会用字环境净化与“平安创建”有机结合起来，采取定期不定期检查、集中检查、联合检查等形式，大力开展以确保社会用字规范化和标准化；截至年底，县藏语委办检查督导单位、商户、宣传牌匾、横幅共清查整改藏语文社会用字150余处，其中横幅错误76处、LED（发光二极管）显示屏无使用藏语和汉语24个，乡村商户无使用藏语和汉语4户，藏语拼写错误21个，宣传牌匾（路牌）无使用藏语和汉语17个，掉字漏字3个，桥梁名称翻译错误3个，路牌名称译错2个，在检查中采取边检查边整改的办法，对存在问题的社会用字进行拍照存档，并现场提供翻译服务。

2021年县藏语委办联合市场监管局、环保局开展1次专项社会用字检查整改活动，联合县交通、民政对全县交通指示牌、乡村路牌进行拉网式专项排查1次，中国共产党成立100周年和西藏和平解放70周年社会用字专项检查3次，开展林周农场红色教育基地社会用字规范整改工作1次，日常检查8次，截至年底，县藏语委办（编译局）开展社会用字检查共计14次，对存在的问题当即联系相关部门负责人，要求限期整改，并向相关领导讲解社会用字整改工作的紧迫性和重要性。截至年底，编译局无偿翻译门牌、广告牌匾、宣传标语、横幅等共计210余份。在开展社会用字检查活动工作中，县编译局在做好检查整改工作的同时，积极向社会用字使用单位和个人宣传《拉萨市社会用字管理办法》强调社会用字的重要性和严肃性，引起社会广泛共识。为减少全县社会用字不规范、及时向社会各界提供免费翻译，并时刻关注微信、抖音等公众号，净化林周县社会用字环境。

【培训活动】 7月7日，以“庆祝中国共产党成立100周年和西藏和平解放70周年”为主题，开展弘扬中华民族的传统美德，发扬国粹风采，激发林周县干部职工、人民教师、农牧民群众、寺庙僧尼的书写兴趣，丰富业余生活的书法比赛活动。

11月23—26日，开展培训活动，活动主要是从增强基层干部国家通用语言文字应用能力、提升基层干部在开展国家通用语言文字培训中的传帮带学作用等角度开展培训，加强党和国家政策在林周县的宣传，并围绕基层工作需要开展汉语藏语翻译理论和翻译实践培训。

【党风廉政建设】 年内，坚持履职担当，强化管党治党责任，按照党风廉政建设责任制和“一岗双责”实施意见要求，积极推进党风廉政建设工作，切实履行党风廉政建设第一责任人职责，并将党风廉政建设与业务工作同部署、同检查、同落实。

积极组织党员干部深入学习中共十九届历次全会精神和党章，学习领会习近平新时代中国特色社会主义思想，学习《中国共产党廉洁自律准则》《中国共产党纪律处分条例》等党风廉政建设基础法律法规，并将学习内容入脑入心，从思想上消除贪腐之念，自觉抵制各种诱惑，坚决守住纪律底线。

开展主题党日活动，党员干部在开展主题党日活动时，注重与党史学习教育和推广普及国家通用语言相结合，与村委会联合开展普及国家通用语言为主题的带学、领学活动，开展党史国史内容宣传活动，积极组织党员干部参观警示教育基地、观看警示教育片以及开展以案说纪活动，发挥警示教育治本作用。

2021年11月29日，拉萨市藏语委办（编译局）党组副书记、主任（局长）达瓦次仁（右二）一行到林周县检查指导工作

坚持理想信念高标准，守住纪律底线不动摇。严格遵守“八项规定”“约法十章”“九项要求”，任何事项都按照章程办理，“三公经费”和业务专项经费都按照县财政的有关规定支配，大额经费都按照程序逐级请示并严格按照领导批示意见落实。

【党建工作】 6月3日，林周县藏语委办（编译局）党支部在中共林周县直属机关委员会的批准下正式成立，支部共有3名党员（其中党支部书记1名、党员2名）。自编译局党支部成立以来编译局全体党员始终将理论武装作为自身建设的具体举措，结合党史学习教育，采取集中学、个人自学、参加培训学等方式，重点学习中共十九大、十九届历次全会和中央第七次西藏工作座谈会精神、习近平“七一”重要讲话、习近平在西藏考察时的重要讲话精神以及党史学习教育动员大会、中央民族工作会议上的重要讲话精神，深入学习区市县第十次党代会精神、《习近平谈治国理政》、党章党规等文件，学好党史、新中国史、改革开放史、社会主义发展史，坚持把学习贯彻习近平

2021年7月7日，林周县开展庆祝中国共产党成立100周年暨西藏和平解放70周年汉藏书法比赛

总书记重要讲话精神贯穿编译局党支部学习始终。

编译局党支部负责人参加区市县委理论中心组学习17次，参加编译局党支部集中学习16次，坚持以习近平新时代中国特色社会主义思想为指导，深入学习中共十九大及中共十九届历次全会精神、习近平系列重要讲话精神、党和国家的各项方针政策、党风廉政建设决策部署、典型案例通报等文件53篇，撰写学习研讨发言材料10余篇。编译局党支部成员先后参加2021年藏语文工作国家通用语言文字素养提升培训1人；参加市党委党校（行政学院）培训1人；参加林周县委党校培训2人；参加法治培训3人。在西藏自治区干部教育平台、拉萨市干部教育平台上主动学习“2021年两会总体精神解读”“学党史悟思想办实事开新局——学习贯彻习近平总书记在党史学习教育动员大会上重要讲话精神”等课件内容的学习与考试。同时，主动参加法律法规知识、中共十九届六中全会精神等网络线上知识答题测试考试活动3次。

（扎西罗宗）

【机构领导】

主任、局长

次仁桑珠（藏族）

副主任、副局长

扎西罗宗（女，藏族）

中国人民政治协商会议林周县委员会

综述

【概况】 政协林周县委员会成立于2012年4月24日，是中国人民政治协商会议的地方组织，在中共林周县委员会领导下开展工作。政协林周县委员会自成立以来，牢牢把握团结和民主两大主题，把坚持和发展中国特色社会主义作为巩固共同思想政治基础的主轴，完善协商议政格局，强化民主监督职责，广泛凝聚思想共识，在服务大局中主动融入，在推动发展中积极作为，在促进和谐中发挥优势，彰显中国特色社会主义制度的特色和优势，为林周长治久安和高质量发展做出积极贡献。

2021年，政协林周县委员会委员名额130名（实有委员125名，机动名额5名），共设6个界别：中共界、群团界、教体文卫界、工商界、农牧科技界、民族宗教界。其中主席1名、副主席4名，常务委员18名。

【政协二届六次全会】 1月26—27日，中国人民政治协商会议第二届林周县委员会第六次会议在林周召开。会议应到委员109人，实到91人，符合政协章程。会议听取和审议政协第二届林周县委员会常务委员会工作报告；听取和审议政协第二届林周县委员会常务委员会关于第五次会议以来提案工作情况的报告；列席林周县人大十二届六次会议，听取讨论政府工作报告、“两院”报告、“十四五”规划纲要及其他相关报告；审议通过政协第二届林周县委员会提案委员会关于政协二届六次会议提案审查情况的报告；审议通过政协第二届林周县委员会第六次会议关于常务委员会工作报告的决议；审议通过政协第二届林周县委员会第六次会议政治决议；书面学习党的十九届五中全会、中央第七次西藏工作座谈会、区党委九届九次全会暨区党委经济工作会议、市委九届七次全会暨市委经济工作会议、市委政协工作会议、县委九届七次

2021年6月29日，林周县政协党组书记、主席朱宝忠（中）一行到卡孜乡慰问老党员老干部和困难党员

全会暨县委经济工作会议精神。

【政协三届一次全会】 6月28—29日，中国人民政治协商会议第三届林周县委员会第一次会议在林周召开。会议应到委员125人，实到101人，符合政协章程。会议听取和审议政协林周县委员会常务委员会工作报告；听取和审议政协林周县委员会常务委员会关于提案工作情况的报告；列席林周县十三届人大第一次会议，听取并讨论政府工作报告及其他相关报告；选举政协第三届林周县委员会主席、副主席、常务委员；审议通过政协第三届林周县委员会第一次会议提案审查委员会关于政协三届一次会议提案审查情况的报告；审议通过政协第三届林周县委员会第一次会议关于政协第二届林周县委员会常务委员会工作报告的决议；审议通过政协第三届林周县委员会第一次会议政治决议；传达学习《中国共产党章程》《中国人民政治协商会议章程》、林周县第十次党代会精神。

【常务委员会】 1月21日，林周县政协主席格桑次仁主持召开二届县政协常务委员会第18次会议。会议听取政协第二届林周县委员会第六次会议筹备情况汇报，审议通过政协第二届林周县委员会第六次会议日程、议程（草案），审议通过常委会工作报告（草案）、提案工作报告（草案）及报告人，审议通过政协二届六次会议大会秘书长、副秘书长名单。

2021年7月21日，林周县政协党组成员、副主席普布卓玛（中）走访“三岩”片区结对户

1月26日，林周县政协主席格桑次仁主持召开二届县政协常务委员会第十九次会议。会议听取小组讨论情况汇报，审议《政协第二届林周县委员会第六次会议提案审查情况的报告（草案）》，审议《政协第二届林周县委员会常务委员会工作报告决议（草案）》，审议《政协第二届林周县委员会第六次会议政治决议（草案）》。

4月2日，林周县政协主席格桑次仁主持召开二届县政协常务委员会第20次会议。会议书面传达学习全国“两会”精神、西藏政协通报〔2021〕第1期、人民日报评论员文章《中华民族一家亲同心共筑中国梦》、吴英杰理论文章《推进新时代西藏长足发展和长治久安》等精神，通报政协第二届林周县委员会换届工作的有关情况，研究《2021年政协常委会工作要点》，研究撤销政协委员边巴（原杰堆寺民管会主任）委员资格、免去色理玛委员资格事宜，格桑次仁就中共十九届五中全会精神进行宣讲。

6月23日，林周县政协副主席强巴旦增主持召开二届县政协常务委员会第二十一次会议，县委组织部负责人到会就政协参加单位、委员名额和人选作说明。会议审议通过大会主席团和秘书长建议名单，审议通过大会常务主席建议名单，审议通过大会提案审查委员会组成人员建议名单，审议通过大会副秘书长建议名单，审议通过大会执行主席、主持人建议名单，审议通过列席人员建议名单，审议通过分组划分、召集人建议名单，审议通过政协第二届林周县委员会常务委员会工作报告（草案）及报告人，审议通过政协第二届林周县委员会常务委员会关于提案工作情况的报告（草案）及报告人，审议通过政协第三届林周县委员会第一次会议议程、日程（草案），审议通过关于召开政协第三届林周县委员会第一次会议的决定（草案）。

8月26日，林周县政协主席

朱宝忠主持召开三届县政协常务委员会第一次会议。会议传达学习习近平总书记在西藏考察时的重要讲话精神、庄严在政协第十一届西藏自治区常务委员会第十七次会议闭幕会上的讲话，审议通过新一届政协专门委员会机构设置的决定，审议通过2021年三届政协常委会工作要点，审议通过荣聚金任命的决定，讨论提出林周县出席市政协十二届一次全体会议委员提案内容。

12月9日，林周县政协主席朱宝忠主持召开三届县政协常务委员会第二次会议。会议传达学习中共十九届六中全会、中共中央关于党的百年奋斗重大成就和历史经验的决议、全国政协系统党的建设工作经验交流会、习近平总书记在中央政协工作会议暨庆祝中国人民政治协商会议成立70周年大会上的讲话、自治区党委政协工作会议暨庆祝自治区政协成立60周年大会、自治区第十次党代会、拉萨市第十次党代会、拉萨市政协十二届一次会议常委会工作报告等精神，书面学习人民政协工作概述、西藏政协在新时代的新使命等精神。

【提案委员会】 林周县政协二届五次会议以来共收到提案22件，经审查，立案20件、撤案1件、并案1件。提案所提意见和建议已经解决和基本解决的（A类）有13件，占承办总数的65%；正在解决或列入计划逐步解决的（B类）有6件，占承办总数的30%；因客观条件限制或其他原因，暂时无法解决的（C类）有1件，占承办总数的5%。从走访部分委员和查阅委员对提案办理的反馈意见看，满意率为100%。

林周县政协二届六次会议以来共收到提案22件，经审查，立案22件。从提案和立案的情况看，有以下三个突出特点：提案质量有明显提升、采纳落实委员建议难度依然很大、委员对办理工作的期望和要求依然很高。提案主题突出，特色鲜明，充分反映委员的心声，凝聚县政协委员的智慧和心血，体现委员对政府工作的关心、关注和支持。

2021年12月9日，县政协常委会召开第二次（扩大）会议专题学习党的十九届六中全会精神

林周县政协三届一次会议以来共收到提案35件、其中闭会期间2件，经审查，立案35件。各承办单位高度重视提案办理工作，均已按时办复，办复率100%。提案工作为推动决策科学化、民主化和服务全县各项事业发展做出积极的贡献。

【党史学习教育】 年内，林周县政协认真学习贯彻习近平总书记在党史学习教育动员大会上的重要讲话精神，准确把握党史学习教育“守初心、担使命，找差距、抓落实”的总要求，通过“强化思想政治引领、着力凝聚智慧力量、聚焦实践为民办实事、挖掘红色文化旅游亮点”等措施，引导广大政协委员在开新局上奋发作为，干出新时代政协新样子。林周县政协将坚持以习近平新时代中国特色社会主义思想为指导，把党史学习教育引向深入，展现“政协作为”、讲好“历史故事”、宣传“中华文化”，在新的历史起点上凝聚广大政协委员强大精神力量，助推党委政府实现人民富裕、西藏美丽、林周繁荣。

【交流交往】 11月12日，由那曲市政协党组成员、副主席西绕加措带队，那曲市政协委员一行11人到林周县考察学习社会治理工作，交流两地在社会治理、群众增收致富、爱国主义教育等经验。

拉萨市政协机关党组成员、副秘书长王瑞鹏，县政协党组书记、主席朱宝忠，县政协党组成员、副主席普布卓玛，县政协办、县委政法委负责人陪同。

【调研视察】 8月24—25日，由县政协党组书记、主席朱宝忠带队，组织部分县政协委员、乡党委副书记、有关单位负责人到边交林乡、旁多乡和春堆乡及各行政村，围绕县委十届一次全会报告中提出的“发展壮大村集体经济”内容开展为期2天的专题调研。县政协党组成员、副主席，松盘乡党委书记晋美多吉，县政协党组成员、副主席普布卓玛一同调研。调研结束后，县政协及时整理调研村发展现状、提出的问题和建议、委员的交流成果提交县委及有关部门用于决策和参考，共同为县域经济发展贡献智慧和力量。

9月15日，自治区政协机关党组成员、副秘书长刘晖到林周县围绕“关注人民群众舌尖安全，推动低氟茶补贴政策落实落地”主题先后前往县中学、甘旦曲果镇甘旦曲果村开展调研视察。市政协文史委有关人员，县政协党组书记、主席朱宝忠，县委统战部、县教育局、县财政局、县经信局、县农业农村局负责人陪同。

10月15日，拉萨市政协党组成员、副主席达娃一行到林周县围绕“加强法治牧业，保护草场，促进畜牧业又好又快发展”主题先后到格桑塘现代产业园、斯曲亚玛人工种草基地开展调研视察。县政协党组成员、副主席普布卓玛，县农业农村局、县林草局负责人陪同。

2021年8月3日，政协第二届林周县委员会2021年委员培训班开班仪式举行

【委员培训】 8月3—5日，林周县政协在县委党校举办为期3天的新一届政协委员能力提升培训班，共计80余名政协委员参训。县政协党组书记、主席朱宝忠，县政协党组成员、副主席普布卓玛出席开班式和结业式并讲话。培训班把学习贯彻习近平新时代中国特色社会主义思想、习近平总书记关于加强和改进人民政协工作的重要思想、“七一”重要讲话精神、怎样当好一名新时代政协委员、提升政协委员提案质量的要求与方法等课题作为培训重点，邀请市政协提案委主任巴次、副主任刘军锋、市委党校刘秋朵、县委党校旦增罗布等专家讲师为委员授课。

【走访慰问】 7月16日、21日，林周县政协党组书记、主席朱宝忠，县政协党组成员、副主席晋美多吉、普布卓玛，办公室主任荣聚金分别走访“三岩”片区结对户，并给予慰问金共计1900元。

【三届一次会议提案工作情况报告摘要】 政协二届一次会议以来，共提交提案209件，经审查立案208件。从提案内容看，涵盖了全县经济、政治、文化和社会生活等各个方面。做好提案工作，必须坚持充分发挥委员的主体作用。做好提案工作，必须坚持统筹协调各方面的力量。做好提案工作，必须坚持不断探索、不断创新。今后五年提案工作建议：进一步提高提案质量，推动提案工作由数量型向质量型转变。进一步提高办理质量，推动提案办理由答复型向落实解决型转变。进一步提高服务质量，推动提案工作由中转式服务向综合式服务转变。

（杨绍祥）

【机构领导】

党组书记、主席

格桑次仁(藏族,6月免)

朱宝忠(6月任)

党组成员、副主席

张林保(6月免)

副主席

曲仲·阿旺强久旦增加措(藏族)

热振·洛追嘉措赤列伦珠白桑布(藏族)

党组成员、副主席

强巴旦增(藏族,6月免)

晋美多吉(藏族,6月任)

普布卓玛(女,藏族,6月任)

常务委员

央　宗(女,藏族,6月免)

张秀英(女,藏族,6月免)

雷伟国(6月免)

顿珠卓嘎(女,藏族,6月免)

拉巴次仁(藏族,6月免)

伦　珠(藏族,6月免)

边　巴(藏族,6月免)

格桑达瓦(藏族,6月免)

白玛央金(女,藏族,6月免)

普布热旦(藏族,6月任)

荣聚金(6月任)

王　琪(女,蒙古族,6月任)

巴桑措姆(女,藏族,6月任)

扎　桑(女,藏族,6月任)

索朗卓嘎(女,藏族,6月任)

玉　珍(女,藏族,6月任)

赤列旺姆(女,藏族,6月任)

周月丽(女,瑶族,6月任)

巴桑次仁(藏族,6月任)

布　琼(藏族,6月任)

辛宝东(6月任)

张兴富(6月任)

晋　美(藏族,6月任)

格桑罗布(藏族,6月任)

其美夺吉(藏族)

杨　文(彝族)

吕坤秋

办公室工作

【概况】 林周县政协办公室为正科级建制,编制3个。林周县政协办公室认真学习贯彻习近平新时代中国特色社会主义思想,学习贯彻习近平总书记关于加强和改进人民政协工作的重要思想、关于西藏工作重要指示精神和新时代党的治藏方略,强化政协办公室作为政协综合办事机构的职能属性,苦练服务、协调、落实“三种本领”,不折不扣地贯彻执行县委和县政协党组的各项决策部署,为建设团结富裕文明和谐美丽的社会主义现代化新林周贡献智慧和力量。

【自身建设】 年内,注重不断加强自身建设,扎实抓好各项工作落实,整体凝聚力、战斗力不断增强。通过落实全面从严治党和党风廉政建设主体责任、落实办公室负责人和党支部书记第一责任人责任,组织开展节前教育提醒谈话、观看警示教育片、实地参观廉政教育基地等活动,教育和警示党员干部时刻绷紧政治纪律这根弦,时刻把纪律和规矩挺在最前面,促进干部队伍作风转变,不断推进全面从严治党走深、走实,在政协办公室营造风清气正的良好环境。

【学习教育】 年内,坚持用习近平新时代中国特色社会主义思想统一思想、增进共识,通过坚持和完善以办公室例会、支部集中学习、“主题党日+”为主要形式的学习制度,采取领读领学、互相交流、表态发言、现场教学等多种形式,将党史学习教育贯彻始终,组织全体干部职工深入学习贯彻习近平新时代中国特色社会主义思想、习近平总书记关于加强和改进人民政协工作的重要思想、关于西藏工作重要指示精神和新时代党的治藏方略、“七一”重要讲话和上级重要文件等,把总书记的关心厚爱切实转换为做好政协工作的强大政治动力、思想动力、精神动力,为建设美丽幸福林周、共圆伟大复兴梦想凝聚强大正能量。

【座谈交流】 年内,组织召开庆祝西藏和平解放70周年学习会,与会人员在交流讨论中深刻感悟党中央对西藏的特殊关怀、始终不渝为人民谋幸福的初心使命,学习传承西藏人民在中国共产党领导下通过长期奋斗铸就的“老西藏”精神、“两路”精神和孔繁森精神,不断增强继往开来走好新时代长征路、赓续前进谱好现代化新林周新诗篇的自觉性和坚定性。

【服务大局】 年内,坚持围绕全县党政工作重点开展工作。根据县委和党组统一安排,办公室负责

2021年7月2日，林周县政协机关党支部开展庆祝中国共产党成立100周年活动

人积极参与国安指挥部带班值班工作，办公室干部认真落实机关大院、办公室值班带班制度，在全县社会综合治理中贡献力量。做好政协全体会议、政协常委会、政协党组会、政协党组理论学习中心组学习会、协商座谈会、调研视察活动、区市政协及其他兄弟政协到林周考察学习的会务保障、公务接待等工作。严格落实区市县委关于疫情防控、安全生产等工作的部署要求和各项措施要求，确保单位内部和谐稳定、不发生重大事故、人员不出现重大问题。围绕脱贫攻坚、乡村振兴、民生实事任务，组织党员干部深入走访江热夏乡、康姆桑村结对户，深入开展共建党支部活动、党员联系群众活动、为民办实事活动、党员志愿服务活动等，累计参与20余人次，投入资金1万余元。着眼民生关切，围绕常态化疫情防控治理体系和公共卫生体系建设、校园周边食品安全、村集体经济发展、党史学习教育等方面深入调研，形成专题调研报告2份、专报1份，为县委科学决策和有关单位推进工作提供参考。

【文史工作】 年内，把做好政协文史工作放在重要位置，拓展文史资料征集渠道和范围，最大限度发挥文史资料存史、资政、育人作用，最大限度动员组织社会各界、人民团体和政协委员积极搜集、整理与林周历史文化、民风民俗、人物事迹、趣闻轶事等相关的文史资料。累计形成《拉萨文史丛书之林周史话》《良马骥邗》《雪域如此多娇》等报告文学和历史故事，用政协独有的形式，讲好“林周故事”、传播“林周声音”、存留“林周印记”。

【保密工作】 年内，站在坚持整体国家安全观的高度，深刻认识做好保密工作是每一个党员干部、职工的义务，也是党纪国法的要求，在工作中教育引导广大党员干部增强保密意识，做到任何时候自觉遵守保密纪律，认真落实各项保密措施，确保单位不发生失泄密事件。

（杨绍祥）

【机构领导】

主　任

周　　益（4月免）

荣 聚 金（4月任，12月免）

吴金措姆（女，藏族，12月任）

副主任

杨 绍 祥（12月任）

纪律检查(监察)

综述

【概况】 中共林周县纪律检查委员会与林周县监察委员会合署办公,实行一套工作机构,两个机关名称的体制,在拉萨市纪委监委和林周县委双重领导下工作,实现党的纪律检查和国家监察有机统一。林周县纪委监委机关核定编制16个,其中行政编制13个,机关事业编制3个。在编人员12人,行政编制9人,机关事业编制3人,其中县委常委、纪委书记、监委主任1名,县纪委副书记、监委副主任、县委巡察办主任1名,县纪委常委、县监委委员1名,县纪委常委1名,专职监委委员1名。

【工作范围】 履行《中国共产党章程》和《中华人民共和国宪法》赋予的纪律检查、国家监察两项职能,贯彻落实党中央、中央纪委监委和自治区市党委、纪委监委关于全面从严治党工作的决定,维护党的章程和其他党内法规,检查党的路线、方针、政策和决议的执行情况,协助党的委员会推进全面从严治党、加强党风廉政建设和组织协调反腐败工作。林周县纪律检查委员会的职责是监督、执纪、问责,经常对党员开展遵守纪律的教育活动,做出关于维护党纪决定;对党的组织和党员领导干部履行职责、行使权力进行监督,受理处置党员群众检举的举报,开展谈话提醒、约谈函询;检查和处理党的组织和党员违反党的章程和其他党内法规等比较重要或复杂的案件,决定或取消对这些案件中的党员的处分;进行问责或提出责任追究的建议;受理党员的控告和申诉;保障党员的权利。林周县监察委员会是行使国家监察职能的专责机关,《中华人民共和国监察法》规定,监察委员会具有对所有行使公权力的公职人员进行监察,调查职务违法和职务犯罪,开展廉政建设和反腐败工作,维护宪法和法律的尊严等职责。

【政治建设】 年内,把学习习近平

2021年10月11日,林周县纪检监察系统座谈会召开

新时代中国特色社会主义思想作为首要政治任务和长期战略目标,及时跟进学习习近平总书记最新重要讲话和重要指示批示精神,深入开展党史学习教育、“三更”专题教育和“三新”大学习大讨论活动,县纪委常委会开展集体学习15次,支部集体学习10次,引领带动全系统一体学习贯彻。

坚持日常监督与专项监督相结合,纪委监委班子成员带队开展监督检查69次,发现问题34条,下发监察建议书11份。有力推动同级监督做细做实,纪委监委主要领导参加、纪委副书记列席县委常委会会议30次,专人列席县政府常务会议和县长办公会议8次,列席监督各级党组织班子民主(组织)生活会53次。强化巡察整改和成果运用,会同县委组织部狠抓日常监督,开展巡察整改落实情况监督检查4次。

严格落实意识形态工作责任制,开展涉宗教领域“三个不增加”专项监督检查,对淡化宗教消极影响不力的2家党组织负责人进行谈话,推动化解意识形态领域风险。规范党风廉政意见回复程序,回复廉政意见190批次4866人次,提出暂缓意见4条。强化换届风气监督,开展专项监督检查16次,督促整改问题6条,办结问题线索6件,以强有力的监督保障县乡村换届顺利完成。

2021年10月14日,林周县纪检巡察联合党支部开展“九九重阳节　浓浓敬老情”主题党日活动

【落实中央八项规定精神】 年内,建立党风政风监督室综合协调,机关科室和乡镇纪委上下联动的日常监督协作机制,统筹运用通报式、与会式、督导式监督法,开展会风会纪监督检查5次,发现问题9条,要求13人次做出书面检讨,推进监督具体化、常态化。

在毕业升学等重点时段和“三大节日”等重要节点开展监督检查29次,查处违规公款吃喝、违规设立“小金库”等违反中央八项规定及其实施细则精神问题2件7人,给予党纪政务处分3人。

将公务用车管理使用、干部作风转变提升融入常态化作风建设整治工作中,督促整改问题424条,追缴违规使用资金106.36万元,谈话提醒8人。

【整治群众身边腐败和作风问题】 年内,坚持以民心所向为工作导向,紧盯群众反映强烈的突出问题,查处群众身边腐败和作风问题5件10人,给予党纪政务处分7人。

严格落实全面从严治党监督责任,向县委常委会汇报纪委监委工作情况4次,分析研判政治生态状况2次,推动主体责任和监督责任贯通联动、形成合力。全力保障政法队伍教育整顿专项工作,开展日常监督4次、专项督查1次,督促整改问题21条,查办问题线索8件次,给予党纪政务处分2人次,诫勉谈话1人次。聚焦生态环境保护,开展监督检查8次,发现并督促完成问题整改5条,为推动乡村生态文明建设奠定了良好基础。对社会保险基金管理情况开展监督检查9次,督促完成整改问题2条,整改问题1条,切实维护群众根本利益。紧盯全县野生动物保护领域廉政风险隐患,督促林草部门履行行业监管职责,健全野生动物死亡报备、移交处置全过程登记机制。

【“三不”一体推进】 年内,坚持“严”的主基调不动摇,受理信访举报19件次,处置党员干部问题线索33件次,贯通运用“四种形态”批评教育帮助和处理违纪党员干部46人次，其中运用第一种形态批评教育帮助27人次，占58.7%；运用第二种形态处理12人次，占26.1%；运用第三种形态处理1人次，占2.2%；运用第四种形态处理6人次，占13%，给予党纪政务处分19人次，追缴违纪资金39万余元，“不敢腐”的震慑进一步强化。

紧盯干部职工借用公款、公款代缴水电费等方面开展监督检查，要求各单位健全制度管理，督促职能部门强化制度执行监管。

做好审查调查后半篇文章，深化以案促改、以案为鉴，下发典型案例通报5期，进一步引导广大党员干部自觉筑牢思想防线。联合政法部门组织30余名党员干部集中观看当雄县洛某涉嫌受贿罪一案庭审直播，用身边事警示身边人，主办廉政党课2场次，通过“林周纪检监察”微信公众号等推送宣传党风廉政建设信息和工作动态46期178条，持续巩固林周廉政文化宣传阵地，广大党员干部“不想腐”的自觉进一步提升。

年内，认真落实“三个区分开来”要求，真容错敢纠错，精准处理党员干部存在的问题，真正为那些出于公心大胆干事的党员干部撑腰鼓劲，为担当者担当、为负责者负责。对3名未能正确履行工作责任的党员干部进行党纪轻处分。

【持续深化改革】 年内，县纪委常委会专题学习监察法及其实施条例，坚持以上率下，扎实做好贯彻执行，切实推动纪检监察工作持续改革、向前发展。严格落实纪检监察体制改革要求，调整内设机构人员配备，努力将工作力量向监督检查、审查调查倾斜，进一步聚焦中心任务、突出主责主业。

年内，强化县乡纪委上下联动，健全完善班子成员及科室负责人分片联系指导工作制度，打通县乡联络关节，激活基层监督“神经末梢”，对51个产业项目开展交叉检查，发现问题77条，推动监督网状延伸、无缝覆盖出成效。

2021年2月5日，林周县纪检巡察联合党支部2020年度组织生活会召开

【政治巡察】 年内，县委严格落实巡察主体责任，把巡察工作作为“书记工程”抓紧抓实，完成九届县委巡察全覆盖并启动十届县委第一轮巡察工作。先后主持召开3次常委会会议进行研究部署，召开2次书记专题会议，听取每轮巡察综合情况汇报，提出处置意见。县委巡察工作领导小组召开4次会议专题研究巡察工作。

全年围绕“三个聚焦”共发现并反馈突出问题550条，督促立行立改问题88条，移交问题线索5件，向被巡察党组织提出整改意见145条，向有关单位部门交办巡察建议5条。坚持向社会公开整改进度，推动被巡察党组织建立完善规章制度71项，挽回经济损失21.38万元。强化市县巡察上下联动，配合市委巡察机构完成对软弱涣散村党组织市县联动巡察试点工作，并接受市委巡察调研指导1次。

年内，加强巡察制度建设，研究制定县委巡察“两库”管理办法，解决巡察“抽人难”问题。选派2个巡察组参加市委提级巡察、交叉巡察，以巡带训，着力提升巡察队伍能力素质。落实巡察办主任进纪委班子要求，不断助力巡察监督与纪检监督贯通融合。

【干部队伍建设】 年内，认真学习习近平法治思想，牢固树立法治

2021年9月30日，林周县纪委监委、巡察机构在拉萨市纪检监察系统第二届迎国庆篮球赛中获得冠军

意识、程序意识、证据意识，筑牢审查调查安全底线，审查调查安全“零事故”。

年内，创新开展村级纪检监督员全员培训，采取以老带新、以强带弱的方式，持续开展乡村纪检监察干部“跟岗锻炼”“以案代训”工作，8名乡村纪检监察干部参与办案31件，培养乡镇纪委独立办案能力，持续推进乡镇纪委实现问题线索“零突破”，加大案件审核把关力度，推动“乡案县审”，保障和提高案件质量。

年内，选派县乡2批4名干部到太仓市纪委监委挂职锻炼，安排28人次参加中央和自治区市各类业务学习，进一步开阔眼界视野，提升能力素质。以支部形式创新开展“晨学晨读”活动33场次，纪委监委机关、巡察机构干部以解读最新法规条例、讲解时事政治、分享工作经验等内容领学讲课，实现纪检巡察干部政治素质和业务能力双提升。

（张海龙）

【机构领导】

县委常委、纪委书记、监委主任

李　琪（5月免）

李　静（女，5月任）

纪委副书记、监委副主任

王正楼（5月免）

旦真旺姆（女，藏族）

嘎旺伦珠（藏族，5月任）

纪委常委、监委委员

刘兆静（女，3月任）

纪委常委

拉　珍（女，藏族）

监委委员

晋美朗杰（藏族，9月任）

人民团体

工会

【概况】 林周县总工会核定编制数2人，副主席1人，科员1人，实有人数6人。林周县总工会已采集55家单位信息，录入工会组织数125家，2021年新录入会员实名制系统4004人。截至年底，会员实名制系统会员总数为7166人。

【党建工作】 年内，从落实责任、完善机制、加强教育等方面入手，切实加强基层党组织建设。2021年，林周县总工会所在党支部认真学习“三会一课”制度，开展“两学一做”学习教育、“主题党日+”等活动，切实发挥党要管党、从严治党的重要作用，增强支部凝聚力。除支部活动外，总工会把政治理论建设及党员政治教育培训工作作为重点，主要负责人参与县委理论中心组学习，确保不落一次；党小组理论学习组集中学习中共十九大、习近平新时代中国特色社会主义思想，西藏第七次工作座谈会会议精神，中央、自治区市县重要会议精神13次；在落实党建工作责任制中，不断健全完善激励措施，通过与年度工作目标责任考核相结合、与作风建设和效能建设相结合等，严格奖惩来强化责任，推动工作落实。

【党史学习教育】 年内，认真总结党史学习教育的成功经验，建立常态化、长效化制度机制，不断巩固拓展党史学习教育成果。聚焦学习贯彻中共十九届六中全会精神，推动全党学深悟透党的创新理论，弘扬伟大建党精神，坚定走好中国道路、实现中华民族伟大复兴的信心和决心，团结带领全国各族人民满怀信心奋进新征程、建功新时代，抓好“四件大事”、实现“四个确保”，以“四个创建”“四个走在前列”为标准，不断开创新局面。

年内，林周县总工会开展党史专题学习15次；下基层向广大职工宣讲8次，发放宣传册4500余册，发放宣传袋5000余份，涉及人数6000余人次。坚

2021年9月6日，江苏省苏州市总工会代表团赴林周县考察交流工作座谈会召开

持“标本兼治、综合治理、惩防并举、注重预防”的方针，始终如一贯彻落实好习近平总书记关于西藏工作重要指示和新时代党的治藏方略，牢记“国之大者”，持之以恒、一以贯之推进党史学习教育走深走实，以实际行动增强“四个意识”、坚定“四个自信”、做到“两个维护”。

【意识形态建设】 年内，林周县总工会加强单位内部干部职工的意识形态建设，成立总工会党小组理论学习组，集中学习中共十九大、《中华人民共和国工会法》、《中国共产党章程》、习近平新时代中国特色社会主义思想，全面提升干部思想认识水平。

年内，为加强基层职工群众意识形态建设，增强“四个意识”、坚定“四个自信”、做到“两个维护”真正发挥党组织的核心作用和党员的示范引领作用。利用3月综治宣传月、6月综治宣传周等契机，组织人员通过悬挂横幅、发放资料图册、开展现场宣讲、现场咨询等形式，深入开展普法宣传教育活动。主要涵盖三个方面的内容：宣传与职工利益密切相关的基础性法律；宣传党中央的惠民政策，宣传工会会员的义务与权利等相关内容。

【慰问、帮扶职工】 年内，林周县总工会维护职工切身利益，秉承关爱弱势群体，帮扶困难群众的优良传统，充分发挥自身在团结广大基层群众的天然优势，始终致力于促进基层群众听党话、感党恩、跟党走。林周县总工会开展慰问困难群众、困难职工、驻寺干部、基层派出所公安民警、劳模等活动，以2000元/家的标准慰问23家一线基层单位，支出经费46000元；以500元/人的标准慰问250名困难职工、老农场职工、农民工等，支出经费125000元；以1000元/人的标准慰问劳模10人，支出经费10000元，各类慰问总计支出181000元。

【干部职工福利】 年内，为深入贯彻落实党的重要会议精神，充分发挥县总工会在推动保障和改善民生、维护职工干部队伍和社会和谐稳定中的桥梁纽带作用，切实把党和政府的关怀与温暖送到点子上。林周县总工会向林周县在编人员发放蛋糕券1349份，支出经费404700元。中秋节期间为全体缴纳2021年会费的干部职工（2152名）发放了按摩靠垫，支出经费636992元。慰问困难职工（333名），发放大米、菜籽油等慰问品，支出经费98901元。“三大节日”期间向全体缴纳2021年会费的干部职工（2152名）发放大米、菜籽油等慰问品，支出经费645600元。

林周县总工会作为群团组织，始终以服务广大职工群众为主要职责。不断壮大工会组织，把组织联系群众、维护群众利益、引导服务职工作为工会工作的着重点，不断壮大工会组织。主动了解基层，服务基层，加强基层队伍建设，认真抓好党建带工建，进一步发挥桥梁纽带作用，把广大基层群众紧密团结在以习近平同志为核心的党中央周围。

（白　姆）

【机构领导】

主　席

强巴旦增（藏族）

副主席

扎　　桑（女，藏族，3月任）

共青团

【概况】 2021年，共青团林周县委员会核定行政编制人数2人（科级领导职数2人），实有专职人数1人。全县各级共青团组织数88个，分别是团县委、教育团工委、县中学团委和10个乡镇团委、团支部75个（46个村级团支部、11个流动团员团支部、3个机关团支部、县公安局团支部、4个中学团支部、城投团支部、净土团支部、县青年创业团支部、2个非公企业团支部、5个青年工作委员会）。2021年，全县共青团员人数1786人，青年14108人，团员占青年比例12.66%。2021年新发展团员70人，专兼职团干部155人。全县少先队员3892人，少先队辅导员133人，少先队中队113个，大队10个。

【共青团改革】 年内，全面推进全县乡村两级团组织换届工作[46个行政村团组织、11个乡（镇）、中学团委换届]，实现新旧班子的顺利过渡，实现团干部队伍结构呈现双优化、双提升的良好局面，

2021年9月23日，共青团林周县教育工作委员会成立大会暨第一次全体会议召开

为基层团干部队伍注入“新鲜血液”。制定《林周县关于贯彻落实〈西藏自治区中长期青年发展规划（2018—2025年）〉的实施方案》和《林周县青年工作联席会议机制》，并以县委、县政府名义印发，于4月召开林周县青年工作联席会议第一次全体会议，审议通过《林周县青年工作联席会议议事规则》及2021年度工作要点，为林周县青年事业的发展提供强大合力。

年内，建立健全各级少工委组织，推进少先队改革纵深发展。林周县10所中小学校全部成立少工委，实现学校少工委100%建立、学校少先队组织的100%覆盖。并于5月完成县级第二次少代会换届选举工作，配齐、配强各级少工委班子，进一步促进林周县少先队工作制度化、专业化、系统化发展，提升少先队组织吸引力、凝聚力和影响力。

9月23日，林周县教育团工委正式成立。有力推进学校共青团和少先队改革，切实加强和改进学少战线共青团工作，领导全县教育系统团组织和少先队，指导全县中学共青团和少先队工作。

12月1日，共青团林周县委员会组织学生团员、青年教师等40余名在县中学举行中学团校成立仪式，并组织新老团员针对性地开展“学团史　做合格团员”主题团课。

12月23日，林周县召开“一站两联”建设推进工作会暨团代表联络站揭牌仪式。

【基层团建】 年内，持续推进符合“三有”标准非公有制经济组织和社会组织中团组织全覆盖。在团县委的悉心指导下，林周县净土产业投资开发有限公司和林周县电商物流协会成立团支部。并通过无记名投票方式选举产生第一届支部委员会委员、副书记、书记。

年内，深入推进青年“线上线下”学习。持续推进“青年大学习”行动，广泛组织动员全县团员青年参与到“青年大学习”网上主题团课当中，通过每日通报、定期提醒、每期排名、期期对比等举措，林周县“青年大学习”的参与度保持全市第一、全区第二的好名次。

12月16日，林周县共青团召开2021年度各基层团组织集中述职评议会。各基层团组织围绕深化青少年权益保护和预防犯罪工作等8个方面的内容进行述职。

年内，各基层团组织召开2021年度“学党史、强信念、跟党走”组织生活会。紧密结合实际，深刻剖析了自身存在的问题和产生问题的根源，并明确今后的努力方向。

【纪念五四运动101周年】 5月8日，共青团林周县委员会组织林周县社会各界青年代表和团员125人开展2021年“学党史、强信念、跟党走”纪念五四主题团日活动暨表彰大会。会上，对林周县15个优秀共青团组织和23名优秀团干部、团员进行表彰，并表彰林周县“青年五四奖章”获奖集体和个人。

【“青年之家”建设】 年内，团县委主动适应新时代团员青年分布聚集特点和青年工作组织形态多样化的需要，不断加强“青年之家”提升改造建设。共成立林周县公安局“青年之家”、林周县中学“青年之家”、唐古乡“青年之家”、林周县青年创业协会“众创・青年之家”4个功能多样、服务多元的门店，打通联系服务青年的“最后一公里”。

【就业创业】 1月12日，共青团林周县委员会召开林周县2020年度大学生岗位见习补助发放仪式，对4名参加“2020年拉萨市大学生就业创业促进计划”的大学生发放交通补助，并做了就业创业政策宣讲。此次补助发放仪式以每人每月300元的标准足额发放，共计发放2700元。

9月6日，苏州团市委代表团一行到林周县考察交流，并召开座谈会。其间苏州团市委副书记王超代表苏州团市委、苏州青基会、苏州青商会向林周县青年创业协会捐赠青年创业基金30万元，向林周县捐赠助学金10万元。苏州团市委代表团一行先后考察调研林周县食用菌基地、林周县青年创业协会。

年内，在团市委、团区委的支持下，团县委选派5批9人到全国其他省市参观交流学习，有力提升团干部专业化素质，巩固交流成果，加强团建创新方面的交流与合作，相互学习、携手合作、互利共赢。

【预防青少年违法犯罪】 年内，团县委持续推进淡化宗教对青少年的消极影响。加强爱国主义教育、民族团结教育、新旧西藏对比教育，以“3·28”西藏百万农奴解放纪念日、清明节等活动为契机，组织团员青年、少先队员3000余人次通过线上线下方式开展参观红色遗址、“网上祭英烈”等主题活动。

6月9日，团县委联合林周县市场监督管理局对苏州小学、林周县中学周边10余家文体店开展排查整治不规范售卖红领巾等少先队标志标识专项行动。

8月18日，团县委组织基层团干部、少先队辅导员、青年志愿者43名开展第一期青少年社会工作及预防青少年违法犯罪工作培训。引导各基层团组织开展专业化、个性化的社会服务工作，提高基层社会治理水平。

11月5日，团县委在林周县中学开展以“青春筑林周　禁毒防艾助成长”为主题的禁毒防艾宣传教育活动，此次活动共计170余名学生参加。讲座以“授课+互动”的模式开展，增强学生自我保护能力，使学生成为禁毒防艾工作的倡导者和实践者。

11月，团县委联合各乡镇团委组织县乡（镇）两级人大代表、政协委员、团员青年代表参加以“加强新时代青少年爱国主义教育”为主题的“共青团与人大代表、政协委员面对面”座谈会活动。此次活动为青少年有序地表达诉求畅通了渠道，为人大代表、政协委员走进青少年、倾听青少年呼声搭建平台，通过人大、政协等制度化渠道反映青年诉求、促进青年发展。

2021年11月19日，共青团林周县委员会联合松盘团委组织县乡（镇）两级人大代表、政协委员、团员青年代表参加以“加强新时代青少年爱国主义教育”为主题的林周县“共青团与人大代表、政协委员面对面”活动

【“青春教育”行动】 1月6日，团区委联合团市委、团县委，在林周县党员党性教育基地开展中共十九届五中全会暨中央第七次西藏工作座谈会精神入乡村宣讲活动。学生代表、公安民警、教师代表、创业青年、青年群众、志愿者代表等共计200余人参加。此次活动向社会各界代表发放宣传册、宣传袋等各类宣传用品200余份。

2月18日，团县委联合松盘乡团委开展以“青春自护，平安松盘”为主题的青少年自护宣传教育活动。此次活动为学生及家长发放宣传海报20张、口罩200个、被子20个、围裙20个。

5月，团县委在全县各中小学开展为期10日的以“学党史，强信念，跟党走”为主题团日宣讲活动，部分教师和2000余名学生参加。

5月14日，在县中学开展以“助力青春，快乐中考”为主题的中考减压心理讲座活动。帮助初三学生缓解压力，使学生以自信、坦然、健康的心态迎接中考，以良好的精神状态面对中考，力争在考试中发挥自己最好的水平。

6月1日，团县委、县妇儿工委到卡孜乡白朗幼儿园开展“初心逐梦 童心向党”庆六一活动，此次活动卡孜乡白朗幼儿园师生及家长共计200余人参加。为儿童过集体生日，并发放文具盒等学习用品120余份。教育孩子们勤学习、树理想、练意志、强体魄、爱劳动。

6月1日，共青团中央、全国少工委推出“红领巾心向党”主题云队课。共青团林周县委员会组织全县少先队员收看。切实发挥少先队组织在少先队员们思想引领中的重要作用，开展好理想信念教育，增强少先队员对少先队组织的光荣感、归属感。

10月15日，团县委联合县公安局组织219名师生在林周县中学开展以“共建网络安全 共享网络文明”为主题的团日活动。采用线上线下结合的方式，广泛开展网络安全宣传活动，进一步增强广大师生网络安全意识，提升识别和应对网络危险的基本能力。

10月20日，团市委联合团县委在林周县党员党性教育基地开展“习近平总书记在庆祝建党100周年大会上的讲话和在西藏视察时的重要讲话精神”走进基层示范宣讲，全县各基层团干部、青年志愿者、学生共计60余人参会。

11月15日，团县委组织少先队辅导员30名参加“红领巾奖章”争章工作专题培训会，为进一步做好全县少先队红领巾奖章有关工作，全面活跃基层少先队工作奠定基础。

2021年3月10日，共青团林周县委员会组织全体职工干部及西部计划志愿者到林周县敬老院开展慰问活动

11月24日，团县委组织40余名学生参观林周县藏传佛教活佛转世专题展。引导青年学生坚定理想信念，找准历史方位，树立正确的价值导向。

【“青春助学”行动】 年内，共捐助63名贫困家庭学生，资金合计16万元。其中“茅台助学”捐助6名学生，资金合计3万元；苏州团市委对口支援林周县共50名学生，资金合计10万元；国资委党费资助学生5名，资金合计2.5万元；青年企业家资助贫困学生2名，资金合计0.5万元，所有捐助资金正积极兑现到贫困学生手中。

【“青春关爱”行动】 1月20日，工青妇联合党支部组织全体党员及西部计划志愿者、巾帼志愿者、职工志愿者在卡孜乡“三岩”片区康姆桑村开展以“关爱农村儿童，营造温暖林周”为主题的暖冬活动。为卡孜乡康姆桑村214名青少年送去擦脸油、袜子、洗衣粉428份，帽子、围巾、手套三件套214份，书包214套，儿童衣物若干件，环保手提袋200余份等，折合资金4万余元。

2月7日，团县委到林周县卡孜乡田嘎村驻村点慰问驻村工作队员及贫困儿童，为驻村工作队献上哈达并送上大米、油、牛奶等过年用品，为贫困儿童送上书包等文具用品，共计价值2500元。

2021年3月9日，共青团林周县委员会开展“爱邮梦想、全面小康”活动，发放“平安包”

3月，团县委开展“爱邮梦想、全面小康”活动。发放“平安包”共计1009个，其中阿朗乡中心小学403个，旁多乡中心小学264个，联合学校江夏乡校区342个。

5月10日，团县委组织苏州爱心企业家在“三岩”（藏语里岩山环绕、地势险恶）片区开展关爱贫困儿童爱心捐赠活动。共计发放书包、帽子、水杯等物品各110份。

11月30日，林周县共青团委员会在林周县中学开展江苏农垦集团“爱心助学暖冬行动”物资捐赠活动，为5名学生送上棉衣1套。

12月17日，工青妇联合党支部联合江夏乡联巴村党支部组织西部计划志愿者、巾帼志愿者、职工志愿者开展“我为群众办实事”关爱困境儿童活动。为江热夏乡联巴村困境儿童送去书包、学习用品、保温杯、生活用品各60余份。

【“青春志愿”行动】 3月10日，团县委组织全体职工干部及西部计划志愿者前往林周县敬老院开展慰问活动。为敬老院老人送去奶粉3箱、牛奶35箱、大米5袋、面粉4袋、面条4箱，价值总计5200元。

7月29日，团县委组织西部计划志愿者及30名返乡大学生在林周党员党性教育基地开展以“学党史、强信念、跟党走”为主题的返乡大学生社会实践系列活动。

8月3日，团县委、县项目办组织召开2020—2021年度大学生志愿服务西部计划林周县志愿者表彰暨迎新大会。对3名优秀志愿者进行表彰，使志愿者们更好地践行“奉献、友爱、互助、进步”的志愿服务精神。

9月28日，团县委组织全体西部计划志愿者及林周县“河小青”志愿者行动队全体志愿者在林周县澎波河流域开展“‘河’我一起，保护母亲河”巡河净滩活动。

10月10日，团县委组织林周县全体西部计划志愿者在边交林乡开展“环境保护——你我同行”活动。

12月31日，林周县项目办组织西部计划志愿者召开元旦期间西部计划志愿者安全健康管理工作会议，对元旦期间安全工作提出明确的要求。为全体西部计划志愿者送去节日慰问，为每名志愿者送去酸奶1箱、口罩200个。

（许盛坤）

【机构领导】

书　记

顿珠卓嘎（女，藏族，3月免）

刘　倩（女，4月任）

副书记

刘　倩（女，3月免）

妇联

【概况】 林周县妇女联合会（简称林周县妇联）下设林周县妇联办公室、林周县人民政府妇女儿童工作委员会办公室（简称林周县妇儿工委办），核定编制2名（科级领导），行政编制2名，实有工作人员5名，其中科级领导2名，四级主任科员1名，公益性岗位2名。全县共设26个妇委会，其中两新组织妇委会6个，机关妇委会8个，尼姑寺妇委会12个；74个“妇女之家”，其中县级1个，“两新”组织5个，尼姑寺12个，乡村56个；妇儿工委成员单位31个。

【经费保障】 年内,投入各项经费共计151.56万元,其中妇女人均专项活动经费19.56万元,妇儿工委专项经费20万元,妇联基层组织经费112万元,着力解决各级妇联“无钱办事、经费不足”的实际困难。

【创新宣传窗口】 年内,编撰季刊《林周妇工通讯》,内容包含卷首语、学习园地、“她”关注、“她”展播、“她”行动、“她”党建、“她”动态、“她”关爱等方面,并定期运营县妇联公众号——“澎波普姆”,实现信息的畅通共享。

2021年12月7日,林周县妇联组织开展林周县“知礼仪·树形象”青年女干部职工仪表仪态培训会

【党史学习教育】 年内,林周县各级妇联开展为河南灾区捐款献爱心活动。县各级妇联积极响应自治区妇联募捐倡议,将党史学习教育成果转化为“我为群众办实事”的生动实践。年内,捐款人数达72000余人,捐赠善款达19.79万余元。林周县妇联积极奔走,联系爱心企业家帮扶困境女大学生2名,解决2个孩子大学期间每月1000元的生活费用,共资助72000元;各村妇联联合驻村工作队和村“两委”,组织开展“学党史颂党恩·守护安全伴成长”暑期儿童关爱服务活动,活动通过观看防溺水宣传片、发放防溺水宣传单、讲解防溺水自救和互救知识等,提醒广大家长和儿童在思想上要高度重视防溺水安全,加强对少年儿童的防溺水教育;在“六一”国际儿童节即将到来之际,县妇儿工委联合团县委组织100余名学生和家长在全国关心下一代党史国史教育基地开展“学党史、强信念、跟党走”暨“书香飘万家·亲子阅读”“六一”活动;为扎实开展好党史学习教育中“我为群众办实事”实践活动,林周县工青妇联合党支部联合江热夏乡联巴村党支部开展“我为群众办实事”关爱困境儿童活动,为联巴村50余名困境儿童送去书包及学习用具100余份。

【开展培训】 年内,由拉萨市委组织部牵头、市人社局统一部署、拉萨市妇联主办、西藏卓番林有限公司承办的实用技能人才培育工程藏毯编织培训班在岗巴村举行,此次培训从2020年11月19日开班到2021年6月24日结业,历时半年多。岗巴村30余名妇女参加此次培训。在为期半年多的学习中,参训学员们都是零基础,老师一对一讲授藏毯的花纹设计,毛线、色彩的搭配与裁剪等,到结业时他们已经能独立制作款式新颖的产品。西藏卓番林有限公司与此次优秀学员签约采购协议,并将其纳入卓番林手艺人才库一员。

【文明创建】 年内,常态化开展“最美家庭”等各类家庭的评选活动,通过逐级评选,最终评选上报区、市“最美家庭”“绿色家庭”等10户,其中2户荣获拉萨市“最美家庭”称号,4户荣获拉萨市“绿色家庭”称号。林周县财政局在弘扬榜样力量、展现时代担当,引导林周县广大妇女干部职工坚定信心、恪尽职守、岗位建功等方面发挥了积极作用,荣获自治区“巾帼文明岗”荣誉称号;乡村两级妇联积极组织妇女群众和巾帼志愿者开展美丽家园建设活动,开展植树造林、建设美丽庭院等活动,以新面貌迎接中国共产党成立100周年及西藏和平解放70周年。

【乡村振兴】 年内,把开展“乡村振兴巾帼行动”作为做好中国特色社会主义新时代党的农村妇女工作的重要载体，组织、动员广大农牧区妇女干部，及时将党的乡村振兴方针政策传递到妇女群众之中，调动农牧区妇女投身乡村振兴的积极性主动性。发挥"妇女之家"和"巾帼夜校"的教育培训作用，做好巾帼带头人的发掘与培养。同时，巾帼夜校结合"乡村振兴·巾帼行动"和"魅力乡村活力阿佳"活动，引导农牧区妇女建设清洁家园、绿色家园，组织妇女群众开展爱国卫生运动、村容村貌环境治理、河道清扫等活动百余次，千余人次参与。

【发挥桥梁纽带作用】 年内，为提升机关女干部职工的内在修养、形象素质和职业素养，充分展示新时代女性的魅力与风采，使之成为一道"内强素质、外塑形象"的亮丽风景线，工青妇联合党支部组织全县青年女干部职工90余名开展职场礼仪培训活动。培训中，讲师采取"理论培训+现场模拟示范"的方式，重点从公务形象礼仪、公务办公礼仪和公务社交礼仪等方面开展女性职场礼仪培训。此次培训从职场着装规范、自身言行和行政行为规范、沟通艺术与技巧、机关公务员个人修养等方面系统全面地讲解了如何提升个人气质修养和养成好的礼仪素养。培训提高了青年女干部职工的礼仪修养。

【党的建设】 年内，落实主体责任制，常态化开展党建各项工作，明确党建工作责任制、进一步规范党内工作制度。规范开展"三会一课"，所有党员按时足额交纳党费，认真记录支部台账，每月2日均主题鲜明地开展"主题党日+"活动，召开组织生活会，认真开展批评和自我批评，一针见血地指出班子及班子成员存在的问题，真正做到红脸出汗。认真学习贯彻习近平总书记重要讲话精神和中共十九届六中全会精神，制订"两学一做"学习教育年度学习讨论计划表，要求全体党员干部认真学习，争做合格党员和服务群众的先锋。2021年，支部共组织集中学习12次，支部书记带头给党员讲党课2次。

2021年8月5日，林周县妇联"巾帼宣讲团"成立启动仪式暨第一次示范宣讲活动举行

【基层妇联组织建设】 年内，村（居）妇联组织换届选举工作完成。林周县46个行政村按照时间节点完成村（居）妇联组织换届选举工作。46个行政村换届选举出村级妇联执委290名，其中妇联主席46名，副主席49名，兼职副主席47名，委员148名。各乡镇妇联稳步推进2021年乡镇妇联组织换届工作，截至7月30日，林周县10个乡镇分别召开妇女代表大会、乡镇妇联执委会，圆满完成乡镇妇联换届选举工作。通过换届，全县10个乡镇民主选举产生新一届妇联执委105名，其中，主席10名，专职副主席13名，兼职副主席19名，委员63名。执委平均年龄37岁，且较上届班子文化程度普遍提升，实现乡镇妇联主席年轻化和知识化的目标要求。

【巾帼关爱行动】 年内，切实做好易地扶贫搬迁"后半篇文章"，工青妇支部到康姆桑村开展"关爱农村儿童，营造温暖林周"暖冬活动，为康姆桑村214名青少年和儿童送去日常用品，折合资金4万余元，惠及农牧民及儿童500余名。同时，市妇联到康姆桑村开展寒假儿童关爱服务"四送"活动和"爱心妈妈·温暖冬天"恒爱毛线发放活动，为康姆桑村74户家庭发放毛线、羽绒服、书包、课

2021年3月8日，林周县妇联开展庆“三八”讲党史活动

外书等，共计价值5万余元；在春节、藏历新年来临之际，县妇联投入资金3.6万元，为20名孤残留守儿童、40名贫困妇女、12名患病尼姑送去节日的问候；“六一”国际儿童节来临之际，县妇儿工委联合团县委带领全县15名困难儿童及其家长到拉萨市开展亲子阅读、参观自然科学博物馆、吃肯德基等关爱困难儿童系列活动。在卡孜乡白朗幼儿园开展“初心逐梦·童心向党”庆“六一”活动，为所有小朋友过一个难忘而有意义的节日，并发放文具盒等学习用品100余份。同时，市妇联在北部学校开展“童心向党·爱我中华”巾帼关爱儿童活动，为旁多乡和阿朗乡中心小学的孤残儿童、留守儿童和单亲儿童等290人发放各类慰问品，价值共计8.7万余元。

7月9日，中国儿童少年基金会和中国人寿慈善基金会为边交林、江热夏联合学校和强嘎乡中心小学捐赠500套“女童关爱礼包”，并将边林江夏联合学校定为“春蕾计划——佑未来 护成长”女童关爱行动项目基地。同时，林周县人民医院援藏医生刘明围绕青春期女童身体的变化等内容，为100余名女学生带来“青春期女童生理知识早知道”公益课堂；县妇联为贫困母亲“两癌”患者米琼和其美央宗分别发放市妇联下拨的贫困母亲“两癌”患者救助金1万元，共计2万元。

10月24日，拉萨市妇联“春蕾计划”女童关爱行动健康课堂在林周县春堆乡中心小学举办。林周县人民医院援藏医生刘明围绕青春期女童身体的变化等内容，为50余名学生带来“青春期女童生理知识早知道”公益课堂，通过播放宣传片、讲座等形式，为学生们上了一堂活泼、生动的关爱女童健康讲座；自治区妇儿工委办阿佳讲堂乡村行——母婴营养保健及卫生健康知识讲座暨巡回义诊（林周站）到久荣村开展中共十九届六中全会精神、自治区第十次党代会精神和健康科普知识宣讲，并为130余名妇女和儿童群众进行现场义诊。

【民族团结“巾帼添彩”行动】 9月27日，林周县妇联联合县卫健委、县医院，深入加日寺、罗杂寺、夏寺、毕龙寺、森库寺中开展以“民族团结一家亲 巾帼关爱送温暖”为主题的“民族团结·巾帼添彩”活动。巾帼宣讲员联合驻寺女干部分别围绕习近平总书记在庆祝中国共产党成立100周年大会上的讲话、在西藏考察时的重要讲话和在中央民族工作会议上的讲话精神等相关内容为大家进行宣讲。

县医院和县疾控中心医生向大家讲解日常卫生保健知识、安全用药知识和“两癌”免费筛查工作的重要意义，并对尼姑和驻寺女干部进行义诊。县妇联详细讲解“两癌”患者的救助申请程序和救助金额以及资金来源。同时，县妇联按照人手一套的标准，为尼姑和驻寺女干部发放价值2万余元的日常生活必需品，县医院为大家免费发放常用药品。

【巾帼志愿服务】 年内，开展疫情防控巾帼志愿服务活动。在疫情防控特殊情况时，巾帼志愿者充分发挥在联防联控工作中的重要作用，为所在辖区群众提供体温监测、人员登记、防疫知识宣传、秩序维护、咨询、消毒、引导等服务，使巾帼志愿者成为常态化防控措施的重要组成力量。开展巾帼维权宣传活动。在各类宣传节点，巾帼志愿者充分发挥聪明才智，积极配合各级妇联组织开展妇女维权法律宣传活动，引导农牧民妇女群众学法、遵法、守法、用法。开展“绿水青山”巾帼志愿服务活动。巾帼志愿者结合县爱国卫生运动，走上街头，深入村（居）、学校、河道、公共场所整治脏乱差，并积极动员广大群众参加河流和水资源生态环境保护，培育崇尚自然、善待环境的理念。

结合“文明实践”活动，开展弱势群体巾帼志愿服务活动。巾帼志愿者深入村（居），以孤寡老人、空巢老人、残障人士为重点进行帮扶，主动上门提供打扫卫生、医疗保健、送棉被献爱心等服务，为孤残儿童、农村留守儿童提供生活照顾、上门送衣物、送学习用品服务，让他们真正感受到党和政府以及社会各界的温暖。开展“美丽庭院建设”活动。全县巾帼志愿者积极投身到“美丽庭院建设”行动中来，引导广大妇女群众充分发挥家庭的独特作用，从自身做起、从家庭做起，从改变生活和卫生习惯入手，整理庭院、清理居室，积极参与环境整治、垃圾清理义务劳动，全面净化、绿化、美化庭院，以小家之美推进农村环境提升。开展共建平安巾帼志愿服务活动。乡镇和村居巾帼志愿者积极参加辖区治安巡逻、禁赌禁毒和防范违反犯罪等工作，在重要节点时期，深入乡村街道、茶馆、人员聚集较集中的地方进行治安巡查、宣传防火防触电等生活知识，消除安全隐患。

【巾帼心向党行动】 年内，印发《林周县妇联开展“巾帼心向党·奋斗新征程”群众性主题宣传教育活动方案》，并开展“巾帼心向党·奋进新征程”巾帼宣讲团成立启动仪式暨第一次示范宣讲活动，现场为13名巾帼宣讲团成员颁发聘书，巾帼宣讲团成员、江热夏乡拉定村党总支副书记、村委会主任、村妇联主席央金为大家宣讲习近平总书记在庆祝中国共产党成立100周年大会上的讲话精神。

2021年3月9日，林周县强嘎乡强嘎村召开妇联换届选举大会

11月8—11日，全县各级妇联组织分别召开会议，传达学习中共十九届六中全会精神，共计1000余人参加学习。

【“巾帼夜校”】 自2018年各村“巾帼夜校”成立以来，乡村两级妇联借助第一书记和驻村工作队等力量，围绕中共十九大精神、惠民惠农政策、家庭文化知识、妇女儿童权益法、卫生健康知识等内容，不仅给妇女群众教授藏语和汉语读写知识，还及时、反复地宣讲党和国家的相关法律法规、惠民惠农政策、精准扶贫知识以及党在农村的各项方针政策、民族宗教政策等内容。

截至年底，共开展藏语汉语和中共十九届六中全会精神等学习以及各类政策宣讲800余场次，万人次参与；把握舆论宣传主阵地。妇联宣传舆论阵地在开展妇女思想政治引领、推动妇联工作创新发展中发挥着重要作用，县妇联充分利用微信公众号“彭波普姆”和季刊《林周妇工通讯》等阵地，面向广大妇女和家庭宣传习近平新时代中国特色社会主义思想、宣传党的路线方针政策，展现广大妇女的时代风采，报道各级妇联工作亮点和成效，指导基层开展工作，使党的声音得到广泛传播，妇女事业和妇联工作得到更好发展。

2021年3月8日，林周县卡孜乡康姆桑村庆“三八”座谈会

【维护妇女儿童权益】 年内，开展“建设法治林周·巾帼在行动”活动。借各类宣传节点，各级妇联充分发挥聪明才智，线下通过设立咨询台、发放宣传资料、悬挂横幅等，线上通过微信公众号平台和微信工作群，以通俗易懂、深入浅出的方式宣传《中华人民共和国反家庭暴力法》、《中华人民共和国妇女权益保障法》、《中华人民共和国未成年人保护法》、《中华人民共和国民法典》（婚姻家庭编）、《中华人民共和国禁毒法》等相关法律法规。线上线下齐联动，引导农牧民妇女群众学法、遵法、守法、用法；积极化解矛盾纠纷。

截至年底，县妇联接访妇女来信来访3件，为婚姻家庭调节纠纷，其中2件纠纷通过与当事人谈话、与家属沟通、走村入户调解，已调解成功，1件纠纷已移交至城关区妇联。

【思想政治引领】 年内，林周县妇联牢固掌握思想舆论“主阵地”，以积极、健康、向上的形式在引领妇女思想方面开展各项工作。以节日、节点为契机，激励广大妇女为全面建设社会主义现代化国家贡献巾帼力量、以优异成绩迎接中国共产党成立100周年和西藏和平解放70周年。

3月8日，林周县妇联开展以“巾帼心向党　奋斗新征程”为主题的庆“三八”妇女节系列活动，通过讲党史、召开座谈会、举办趣味运动会、法律法规宣讲、妇女健康知识现场讲座等形式，进一步引领广大妇女聚焦乡村振兴，在创新创业中尽展风采，在乡村治理中多做贡献，在推动全县社会经济发展中奉献巾帼之力。

（白玛拉珍）

【机构领导】

主　席

白玛拉珍（女，藏族）

副主席

吉加仓决（女，藏族）

工商联

【概况】 2021年，林周县共注册登记各类市场主体460家，比2020年增长12.4%，从业人员达6000余人，注册资金400363万元。年上缴税额达42210.3万元，与2020年同期减少6.99%。从发展行业看，采矿业占27%；农牧业占14%；建筑业占10%；运输业占3%；饮用水行业1家（2家计划建厂），占4%；服务业及其他企业占42%。从发展地域来看，以乡镇为主，占62%。

主要职责：参与县委、县政府大政方针及政治、经济、社会生活中重要问题的政治协商，发挥民主监督作用，积极参政议政；加强和改进非公有制经济人士思想政治工作，引导会员共建社会主义核心价值体系，积极承担社会责任，当好中国特色社会主义事业建设者；引导企业会员不断推进技术创新、管理创新、文化创新，提高核心竞争力和可持续发展能力，走科学发展道路；密切与会员的联系，反映会员的意见、要求和建议，代表并维护会员的合法权益，支持企业会员开展党建工作和工会建设，积极参与劳动关系协调工作，构建和谐劳动关系；为会员提供培训、融资、科技、法律、信息咨询等服务，帮助解决生产经营中遇到的实际问题；引导会员弘扬中华民族传统美德，先富帮后富、走共同富裕道路，热心社会公益事业；按照“统战性、经济性、民间性”相统一的原则，加强自身建设，体现特色，提高履行职责和发挥作用的能力；承办县委、县政府交办的有关工作。

【会员发展】 年内，林周县工商联在会员发展中按照不求数量、注重质量、成熟一个发展一个的原则，重点发展一批经济实力较强、思想觉悟高、热爱工商联工作、热心社会公益事业的非公有制经济组织入会，从而提高会员整体素质，有力地促进了工商联乃至社会各项事业的发展。截至年底，已发展会员企业 42 家。

【企业生产经营】 年内，林周县非公有制经济与全国其他县相比，总体实力不强，发展相对较慢，为此，自治区、市、县为进一步促进非公经济发展，先后制定出台一系列优惠政策支持扶持非公经济发展，真正为林周县非公有制经济发展提供良好的政策支撑。截至年底，大部分企业运行良好，收入持续增加，部分小微企业，收入呈下降趋势。

【民营企业促进农村经济发展】 年内，较好地解决农村剩余劳动力的就业问题。全县民营企业解决就业 6000 余人，人均年纯收入 1 万余元，为农牧民家庭年共计增收 6000 余万元。

【提高服务职能】 年内，制定《林周县民营企业教育培训五年规划》，依托区市培训渠道，将民营所有制企业管理人员和专业技术人员培训纳入全县人才培训总体规划。截至年底，先后推荐、选拔 12 企业技术骨干参加各类业务培训，8 名民营党支部书记、副书记参加全区民营党建培训班，2 名综合素质较高的民营企业人员参加全区入党积极分子培训班，将 6 名政治素质较高、表现突出的民营企业人员纳入入党积极分子储备库，作为重点培养对象。

【打造企业品牌】 年内，为扩大民营企业的影响力，提高企业产品的知名度，帮助民营企业做好产品的推广，让民营企业的民生产品打开市场的销路。民营经济工作领导小组办公室与市净土公司、市广播电视台等相关单位沟通协调，在北京、苏州、拉萨等地，以举办“特色产品展销会”“物博会”等形式为契机，将林周县特色优势产品，如玛卡系列制品、紫色马铃薯系列制品、矿泉水系列产品、半细羊毛系列产品等，在展销会上进行展销，进一步提高企业产品的知名度，为打造林周县企业品牌提供坚实的基础，并协调自治区有关部门帮助企业加入自治区电子商务与商贸物流协会，为企业产品打入全国市场提供较好的入市渠道。

2021年12月14日，林周县工商联在非公经济组织开展党的十九届六中全会和自治区第十次党代会精神宣讲活动

【发挥桥梁纽带作用】 年内，林周县不断发现培养素质好、经济有实力、社会影响好的民营经济人士中的积极分子队伍，对其中优秀代表人士，适时做好会内外政治安排工作。全年在自治区、市、县人大、政协换届中，林周县重点对民营企业中的有影响的民营经济人士给予推荐，先后推荐自治区、市、县人大代表 16 人，自治区、市、县政协委员 22 人。部分代表和委员中提出的意见和建议作为重点提案和议案被纳入研究。

【“百企兴百村”活动】 年内，组织 4 家企业利用企业援建项目与 5 个村签约，采取租金分红、盈利分红和占股分红等方式促进乡村振兴工作有序开展，2021 年共

2021年12月3日，林周县工商联开展法律知识宣讲并赠送法律宣传手册

计发放金额达100余万元。如宏发建筑公司利用援建商品房项目与江热夏乡加荣村、杰冲村44户166名贫困户进行租金分红。鲁木杰公司利用种植的玉米项目与强嘎乡的典冲村4户16名贫困户进行租金分红。

通过"企兴村"行动，为10家民营企业建立"一对一"帮扶贫困对象10户，涉及4个乡10个村(组)。帮助2家企业制订贫困大学生帮扶计划，组织企业实地看望贫困大学生家庭，了解贫困大学生学习、生活等情况，按照要求取得贫困大学生的电话和银行卡号，除捐助大学学费外，并每月为贫困大学生通过银行打款1200元，直至大学毕业(四年)。

为3家企业制订帮扶长期患病贫困群众计划，组织企业看望长期患病贫困家庭，并捐款51000元。组织企业慰问贫困群众206户，按照每户500元的标准进行慰问，共计慰问金额达103000元。利用光彩事业基金为2户重病患者支付医疗费4万元，为1户困难大学生支付学费、生活费1万元，并在"十一"国庆节期间走访看望县敬老院的孤寡老人。

【对口援藏】 年内，在林周县援藏干部的帮助下，县工商联积极与江苏省工商联、苏州市工商联沟通协商，先后为春堆乡春堆村饲草种植项目、维修县域乡村道路解决相关费用200万元。2021年春节、藏历新年期间慰问全县贫困群众150户，共计协调慰问经费15万元。

(杨 峰)

【机构领导】

主 席

达娃旦增(藏族)

副主席

杨 峰

军 事

人民武装

【概况】 2021年，林周县人民武装部坚持以习近平新时代中国特色社会主义思想为指导，围绕庆祝中国共产党成立100周年主题，按照警备区"稳中求进、创新作为"的工作总思路，强化理论武装举旗铸魂、紧贴使命任务练兵备战、着眼达标考评奠基立样、坚持政治标准正风肃纪，不断推动人武部高质量、高标准建设发展。

【思想政治教育】 年内，组织官兵原原本本学习习近平在庆祝中国共产党成立100周年大会上的重要讲话、在西藏考察期间重要讲话以及给"高原戍边模范营"全体官兵的回信等重要讲话精神，强化对表看齐、坚定追随的思想和行动自学。采取理论灌输与个人自学相结合的方式，严密组织开展党史学习教育，紧密结合庆祝中国共产党成立100周年，广泛开展党史知识竞赛、主题演讲比赛、学唱革命歌曲、主题党日等教育实践活动。严格按照新的政策规定，办理军官等级制度转换、待遇级别调整、军官退役等工作，认真做好相关福利待遇贯彻执行，审批发放军人配偶荣誉金和父母赡养补助。

年内，严密组织"传承红色基因、担当强军重任"主题教育及各项经常性教育，认真筹划开展本部党委中心组理论学习，强力补钙铸魂。利用民兵集训、征兵宣传、调研帮扶等时机，创新开展专武干部和民兵思想政治教育共计18个课时，指导各民兵党(团)组织广泛开展"双争"评比活动。广泛开展学习"新时代戍边卫国英雄群体""争做老西藏传人"等教育实践活动，组织本部官兵和民兵骨干参观林周农场党员红色教育基地，开展重温入党(伍)誓词活动。

【民兵工作】 年内，认真分析辖区民情和季节性气候特点，针对性修订完善维稳处突、抢险救灾等各类方案预案，并严密组织物资

2021年8月4日，林周县人民武装部开展征兵宣传工作

2021年3月19日，林周县人民武装部组织基干民兵开展军事训练

储备和方案演练。按要求选派人员参加县国安维稳值班，及时掌握辖区动态，常态保持应急民兵排担任战备值班分队，确保遇有情况能够随时拉得出、用得上、打得赢。按警备区和县维稳指挥部统一安排，组织兵力参加重要节日维稳执勤，指导各乡（镇）应急民兵分队，认真做好维稳处突、抢险救灾各项准备，开展相关方预案演练。

【征兵工作】 年内，持续加大征兵宣传力度，全县兵役登记率达到100%，征集合格兵员，实现兵役征集数量的新突破。按照征兵工作“一站式服务”要求，推动完成县政务中心征兵报名和政策咨询窗口及各乡（镇）征兵窗口业已开设工作。

【基础建设】 年内，按照人武部达标考评建设规范，协调县委、县政府投入资金对人武部作战值班室、战备资料室、荣誉室和战备图库进行重新规范。协调县委、县政府投入资金完成营区道路、篮球场建设翻新以及外部供电线路进行升级改造。

（陈 曦）

武警林周中队

【概况】 2021年，武警林周中队高举习近平新时代中国特色社会主义思想伟大旗帜，牢固确立习近平强军思想根本指导地位，深入贯彻中共十九大和中共十九届二中、三中、四中、五中、六中全会精神，以新时代军事战略方针为指引，着眼有效履行“两个维护”“治边稳藏”使命任务，全面落实武警部队三级党委全体（扩大）会议精神，坚决维护核心，聚力练兵备战，强化改革创新，坚决围绕“奋斗决胜年”打好执勤维稳攻坚战。

【政治工作】 年内，武警林周中队官兵高举习近平新时代中国特色社会主义思想伟大旗帜，全面深入学习贯彻中共二十大和中共十九届二中、三中、四中、五中、六中全会精神，以习近平授旗训词为遵循，紧抓“两个维护”使命任务，扎实推进政治建军、改革强军、科技兴军、依法治军，坚定举旗铸魂、聚焦服务中心、持续严抓党建、统筹人才建设、着力稳固基层、推动创新发展，为推进部队全面发展进步、有效履行职责使命提供坚强政治保证。

年内，武警林周中队深入开展“传承红色基因、担当强军重任”和“不忘初心、牢记使命”主题教育，紧紧围绕“一个目标”，紧盯重点部位、重要环节，抓牢经常性基础性工作，力求三个新突破，实现“两个安全”。按照“抓学习强政治、抓任务强能力、抓安全强基础、抓实干强作风、抓主官强班子、抓训练强中心”的总体思路，牢牢把握动中保稳、稳中创优，高标准实现“两个确保”。

【军事训练】 年内，武警林周中队深入贯彻2021年开训动员令和习近平主席授旗训词精神，坚定不移地将军事训练摆上战略位置，坚持任务牵引，严格按纲施训、依法治训，从难从严，从实战角度出发，突出基础训练和专业化训练，大抓军事训练热潮，大力提升军事训练实战化水平。

年内，武警林周中队深入研究学习新《军事训练大纲》，按照大纲要求，严格按照上级要求科学制定军事训练计划，抓好军事

2021年7月2日，武警林周中队组织官兵训练考核

素质和作风纪律等基础训练，以实战化、专业化训练为牵引，科学组训，突出抓好军官和士官专业训练，严抓训练安全，正规训练秩序，确保年内无训练安全事故无训练伤发生。并加强中队教练员队伍建设，以“四会”达标为基础，重点强化险难点科目教练员培训和指导，大力开展群众性练兵比武活动，有效提升官兵军事素质能力。

【战备执勤】 年内，武警林周中队认真贯彻“十六字”执勤工作方针，以“五防一体化”建设为基础，着力打造科技支撑的“智慧磐石”工程，全面提高履行使命任务能力和部队现代化建设水平。紧盯节假日、重要节点，着力维护林周县社会面稳定，扎实开展联勤武装巡逻勤务，打好“以固定目标安全为保底、以社会面防控为支撑、以机动快反打击为保证、以重大活动安保为重点”的执勤维稳主动仗。

年内，武警林周中队深入开展执勤教育，认真落实《战备工作规定》，进一步规范战备值班系统运行、应急响应程序和快速反应机制；提高常态化战备能力，突出日常战备方案演练，扎实抓好春节、藏历新年、拉萨雪顿节、全国“两会”、中国共产党建党100周年大庆等重要节点战备执勤，提高人员忧患意识和警惕意识，突出专勤专训和处突课题训练，深化训练成效转化，持续提升人员执勤能力，不断提升中队作战勤务值班员、执勤哨兵、应急小组、应急班（排）的情况处置能力，持续维护林周县社会面稳定。

【后勤工作】 年内，武警林周中队扎实后勤各项建设，提升后勤人员服务意识，保障好官兵生活需求，严格落实各项后勤制度，加强炊事人员业务技能的指导和培训，大力发扬民主，促进伙食质量有效提升，加强后勤督导和检查力度，对各项经费开展严格审议，做好账目公开透明，突出抓好后勤规范化建设。集思广益搞好两业生产建设，对接县内农副业生产专家，提升中队种植养殖员业务水平。强化后勤专业训练，提高后勤人员专业能力，大力加强精细化保障水平，为官兵创造良好的物质条件。

（杨　博）

法 治

政法委及综治

【概况】 中共林周县委员会政法委员会(以下简称县委政法委)是县委领导政法工作的职能部门，为正科级。2021 年，县委政法委认真贯彻党中央决策部署，落实自治区市县党委政府工作要求，聚力政法重点工作，锐意改革创新，忠诚履职尽责。在维护国家政治安全和社会稳定、市域社会治理现代化试点工作、政法领域全面深化改革、常态化扫黑除恶、政法队伍教育整顿等方面取得新成效，为中国共产党成立 100 周年和西藏和平解放 70 周年"两大庆典"创造安全稳定的政治社会环境。

【政法队伍教育整顿】 年内，紧紧围绕政治教育、反分裂斗争形势政策教育、警示教育、英模教育，组织政法系统开展形式多样、内容丰富的集体学习 18 次，组织全县政法干警分 7 批次分别到市县党性教育基地接受教育，进一步坚定政法干警的理想信念和服务宗旨意识。围绕用好"三个手段"、开展"三个活动"、发挥"三个作用"，有力有序推进"七查"工作和"六大顽瘴痼疾"专项整治各项任务深入开展，收集线索共计 83 条 78 人，1 条 1 人属于违纪违法问题，82 条 77 人纳入"六大顽瘴痼疾"整治范围。持续推进"我为群众办实事"实践活动，坚持"当下治"和"长久立"，持续正风肃纪和为民服务相结合，制定相关制度机制 31 项，巩固提升政法队伍教育整顿成果。

【市域社会治理现代化试点工作】 年内，有序开展"雪亮工程"项目，加大立体化防控建设水平。始终坚持稳重求进的工作总基调，把信息化建设作为提升社会治安立体化防控能力和社会治理现代化水平的重要手段，通过"一总两分"的模式建设，顺利完成平台建设、前端点位建设、设备安装等工作，稳步推进林周县"雪亮工程"建设项目。

2021年6月27日，县委常委、政法委书记刘军（前排左一）一行到唐古乡慰问困难老党员

年内，坚持发展新时代“枫桥经验”，按照《林周县矛盾纠纷多元化解机制》要求，落实矛盾纠纷联席会议制度、重大信访问题领导包案制度，落实好属地管理，狠抓深度排查、提升预警防范化解能力，狠抓教育宣传，提升群众法治意识，狠抓项目监管，推进全领域预防，实现矛盾不激化、不上交。对一时无法化解的，制定稳控方案、明确包案领导，确保矛盾纠纷不扩大、不激化。2021年，全县共受理信访事项49件77人次，涉及资金3144.97万元，受理率100%，按期办结率95.9%，未办结2件，群众满意率达90%以上。

年内，为进一步加强乡镇政法委员综合素质能力，组织各乡镇政法委员开展业务培训3场次，培训内容涵盖平安建设（综治工作）各项业务知识，以及《中国共产党政法工作条例》《乡镇（街道）政法委员职责任务规定》等规范性文件，教育引导乡镇政法委员知责、明责、担责、尽责，切实做到培训人员全覆盖。

2021年9月16日，县委政法委组织各成员单位开展“9·16”平安西藏宣传日宣传活动

【“双联户”工作】 年内，联户代表严格贯彻落实矛盾纠纷联排联调、安全隐患联防联控、平安建设联创联享、社情民意搜集等工作机制，开展矛盾纠纷排查1200余次，调解矛盾纠纷202起；排查各类安全隐患1510次，整治安全隐患320次；进一步扩大情报信息来源范围，夯实了基层维稳根基。

年内，以困难家庭联帮联扶为依托，组织联户代表对辖区内困难群众解决生产生活困难300余次，邻里间义务投工投劳1万余次，帮助照顾孤寡老人、重病患者及儿童260余人次；以环境卫生联管联治为手段，联户代表积极组织辖区群众开展卫生整治1200余次。

年内，县委政法委大力持续鼓励群众创办联户集体经营组织，在每年常态化投入100万元的基础上，额外投入50万元县级财政资金用于扶持联户增收项目。为进一步发挥“双联户”创收致富带头作用，经县委政法委实地查看和意见建议征求，制定《林周县双联户扶持资金管理办法》，并从各乡镇原有的13个联户增收项目中，按照“优中选优”的原则，确定扶持5个联户增收项目，将会有效提高458户2331名群众的现金收入，并明确每个项目具体扶持资金，进一步发挥联户增收的集体优势，实现联户增收致富。

【扫黑除恶专项斗争】 年内，持续加强扫黑除恶宣传力度，通过悬挂宣传横幅、设立举报箱、明确网络专栏举报等形式，持续动员辖区群众积极参与检举、揭发、举报黑恶犯罪线索。其间，组织各成员单位开展扫黑除恶常态化宣传活动260余次。坚持重拳出击，开展四大行业领域专项整治，主持召开四大行业领域专项整治动员部署会，制定实施方案，明确集中摸排核查、专项整治、建章立制三个阶段的工作任务共28项，为专项整治工作的高质量推进绘好“路线图”。经前期线索摸排工作，共受理举报线索1条，属自然资源领域“坐地起价”问题，经相关部门实地核查，暂未发现“沙霸”及其背后黑恶势力和“保护伞”等违法犯罪势力。同时，加强清零线索核查力度，对9条清零线索进行再次核查，未发现“有黑无伞”“黑大伞小”等涉黑涉恶案件和集中、反复举报同一对象并查否的涉黑涉恶线索。

（高阳阳）

【机构领导】

县委常委、政法委书记

塔　清(藏族,6月免)

刘　军(6月任)

副书记

益西加措(藏族)

程　旭

公安

2021年12月29日，林周县副县长、公安局党委书记、公安局局长张强（左三）调研北部道路交通安全管理工作

【概况】 2021年,林周县公安局以习近平新时代中国特色社会主义思想、习近平法治思想为指引,以维护国家政治安全、应对关键斗争为主题主线,以政法队伍教育整顿、党史学习教育为动力,充分发挥平安建设主力军作用,扎实做好防风险、保安全、护稳定、促发展、战疫情各项工作,局党委带领全局民辅警攻坚克难、真抓实干,打赢以"建党100周年、习近平总书记在西藏考察、西藏和平解放70周年"安保维稳攻坚战为重点的一场又一场胜仗,推动各项工作取得丰硕成果。

【思想政治教育学习】 年内,林周县公安局以建设学习型党组织、学习型公安机关、落实"第一议题"制度为目标,坚持集体学习与自主学习、专题辅导与交流研讨、线下学习与线上学习等三个"相结合",带领全警深入学习习近平新时代中国特色社会主义思想,及时跟进学习中共十九届历次全会精神、自治区市县第十次党代会精神,着力在忠诚教育、爱国主义教育、形势政策教育等主题教育和人民警察节等主题庆祝活动上下功夫,深入开展"我是谁、我在哪、怎么做"大讨论活动,带领党员干部进一步增强"四个意识"、坚定"四个自信"、做到"两个维护",自觉把捍卫"两个确立"融入血脉、注入灵魂,共召开局党委理论中心组集中学习24次,开展党委书记和支部书记讲党课活动15次。

【维护国家政治安全稳定】 年内,林周县公安局以深入开展反分裂斗争为首要政治任务和第一责任,严密防范化解各类风险隐患,深化打击整治网络谣言和有害信息专项行动。在重要节点召开全局性工作部署会议,及时制定下发工作方案,推行每月制定下发工作要点,统筹全局警力完成全年重要节点安保工作任务,完善突发事件处置预案库,组织全警开展应对更大风浪来临时"我是谁、我在哪、怎么做"大讨论,教育引导全警下好先手棋、打好先手仗,全力确保全县社会大局稳定。同时,全面强化易燃易爆物品管理,从严落实各项措施,加大对散装油品的收缴力度,严厉打击地下销售成品油违法行为。

【从严管党治警】 年内,林周县公安局突出政治建警周密部署组织开展加强政治建警全面从严治警专项教育,始终加强党的创新理论武装,深入推进政治理论学习教育常态化、制度化,加强党员民辅警党性修养和党性锻炼,使民警以正确的世界观立身,以正确的全力观用权,以正确的事业观做事,始终保持共产党人的政治本色和人民警察的高尚情操,狠抓战时队伍管理,跟进战时表彰,强化监督执纪问责,提升战时抓落实的执行力。

同时,林周县公安局持续加强党风廉政建设,建立党员干部涉嫌违纪违法案件线索移交机制,通过开展自查自纠及廉政谈话,持之以恒纠正"四风",强化执纪监督坚持抓早抓小，以民辅警工作纪律及八小时以外管理，确保民警工作、思想、社交等方面的纯洁。坚持从优待警，突出节日慰问、伤病看望、困难救助等惠警暖心政策，做到政治上关心，思想上关爱，生活上体恤。以“两微一端一抖”平台，加大林周公安宣传力度，塑造林周公安为人民的最美群像，增强民辅警对公安局大家庭的归属感和认同感，不断激发公安队伍的生机和活力。

【执法规范化建设】 年内，林周县公安局坚持问题导向、聚焦弱项短板，紧紧围绕基层一线民警执法办案需求，积极主动作为、创新练兵方式。为能够更好地适应新形势新任务对公安工作的需要，充分利用智力援助渠道，以请进来、走出去的方式协调邀请援助单位教官团队驻训、组训或以走出去的方式组成多警种骨干团体、警务实战教官前往援助单位跟班学习、参加培训的方式，以民警特点、喜闻乐见的训练方式方法，增强援助覆盖面，全面发挥智力援助作用，提升整体素质能力。同时，投入使用治安刑警综合办案区、江热夏乡派出所办案区、甘旦曲果镇派出所办案区，投入资金22.8万余元新建旁多乡派出所办案区，进一步规范场所管理制度，落实办案区“四个一律”工作要求情况，开展不定期检查指导工作。

【队伍教育整顿】 年内，林周县公安局以“走在前、作表率”的政治自觉和政治担当，以最高站位谋划、最高标准要求、最高质量推进，聚焦“三个环节”，突出“四项任务”，坚持“五个过硬”要求，把教育整顿活动与维稳中心任务和各类专题教育活动紧密结合起来，统筹一体化推进，确保“规定动作”落地落实，有力有序有效推进教育整顿走深走实，制定下发全县公安机关队伍教育整顿相关方案和通知31个，下发口袋书3000余册，将“三新”、“三更”、党史学习教育、反分裂斗争形势教育等与队伍教育整顿工作结合，开启“警营夜校”，采取集中学习、骨干领学、书记讲党课、邀请专家辅导、交流研讨、全警撰写心得体会、组织观看教育片、参观红色基地、“两路”精神纪念馆、烈士陵园、参加英模宣讲会和警示会、参加全县政法队伍和公安机关应知应会考试等形式，组织集中学习和专题研讨23次，召开专题推进会12次，组织民警撰写心得体会3000余篇，对全局2018年以来372件案子开展评查自查，开展谈心谈话228人次，通过“两微一端”发布政法队伍教育整顿和我为群众办实事活动动态新闻110余条，在全县范围内发放林周县公安局政法队伍教育整顿群众满意度测评表2000余份，全警政治建设进一步加强，扎实推进教育整顿活动。

【公共安全治理】 年内，林周县公安局常态化推进重点行业领域安全生产监管全覆盖，持续加强危爆、民爆、消防、管制刀具等闭环管理与校园等行业领域的安全监管，坚决防止个人极端事件的发生，共检查各行业领域场所2380家次，检查全县公务用枪单位6次，整改消防隐患32处，开展校园防刀斧砍杀和防个人极端事件联合演练5次，开展“法治进校园”讲座30次，对12所学校安装“一键报警”系统。

【交通安全】 年内，林周县公安局以“道路交通平安年”“减量控

2021年6月12日，林周县公安局组织民警参观拉萨市公安局警史馆

2021年1月10日，林周县公安局开展“一心为民110，砥砺奋进新征程”主题宣传活动

大”专项行动为契机，保持严管、严查、严处高压态势，坚持推行酒驾醉驾夜查统一行动常态化开展与重要节点必开展模式，严厉打击酒驾醉驾、无证驾驶、“三超一疲劳”等突出道路交通违法行为，共开展道路交通打击整治、违停综合整治专项行动共330次，查处道路交通违法行为6500余起，行政拘留55人，刑事拘留11起11人，排查上报道路隐患133处。

【新冠肺炎疫情防控】 年内，林周县公安局根据疫情发展变化，积极配合卫健等部门持续做好常态化疫情防控各项措施的落实，因情因势加强检查站以及人员密集场所等重点部位的查验检测等工作，严格队伍内部防疫管理，高标准、严要求落实办案场所、窗口部门防疫措施以及外出返岗、执勤、开会期间防疫措施，组织全警进行新冠疫苗接种工作，接种新冠疫苗第一、二、三针人数分别为340人、338人、228人，全年检查站共盘查人员9万余人、冷链运输车辆5万余辆，排查冷链食品9934公斤、活禽牲畜919只。

【严打整治】 年内，林周县公安局始终坚持“以打开路、打防结合”的工作思路，深入开展各项专项行动与护校安园、缉枪制爆等治安专项工作，全面保持对涉黑涉恶、多发性侵财案件、电信诈骗、盗窃、“黄赌毒”等人民群众深恶痛绝的违法犯罪严打严防力度，成功侦破2000升成品油盗窃案，受理治安案件15起，结案11起，立案刑事案件53起，撤案1起，破案26起，刑拘9起10人，取保7起7人，逮捕7起8人，移送审查起诉14起15人。

年内，林周县召开全县防范电信网络诈骗防治大会，与全县各企事业单位负责人、财会人员签订责任书，压实各单位反诈主体责任，动员干部群众下载注册“国家反诈中心App”5000余次，以及开展反诈宣讲课堂、劝阻电诈高危人群、及时止付冻结挽损等系列电信网络诈骗防治措施，切实提升广大群众安全感和满意度，全年累计返还群众被骗资金46万元，紧急止付账户287个576万元，冻结账户96个133万元，发送防范电诈短信15万条，劝阻高危受骗人员10名，及时止损200余万元。

（次仁罗布）

【机构领导】

县委常委、政法委书记、公安局党委书记、局长

塔　　清（藏族，6月免）

副县长、公安局党委书记、局长

张　　强（11月任）

党委副书记、政委

尼　　玛（藏族）

党委委员、副局长

边巴顿珠（藏族）

丹增曲扎（藏族）

尹　　川

检察

【概况】 2021年，林周县人民检察院共受理刑事案件38件40人，审查逮捕案件9件10人，其中批准逮捕6件7人，不批准逮捕3件3人。审查起诉29件30人，其中提起公诉25件26人，不起诉2件2人，附条件不起诉1件1人，1件1人办理中。在办案中，落实检察官以案释法制度，做好释法说理，在检察环节，开展以案释法2件2人，召开不起诉公开听证3件3人。

2021年12月23日，林周县人民检察院党组书记、检察长索朗晋美（后排左二）一行到强嘎乡典冲村宣讲中共十九届六中全会、自治区第十次党代会和拉萨市第十次党代会精神

【坚决筑牢政治忠诚】 年内，林周县人民检察院坚持把学习贯彻习近平新时代中国特色社会主义思想作为首要政治任务，扎实开展“两学一做”常态化、制度化学习教育，政法队伍教育整顿和党史学习教育，不断增强“四个意识”、坚定“四个自信”、做到“两个维护”。认真贯彻《中国共产党政法工作条例》，主动向县委政法委请示报告重大事项10次，召开党组会议28次，议事46项。

【党建工作】 年内，林周县人民检察院坚持严格落实党建工作责任制，扎实推进党建融入业务，探索“党建+检察”特色品牌，践行新时代党的建设总要求，着力提升“三会一课”质量，落实党员大会5次，支部委员会12次，主题党日12次，书记讲党课4次，党支部集中学习12次，撰写各类学习心得200余篇。认真贯彻落实区党委第二轮巡视整改和最高检党组第三巡视组反馈意见整改工作，并将反馈问题主动认领，认真整改、持续整改，有力推动了党建工作和检察工作同频共振、深度融合。

【政法队伍教育整顿】 年内，林周县人民检察院把学习教育贯穿始终，抓实党史学习教育，认真开展政法队伍教育整顿、“三更”专题教育、“三新”大学习大讨论，参观拉萨市检察院党史检史馆1次、西藏和平解放70周年展馆1次、林周县红色教育基地5次、“两路”精神纪念馆1次；观看爱国主义电影4次、英模事迹报告片2次；开展“政治忠诚”大研讨2次、重温入党誓词及检察官誓词2次、唱革命歌曲活动1次、瞻仰烈士陵园2次、讲述革命先烈故事3次、民族团结教育3次，扎实为民办实事31件次。及时整改中央第十四督导组、自治区市两级检查指导组、县教整办等反馈的意见建议，强力整治“六大顽瘴痼疾”，力推常态化治理，制定完善制度20项，固化教育整顿成果。认真落实防止干预司法办案“三个规定”，记录报告有关事项13条。开展纪律作风检务督察40余次，提醒谈话10人次。

【服务保障脱贫攻坚战】 年内，林周县人民检察院全院干警投入全县脱贫攻坚主战场，结对帮扶贫困群众31户，走访慰问结对户4次，共计发放慰问金1万余元。分别选派3名优秀干警参加驻村工作。检察长带头到“三岩”片区搬迁点开展慰问3次，并结合慰问工作开展各类政策宣传和法律宣传工作4次。争取到“2021年度西藏自治区农牧民心理健康科普教育”培训项目，积极开展农牧民心理健康教育工作，受训群众1500余人，从心理健康教育角度减少、预防农牧民违法犯罪案的发生，真正做到为民服务零距离。

【紧扣检察机关主责主业】 年内，林周县人民检察院依托法律专项监督检查工作要求，把做实做细法律监督业务作为发展之本，强化监督，提升效果，努力维护公平正义。充分行使宪法赋予的法律监督权，对辖区内2018年以来的256起治安案件开展监督检查，从多个角度防范“有案不立”“压案不查”现象。对涉及法院财产刑执行的13起案件开展监督，并提出相关意见建议。协同相关单位对全县开展食品安全专项检查5次，全力保障林周县群众舌尖上的安全。加强社区矫正监督检查，对24名社区矫正人员建立一人一档，针对县司法局案卷档案装订不规范的问题下发检察建议1份。

【护航未成年人健康成长】 年内，林周县人民检察院依法惩戒和精准帮教未成年人，开展未成年人羁押必要性审查、社会调查、心理疏导评估帮教、亲职教育10人次。以干警担任五所中、小学法治副校长、法治辅导员为契机，开展“法治进校园”宣讲4次及检察开放日活动1次。积极回应政协委员提出的“关于加强青少年法治教育工作”的提案，加强相关部门的沟通联系。为切实预防娱乐场所存在未成年出入的问题，对辖区内监管的娱乐场所开展专项监督检查4次。落实强制报告、入职查询制度，联合县公安局、县教育局对全县范围内37所学校1121名教职员工开展入职查询工作。与团县委签订《未成年人检察工作社会支持体系建设合作协议》，逐步推动未成年人检察工作社会支持体系的构建。通过与自治区红十字会沟通协调，争取到青岛西海岸新区红十字会“博爱小学资助”项目，为林周县唐古乡、阿朗乡中心小学每年各资助5万元，为期5年，为偏远困难学校和关心关爱留守儿童贡献检察力量。

【民事行政检察】 年内，林周县人民检察院充分发挥检察一体化优势，组建优秀办案团队，共办理民事案件25件，其中，监督审判程序违法行为16件，生效裁判文书调解书监督5件，执行活动监督3件，支持起诉案1件，共发出检察建议10份。对林周县人社局就2021年办理的“双拖欠”案卷进行抽查，对发现的问题下发社会治理类检察建议1份。调取2020年县交警案件卷宗共71份，发现问题10余件，下发检察建议1份。与县司法局签订关于支持起诉的联系机制1份。

【公益诉讼检察】 年内，林周县人民检察院以“扬尘污染”“医疗废物处置”“固体垃圾堆放”“食品安全”“两违”“森林督查”为主线，加强公益诉讼案件线索摸排力度，共发现公益诉讼案件线索86件，发出公益诉讼诉前检察建议及督促履职检察建议11份，涉及水源地污染、耕地、林地保护等问题，相关部门高度重视，已采取措施积极整改或正在整改，与相关部门召开磋商会2次、联系会议3次、制定联系机制3份，向上级院移送文物案线索1件，联合县林草局设立“检察联络室”，投入资金6万余元，设立“西藏雅鲁藏布江中游河谷黑颈鹤国家级自然保护区”警示宣传牌，并联合县水利局签订“河湖长+检察长”协作机制。

2021年10月27日，林周县人民检察院协同县林业和草原局举行“西藏雅鲁藏布江中游河谷黑颈鹤国家级自然保护区”警示宣传牌揭牌仪式

【普法工作】 年内，林周县人民检察院开展法治宣传15次，发放宣传资料4500余份，宣传物品2000余份，提供法律咨询50余次，受教育群众达5000余人次。依托“两微一端”平台共计宣传14次。开展不起诉案件回访工作4次。

【司法体制改革】 年内，林周县人民检察院严格按照《自治区市县级人民检察院内设机构改革方案》实施，规范内设机构设置，初步完成内设机构改革前期准备工作。全面落实司法责任制，全面实行“捕诉一体化”办案模式。落实人员分类管理制度，健全完善检察人员业绩考评工作机制，做到权责统一。

2021年4月6日，林周县人民检察院开展中华民族共同体意识教育暨歌唱祖国歌唱民族团结活动

【检察队伍建设】 年内，林周县人民检察院落实检察队伍扩充工作，择优招录5名应届大学毕业生，5名聘用制书记员，激发检察队伍新动力。指派干警参加民事检察业务知识竞赛1次，选派干警到南京市、北京市、拉萨市委党校、县委党校接受政治轮训、挂职锻炼、业务学习及理论学习12人次，同时，参加上级检察机关和县里各类理论培训27次。

【健全检察工作新机制】 年内，林周县人民检察院全面落实认罪认罚从宽制度，适用率达100%，大力节约司法资源，提升诉讼效率，促进矛盾化解。着力降低"案-件比"，深化案件快办机制，不断提高简易程序、刑事速裁程序的使用率，切实提高办案质效。

【完善检察权运行机制】 年内，林周县人民检察院运行好检委会监督机制，召开检委会3次，检察官联席会1次，严把案件质量关，规范检察权运行。加强对检察官办案活动的监督，认真开展案件线上、线下评查31件，努力提升司法办案质量。强化案件信息公开机制，通过"12309"中国检察网公开程序性信息43条，法律文书21条，重要案件信息12条，打造智慧检务新高地。

【用心对待群众解诉求】 年内，林周县人民检察院充分发挥"12309"检察服务热线以及检察长接待日作用，检察长接待4人次，接待群众来访3件3人，群众来信案件1件1人，法律咨询5人次，确保"群众来信件件有回复"，坚决做到7日内程序回复、3个月内办理过程或结果答复，并积极引导农牧民群众合法理性表达诉求。

（巴桑次仁）

【机构领导】

党组书记、检察长
索朗晋美（藏族）

党组成员、副检察长
尼玛旺姆（女，藏族）

法院

【概况】 2021年，林周县人民法院坚持以习近平新时代中国特色社会主义思想为指导，深入贯彻中共十九大和中共十九届二中、三中、四中、五中、六中全会精神，认真学习贯彻中央第七次西藏工作座谈会精神、习近平总书记"七一"重要讲话精神和在西藏视察时重要指示精神，贯彻落实西藏自治区、拉萨市第十次党代会精神，立足新发展阶段、贯彻新发展理念构建新发展格局，坚持服务大局、司法为民、公正司法，忠实履行宪法法律赋予的职责，全面加强审判执行工作，扎实推进司法体制改革，不断提升法院队伍建设水平，奋力推进新时代人民法院工作高质量发展。

林周县人民法院内设立案庭（诉讼服务中心）、综合审判庭、执行局（司法警察大队）、政治部、审判管理办公室（综合办公室）5个部门，外设唐古派出法庭和强嘎派出法庭。2021年共受理各类案件716件，审结648件，结案率90.50%，为林周长治久安和高质量发展提供了应有的司法保障。

【依法惩处刑事犯罪活动】 年内，贯彻总体国家安全观，坚持宽严相济刑事政策，推进平安林周建设，坚决维护国家安全和社会稳定。截至年底，共受理刑事案件26件，审结26件，结案率100%，主要为危险驾驶罪案件14件、盗窃犯罪案件6件、故意伤害罪案件4件、信用卡诈骗罪案件1件、受贿罪案件1件。

【妥善化解民商事纠纷】 年内，认真实施《中华人民共和国民法典》，充分发挥民商事审判服务高质量发展的职能作用，依法妥善化解民商事纠纷。截至年底，共受理民商事案件424件，审结372件，结案率87.74%，主要为合同类纠纷案件295件、婚姻家庭纠纷案件49件、人格权纠纷案件4件、侵权责任纠纷案件3件。

【执行工作】 年内，聚焦执行领域群众关注度高的热点难点问题，强化执行综合治理，不断加大执行工作力度，狠抓执行指挥中心实质化运行，开展“执行大会战”专项活动，完善执行联动协调机制，推进涉民生案件的集中专项执行；切实加强“一案一账户”的运用管理，成立清理终本案件整治组，及时清理积压执行案款，2021年执结涉民生案件117件，共计追回案款427.6025万元。以司法的强制力和严厉的信用惩戒，切实保障当事人合法权益的实现。

2021年共受理执行案件250件，执结234件，执结率93.60%。通过网络查控及线下冻结、扣划案款共计346.98万元；限制高消费被执行人32人，纳入失信被执行人名单共计25人，查封车辆26辆，冻结公司股权31例；实施

2021年10月13日，西藏自治区高级人民法院党组成员、副院长达瓦（左排中）一行到林周县人民法院调研人民法庭工作

执行救助案件15件，发放救助金49.88万元。

【一站式诉讼服务】 年内，推进诉讼服务和信息技术的深度融合，升级网上诉讼服务平台，开通西藏移动微法院、网上立案、跨域立案服务，持续深化立案登记制改革成果，全面畅通“线上+线下”一体化立案渠道，切实做到“有案必立，有诉必理”，为当事人提供登记立案、诉前调解、智能答疑等一站式诉讼服务。

2021年，通过网上立案29件，完成跨域立案17件，接待来访群众5500余人次，“12368”诉讼服务热线受理诉讼咨询2100余人次。

【多元解纷机制】 年内，深入学习推广新时代“枫桥经验”，主动把司法工作融入社会综合治理体系，精准对接人民调解、行政调解、行业调解、专业调解等解纷力量，不断完善多元化解纷机制。2021年委托委派调解案件77件，成功调解74件；坚持调解优先，民事案件调撤率达74.07%；减免缓诉讼费24635.02元，解决困难当事人诉讼难问题；利用流动法庭深入到各乡（镇）村（居）提供法律咨询800余人次，车载流动法庭行程5800余公里，巡回办案57件；开展“我为群众办实事”专项活动39项。

【和谐家庭建设】 年内，不断深化家事审判方式和工作机制改革，形成以调为主、以判为辅的审判理念，选择优秀女法官，组建起彰显“温情司法”家事审判团队，创建家事纠纷诉源治理、多元化解的新路径，努力为濒临破裂的家庭调判促和，促进家庭和睦、和谐社会。截至年底，林周县人民法院受理家事案件55件，已结49件，调解30件，调解率61.22%。

【人民法庭工作】 年内，建立派出人民法庭与司法所、人民调解委

员会等综治力量的联动机制，与各乡镇、司法所、村调解委员会签订多元解纷合作协议，建立“派出法庭+司法所+人民调解委员会+N”联调中心，对乡村多发、易发矛盾纠纷开展联合排查化解。截至年底，派出法庭受理案件72件，调解案件51件，撤诉7件，调撤率达84.06%。

【乡镇便民诉讼服务点建立】 年内，积极参与和融入基层社会治理，建立“包乡诉讼服务团队”工作机制，在全县未设立派出法庭的8个乡（镇）设立“林周县人民法院便民诉讼服务点”，采取“1+3”（包乡法官+本乡（镇）人民陪审员+法官助理+书记员）模式，立足纠纷排查、就地立案、就地审理、诉调对接、法治宣传等职能，在各乡（镇）形成稳定高效的解纷团队，多元化解矛盾纠纷。

【“八五”普法宣传】 年内，开展普法宣传教育25场次，发放藏语汉语宣传资料2300余份，受教育群众2000余人次。搭建“两微一抖”新媒体宣传阵地，开设“普法课堂”“以案释法”等专栏，发布新媒体推文、短视频624条，推送法院动态197条，102篇稿件被西藏最高人民法院、拉萨中级人民法院等媒体采用。

【巩固脱贫攻坚成果】 年内，切实做好对江热夏乡的结对帮扶工作，入户走访听取乡情民意，深入调查摸底，做好信息收集和政策宣传解读工作。截至年底，组织70余人次参与结对帮扶慰问和宣讲工作，共帮扶对象35户，捐款捐物折合人民币6600元。指派1名干警参与驻村工作并担任工作队队长，执行驻村任务。

【审判运行机制】 年内，认真落实院庭长审判监督和带头办案制度，林周县人民法院庭长共办理案件351件。修订审委会工作规则，完善法官会议制度，召开审委会1次，法官会议20次，审判决策辅助机制作用得以充分发挥。严格结案审批流程管理和卷宗相互评查制度，使案件质量得以有效保证。完成4名员额法官入额遴选及24名干警的职务套改工作，以法官为核心的人员分类管理体系更加合理有序。

【智慧法院建设】 年内，坚持把加强审判信息化建设作为服务司法改革的重要支撑，加大司法公开力度，大力推进电子卷宗随案同步生成及深度应用，利用信息技术为法官制作裁判文书、查阅法律法规和类案查询等提供技术支持。依法公开裁判文书517份、执行信息公开123条、庭审直播47场次，形成电子卷宗716卷，电子卷宗同步生成率100%。

【制度建设】 年内，为实现政法队伍教育整顿成果制度化、常态化，将问题整改与构建长效机制有机结合，修订完善并探索新建《干警日常管理档案制度》《案件季度自查及回头看制度》《司法监督工作制度》《审限监督管理机制》《当事人申请执行免于提供生效证明制度》等14项制度机制，形成以制度管人、以制度约束的良好生态。

【代表委员监督】 年内，持续开展“两代表一委员”大走访活动，向“两代表一委员”征求对法院工作的意见建议，进一步提升司法能力，倒逼司法行为规范。截至年底，共计走访“两代表一委员”24

2021年10月15日，林周县人民法院党组书记、院长王永伟（中）一行到乡镇开展矛盾纠纷化解工作

2021年12月21日，林周县人民法院邀请30多家单位旁听职务犯罪庭审直播

人，获得意见建议 10 余条，邀请人大代表、政协委员旁听监督案件开庭各 1 次。依法接受检察机关法律监督，认真听取检察机关提出的检察建议，及时检查和纠正案件审判过程中存在的问题，确保办案程序合法，裁判实体公正。

【人民陪审员参审】 年内，强化人民陪审员规范化管理，充分发挥人民陪审员参与案件审理和司法活动的重要作用，让人民参与司法，监督司法。本院人民陪审员共计 36 名。截至年底，组织开展人民陪审员业务培训 1 次，人民陪审员参审案件 49 件，陪审率为 51.58%。

【教育活动】 年内，以“四项教育”活动为契机，深入开展党史学习教育、政法队伍教育整顿活动，队伍政治素质进一步提高。召开集体学习 52 次，理论中心组学习 12 次，组织“三更”“三新”专题研讨学习会 5 次，书记讲党课 4 次；观看警示教育片 6 次，组织干警参观强嘎红色革命基地、“两路”精神纪念馆、烈士陵园悼念活动 4 次；撰写心得体会观后感 18 次共 478 篇；召开民意测评座谈会 3 次，收集到意见建议 41 条，上报六大顽瘴痼疾问题线索 21 条，完成办结 21 条。

【党风廉政建设】 年内，加强廉洁自律教育，认真贯彻中央八项规定及实施细则精神，持之以恒正风肃纪，从严从实执纪问责，努力提升广大干警的廉洁自律意识。党组认真履行党建和党风廉政建设主体责任，认真落实“三会一课”等党建工作制度，以零容忍的态度惩治腐败，推动防止干预司法“三个规定”落地落实，确保司法公正廉洁。

【素质能力建设】 年内，围绕创建“学习型法院”，建立健全各项学习制度，院内坚持每周二晚上政治学习和每周四晚上业务学习制度，组织全院干警常态化学习政治理论和业务知识，并将学习资料汇编成册，不断提高干警的政治、业务素质；院外积极参加各项业务培训，组织干警参加各类培训 17 期，培训干警 18 人次，选派干警到全国其他省市法院跟班交流 1 人次。

（杨雨乐）

【机构领导】

党组书记、院长

赵 红 玉（女，6 月免）

王 永 伟（6 月任）

党组成员、副院长

杨 志 艳（女）

党组成员

德吉央卓（女，藏族）

次仁党旦（藏族）

司法行政

【概况】 2021 年，林周县司法局政法编制核定 14 人（司法局 4 人，乡镇司法所所长司法助理员共 10 人），司法局实有 5 人、司法所所长 1 人、司法助理员 9 人；汉族 5 人，藏族 8 人，回族 1 人，女干部 7 人。局机关司法干警 5 人（驻村 1 人）、工人 1 人、公益性岗位 1 人、合同工 1 人；正科 1 人、副科 2 人。司法所所长 1 人（副科级），司法助理员 9 人，占司法所所长、司法助理员专项编制的有 5 人，其余均是兼职。2022 年 1 月，从全县大学生中新招录专职人民调解员 11 人，局机关 1 人，乡镇司法所

10人。

【党建工作】 年内，林周县司法局党（组）支部以突出学习贯彻习近平新时代中国特色社会主义思想为重点，学习贯彻自治区、市、县党组织建设工作会议，全县基层党建工作会议精神，坚持每月至少一次例会，学习传达上级精神，分析党员队伍形势，研究部署工作举措，协调解决实际问题。围绕党建工作责任、党的组织生活、支部工作等方面进行党务专题学习，强化党务干部业务提升，推进政法队伍教育整顿活动和党史学习教育规范化、制度化，认真落实“三会一课”、民主（组织）生活会和“主题党日+”等制度，增强“四个意识”、坚定“四个自信”、做到“两个维护”，淡化宗教消极影响、遏制宗教势力蔓延渗透，切实增强党性修养。年内，组织党（组）支部学习24次，开展“主题党日+”活动12次，书记讲党课3次，撰写心得体会12篇。

【党风廉政建设】 年内，认真学习贯彻《中国共产党廉洁自律准则》《关于新形势下党内政治生活的若干准则》《中国共产党党内监督条例》，加强日常监督，对苗头性、倾向性问题，早发现、早提醒、早纠正。组织开展廉政风险排查，定期开展廉政谈话，配合县纪委监委建立干部廉政档案，进行多角度、多方位监督管理。进一步健全监督机制、完善作风建设各项制度，促进机关作风效能持续向好。通过传达文件、参观廉政教育基地、学习讨论和观看警示片，提高了广大党员、干部尤其是领导干部对党风廉政建设和反腐败工作的认识和勤政廉政意识，增强了拒腐防变能力。

年内，组织开展集中学习12场次，观看警示教育片2次，撰写个人心得体会9篇。同时，严格按照组织要求报备个人事项，县纪委立案调查县司法局不作为、慢作为线索1条，县监委对林周县司法局主要领导进行提醒谈话1次，并送达1份《监察建议》，2021年6月23日当事人诉求已全部解决。

2021年12月10日，中共林周县委全面依法治县委员会第一次会议召开

【依法治县、法治政府】 年内，县委全面依法治县委员会办公室、法治政府建设领导小组办公室均设在司法局，具体负责县委依法治县委员会和法治政府建设日常工作。县司法局起草印发《中共林周县委员会全面依法治县委员会工作规则》《中共林周县委员会全面依法治县委员会协调小组工作规则》《中共林周县委员会全面依法治县委员会各协调小组、办公室组成人员》《中共林周县委全面依法治县委员会办公室关于〈贯彻落实习近平总书记在中央全面依法治国工作会议上的重要讲话精神分工方案〉的实施方案》《中共林周县委员会关于印发贯彻落实〈法治中国建设规划（2020—2025年）〉的实施方案》《中共林周县委员会关于印发贯彻落实〈法治社会建设实施纲要（2020—2025年）〉的实施方案》县委全面依法治县委员会2021年工作要点、县委全面依法治县委员会及办公室和各协调小组工作规则、工作细则等文件，积极筹备召开县委全面依法治县委员会第一次会议，安排部署全县法治工作，努力将全面依法治县各项工作纳入规范化、制度化、科学化轨道。

严格执行林周县政府系统重大事项决策流程规定，认真开展政府重大决策事项合法性审查工作。2021年共为全县重大项目决策提供各类意见建议50余条，共审查各类合同22件，提出合法性审查意见23份，对进行合法性审查的文件及合同严把法治审核关。认真落实《西藏自治区行政复议体制改革实施方案》。根据11月22日、12月8日分别召开的全自治区、全市行政复议体制改革推进电视电话会议精神，林周县司法局进一步完善行政复议机构设置、人员配备、经费保障工作机制，全力推进规范化建设，健全行政复议案件审理机制，畅通行政复议渠道。2021年未收到行政复议申请，行政应诉案件4件，1件已达成调解协议，其余3件在走审理程序中。积极向上级申报林周县法治政府综合示范创建项目和单向示范创建项目。2021年6月，江热夏村被评为全国民主法治示范村。

2021年7月27日，林周县司法局工作人员到卡孜乡康姆桑村开展青少年普法宣传活动

【普法宣传教育】 年内，为贯彻落实中国特色社会主义思想和习近平总书记法治思想，林周县司法局积极开展各项法治建设工作，并形成较完善的依法治县的框架，2021年继续深入地开展法治建设的工作，在全社会深入开展宪法教育，积极培育全社会对宪法和法治的信仰。坚持把全民普法和守法作为全面深化"法治林周"建设的长期基础性工作，全面总结"七五"普法教育工作，科学谋划"八五"普法教育规划并落实到普法教育工作中。注重法治宣传与法律服务相结合，在各乡镇广泛开展以案说法和警示教育，注重在案件办理、纠纷调解等法治实践中增强群众法治意识。加强普法讲师团、普法志愿者队伍建设，增强宣传针对性和实效性。健全完善法治宣传教育工作机制，始终坚持"党委政府中心工作推进到哪里，法治宣传工作就跟进到哪里"，坚持把领导干部带头学法用法、模范守法作为树立法治意识的关键，完善国家工作人员学法用法制度，提升运用法治思维和法治方法的能力。通过县委常委会、县政府常务会议、党组会议和县委理论学习中心组落实领导干部学法用法制度，领导干部把宪法和民法典作为学习的重要内容，重点学习新颁布的法律、法规、规章或者与会议精神相关的法律知识，同时邀请法律顾问授课，充分利用林周之窗、平安林周微信公众号等新媒体开展普法宣传，重点案例介绍，自觉带头学法守法用法，不断提高依法决策的能力和水平。全面落实"谁执法谁普法"责任制原则，积极组织各执法单位开展普法工作。各执法单位按照职责分工，抓好重点对象学法、守法、用法工作，根据普法对象的不同，有针对性地开展法律法规宣传教育活动。

县普法办组织法律宣传团，深入乡(镇)、村(居)，针对农牧民群众重点开展《中华人民共和国宪法》《中华人民共和国民法典》《中华人民共和国民族区域自治法》《中华人民共和国治安管理处罚法》《中华人民共和国土地管理法》等相关法律法规的宣传，县普法办牵头，同普法宣讲团、各司法所开展一系列以"民法典进校园、农牧区"为主题的法治宣传活动，再次掀起民法典知识宣传活动热潮。年内，开展活动共计20余场次，印制2万多份的相关宣传书籍和宣传物品等，由各司法所分发到村居供农牧民群众学习使用。县普法办利用县法治公园、乡村法治文化广场、宣传栏等阵地，张贴海报，让法治宣传内容抬头看得见，低头找得到，方便群众学习相关法律知识，引导群众树立办事依法、遇事找法、解决问题用法、化解矛盾靠法的法治意识。年内，县普法办投入资金 14 万余元用于改造县法治公园、普法阵地；投入 20 万余元印刷各类普法书籍和普法宣传物品；年内，通过一系列法治宣传，共发放各类法治宣传物品和宣传材料 2 万余份，受益群众达 3 万余人次。民法典进校园工作中，在全县教育系统组织开展民法典系列宣传教育活动，努力培养青少年学生的法治意识、规则意识、诚信意识。

【人民调解】 年内，以扩大“以奖代补”试点为推手，积极探索调解工作新机制，及时召开人民调解领导小组办公室会议，及时研究矛盾纠纷排查调处工作中存在的热点、难点问题，结合人民调解“网”建设，进一步加强企事业单位及矛盾纠纷多发易发行业和领域人民调解组织建设，成立道路交通事故纠纷、婚姻家庭纠纷行业性专业性人民调解委员会。全县共有调解组织 59 个（其中专业性行业性调解组织 2 个），共有人民调解员 359 人。完成 11 名专职人民调解招聘工作，相继完成笔试和面试工作，力争 2022 年经培训后正式上岗。年内，全县各级人民调解组织共开展排查 1308 次、出动人员 500 余人次，预防矛盾纠纷 12 件，共调解矛盾纠纷 92 件，调解成 86 件，调解率 100%，成功率达 93.5%。通过调解工作，实现无民转刑、无因民间纠纷调处不当出现非正常死亡、无群体性械斗、无群体性上访“四无”“三不出”的目标。

【安置帮教、社区矫正】 年内，在社区矫正方面，积极调动各乡镇司法所参与到开展社区矫正工作中，投入资金 5 万余元，新增设立县级集中报到室、集中教育室和 2 个乡镇级宣告室，做到制度统一上墙、办公标识统一、设施统一。强化规范执法证据，完成社区矫正场所视频监控系统建设，实现和自治区、市司法厅社区矫正指挥中心无缝衔接。组成检查组，开展全县社区矫正安置帮教检查活动，开展自查自纠活动，确保各项工作正常进行。2021 年，对社区矫正对象进行集中教育 24 次，公益劳动 12 次，排查走访 80 次；社区矫正对象进行每周一见面、每周一汇报制度，同时利用现代化信息“手机定位”，掌握社区矫正对象的行踪动态。根据新出台的《中华人民共和国社区矫正法》要求，对全县所有社区矫正对象的电子定位手环进行拆除，实行手机定位。

年内，进一步加强对刑释解矫人员安置帮教对象的就业帮扶，积极与人社部门协调，结合精准扶贫等工作方式，不断拓宽安置渠道。在重要时段对全县刑满释放、解除矫正人员进行 3 次摸底调查工作，全面了解他们的基本情况。同时建立和完善各乡（镇）信息报送制度、信息通报制度、督导检查制度等各项工作制度，健全特殊人员的档案。年内，全县新增刑满释放、解除矫正人员 24 人，解除帮教 16 人；2021 年，“三大节日”来临前同县民政局慰问贫困刑满释放人员 30 人，每人以 800 元标准，共计发放 2.4 万元的生活用品。

【教育整顿活动】 年内，林周县结合党史学习教育、政法队伍教育整顿工作的开展，及时成立司法行政队伍教育整顿领导小组，制定下发《林周县司法行政队伍教育整顿工作实施方案》，扎实有效

2021年7月1日，林周县司法局组织全体党员开展“喜迎中国共产党建党100周年”活动暨7月“主题党日+”活动

开展教育整顿工作。参加县委书记“一把手”讲党课等专题授课3次,林周县司法局“一把手”讲党课2次;参加县教育整顿集中学习16次;组织召开单位内教育整顿集中学习15次;按时保质地完成规定内容的学习。开展反分裂斗争形势专题教育1次、开展发声亮剑揭批活动1次。观看《建党伟业》《建军大业》《张保国先进事迹报告会》《全面从严治党在西藏》《代价》等警示教育片5次,共撰写心得体会49篇。

开展“为群众办实事”工作,教育整顿期间,共调解人民内部矛盾纠纷39起,办理法律援助案件50起;深入江热夏乡江夏村调研基层难题,共收集7起涉及劳务、合同纠纷,已引导当事人走上诉讼渠道;深入“三岩”片区新成立的康姆桑村进行调研,为他们购买1台电脑、打印机等办公用品,由县司法局提供经费为他们打造了一间标准化的人民调解室。扎实开展“六大顽瘴痼疾专项整治”工作,司法局自查违反“三个规定”的问题线索4条,并处理完毕。下一步,全县司法行政系统将持续贯彻落实中央和自治区、拉萨市关于政法队伍教育整顿各项部署安排,切实把教育整顿成效转化为做好各项工作的强大合力。

【法律援助服务】 年内,林周县司法局进一步降低法律援助门槛,扩大法律援助范围。林周县一直保持着“能援则援、应援尽援”的原则,确保困难群众依法获得符合标准的法律服务,最大限度地维护弱势群体的合法权益。继续加大法律援助工作力度,扩大社会覆盖面,在完善法律援助中心自身建设的基础上,不断提高法律援助工作者的能力,不断提高服务质量和水平,为弱势群体依法维权提供强有力保障。年内,林周县“1+1”法律援助律师李全共办理法律援助案件197件,其中民事案件187件,刑事案件10件。

坚持“有问必答、有纠必解,有诉必帮、有困必助”的服务承诺,落实习近平总书记“决不允许让普通群众打不起官司”承诺。要继续坚持法律援助进乡村、进校园、进园区、进企业等活动,要继续坚持案件跟踪回访制度和案件评审制度,要坚决杜绝以援助之名行有偿代理之实,一经发现严惩不贷。同时,为有效提高为群众办实事做好事的能力和水平,在县委、县政府的大力支持下,县司法局积极跟市局沟通协调,7月,在林周县设立拉萨市立恒公证处林周县咨询受理点。年内,开展各类公证事项8件,有效地缓解全县群众的法律服务需求,填补全县公证事业的空白。

【司法所建设】 年内,林周县司法局累计投入66万余元打造司法所,其中向春堆司法所投资30万元、向边交林司法所投资20万元、向旁多司法所投资6万元、向唐古司法所投资10万元。同时又投资17万元对强嘎乡政府一闲置办公楼进行装修,装修后作为司法所业务办公房。为各司法所配备办公桌椅、办公设备、制度版面等,强化司法所基础建设,优化基层办公环境。2021年,春堆司法所已受到区司法厅、市司法局和县委、县政府、县委政法委等主要领导的高度赞许。

【办公室工作】 年内,林周县司法局办公室根据上级机关的任务要求和自身实际,不断完善工作机制,取得明显的成效。不断充实、完善办公室工作制度,做到以制度管人、以制度办事,努力培养司法干警遵章守纪的自觉性,制定办公室各项规章制度(请销假、红头发放登记表、公章使用登记表、车辆管理登记表、来电去电登记表、值班登记表等),进一步提高司法干警的工作作风和服务态度。建立和完善岗位责任制、AB角制度,进一步明确工作任务的各项分工,细化工作责任,切实提高办公室的工作质量和办事效率。年内,编写报送简报信息81期。

(次仁罗布)

【机构领导】

局长、四级调研员

赵跃民

副局长、二级主任科员

贺姗姗(女)

副局长

索朗次仁(藏族)

经济管理

发展和改革

【概况】 林周县发展和改革委员会（简称县发改委）是县人民政府工作部门，为正科级，加挂县粮食和物资储备局牌子，行政编制5名，其中科级领导职数3名，事业编制6名。实际有干部职工12人，党员13名（粮油公司2人），正科级2人（含援藏干部1人），副科级1人，四级主任科员2人。

2021年全县地区生产总值完成19.68亿元，同比增长6.5%；一般公共预算收入完成38856万元，同比增长51.4%；规模以上工业增加值9462万元，同比增长14.7%；社会消费品零售总额完成38955.2万元；农村居民人均可支配收入达到188667元，同比增长15.8%。

2021年11月15日，拉萨市委组织部二级调研员李艳红（左二）、拉萨市国资委副主任杨成彬（左四）一行到林周县调研粮食和应急物资储备工作

【党建工作】 年内，持续深化“不忘初心、牢记使命”主题教育成果，深入开展“喜迎建党百周年、西藏和平解放70周年”党史学习教育。先后开展集中学习13次，专题研讨1次，参观红色教育基地4次，警示教育1次，参加知识测评3次，撰写心得体会26篇。为深入落实“为民办实事”工作，县发改委开展“为民办实事”项目1个，筹集援藏资金1087.4万元，为边交林乡卡优村军巴组提升改造四级水泥路面5.352千米，并协调解决林周县县城污水处理及收集系统建设项目民工工资122.624万元，有效深化党史学习教育效果。工作中认真履行“一岗双责”工作机制，坚持民主集中制，召开领导班子会议12次，研究“三重一大”事项30项。

【项目管理】 年内，围绕全县项目建设需要，及时更新完善《林周县政府投资建设项目前期工作经费管理办法》《林周县项目调度管理办法》《林周县项目管理工作手册》，强化项目前期工作资金保障，规范全县项目建设工作，形成有效的项目前期进度跟踪制度。截至年底，共开复工项目66个，开工率达86.85%，投资500万元以上项目61个，占总开复工项目

2021年4月9日，林周县发改委党支部结合党史学习教育，开展“铭记历史、心怀感恩”主题党日活动，组织全体党员干部参观西藏百万农奴解放纪念馆

的92.43%。年内，完成固定资产投资5.2亿元。

【受援工作】 年内，苏州援藏工作组聚焦群众急难愁盼问题和林周县高质量发展需要，实施援藏项目11个，总投资约1.72亿元，年度完成投资7884万元，涉及特色产业发展、人居环境改善、教育医疗提升等领域。通过多方协调，累计捐赠资金1039万元，物品总价值约265万元；组织18批次苏州代表团到访林周指导工作；10批、175人次干部到苏州学习培训；开展“鹤舞江南”苏州林周交流合作周等交流合作活动4次；为2名先心病儿童、10例白内障患者实施公益手术。苏林两地交往交流成果分别获得江苏省委省政府、西藏自治区委、区政府等各级党委政府的高度评价和群众的广泛认可，人民日报、学习强国等主流媒体与地方媒体累计报道20余篇。

【粮食和物资工作】 年内，完成边交林乡和阿朗乡应急救灾物资储备库建设，对原有共4个救灾物资仓库（分别位于县民政局、春堆乡、旁多乡、唐古乡）的屋面防水进行维修改造，开展对4个物资库内外墙面粉刷和物资保养工作；保质保量完成自治区级大米300吨，面粉50吨，青稞增储至1000吨的储备任务。2021年新增县级储备粮油372吨，其中大米72吨、面粉72吨、食用油12吨、青稞216吨，其中结合2021年秋粮收购工作，林周县共收购青稞225.65吨，兑现收购资金91.81408万元，向63户群众支付青稞价补分离补助资金44932.8元。

在各重大节日前，县发改委做好资保供稳价和粮食安全工作。多次深入菜市场、超市等消费场所对粮油、蔬菜、肉类供应量，价格涨幅、进货渠道、生产日期进行全面的检查。截至年底，共开展粮食和物资安全生产等各类检查8次，报送12条粮食工作信息，2份调研报告；根据《拉萨市委涉粮问题专项巡察九组关于专项巡察林周县的反馈意见》，县发改委牵头制定整改工作方案，并推进整改工作。截至年底，林周县涉粮领域存在6个方面15类问题中，13类问题已整改完成，2类问题整改中。

（祁君华）

【机构领导】

主　任

乔彤杰

副主任

王　俊

拥　措（女，藏族）

财政

【概况】 2021年，林周县财政局共有行政编制数5名，事业编制数8名（其中局长1名，副局长1名），党员8名。局下设会计核算大厅、国资委（采购办同国资委一个办公室）及综合办公室3个办公室。2021年，财政部门坚持稳中求进工作总基调，立足新发展阶段，全面贯彻新发展理念，着力推动高质量发展，持续巩固经济社会发展成果，扎实做好“六稳”工作、全面落实“六保”任务，立足当前、着眼长远，为全面建成小康社会和“十四五”规划目标任务，提供坚实的财政保障。

【一般公共预算完成情况】 年内，全县一般公共预算本级收入38856.29万元，为年初预算的

155.43%，同比增长51.42%。其中税收收入34842.82万元，较2020增长55.06%；非税收入4013.47万元，较2020年增长25.81%。比预算数25000万元超收13,856.29万元，按照《中华人民共和国预算法》规定，超收收入全部补充预算稳定调节基金；转移性收入为190363.48万元，较年初预算增加66050.86万元，同比增长32.03%；动用预算稳定调节基金3000万元，与年初预算一致；国有资本经营预算收入调入一般公共预算1万元，较年初预算数减少65万元；全县一般公共预算总财力为232220.77万元，比年初预算增加79842.15万元，同比增长30.57%。2021年度一般公共预算总支出为162418.94万元，同比下降6.34%；上解支出390.61万元。

2021年，全县一般公共预算收支相抵后，结余70120.34万元，其中56330.09万元安排本级预算稳定调节基金，13790.25万元列为本年结转资金。截至年底，全县预算稳定调节基金余额61168.42万元。

【政府性基金预算完成情况】 年内，政府性基金财力合计为5739.1万元，为年初预算的239.62%，同比增长26.11%。其中国有土地使用权出让收入3913.58万元，上级补助政府性基金收入1825.52万元，政府性基金预算支出为2035.51万元，同比下降123.58%。

2021年，全县政府性基金预算收支相抵后，结余3703.59万元，列为2021年结转资金。

【国有资本经营预算完成情况】 年内，全县国有资本经营预算收入为3万元，比年初预算数减少216万元。国有资本经营预算支出为3万元，其中本级国有资本经营预算支出2万元，用于林周县净土产业投资开发有限公司注资；调入一般公共预算1万元。

【支持产业谋发展】 年内，全面落实各项减税降费和惠企利民政策，立足县域实际，挖掘发挥特色资源的优势，积极有效地推进招商引资工作，坚持不懈支持园区企业发展，为县域经济的发展凝聚新动力，2021年统筹财力22014.38万元用于产业园区发展。

2021年5月21日，西藏自治区财政厅国库处一行到林周县财政局检查指导工作

【坚守底线防风险】 年内，实行政府债务常态化监测，确保风险可控。严格按照隐性债务化解方案，通过申请再融资债券6807万元，化解存量隐性债务。强化财政运行分析和监测，密切关注财政收支运行状况、库款保障水平，切实兜牢“三保”底线。

【突出重点保民生】 年内，大力实施乡村振兴战略，统筹13392.25万元用于涉农资金整合使用，巩固脱贫成果，做好脱贫攻坚与乡村振兴有效衔接；安排9258万元用于美丽乡村·幸福家园建设；安排460万元用于村级组织工作开展。

着力把控粮食安全风险，安排12033.26万元用于高标准农田建设，落实习近平总书记“藏粮于地、藏粮于技”的粮食安全战略部署，提高粮食稳产高产；安排9866.58万元，用于中小河流治理、水库维修养护等项目，保障粮食生产安全；安排2182.74万元用于农业保险保费和能繁母猪保险，有效保障农副产品稳增稳产；安排392.67万元用于粮食储备及种粮农民补贴，确保粮食储备安全，有效调节粮食供求平衡、稳定市场价格。

2021年3月11日，林周县财政局、税务局联合开展三月份主题党日活动暨党史知识竞赛活动

持续推进污染防治攻坚，投入1662万元开展重点生态功能区环境建设，坚持“绿水青山就是金山银山”理念。

继续推动教育事业发展，安排36576.04万元用于教育事业发展、基础设施完善和高校大学生资助等，促进教育事业蓬勃发展。

全面保障医疗卫生事业，安排4406.95万元用于疫情防控支出及推进医疗制度改革，有力提升基层医疗卫生服务机构的服务能力和基本公共卫生服务均等化。

落实财政资金直达工作，安排26442.92万元中央直达资金用于困难群众救助、“三保”支出、草原生态修复治理等方面，切实发挥直达资金效益。

加大国有企业资本注入，安排1500万元注册资金投入林周县净土产业投资开发有限公司，保障国有企业提质升级。

【摸清资产底数】 聘请第三方机构对48家预算单位、10个乡镇（含小学、派出所、卫生院）开展固定资产清查工作，推进国有资产合理配置和有效使用，提高国有资产的使用效益。

【强化统筹提绩效】 年内，强化预算约束，落实预算执行按月通报制度，督促预算单位加快预算执行。全面实施绩效管理，健全“花钱必问效、无效必问责”的绩效管理机制，2021年聘请第三方事务所对全县4个重点项目及2022年预算项目进行绩效评价，逐步建立将绩效评价结果作为预算安排的重要依据。

【深化改革建标准】 年内，全面推行预算管理一体化改革，提高预算管理规范化、标准化和自动化水平，作为全区试点县，首先上线实施预算管理一体化系统。年内，完成林周县的预算编制、执行、核算等全流程业务。

年内，根据县人大及其常委会关于预算、预算调整和决算的审查意见，将政府预决算、部门预决算及“三公”经费预决算通过政府门户网站向社会公开，全面接受社会监督。

年内，通过政府购买服务的方式，引入第三方机构参与评审，对项目评估变更严格进行现场工程测量。全年共组织评审项目17个，总投资6789.65万元，审减资金275.7万元，审减率4.06%。按照简化程序与强化监管并重的原则，政府采购效率、规模不断提高，全年共审批完成采购项目88个，预算资金11628.24万元，节约资金306.43万元，节约率2.64%。

【优化顶层促转型】 年内，按照区市县关于深化国有企业改革工作部署，结合林周县实际情况，制定出台《林周县深化国资国企改革三年行动方案（2021—2023年）》，从顶层设计推动林周县国有企业改革，提升企业盈利能力，助推县域经济高质量发展。

【制度建设】 年内，坚持以制度建设为抓手，不断提升财政工作水平。制定印发《林周县政府采购暂行管理办法》《林周县政府采购履约验收管理办法》《林周县公务卡管理暂行办法》《林周县深化国资国企改革三年行动方案（2021—2023年）》等管理办法。

【党建工作】 年内，坚持围绕中心抓党建、抓好党建促业务，坚持党建工作和业务工作目标同向、部署同步、工作同力，认真落实党建工作计划，以高质量党建引领财政发展。将党史学习教育活动与党建、党风廉政建设工作相结合，依托“三会一课”“主题党日+”活动，组织全局党员集中学习22次，召开支部委员会10次，支部党员大会8次，书记讲党课3次，主题党日活动12次，按要求开展组织生活会3次。

（方胜红）

【机构领导】

局　长
　　张　昆
副局长
　　王　琪（女，蒙古族）

审计

【概况】2017年5月，根据《关于西藏自治区市县机构改革的总体意见》和《林周县机构改革方案》，林周县审计局正式成立。按照“林周县审计局职能配置和人员编制规定”，林周县审计局行政编制3名，科级领导职数2名。

【工作职能】负责全县审计工作。负责对全县财政收支和法律法规规定属于审计监督范围的财务收支的真实、合法和效益进行审计监督，对公共资金、国有资产、国有资源和领导干部履行经济责任情况实行审计全覆盖，对领导干部实行自然资源资产离任审计，对国家、自治区、拉萨市和林周县有关重大财政措施贯彻落实情况进行跟踪审计。对审计、专项审计调查和核查社会审计机构相关审计报告的结果承担责任，并督促被审计单位整改审计查出的问题。负责制定并组织实施全县审计工作发展规划和工作计划。对直接审计、调查和核查的事项依法进行审计评价，作出审计决定或提出审计建议。负责向县委审计委员会和市审计局提出年度县本级预算执行和其他财政收支情况的审计报告。向县长提出年度县本级预算执行和其他财政收支情况的审计结果报告。受县人民政府委托向县人大常务委员会提出县本级预算执行和其他财政收支情况的审计工作报告、审计查出问题整改情况报告。向县委、县政府报告对其他事项的审计和专项审计调查情况及结果；依法向社会公布审计结果。向县有关部门和乡（镇）通报审计情况和审计结果。负责直接审计下列事项，出具审计报告，在法定职权范围内作出审计决定，包括国家、自治区、拉萨市和林周县有关重大决策部署贯彻落实情况；县本级、各部门（含所属单位）预算执行情况、决算草案和其他财政收支，财政转移支付资金；使用县财政资金的事业单位和社会团体的财务收支；县投资和以县投资为主的建设项目的预算执行情况和决算，县重大公共工程项目的资金管理使用和建设运营情况；自然资源管理、污染防治和生态保护与修复情况；县国有企业及国有资本占控股地位或者主导地位的企业和金融机构的资产、负债、损益以及财务收支；有关社会保障基金、社会捐赠资金及其他有关基金、资金的财务收支；法律法规规定的其他事项。负责按规定对县管主要领导干部及其他单位主要负责人实施经济责任审计和自然资源资产离任审计。负责组织实施对国家财经法律、法规、规章、政策和宏观调控措施执行情况、财政预算管理或国有资产管理使用等与国家、自治区、拉

2021年9月10日，县委书记、县委审计委员会主任高军（中）主持召开林周县委审计委员会第二次全体会议

萨市和县财政收支有关的特定事项进行专项审计调查。负责重大项目稽查。负责依法检查审计决定执行情况，督促整改审计查出的问题，依法办理被审计单位对审计决定提请行政复议、行政诉讼或县政府裁决的有关事项。协助配合有关部门查处相关重大案件。负责指导和监督内部审计工作，核查社会审计机构对依法属于审计监督对象的单位出具的相关审计报告。负责承办上级审计部门组织的审计事项。负责承办县委、县政府交办的其他任务。

2021年10月21日，林周县审计局局长雷伟国（左三）勘察林周县2021年公共租赁住房建设项目施工现场

【党风廉政建设】 年内，林周县审计局党支部带领干部职工深入学习习近平新时代中国特色社会主义思想，学习中共十九大、中共十九届历次全会精神，学习中央、区、市审计委员会会议精神，学习习近平总书记关于审计工作的重要讲话精神，学习全国及自治区、市审计工作会议等一系列重要会议精神，认真学习第七次西藏工作座谈会精神及习近平总书记在西藏考察时的重要讲话精神。坚持密切联系实际，坚持问题导向，把学习教育、调查研究、检视问题、整改落实贯通起来，引导全局干部牢固树立“四个意识”、坚定“四个自信”、做到“两个维护”，胸怀“两个大局”、心系“国之大者”，旗帜鲜明反对分裂，淡化宗教消极影响，激发干事热情和进取精神。

【召开县审计委员会会议】 9月10日，林周县委审计委员会领导小组办公室组织县委审计委员会领导小组成员召开全县第二次审计委员会会议，会议传达学习习近平总书记关于审计工作重要讲话精神、中央审计委员会有关文件精神，书面传达学习《侯凯同志在中央审计委员会第4次会议精神传达学习会上的讲话》、自治区党委审计委员会第5次会议和拉萨市委审计委员会第4次会议精神。会议听取林周县审计工作有关情况汇报，并对下一阶段审计工作进行研究部署。

【经济责任审计】 年内，按照县委、县政府安排部署，结合审计工作职责职能，对县发展和改革委员会、县净土公司等2家单位2名领导干部和国有企业领导人员进行经济责任审计。重点审查重大改革任务推进、重大决策执行和重点项目进展情况，领导干部贯彻落实中共十九大重大决策部署任务落实情况，领导干部个人遵守廉政规定情况等。

【固定资产投资审计】 年内，林周县审计局准确把握新职责使命，认真落实“三个加大”“四个促进”要求，将审计工作融入全县经济社会发展稳定大局，聚焦服务全县经济高质量发展、推动全面深化改革、促进保障改善民生、规范权力运行、推进反腐倡廉，以推动治理体系和治理能力现代化为目标，依法全面履职尽责。

截至年底，已开展51个项目审计工作，其中，竣工决算审计项目28个，全过程跟踪审计项目23个。已出具审计报告36份；涉及审计单位及部门12个，审计总金额34531.07万元，为政府节约资金1160.02万元，追回资金63.25万元；提出审计建议80条，均被审计单位采纳。

【内部建设】 年内，林周县审计局党支部积极开展每周学习活动及每月“主题党日+”活动。在外出审计期间，审计人员依然积极参加支部各项活动，将理论学习与审计工作相结合,注重理论联系实际,转化学习成果。县审计局把提高审计人员业务水平作为日常工作重点,将业务学习纳入每周学习,提高业务水平,保证审计质量。建立健全各项规章制度,完善审计项目管理办法,加强审计机关内部建设,严格按照规章制度完成审计任务,确保审计工作质量稳步提高,促进依法审计,防范审计风险。

(旦增卓玛)

【机构领导】

局　长

雷伟国

统计

【概况】 林周县统计局于2015年6月由原林周县发展和改革委员会管理的统计局(副科级)调整为县政府工作部门(正科级),并加挂社会经济调查队牌子。共有编制6人,行政编制3人、事业编制3人。有干部职工5人,其中党员3人。

【基本职能】 贯彻执行统计法律、法规、规章、基本统计制度和统计标准,组织协调全县统计工作,确保统计数据真实、准确、及时。拟订统计现代化建设规划并组织实施;指导全县统计工作;建立健全全县国民经济核算体系和统计指标体系;建立和完善全县经济、社会、科技统计调查制度;监督管理各乡镇、各部门统计和国民经济核算工作。

组织实施全县人口普查、经济普查、农业普查等国情国力普查和大型专项调查,汇总、整理和提供有关统计数据。组织实施农林牧渔业、工业、建筑业、批发和零售业、住宿和餐饮业、房地产业、租赁和商务服务业、居民服务和其他服务业、能源、投资、科技、人口、劳动力、环境基本状况、文化体育和娱乐业以及装卸搬运和其他运输服务业、仓储业、计算机服务业、软件业、科技交流和文化推广服务业、社会福利业等统计调查,收集、汇总、整理和提供有关调查的统计数据,综合整理和提供旅游、交通运输、资源、房屋、邮政、教育、卫生、社会保障、公用事业等全县性基本统计数据。

组织各乡镇、各部门进行经济、社会、科技和资源环境统计调查;统一核定、管理、公布全县性基本统计资料,定期发布全县国民经济和社会发展情况的统计信息;组织实施区域经济和社会发展情况的统计监测评价考核。对国民经济、社会发展、科技进步和资源环境等情况进行统计分析、统计预测和统计监督;建立并不断完善宏观经济监测系统;向县委、县政府及有关部门提供统计信息和咨询建议。建立并管理全县统计信息自动化系统和统计数据库系统,指导各乡镇、各部门统计信息化系统建设。为政府宏观经济管理和决策提供第一手资料,为制定国民经济和社会发展规划提供科学准确的统计信息支持。

【经济指标监测】 年内,完成地区生产总值19.68亿元,同比增长6.5%(其中第一产业3.63亿元、第二产业6.45亿元、第三产业9.6亿元);完成公共财政预算收入3.88亿元,同比增长50.9%;全社会固定资产投资同比下降54.9%;完成社会消费品零售总额3.9亿元,同比增长6.2%;农牧民人均可支配收入达到18667

2021年5月25—27日,林周县统计局组织工作人员到全县九乡一镇开展统计督查

元,同比增长15.8%;规模以上工业增加值完成9462万元,同比增长14.7%。三次产业构成比例为18∶33∶49,经济结构进一步优化,经济发展综合水平、增长质量和效益稳步提升,城乡基础设施日益完善,社会事业全面发展,人民群众生活水平得到进一步提高。

2021年11月19日,林周县统计局党支部和松盘乡白定村党总支一行到西藏百万农奴解放纪念馆参观学习

【常规统计和专项调查】 年内,全面完成林周县第七次人口普查数据资料开发工作;贯彻落实地区生产总值核算制度,全面收集各行业统计数据;开展农牧业统计工作,针对农牧业统计工作中存在的问题,组织乡镇统计员进行专业报表培训,开展各类培训8次,着力解决基层统计工作存在的问题;全面开展固定资产投资、工业、建筑业企业监测工作,对各规模以上企业开展入户指导、普法进门工作,督导企业台账和数据质量;全面开展服务业、贸易等企业监测工作,实时把握企业动态,及时将符合条件的企业入库监测;积极开展"四下"企业监测工作,对全县"四下"企业进行全面摸底调查,对在生产的规模以下工业、建筑业、服务业企业经营情况数据做到及时上报,做好企业的轮换和监测,对全县消费市场的总体运营情况的全面细致了解;做好农村居民可支配收入的统计监测工作;为制订国民经济和社会发展计划和各项政策提供重要依据。

全面完成人口变动抽样调查,准确、及时掌握人口变动情况,按时开展劳动力抽样调查监测工作,及时完成国家的劳动力抽样调查制度调查工作;进一步加强基层基础建设,做好农村基础工作调研完善农业基础统计工作的各项工作细则,因地制宜,制订出符合实际的培训计划,简化报表,将报表进行藏汉翻译。

【提升服务水平】 年内,林周县统计局加大数据发布和统计资料编辑工作,完成《林周县第七次全国人口普查主要数据公报》《林周县2020年国民经济和社会发展统计公报》《林周县统计年鉴2021》《统计月报》等工具用书编写,服务社会功能进一步提升。

【法治建设】 年内,全面贯彻落实中央《关于深化统计管理体制改革提高数据真实性的意见》《统计违法责任人处分处理建议办法》《防范和惩治统计造假弄虚作假工作规定》以及国家统计局关于《防范和惩治统计造假弄虚作假督查工作规定实施办法》《西藏自治区关于深化统计管理体制改革提高数据真实性实施意见》,严格执行《领导干部违规干预统计工作记录制度》和《关于统计机构负责人和统计人员防范和惩治统计造假弄虚作假责任制规定》等文件精神,压实统计法治责任。

邀请自治区统计局执法监督处副处长张海燕作进理论学习中心小组第九次集中学习,围绕《中华人民共和国统计法》《关于深化统计管理体制改革提高数据真实性的意见》《统计违纪违法责任人处分处理建议办法》《防范和惩治统计造假、弄虚作假督察工作规定实施办法》等内容进行深入细致的讲解,统计法治建设得到进一步加强。

【党建教育】 年内,支部组织学习24场次,召开党员大会7次、书记讲党课5次,参观西藏百万农奴解放纪念馆1次,参观拉萨市生活垃圾分类宣教中心1次,参观林周县党员党性教育基地1次，通过学习和观看先进事迹，教育引导党员干部增强“四个意识”、坚定“四个自信”、做到“两个维护”，在思想上政治上行动上同以习近平同志为核心的党中央保持高度一致。

（侯俊芬）

【机构领导】

局 长

侯俊芬（女）

副局长

陈 建

自然资源管理

【概况】 2021年，林周县自然资源局有工作人员8人，其中正科级1人、副科级2人、科级1人、事业人员4人。根据第三次国土调查数据，全县湿地6581.06公顷、耕地18332.68公顷、林地106607.24公顷、草地291290.6公顷、城镇村及工矿用地1574.83公顷、交通运输用地1313.26公顷、水域及水利设施用地6835.51公顷、其他土地13853.33公顷。

【土地管理】 年内，认真贯彻关于实行最严格的土地管理制度和“十分珍惜、合理利用土地和切实保护耕地”的基本国策，加强国土空间规划和年度计划管理，实行土地用途管制制度，确保不踩耕地保护这一“红线、底线、高压线”。全县下达耕地计划指标为22.06万亩，基本农田19.04万亩；根据第三次全国国土调查数据，全县耕地保有量29.73万亩，基本农田19.039万亩。

年内，在明确耕保责任制目标任务的基础上，落实耕地责任制工作的动态巡查、监督检查、考评考核工作，促进耕地保护共同责任的落实。完成永久基本农田标志牌、界碑、界桩的设置工作。进一步明确基本农田保护区域和保护职责，有力增强广大人民群众的保护耕地意识。坚持节约优先、保护优先，严格依法依规管地用地，坚决落实最严格的节约用地制度。

年内，按照《关于加强林周县土地管理提高土地利用率的通知》，通过大力开展城乡建设用地增减挂钩等方式，提高存量建设用地的利用效率和水平。截至年底，办理建设项目用地预审与选址意见书129件、建设项目用地规划许可证11件、建设项目工程规划许可证16件、乡村规划许可证36件。

【“两违”整治】 年内，在全县深入开展土地非法买卖和违法建设专项整治摸排工作，拟定《林周县关于治理违法用地和违法建设行为的实施方案》，成立林周县土地非法买卖和违法建设专项整治领导小组，安排一名工作人员全职在县“两违”办工作。积极宣传报道《拉萨市关于工程建设领域严禁未批先建违法行为的通知》。及时将通知转发至各县直单位、各乡（镇）人民政府，并严格要求其认真组织干部职工及辖区群众学习，严格落实。邀请西藏蜀藏铭律师事务所律师开展林周县整治“两违”行为法律宣讲。以藏语汉语的形式，用通俗易懂的方式进行宣讲，让更多的干部群众了解相关政策，动员县乡村三级巡查机制人员及干部力量在全县范围内开展宣传工作。

年内，县域内共悬挂横幅47条、张贴宣传海报930余份、发放宣传单560余份。通过多渠道对群众进行广泛宣传，基本做到家

2021年4月12日，拉萨市自然资源局确权登记科一行到林周县检查易地搬迁安置点确权发证工作

喻户晓、人人皆知的要求，确保对新增土地非法买卖和违法建设行为“露头就打、动土就拆”，实行“零容忍”，确保“零增长”。

【城乡建设用地增减挂钩工作】 2019年度城乡建设用地增减挂钩项目已基本实施完成，已申请自治区、市两级验收，按照反馈意见进行整改2020年城乡建设用地增减挂钩项目已立项，完成招标工作，确定3个标段施工单位，2021年9月已入场施工。

2021年2月24日，林周县自然资源局工作人员对辖区非煤矿山企业进行矿山生态恢复工作及各级环境保护督察组反馈问题整改情况检查

【不动产登记】 年内，受理不动产登记956次，发放不动产登记证书890本，搬迁户群众749本，一般群众137本，不动产登记证明7张。同时按照利民惠民便民及一窗办理原则，稳步推进不动产登记互联网+政务服务工作，安排专人在政务服务大厅上班，积极参加放管服工作各项培训。同时再次梳理局行政审批事项清单、政务服务事项清单、行政执法清单，做到底数清，情况明。

林周县易地扶贫搬迁安置点建设项目共有边交林乡安置点、甘旦曲果镇安置点、松盘乡安置点、强嘎乡安置点、江热夏乡安置点、唐古乡安置点、卡孜乡安置点一期、卡孜乡安置点二期和“三岩”片区精准扶贫搬迁点9个安置点。根据县乡村振兴局提供数据，搬迁人数2901人，安置住房套数580套。经林周县自然资源局实地核查，共有房屋749套，2021年4月前实际搬迁入住户数527套，2021年5月“三岩”片区搬迁至林周县49户，搬迁人员入住共计576套。现已制证确权至搬迁群众名下房屋576套，空余搬迁安置住房173套已登记至林周县住房和城乡建设局名下。确权至搬迁群众名下房屋证书已由安置点所在乡镇领取、统一发放。确权至林周县住房和城乡建设局名下房屋由林周县住建局领取、保存。

【中央生态环境保护督察整改】 年内，开展夕瑞德矿山地质环境与土地复垦工作，正在开展农行抵押物压占区域的生态恢复治理工作，拆除已全部完成，草种、树苗已播种、栽植，通过市县两级验收，并开展审计工作；林周县甘旦曲果镇久荣村一处生态治理点恢复治理工作，已完成立项、实施方案编制工作，已取得县发改委概算批复完成开展招标工作，2021年9月开始施工。

【村庄规划编制及国土空间规划编制】 年内，结合“美丽乡村·幸福家园”建设，开展35个行政村的村庄规划编制工作。已完成35个村庄规划初步成果，完成初步成果座谈会，准备开展专家审查会。计划2021年底前全部完成报批工作，为“美丽乡村·幸福家园”整村推进工作提供规划依据。在“双评价”基础上优化国土空间开发保护格局，完善区域主体功能定位，划定三条控制线，实施国土空间生态修复和国土综合整治重大工程提供基础性依据，促进形成以生态优先、绿色发展为导向的高质量发展新路子，按照自治区市时间节点要求，因拉萨市总体规划还未下达，林周县将按照要求完成规划编制，为县域国土空间开发保护提供规划依据；结合国土空间规划城镇开发边界划定，以建设独具雪域高原魅力的西藏农牧结合示范县、拉萨城市后花园为目标愿景，规划高原生态康养宜居城市。

【地质灾害隐患点治理方案编制工作】 年内，编制10处紧迫地质灾害隐患点治理实施方案，已通过政府采购形式确定编制单位，实施方案已编制完成，开展评审工作。投入资金25万元委托第三方技术服务公司开展2021年林周县地质灾害年度三查（汛前排查、汛中巡查、汛后核查）工作。编制《林周县2021年地质灾害防治方案》。已完成汛前、汛中、汛后排查并编制汛前排查报告，报告已通过拉萨市自然资源局组织专家评审，并编制汛后报告。

【矿山巡检】 年内，加强部门联系协调，强化联合执法力度，加强安全生产检查工作，严厉打击非法开采行为。同时利用专业队伍对县域内矿山进行常态化巡检。2021年常态化巡检30余次，进一步加强全县矿产资源勘查、开发的有效监督管理、促进矿产资源勘查开发与生态环境和安全生产协调发展，提升矿山监管能力。

【矿产资源调查】 年内，林周县自然资源局开展全县非金属矿摸底调查工作，通过政府采购的形式确定服务单位，完成摸底调查工作，并编制报告。因"十三五"矿产资源规划已到期，已委托第三方编制单位编制林周县"十四五"矿产资源规划，并完成调研工作，编制报告。

【2017年土地例行督察整改情况】 土地整治项目问题。按照《拉萨市落实〈西藏自治区2017年土地例行督察发现问题整改方案〉任务分解表》中的整改措施，曲水、林周、达孜区对土地开发整治项目进行全面核查，对存在耕地质量不高、开发后利用率较低等情况的，要及时进行整改，投入资金对耕地质量进行提升，禁止新建项目占用新开发土地。针对开发后利用率较低情况，经核实林周县2014年卡孜乡、强嘎乡土地开发项目耕地现由卡孜乡、县净土公司种植，其中卡孜乡当地群众种植12268.89亩，净土公司种植7819.36亩，主要用于种植燕麦草、舌尖豌豆、青饲玉米、小麦和青稞；林周县松盘乡、强嘎乡、甘旦曲果镇2015年度9000亩土地开发项目，该项目建设地总分为3个地块，分别为松盘乡松盘村地块4842.87亩，土地流转由企业种植；强嘎乡连布村地块1510.33亩，由强嘎乡政府种植；甘旦曲果镇久荣村地块3201.94亩，由县净土公司种植。6月21日，副县长张刚强带队会同县自然资源局、县农业农村局、县城投和县净土公司对四个土地开发整治项目进行全面现场核查。对存在耕地质量不高、开发后利用率较低等情况的，提出整改意见并及时进行整改，投入资金对耕地质量进行提升，禁止新建项目占用新开发土地。其中，林周县2014年卡孜乡强嘎乡2万亩土地开发项目，经现场核查该项目耕地质量良好，耕地内种植作物长势较好，田间道路、农田林网完整，无弃耕撂荒或者在耕地内建设的行为；林周县松盘乡、强嘎乡、甘旦曲果镇2015年度9000亩土地开发项目，经现场核查该项目耕地质量良好，耕地内种植作物长势较好，田间道路、农田林网完整，无弃耕撂荒或者在耕地内建设的行为，局部沟渠有损坏现象；旁多水利枢纽工程建设项目用地补充耕地项目，经现场核查该项目耕地质量良好，田间道路完整，耕地内种植作物长势较

2021年8月16日，林周县自然资源局干部职工开展卫生清扫活动

好，未发现耕地内建设的行为；林周县卡孜乡自行补充耕地项目，经现场核查该项目耕地质量良好，耕地内种植作物长势较好，无弃耕撂荒或者在耕地内建设的行为。

精准扶贫易地搬迁项目。为保证精准扶贫项目合法合规，林周县积极与自治区、市两级林草、生态环境部门协调沟通，并已将雅江中游黑颈鹤国家级保护区调整方案上报至原林业部、生态环境部，经原林业部、生态环境部审查并原则同意，已转报至国务院办公厅审批通过。林周县于2020年9月将精准扶贫项目组件村镇第一批次建设用地，报批材料通过西藏自治区自然资源厅审核，并交纳新增建设使用费。

【审计整改】 林周县违法用地清理台账（2012—2015年）中存在的问题进行梳理，2012—2015年违法用地审计问题达到整改时限但尚未完成的项目69项，因未缴纳新增建设用地土地有偿使用费，未取得建设用地批复文件。申请解决新增建设用地有偿使用费共计837.85万元，缴纳至西藏自治区自然资源厅，取得建设用地批复文件。

（赵 帅）

【机构领导】

局 长

旦真次仁（藏族）

副局长

孙建岐

经济和信息化

【概况】 2021年，林周县经济和信息化局（林周县商务局、林周县招商引资局）行政编制4名，科级领导职数2名。2021年2月3日成立林周县产业园区服务中心，股级建制，核定事业编制3名，为林周县经济和信息化局下属事业单位。

【党建工作】 年内，党支部书记洛桑罗布结合岗位目标责任要求以及经信局实际情况进行职责分工，明确党建专职负责人。制订全年支部学习计划，将习近平新时代中国特色社会主义思想、中共十九大精神、党风廉政建设、中国共产党党史等作为重要学习内容，组织党员干部学习。自3月召开党史学习教育动员部署会以来，按照“学党史、悟思想、办实事、开新局”的总体要求，切实抓好“学史明理、学史增信、学史崇德、学史力行”四个专题，以学习党史理论、学习政策法规、学习业务为主要内容，制订实施方案，按照规定的学习书目、主要内容开展学习。依据2021年县直机关基层党建工作要点，结合党建工作实际召开支部委员会，研究细化“三会一课”、理论学习、主题党日等多个方面落实措施，严格执行党内组织生活制度，每月利用主题党日时间，开展党性分析、谈心谈话等活动。2021年开展支部学习和党史学习教育46次、专题研讨1次、集中观影1次、书记讲党课2次、主题党日活动12次、撰写党史学习教育和庆祝中国共产党成立100周年心得体会每人1篇、召开“三重一大”会议8次。

【党风廉政建设】 年内，高度重视党风廉政建设工作，由支部书记洛桑罗布召开会议，安排2021年度党建及党风廉政工作任务。县经信局党支部深入贯彻落实习近平总书记系列重要讲话精神

2021年4月29日，林周县经信局（商务局、招商局）局长洛桑罗布（右三）一行到宁夏开展招商引资考察活动

和区市县纪委关于党风廉政的系列要求，坚持改进工作作风，不断树立良好形象，始终把“转作风、树形象、促工作”作为贯穿年度始终的大事，高度重视狠抓落实。深入开展作风建设，坚决纠正组织纪律观念不强、责任心不够、工作不严不实、精神不振等现象；深化开展廉政建设，坚持把纪律和规矩挺在前面，实现业务工作与廉洁自律的同部署、同责任、同考核。

2021年7月19日，林周县经信局和智诚集团在县产业园区服务中心共同举行智诚科创网络技术服务有限公司公益捐赠仪式

【经济指标完成情况】 年内，规上工业总产值16984.1万元，同比增长37.8%。年内，社会消费品零销总额3.9亿元，同比增长6.2%。截至年底，招商引资项目共5个，其中新建项目2个，续建项目3个。全年实现到位资金14065.9万元，同比增长15.87%，其中固定资产投资9757.7万元，完成全年目标任务的22.28%。

【经济数据监测】 年内，按月做好水报表统计情况。林周县仅西藏圣央水资源开发有限公司一家水企业。年饮用水生产量383吨，同比增长70.2%，销售量336吨，销售收入162万元；做好规模以下工业企业生产经营情况监测。全年规模以下工业企业总产值15997.029万元，同比增长45.1%。

【新冠肺炎疫情防控】 年内，有序推动企业复工复产。根据市局下发的《关于转发自治区应对疫情办关于加强企业复工复产期间疫情防控工作的通知》，按照通知要求抓好落实，并将文件精神传达至县域32家企业（含“双创”大学生创业企业25家）主要负责人，要求企业做好防控措施，协助企业做好疫情防控物资储备，恢复正常运营生产。为抓好冷链食品疫情防控工作，派专人到林周县一号卡点值班，针对冷冻食品及从业人员进行检查，检查人员并未发现有进口或没有证明的冷鲜肉进入林周县。

【工业企业安全生产监督检查】 年内，协助县应急管理局、住建局等安委会成员单位执法人员多次开展安全生产监督检查工作，严控安全风险、严治事故隐患、严打违法经营。检查人员强调，企业主要负责人要切实落实好主体责任，进一步加大隐患排查力度，加强对企业生产的各个环节、各个部位检查，确保不出现盲区、漏洞，确保安全生产形势稳定，为林周县经济社会持续健康发展营造良好的安全生产环境。

【碘盐工作】 年内，为有效预防林周县地方性疾病的发生，按照年初的计划，全年共配送碘盐335.528吨，并于9月6—8日全部配送完毕，实现碘盐100%全覆盖。

【通信保障】 年内，为加快推进“互联网+政务服务”工作，保障政府信息畅通，做好电子政务外网工作。配合自治区经信厅在全县安装电子政务外网共计109个，全部畅通。2021年新增3个（编译局、退役军人事务局、卡孜乡康姆桑村），完成布线及调通工作。

【清欠工作】 6月8日、17日和9月22日，分别将拉萨市清理拖欠民营企业中小企业账款工作领导小组办公室下发的《关于持续做好防范化解拖欠问题的通知》《关于抓好落实西藏自治区2021年减轻企业负担工作要点的通知》《关于全力做好防范和化解拖欠中小企业账款有关的通知》文件精神立即转发给各乡镇、县中直单位和县属各国有企业，并按照文件要求开展排查工作。

12月23日，接拉萨市拖欠办下发的《关于核实办理林周城镇化建设投资发展有限公司投诉案件的紧急通知》，经核实，因双方沟通不畅，导致林周县城镇化建设投资发展有限公司拖欠北京智识企业管理咨询有限公司第三期咨询服务费用尾款14万元（合同金额的20%），经积极沟通协调，该账款于2022年1月10日督促清偿完毕。截至年底，林周县暂无政府或国有企业拖欠民营、中小企业账款情况。

【商务工作】 2020年11月15日至2021年5月15日，林周县兴旺加油站（中石化）开展双层罐防渗及安全隐患治理改造工作，于5月19日经林周县商务局检查通过初验。6月1日，市商务局执法科一行到兴旺加油站进行实地检查验收，经检查发现，新建储油区有轻微渗水情况，要求立即整改。11月22日，完成县中石化提交成品油零售经营许可证法人变更申请初审。2020年8月至2020年10月，林周县唐古乡加油站建设完成。6月3日，对唐古乡加油站检查验收，经检查发现五点问题，并立即整改。6月10日，完成初验，并向市局申请该加油站建设综合验收工作并办理成品油经营许可证。

【低氟健康茶工作】 年内，为深入贯彻落实习近平总书记“七一”重要讲话和西藏第七次座谈会会议精神，推动“我为群众办实事”实践活动并取得新进展新成效。按照自治区商务厅、市商务局下发的文件，林周县经济和信息化局国庆节期间为全县群众发放低氟健康茶共计190.212吨，惠及群众63404人。

【商贸领域安全生产】 年内，为全面做好商贸流通领域各类安全生产工作，联合市场监督管理局、城管大队、应急管理局等部门组成联合检查组多次对加油站、农贸市场、商超等开展安全生产联合检查工作。从总体看林周县商贸领域食品卫生良好，各加油站安全生产等方面运营良好，无重大安全隐患。

【电商工作】 1月22日，县委常委会议审议通过《林周县建设电子商务进农村综合体系项目实施方案》；4月8日，按照县领导和财政局的意见建议，对《林周县建设电子商务进农村综合体系项目实施方案》进行多次修改细化，并于4月28日正常开标，评定眉山远成职业培训学校为中标单位；5月11日与中标单位正式签订合同，开始全面推进各项工作。

6月28日，成立以大学生为主体的林周县电商物流协会，共同推进林周电商工作；8月15日边交林乡电商服务站点开始运营，截至年底，总营业额10万元；10月8日，旁多乡电商服务站点开始运营，截至年底，总营业额3.88万元；松盘乡电商服务站点采取与村集体经济超市合作运营的模式运营，已建设并装修完毕。实现就业19人，增收64万元。

为加强与商贸流通企业、邮政和快递等农村物流服务网络和设施的公共衔接，按照“多站合一、资源共享”原则，协力打通农村物流“最后一公里”和“最初一公里”，推动快递网络资源共享，切实解决县到乡镇末端配送难点问题，让农牧民切实享受寄递服务带来的生活便利。通过和快递公司多轮洽谈，已与拉萨安能物流、壹米嘀嗒开展物流合作，已设立林周县顺丰快递网点，和顺心捷达、韵达快运达成合作意向。截至年底，共完成物流配送80单左右，金额9000余元。

年内，建立林周县本地同城生活服务平台。“林周同城”便民微信小程序已上线运营，同步完善商家入驻及信息工作。有51家入驻商户，注册用户6036人，订单量917个，交易额约30万元。为加强对本地特色产品推广，建立林周电商抖音直播号，进行直播带货，直播间已正式运营。

为加快供销合作社与电商服务站点融合发展。按照区市相关工作要求，9月完成林周县供销社挂牌。利用电商服务站点的网点、人才、现代流通网络布局等优势，对电商网点进行改造提升，节省供销社布点成本，加快农村电商服务体系建设步伐。

【市场保供】 年内，为确保疫情防控期间林周县基本物资保供，继续沿用2020年2月11日以县政

2021年9月27日，林周县经信局一行参观云上贵州大数据平台运营情况

府名义印发《林周县关于新型冠状病毒感染肺炎疫情防控期间年货市场保供工作方案》的方案，成立基本物资保供领导小组，保障县域基本生活物资供应。密切关注林周县市场运行动态，重点关注粮油、肉类、蔬菜等生活必需品的价格及供应量，协助市场监管局加强对商贸领域市场的监管，严厉打击扰乱市场秩序、哄抬物价等违法行为，确保市场稳定运行、供应充足。

【招商工作】 年内，受国内疫情影响，林周县“走出去 请进来”招商引资系列活动明显减少，新引进项目落地难度加大，招商引资到位资金增进明显放缓。2021 年围绕产业链缺失环节，开展“走出去补链”招商引资系列活动。先后于 4 月、5 月和 9 月到宁夏、广西、贵州和重庆等地开展招商引资考察活动。其间与智诚科创有限公司签订关于打造数字产业基地的战略合作协议；与广西鲜友公司就热带水果种植项目达成投资意向（松盘乡政府引进）；实地考察贵州省保利集团民爆生产线，助推各类实体产业落地林周。12 月，以“苏藏一家亲 金秋江苏行”招商引资推介活动（南京站）为契机，到广东佛山对众陶联供应链有限公司进行回访，就供应链平台产业发展实际与乡村振兴战略相融合，打造电商数字产业园区及产学科研基地项目方面进行对接交流，并达成合作意向，招商工作取得良好成效。

【“双创”工作】 林周县青年（大学生）创园，已累计入驻创业企业 16 家，其中内孵企业 9 家、外孵企业 7 家，共有创业大学生 30 人、返乡创业青年 4 人。全年带动大学生就业 40 人，带动大学生增收 100.83 万元，带动农牧民就业 91 人，带动农牧民增收 67.14 万元。

（刘 娟）

【机构领导】

局 长

洛桑罗布（藏族）

副局长

刘 姣（女）

税务

【概况】 国家税务总局林周县税务局负责行政辖区内纳税人和缴费人的税费征管工作，2021 年全局有干部 9 人，共承担着 2716 户纳税人的纳税征管工作，其中企业有 616 户，扣缴义务人 96 户，组织临时登记 9 户，各退工商户有 1995 户。林周县税务局始终以习近平新时代中国特色社会主义思想为指导，深入学习贯彻习近平总书记“七一”重要讲话精神、中央第七次西藏工作座谈会精神，结合林周县税务局工作实际，全面贯彻全区、全市税务系统工作会议精神，通过以党建促税收，以税收强党建的方式不断夯实党建基础、强化税收征管、优化管理手段、落实减税降费、统筹协调社保费和非税收入的划转征收工作以及不断提高税务工作人员的业务能力，进一步提高税收管理的质量和效率，各项工作均有序开展，取得良好成效。

【落实减税降费政策】 年内，始终坚持依法依规组织收入原则，不收“过头税”、不搞大面积行业检查和突击征税，及时向林周县委、县政府、财政局汇报收入完成情况。2021 年林周县税务局完成组织收入70646.85万元，其中县级完成36377.89万元；税收收入完成67148.47万元，其中县级完成34839.11万元。完成组织收入工作的同时聚焦优惠政策落实要给力，始终把落实减税降费优惠政策作为税收工作的重要任务，不折不扣落实税费优惠政策。采取“一对一”“点对点”精准辅导和发放税费优惠政策宣传手册、税企群中转发税费政策解读等措施，强化政策宣传辅导，让减税降费“大礼包”直通市场主体。截至年底，全年累计征前减免8276.11万元。

【非税收入征收】 年内，林周县税务局对辖区内机关事业单位关注的个税申报汇算、社保费、残保金申报缴费等对机关事业单位职工进行培训辅导，有效提高了大家申报的准确性、及时性，也取得辖区兄弟单位对税收工作的支持，增强了机关事业单位纳税缴费的积极性。税银联合发力，推广线上缴费。城乡居民养老保险的征收工作是一项实实在在的民生工程，为保障辖区内居民的合法权益，提高缴费的及时性、便捷性、高效性，林周县税务局将一局一策主题定为“税银联动，推广线上缴费”。该工作得到县委、县政府的高度重视，分管副县长主持召开由人社、税务、银行、社保代征人员参加的专题会议，强调社保费征收的重大意义，各单位全力配合推进社保费的征收工作。同时与农行通过线下推广、线上答疑等途径，多措并举推行农行App线上缴费。其中与农行共同录制的线上缴费操作视频，已累计转发200余次。通过微信群回答社保费代征人员、缴费人的各类问题300余个。截至年底，城乡居民养老保险线上缴费率达89.7%，线上申报缴费不仅让缴费人少跑“马路”，足不出户即可完成缴费，同时因线上缴费后税款可以直接入库也保障了资金的安全性和入库的及时性。截至年底，完成社保费入库22882.24万元，其中完成城乡居民基本养老保险申报2.57万人，入库城乡居民养老保险费522.67万元。

2021年4月13日，林周县税务局联合县民政局对全县95家机关事业单位召开残疾人就业保障金政策培训

【新冠肺炎疫情防控】 年内，林周县税务局在疫情防控工作中压实压细责任，充分发挥值班领导、办税大厅负责人监管作用，实施对办税大厅防控措施落实的每日督导，保障各项防疫措施“有人督、有人管”，确保各项防疫措施在办税大厅落实落细、发挥作用。严格落实办税服务厅定时消毒、进厅人员体温测量、个人行程“健康码”扫描、进厅登记等基础防疫措施。有效引导进厅人员做好个人防护、引导进厅人员“隔位就座”等候办税缴费，为进厅人员免费提供洗手液、消毒湿巾、卫生纸、口罩等基础防疫用品。推广各项“非接触式”服务，减少纳税人跑实体办税服务厅次数，降低人流聚集风险。

【优化税收营商环境】 年内，林周县税务局以习近平新时代中国特色社会主义思想为指导，围绕落实精确执法、精细服务、精准监管、精诚共治的要求，结合“放管服”改革，坚持以人民为中心的发展思想，创新开展便民办税缴费举措，按照“小切口、硬措施、准发力”的思路，切实为群众办实事解难题。召开座谈会、倾听群众声音。通过召开座谈会，对纳税人进行政策的宣传辅导、听取纳税人的需求、积极响应纳税人的合理诉求，确保座谈会取得实效。

2021年12月2日，林周县税务局党支部一行到唐古乡恰扎村开展为群众办实事活动

走进企业宣传政策、凝心聚力共谋发展。通过走进企业，了解企业的经营状况、告知减税降费税费政策、对纳税人涉税业务中关注的重点问题以及亟待解决的问题进行解答和指导。

【机关建设】 年内，压紧压实党的建设和全面从严治党责任，坚持和加强党对税收工作的领导。推进党建和税收业务深度融合，把党建工作成效体现在纳税人缴费人服务工作中。创建文化品牌，打造特色党建文化。为适应新时代税收工作要求，推动税收工作高质量发展，与拉萨市税务局“阳光”文化品牌建设形成合力，找准开展税务文化建设的切入点和落脚点，促进党建与税收工作深度融合，结合自身历史、地域、文化背景等特点，确定“阳光兴税、红色接力”林周税务文化品牌。该品牌发扬“传承红色基因，演绎新时代税务蓝”的内涵精神，以党建为引领，以林周农场红色文化为着眼点，以发扬老西藏精神为立足点，认真落实新“纵合横通强党建”要求，进一步加强与地方党委、机关工委的汇报沟通，形成齐抓共管、横向到边、纵向到底的工作局面。立足新时代税收的新使命，准确把握好西藏税收工作的新发展阶段、贯彻新发展理念，塑造林周税务健康和谐的文化风尚，打造具有林周地域特色的“阳光兴税、红色接力”文化产品。设计以“传承红色基因，演绎新时代税务蓝”为主题的党建文化墙，通过“党建红”“税务蓝”两大板块内容彰显了税务局党建与税收工作的融合发展成效。

【党史学习教育】 年内，林周县税务局党委以林周红色教育基地为载体，通过参观基地、举办党史知识竞赛、观看党史学习教育影像等活动，让全体干部读懂党史，从红色故事中汲取精神养分，将党史精神“入脑”“入心”，不忘初心使命，树立坚持为民服务的政治自觉。成立宣讲队，推进党史学习教育走深走实。为扎实推进党史学习教育，落实好学党史、悟思想、办实事、开新局的总体要求，继续在两手抓两促进上求实效，引导全局干部职工积极参与志愿宣传活动。成立以主要负责人为组长的“学党史、办实事青年志愿宣讲队”。

（丁增旺姆）

【机构领导】

局　长

穷　达（藏族，12 月免）

陈　丽（女，12 月任）

纪检组长

包燕妮（女）

副局长

姚孟拉（3 月任）

张兴富

气象

【概况】 林周县气象局机构规格为正科级，内设机构有人工影响天气办公室，气象台。编制人员为 7 人，在编 6 人，有正式职工 6 人，其中汉族职工 1 人，藏族职工 5 人。学历结构：硕士研究生 1 人、本科 5 人。职称结构：工程师 4 人，专业技术人员 2 人，平均年龄 28 岁。

【气候概况】 林周县地处西藏中部，拉萨市东北方向，拉萨河上游及澎波河流域，南抵拉萨市的城关区和达孜区，西接堆龙德庆区，北临当雄县，东连墨竹工卡县和那曲市的嘉黎县，东经 91° 27″ 06′、北纬 29° 89″ 57′，年总降水量 557.0 毫米，年平均气温 6.8℃，年极端最高气温 28.7℃，出现在 2021 年 6 月 27 日、年极端最低气温 -18.0℃，出现在 2021 年 2 月 8 日。

2021年5月25—27日，西藏自治区人影中心专家一行到林周县气象局开展人影作业人员岗前培训

【汛期概况】 年内，林周县汛期较比往年正常。从降水总量上看，与 2020 年同期值相比正常。降水时段主要集中在 6 月下旬至 8 月下旬。林周县单站降水：2021 年汛期 6—9 月林周县单站降水总量在 471.6 毫米，2020 年同期值相比减少。林周县单站气温：2021 年汛期 6—9 月林周县单站平均气温 14.3℃，2020 年同期值相比正常。风速：2021 年汛期 6—9 月林周县平均风速为 1.8 米/秒，与 2020 年同期值相比持平。

【气象服务】 林周县气象局为全力做好公共气象服务，强化和利用中央气象业务一体化、西藏气象业务一体化平台和 MICAPS4.0 等预报平台，5 月开始每周一与市气象台进行会商制作未来一周天气预报，2021 年共制作 42 期周报；天气公报 4 期；天气消息 14 期；短期气候预测 7 期；地质灾害风险预警 8 期；强降雨蓝色预警 1 期；重要气象报告 1 期；山洪地质灾害风险预警 3 期。在汛期来临之前林周县气象局制定汛期应急预案、重大气象灾害应急预案及操作规程和严格的汛期带班、值班制度，成立汛期领导小组；明确领导小组职责，建立政府主导、部门联动、群众参与的防灾减灾应急机制。主汛期开始以来林周县气象局进行 24 小时值班制度，实时关注市气象台发布的各类指导产品，及时制作本地气象服务材料，并于每日 8 时发布降水实况信息。

【防雷安全检查】 年内，为切实加强易燃易爆场所的雷电防护防御管理，有效预防雷电引发的事故，减轻雷电灾害可能造成的损害，保护公司财产和员工的生命安全，林周县气象局邀请市局防雷办对全县加油站、加气站、矿业公司等 9 家易燃易爆场所的安全生产主管负责人开展易燃易爆场所雷电防护管理培训，为进一步抓好安全生产工作，防范雷电事故发生提供保证。抓好防雷监管社会管理职能。履行气象管理职责，强化部门监管，对全县危化品、易燃易爆场所进行双随机防雷抽查。全年进行 3 次防雷“双随机”抽查，抽查 9 家危化品、易燃易爆场所，发现安全隐患及时下整改通知书。截至年底，财胜矿业以外均已整改。

【人工影响天气】 年内，按照《人工影响天气管理条例》和规范化作业点标准，进一步完善弹药装备管理制度、作业规范和操作规程；完善人影作业公告制度，明确规定 2021 年人工影响天气工作的值班时间、汇报制度和作业方法。

3 月 19 日，林周县人影办与市人影办签订人影安全责任书，同时县人影办与各乡镇签订人影工作责任书，责任书中明确各作业点的安全生产、弹药管理等方面的责任落实落地。林周县气象局于 5 月 25—27 日邀请区人影中心专家、市人影办专家、市防雷办专家及拉萨国家农业气象试验站专家开展为期 3 天的人影作业人员岗前培训。此次培训针对人影基础知识、人影相关法律法规、安全操作流程，冰雹云的基本识别方法和“三七”高炮的构造及工作原理、一般故障排除、设备的保养维护；案例分析以及防雷的相关基础知识、气象灾害防御的基础知识。

4月26—28日，邀请随州大方公司对9个高炮作业点开展装备维护保养工作，同时对松盘乡、强嘎乡、春堆村作业点改造人影DF37高炮远程控制系统，顺利完成2021年汛期人工影响天气工作前期准备工作。

定期或不定期到各作业点进行检查。每次检查包括人员在岗情况、弹药出入库登记、37高炮日常维护等情况。出现故障第一时间联系自治区、市人影办，邀请专家及时维修。检查出存在安全隐患的及时整改，确保安全作业。局领导经常深入炮站作业一线，督促、检查、指导工作落实情况。

8月4日，林周县气象局与西藏高争民爆仓库及高争运输服务公司签订相关合同，8月6日起弹药正式寄存于西藏高争民爆股份有限公司，确保林周县人工影响天气防雹弹药的管理安全及运输，杜绝安全事故的发生。林周县人工影响天气办公室全力以赴做好春耕、秋收秋种等粮食安全保障，西藏和平解放70周年大庆保障以及秋收人工防雹服务工作。从7月7日至9月30日成功组织实施人工防雹作业78次，发射防雹炮弹268发，取得明显的社会效益和经济效益。

【安全生产监管】 年内，林周县气象局坚持认真贯彻党的十九大历次会议精神，以习近平新时代中国特色社会主义思想为指导，紧紧围绕上级气象部门和县委、县政府中心工作，在拉萨市气象局的具体指导和监管下，认真贯彻落实中央领导同志对安全生产的一系列重要指示精神，始终坚持“安全第一，预防为主”的方针，广泛开展安全生产教育，进一步落实安全生产责任制，加强安全生产专项治理，积极开展“安全生产月”活动，不断加大全局安全生产监管力度，及时排查各类事故隐患，保持良好的安全生产形势，为地方气象事业快速发展创造了安全稳定的发展环境。

【党建工作】 年内，林周县气象局党支部共有党员3名，其中男性党员1名，女性党员2名，积极分子1名。局党支部定期每周四召开支部党员大会和党员集体学习，有党员领学集中学习党的理论知识，不断充实理论知识，有集体笔记和个人笔记，年度开展12次党员集中学习，并要求每周按照学习内容，每位党员写一份心得体会；利用学习强国平台，制定每个人每天以36积分的规定学习习近平总书记重要讲话精神和各类党的理论知识，平均每人达到1.3万积分；利用中国共产党网，开展每月一次自学，休假、培训期间以自学的形式学习，有学习笔记。通过学习各类党的理论知识，引导党员增强“四个意识”、坚定“四个自信”、做到两个“维护”，始终在政治立场，政治方向，政治原则、政治道路上同党中央保持高度一致。认真落实“三会一课”制度。年初制定“三会一课”制度、党课安排和制定“主题党日”活动方案，每季度召开一次党员大会，有请示、会议议程、会议记录表等。每月开展一次形式丰富的“主题党日”活动，有活动计划、简报、活动总结。

【气象科普宣传】 年内，以“3·23”世界气象日，科技周日、“5·12”防灾减灾日，宪法宣传日活动为契机进寺庙、进学校以及林周县县城人流密集区域通过悬挂横幅、发放防灾减灾科普宣传材料、宣传挂画、日历等丰富多样的形式展开针对老百姓的气象科普、气象法律法规及气象灾害防御的宣传活动。

【防灾减灾】 年内，根据应急管理局相关文件要求，林周县气象局开展气象灾害综合风险普查，完成全灾种、全链条气象灾害综合风险普查工作，切实推进林周县自然灾害风险普查工作，结合林周县实际情况，开展气象灾害致灾调查与评估，通过与其他部门共享普查信息，掌握气象灾害风险要素调查数据，主要承灾体调查数据、历史灾害调查数据、综合减灾资源调查数据以及主要灾种重点隐患数据，形成灾害综合风险数据库。

推进灾情收集情况：林周县气象局9月22日，通过与其他部门共享普查信息，掌握气象历年灾害风险数据；9月26日、28日、29日到林周县春堆乡、唐古乡、阿朗乡开展灾害普查：通过询问人影作业点工作人员、乡政府、乡自然资源、乡农牧局、保险人员等收集1978—2020年的历史灾情。截至年底,共收集50多份灾情信息。

2020年8—11月期间,在林周县旁多乡达龙村恰拉山建设小型X波段天气雷达,弥补了拉萨C波段天气雷达的监测盲区,拓展拉萨天气过程的监测范围,发挥多部雷达在联合监测天气中的作用,构建起拉萨天气雷达监测系统,实现实时、准确地获取更高精度的大范围内降水过程和有关风场信息,有效增强暴雨、冰雹、雷电、大风等强对流灾害性天气的监测能力,提高对灾害性天气的监测预警预报准确率。2021年11月22日与旁多乡达龙村签订土地征收协议,共计征收费用3887.86元,同时为提高当地农牧民的收入水平选一名看护员,工资每月600元,年底一次性结清工资(7200元)。

(白玛玉措)

【机构领导】

副局长

加央朗珍(女,藏族)

拉　　巴(女,藏族,9月任)

社会事业

民政

【概况】 林周县民政局成立于2001年，属于正科级单位。共有行政编制4名，其中局长1名，副局长1名。2010年，林周县民政局加挂林周县残疾人联合会牌子，无独立编制。2021年，林周县民政局共有在编人员9名，公益性岗位2人，政府购买服务大学生3名。林周县民政局负责全县城乡低保、特困人员救助供养，留守儿童、困境儿童服务，残疾人事业，婚姻登记，社会团体管理，基层政权建设，勘界，区域地名管理和慈善事业等工作。

【居民家庭经济状况核对中心】 为林周县民政局所属事业单位，副科级建制，事业编制3人，实有3人。主要负责县人民政府授权范围内机关、事业、企业（国有）单位申请救助居民家庭状况的收集、比对、核查等工作，同时，对全县申请救助的低收入家庭经济状况进行核查认定，加强与有关部门的沟通与协调，建立信息比对联合机制。

2021年2月8日，拉萨市人大常委会副主任、林周县委书记次仁顿珠（前排左一）一行到旁多乡开展“三大节日”慰问

【特困人员集中供养服务中心】 为林周县民政局所属事业单位，副科级建制，事业编制3人，实有3人。主要负责宣传贯彻党和国家的路线、方针、政策以及社会福利方面的法律法规；负责县域内特困老人的集中供养管理服务工作，提供衣食住行殡葬等基本服务。年内，中心共有工作人员25名，其中管理人员5名，护理人员11名，工勤人员9名。

【党建工作】 年内，林周县民政局党支部书记、局长作为单位“一把手”，坚持做到重要工作亲自部署、重大问题亲自过问、重点环节亲自协调、重要问题亲自督办，切实履行主体责任，主动抓、具体抓，推动各项工作落到实处。2021年3月30—31日分别组织召开党建工作会议、党风廉政建设专题会议、意识形态工作会议、平安建设专题会议等，对2021年

2021年5月21日，林周县民政局党支部一行参观县党员党性教育基地

重点工作进行安排部署，并研究制定《林周县民政局党支部党建工作计划》《林周县民政局党支部学习计划》《林周县民政局党支部意识形态工作计划》等，确保全年工作开展有计划有落实。

结合学党史、爱国主义教育、“三新”大讨论活动，充分利用党支部集体学习之机，组织党员干部职工对习近平总书记系列讲话精神、第七次西藏工作座谈会精神及中共十九大精神学习，坚持以习近平新时代中国特色社会主义思想武装头脑，着重在弄懂学通用好上下真功夫，下苦功夫，不断深化思想认识，强化政治担当，不断提高全体党员干部职工的理论水平和政治素养，增强“四个意识”、坚定“四个自信”、做到“两个维护”。通过集体谈话、专题揭批等形式开展党员宗教信仰清查、揭批达赖专题活动。签订党员不信仰宗教承诺书6份，开展专题揭批活动2次。

坚持以问题为导向，结合巡察等反馈意见建议，林周县民政局党支部高度重视，迅速行动，即知即改，立行立改，顺利完成九届县委巡察“回头看”工作。

截至年底，党支部开展“党史”等各类教育集中学习36次，开展党支部书记党课3次、开展“主题党日+”活动12次，其间组织参加烈士陵园1次，参观林周农场1次，开展党史活动大家讲活动2次，观看《生命重于泰山》《榜样5》纪录片2次，观看《永不消逝的电波》等爱国主义题材电影15人次，庆“七一”中国共产党建党活动1次。对因纪律散漫、做事拖拉等作风不够硬的人员进行严厉批评，全年批评教育1人次，提醒谈话3人。

【社会救助】 截至年底，落实民政资金1181.19万元，其中城乡低保资金1475人7762.35万元，事实无人抚养儿童资金17人9.43万元，残疾人两项补贴资金1303人229.8万元，精神病患者监护补贴51人18.51万元，分散特困人员生活补助111人85.62万元，老年人两项补贴129人8.04万元。

按照“应保尽保、应退尽退”动态管理的原则，共计清退城乡低保33户98人，新纳入城乡低保29户125人。经排查，全县有低保边缘户家庭198户847人，其中农村177户812人，城市21户35人。

常态化运营7个“留守儿童快乐之家”，为留守儿童提供活动场地，进行作业辅导和照料服务。在春节、藏历新年期间投入资金20余万元为315名困境群众送去节日的温暖，为28名困境妇女发放公益福彩“三八”慰问金2.8万元，发放临时救助金15户11.32万元。投入资金9万元帮助扎西盲人按摩店扩大经营规模。开展林周县残疾人创业就业扶持中心试运营工作，为2家残疾人合作社提供运营场地，帮助残疾人创业就业。年内，征缴残疾人就业保障金403万元。

【社会福利】 截至年底，全县共有60岁以上老人6217人，占全县总人口的10%，其中60—69岁3035人，70—79岁2205人，80—89岁903人，90—99岁121人，100岁以上7人。

在上级民政部门的指导下，林周县民政局结合地域特点，采取政府购买服务的方式引进第三方在江热夏乡、甘旦曲果镇、旁多乡为276名老人开展居家养老服务工作，累计提供服务万余次，满意测评率达到90%以上。在县民政局的积极奔走下，林周县老年人日间照料中心于2021年12月20日顺利揭牌，照料中心采取“公办民营”的方式，聘请西藏惠康养老开展为期2个月的试运营，根据前期调研结果，为卡孜乡康姆桑村88名意愿老人提供养老服务。

争取援藏资金10万元，为供养中心工作人员制作统一服装，以及更换损坏设施设备，探索将低保困境老人纳入集中供养范围，为开展“大养老”工作奠定基础。截至年底，已将2名低保困境老人纳入集中供养范围。

【社会事务管理】 年内，投入资金5万余元单设婚姻调解室，进一步简化婚姻登记程序。截至年底，共办理婚姻登记797对，其中结婚560对、离婚87对、补发结婚证131对、补发离婚证19对。开展婚姻巡回服务，为残疾人提供上门办理婚姻登记1对。

截至年底，林周县登记社会组织5家，为林周县青年创业协会、林周县总商会、林周县青年志愿者协会、林周县电商协会和林周县朗迈社会工作者和志愿者服务协会。其中林周县朗迈社会工作者和志愿者协会为本土培养志愿服务组织，主要从事居家养老服务工作，林周县青年志愿者协会成立党支部。2021年，全县5个社会组织均已完成年检工作，运行状况健康良好。

总投资900万元的卡龙寺天葬台维修项目、瑟琳寺天葬台维修项目、夏寺天葬台维修项目已建成投入使用。

【基层政权建设】 年内，在县委组织部的牵头下，完成林周县村级组织换届工作，换届选举产生村“两委”班子成员共315名，其中妇女63人。村务监督委员会也同步进行换届，选举产生138人，其中主任46名，委员92名；在4月为全县46个行政村统一更新发放村民委员会法人统一社会信用代码证书。

通过安排专人下乡下村，以会代训，电话指导等方式指导全县46个行政村完成村规民约的修订完善，把社会主义核心价值观变成看得见、听得懂的“土规定”“土口号”，淡化宗教消极影响，帮助村民移风易俗，引导村民树立健康积极向上的价值观。

联合县编译局对全县191个村民小组指示牌进行全面核实，对地名不规范、不准确的全面进行更改规范，并投入57.9万元统一制造指示牌，确保准确、统一。

林周县民政局按照上级文件要求，在乡镇党委政府的重视和民政所的积极作为下，顺利挂牌成立各乡（镇）社会工作者（藏语和汉语）服务站，并配备社会工作者10名。

（杨婷婷）

2021年10月14日，林周县特困人员集中供养中心开展孝老爱亲活动

【机构领导】

局　长

吴金措姆（女，藏族）

副局长

马小强

人力资源和社会保障

【概况】 2021年，林周县人力资源和社会保障局有行政编制6名，机关事业编制3名，其中科级领导职数3人。2021年，全局干部职工共18人，其中四级调研员1人，二级主任科员1人，三级主任科员1人，四级主任科员2人，一级科员1人，二级科员1人，公益

2021年11月10日，拉萨市人力资源和社会保障局局长王满春（左二）一行到林周县江热夏乡入户为未就业高校毕业生宣传政策

性岗位4人，政府购买岗位3人，“三支一扶”4人，有共产党员11人。

【就业工作】 年内，累计监测1.26万名农牧民转移就业，实现劳务收入1.23亿元，分别完成全年目标任务的100%和102.5%，其中，城镇新增就业614人，完成全年目标的100%，组织化转移就业7618人，完成全年目标的101.57%，实现组织化就业收入60300万元，完成全年目标的100%；跨地市转移就业812人，完成目标任务的100%；区外转移就业120人，完成目标任务的100%。具体措施宣传落实援企惠企政策，稳定企业用工。先后到县域内8家国有和私营企业，积极宣传“以工代训”、就业吸纳奖补等培训就业优惠政策。开展公共就业创业服务，促进充分就业。通过组织小型招聘会、“就业微信群”，举办高校毕业生专场招聘会等，共发布就业岗位信息1123个，促进152人实现转移就业。

加大组织化转移就业工作力度，利用乡村务工联队工作力量，组织化转移就业7618人，实现组织化就业收入60300万元；其中481名在建筑领域就业，2988名在大小型企业就业，1003名在服务行业就业，其他行业就业3146名（占比要达60%以上）。截至年底，共开展技能培训40期、共有1881名农牧民群众参与职业技能培训，完成全年任务的104.5%，其中，企业职工培训122人，以工代训260人，订单定向培训360人。

【高校毕业生就业】 年内，全县共有应届高校毕业生593名，其中脱贫户高校毕业生70名。截至年底，已就业592名，就业率为99.8%，脱贫户高校毕业生已就业70名，就业率为100%，未就业1名。

在县委、县政府统筹部署下，共安排407名干部帮扶结对574名应届高校毕业生，帮助转变就业观念。结对干部通过入户、电话联络等方式，落实高校毕业生就业帮扶责任，促进未就业高校毕业生积极就业。以组织招聘会、网络推送就业岗位、电话回访就业情况等方式，引导未就业高校毕业生积极就业。结合县情，协助各单位共计开发163个适合高校毕业生就业的岗位。新增兑现高校毕业生就业创业补助资金，共兑现资金495.1万元，其中兑现43名高校毕业生创业启动资金及场地租赁补贴228万元，7名区外就业补贴21万元。21名见习补贴10.23万元，82名区内企业就业补贴235.6万元。

【城乡居民社会养老保险】 年内，全县共39679人参加城乡居民养老保险，6444人享受60岁以上养老保险待遇。截至年底，办理城乡居民养老保险未到龄人员死亡退保78人；新参保165人；到龄人员新增待遇509人；待遇领取死亡终止1090人；办理转移人员160人，其中跨县转入25人，跨县转出120人，县域内转入转出15人；基本信息变更925人；养老金发放至11月已发放6444人，共62580人次，发放养老金1558.9万元；追退去世冒领养老金48.15万元；为90人办理社会保障卡，截至年底，发放社保卡68320张，激活59800张；认定特殊人群身份（五保户、低保、重残、村两委、建档立卡）8106人；清理整改社保问题数据6466条。

【机关事业单位基本情况】 年内，认真做好社会保险半年申报稽核工作。在社会保险半年申报稽核工作中，对全县参保单位申报缴费基数、人员信息等数据进行严格核定，以确保真实准确。结合参保单位的实际情况，截至年底，林周县共有机关事业单位基本养老保险：参保人数2811人；工伤保险：参保人数3198人（其中机关事业单位人员2131人、企业680人、工勤人员和辅警387人）；失业保险：参保人数1206人。

【机关事业单位清算情况】 2014年10月至2018年12月机关事业单位养老保险、职业年金清算工作涉及的部门为92家单位。

【推进清算工作】 紧扣重新清算机关事业单位养老保险、职业年金2014年10月至2018年12月工作步骤和拉萨市人社局要求，共清算人数2079人。有序、准确地开展机关事业单位养老保险（职业年金）清算工作。

2021年10月18日，林周县机关事业单位干部职工的养老保险、职业年金基数清算，92家单位已完成，在职参保人数2066人，领取待遇退休人员77人。

核查2014年10月至2018年12月期间单位养老缴费部分应缴22507740.94元，实缴部分14194238.44元。养老个人应缴部分8993095.68元，实缴部分4056602.87元。

【人事制度改革】 年内，开展21名农牧系列、卫生系列、工程系列专业技术人员中级职称上报及评聘工作；完成全县38名农牧系列、文化系列、工程系列、卫生系列专业技术人员初级职称上报及评聘工作；审批上报2名工勤人员退休；对11名2021年新参加工作的事业单位专业技术人员开展工资定级工作，其中2名2020年西部计划志愿者留藏专项考录人员，7名2020年部队生源定向生考录人员，2名2020年高校毕业生非西藏生源定向生考录人员；完成复员退伍安置人员的工资定级工作。

2021年8月2日，林周县人力资源和社会保障局局长骆鹏鲜（右排左一）一行到“三岩”片区入户摸底了解培训就业情况

【劳动关系】 年内，林周县对85个在建工程项目进行检查，其中政府投资项目85个，共排查出工资拖欠案31件，涉及人数321人，涉及资金752.7余万元，其中调解成功25家企业，涉及人数218人，涉及资金568.9余万元，6家企业调解，涉及资金165.3余万元，涉及人数103人，其中2家在走法律途径，涉及资金61.8余万元，涉及人数26人，未发生重大违法案件或因欠薪被列入“黑名单”的情况。

【自身建设】 年内，按照县委统一部署，进一步加强机关党建工作，按照《2021年全县基层党建工作要点》要求，对标对表，着力完善和推进党建工作，加强党支部标准化规范化建设，严肃组织生活。同时认真学习《中共中央关于在全党开展党史学习教育的通知》和《党史学习教育实施工作方案》文件精神，并于8月完成党史学习教育专题组织生活会。林周县人力资源和社会保障局党组结合实际，开展主题突出、特色鲜明、形式多样的学习活动，进一步完善局党组自身政治建设。

（扎西杰布）

【机构领导】

局　长

骆鹏鲜

副局长

阿旺次仁（藏族）

旦增曲觉（藏族）

卫生健康

【概况】 2021年，分别对23户公共场所、38所学校监督执法，下达监督意见书25份。对一家美容机构，由于许可证过期下达处罚意见书，罚款5000元。共建立21个农村饮用水监测点，采集样品共63份，枯水期32份、丰水期31份，水质检测报告基本合格，同时完成了信息录入工作。

2021年10月9日，拉萨市卫健委医政科主任巴桑（前排左三）一行到林周县人民医院察看整体搬迁项目

【新冠肺炎疫情防控】 年内，在全县各乡（镇）、学校等设立新冠疫苗接种点10个，并推出延时服务、放弃节假日为群众接种新冠疫苗。截至年底，接种新冠疫苗86829剂次，其中第一剂次接种38869人，第二针剂次接种35526人，第三剂次接种12434人。

年内，落实“外防输入、内防扩散、人物同防”的总体防控策略，做好疫情防控方案和全员核酸检测组织实施方案预案起草工作，加强对中高风险地区返乡人员进行网格化排查登记，严格按照紧急风险提示中管理措施落实人员管控，特别是对中高风险地区返乡人员实施闭环管理，实现核酸检测“应检尽检”。截至年底，累计采样9700份，检测结果均为阴性。排查车辆32654辆，检查出租房屋1366间，排查人员84369人次，旅馆、招待所54家次，娱乐场所32家次，加油站25家次，加气站6家次，网吧11家次，工地25家次，物流寄递6家次。检查疫情安全隐患26处，当场要求整改26处。13人驰援拉萨和700余人次安排到一号检查站开展疫情防控工作。同时，顺利完成全县各级党代会、“两会”、重大庆典活动的疫情防控和医疗保障工作，确保林周县零感染。

年内，林周县人民医院累计投入87万余元用于改造核酸检测实验室和购置全自动核酸提取仪、多通道基因扩增仪、恒温样本灭活仪等医疗设备，切实做好“应检尽检”人群核酸检测，有效提高了林周县核酸检测效率和准确度。当前林周县人民医院核酸检测能力常态化每日达200份，满负荷运作每日达1974份。同时，根据全员核酸检测筛查实现24小时内完成要求，林周县核酸检测能力不足需提升，积极落实相关工作，在县域旁多乡卫生院改造1个核酸检测实验室和配备设备。

年内，全县已按突发公共卫生事件应急物资最低储备量以及30天满负荷运作使用量的药品和防护物资需求做好应急物资采购并实行动态储备。

年内，大力配合市场监管局严格按照上级文件要求，10月开始开展冷冻肉制品和水产品全覆盖核酸采样工作核酸检测，截至11月30日，共检测96份（其中人员59份、产品环境37份），结果全部为阴性。

年内，组织有关人员对辖区内所有医疗机构进行专项督查，重点对各医疗机构的预检分诊流程、医疗废物收运处置、院感防控和杀菌消毒、医护人员个人防护、制度资料等情况进行详细督查和现场指导。专项检查共9次，下发监督整改意见书28份，停业整顿1家。

【项目建设】 旁多乡卫生院改扩建项目。项目总投资604万元，于4月10日开工建设，年底已全面投入使用。

积极推进边交林乡、春堆乡

卫生院标准建设项目。积极对接乡(镇)、发改局、自然资源局、林草局、环保局等部门、项目前置手续已完成,争取12月完成项目可行性研究、初设评审通过,待2022年开工建设。

完成建设总投资为59.98万元的6个基层卫生医疗机构藏医诊疗区(藏医馆)服务能力和5个规范化预防接种门诊建设项目,年底全面投入使用。

积极推进林周县人民医院改扩建项目(急诊楼)和林周县人民医院感染防治综合楼项目。总投资1377万元的林周县人民医院改扩建项目(急诊楼),于3月15日复工,年底已进入室内装修安装阶段,预计2022年4月完工。总投资1989万元的林周县人民医院感染防治综合楼项目,于5月10日进场,完成总工程量的70%,预计2022年4月完工。

稳步推进林周县人民医院藏医楼建设。总投资1536万元,于12月6日第二次公开招标。

积极谋划推进林周县人民医院整体搬迁项目(综合楼)。基本完成前置手续,12月完成项目可研、初设评审通过,待2022年开工建设。

【医药卫生体制改革】 年内,以县医院为核心的县域紧密型医共体建设,已经完成"二十个"统一中的"十三个"统一,2021年完成各项乡镇卫生院法人证书、银行独立账户的申请、县医院零余额账户申请。正在推进医共体党组织建设、财务核算中心信息系统建设。8月完成乡镇卫生院服务能力自评,10月由县医院牵头完成复核。开展优质资源下基层、巡诊,加强乡镇卫生院、村卫生室的疫情防控、医疗业务能力指导,提升村、乡医疗卫生服务能力,方便群众就近享受健康服务。年内,完成乡镇卫生院能力提升建设项目2个,利用国家直达资金472万余元,为各乡镇卫生院配置数字化X射线、彩超、心电监护仪、除颤仪等基本设备,为提升乡镇卫生院医疗服务能力、基本公卫服务能力打下基础。2020年度把旁多乡卫生院列为林周县北部区域医疗卫生服务中心,加强人员培养及人力资源配置,为后期开展住院业务,收治北部三乡住院病人做准备。

继续实施林周县农牧民住院"先诊疗后结算制度",8月顺利完成县医院自治区新医保平台对接,实现农牧民医保、干部职工医保同一平台实时结算,异地就医备案异地医保结算,县医院继续实施"零押金"住院,方便群众住院结算,降低住院门槛,减轻农牧民住院压力。

所有药品及高值耗材实行网上议价集中带量采购,增加采购过程透明化,程序规范化。年内,采购药品246万元。

制定《林周县人民医院临床路径与单病种收费实施方案》,确定15种适用于县医院的临床路径。前三季度,入径人数229人,出径人数221人,入径率占出院总人数的36.29%。深化林周县医疗信息化建设,县人民医院开通"健康西藏"官微线上预约挂号、诊间微信扫码支付、移动支付等"惠民"服务。截至年底,已完成信息化建设二期项目的前期论证、国家二级公立医院绩效考核数据统计上传、更新病案电子系统、ICD(国际疾病诊断编码)编码与国家卫健委统一同步更新、电子病历系统适应性改造等工作。通过国家电子病历3级评测,在全国第

2021年11月24日,林周县卫健委工作人员到松盘乡松盘村开展主题党日宣讲活动

三届“健康县域卓越建设者”系列评选中，获评“中国市县医院智慧创新奖”。利用援藏资金，9月与苏州市医院开通5G远程超声诊断项目，11月项目已实施完毕，受益人群4人。11月各乡镇卫生院完成医保实时结算工作。村卫生室配置医保POS机，可实现村卫生室购刷社保卡实时结算。

县医院前三季度门诊急诊量37797人次，较2020年同期降低3.18%，其中急诊2253人次，较2020年同期降低24.79%。出院631人次，较2020年同期降低35.14%。治愈好转率80.77%，平均住院日8.46天，比2020年增加0.75日；住院手术量146台次，较2020年同期增加7.35%。

【疾病预防控制】 年内，通过加强法定报告传染病监测，不断强化疫情处理，林周县重大疾病和鼠疫、手足口病、水痘、感染性腹泻等急性传染病防控有效，艾滋病、肝炎、结核病等重点疫情控制在低流行水平，全县儿童免疫规划疫苗（即一类疫苗）报告接种率达到95%以上。

【突发性公共卫生事件应急处置】 年内，组建疫情监测、调查处理、消毒隔离、医疗救治等9个突发公共卫生事件应急救治分队，为突发疫情的应急处置提供技术保障。同时通过各医疗机构开展公共卫生事件应急演练，有效提高自治区医务人员对医院感染暴发的应急反应能力、医疗诊治效率及水平。

2021年6月4日，西藏自治区血液中心、拉萨市红十字会、林周县卫健委联合开展无偿献血活动

【公共卫生服务】 年内，始终严格落实基本公共卫生均等化服务，紧盯目标和任务，将完成基本公共卫生服务项目工作考核与下拨补助经费相结合，以资金分配和项目工作绩效挂钩的方式，调动医疗机构开展基本公共卫生服务工作的积极性。截至年底，全县共建立居民电子健康档案50596份，电子建档率100%；高血压患者规范管理3401人，规范管理率99.01%；糖尿病患者规范管理84人，规范管理率98.82%；严重精神障碍患者在管患者108人，规范管理率为100%；家庭医生签约服务方面，普通人群签约55283人，签约率100%。

【妇幼保健】 1—9月，孕产妇总数792人，分娩508人，住院分娩506人，住院分娩率99.8%，进行艾滋病、梅病、乙肝检测，查出乙肝阳性孕产妇14例，乙肝产妇所生的新生儿已全部接种高效免疫球蛋白。为716名早孕妇女免费发放叶酸预防神经管缺陷，发放叶酸2148盒，叶酸服用率达90.4%。对500名适龄妇女进行宫颈癌（HPV）、乳腺癌筛查，目标任务完成率100%。

1—9月，儿童营养包应服用1927人，实际服用1432人，服用率74.3%，0—6岁以下儿童5883人，0—6岁以下儿童健康管理5616人，健康管理率为95.46%。

1—9月，共兑现392名农村孕产妇住院分娩补助，资金431200元。

【计生工作】 年内，积极落实国家免费孕前优生健康检查项目，提高林周县出生缺陷防治水平，降低新生儿出生缺陷，提高出生人口素质，提高林周县妇女宫颈癌和乳腺癌的早诊早治率，降低林周县“两癌”死亡率。截至年底，为520位适龄城乡妇女（35—64周岁）建档进行“两癌”免费检查，为215位新生儿提供新生儿疾病筛查；为208位新生儿做听力筛查。

年内，以“5·29”计生协会会员活动日、“7·11”世界人口日、“12·1”世界艾滋病日等特定的宣传日活动为契机，向辖区群众重点宣传生殖健康科普知识，提高群众对国家计生政策和生殖健康方面的认识。

【放管服政务服务】 截至年底，共受理生育证49件，办结49件，咨询人次达91人次。受理老年优待证62件，办结62件，咨询人次达114人次。医疗机构设置审批2家，医疗机构校验审批8家，医师执业新注册1人。村医准入审批9人，村医退出审批11人，共审核发放公共场所卫生行政许可证12个。

【惠民政策】 年内，林周县符合高龄健康补贴老年人累计为3320人，其中70—79岁老年人为2226人，80—89岁老年人为953人，90—99岁老年人为134人，100岁以上7人（100岁3人、103岁4人）。兑现高龄健康补贴3320人，兑现资金2826000元。

开展“我为群众办实事”实践活动，邀请苏州专家，开展“为林周县眼疾患者义诊光明行”活动，苏州高新区人民医院于6月到林周县进行“光明行”白内障公益手术，共治疗10例患者。10月12日，在“苏拉远程会诊中心”对术后的3名患者进行远程随诊，3名患者视力恢复良好。通过苏州市第十五批援藏医疗队的前期基层义诊筛查，筛选出2名有手术指征的先心病儿童，由苏州援藏医疗队与苏州大学附属儿童医院联系。9月26日，在苏州大学附属儿童医院心胸外科及心内科专家的手术治疗下成功修复，10月10日，安返林周县。截至年底，该院已为24名西藏地区先心病患儿提供精心治疗和爱心资助，患儿均健康出院。

【组团式援藏】 3月，江苏5名援藏医师入驻，先后开展业务培训16次，传帮带7人，指导或参与开展各类手术40余台，会诊及参与疑难病例讨论20余例次，胃肠镜检查10余例次，主持及参与大型抢救10余次，向受援医院输出心脏超声、腔镜手术、水囊引产等多项适宜新技术和新项目，开展远程医疗会诊12例次，江苏医疗援藏集体荣获自治区脱贫攻坚“先进集体”称号。

【地方病防治】 年内，邀请北京、江苏专家一行7人对林周县大骨节病患者病情进行甄别和复核工作，做到“不漏一户、不落一人”。本次总核查病患202人，新增26例，确诊大骨节病患者108人，有手术指征的35名，后期根据患者意愿和手术指征等情况，安排救治。并按免费发放药品，调整治疗方案、嘱托禁忌事项等方式进行干预，已发放6000余盒药品，10余盒膏药，受益272人次。

【碘缺乏病防治】 年内，县域内随机采集家庭盐样300份，经本级实验室全定量检测均属合格，全县碘盐覆盖率完全达标。根据林周县农牧民食用碘盐配送计划，改善居民碘营养，共计配送335.5275吨碘盐，价值167763.75元。

【包虫病防治】 年内，在县域内筛查103例，未发现新发患者。网络直报信息系统中发现有2名患者，属林周县户籍，已在拉萨市人民医院确诊并成功手术治疗，

2021年12月6日，林周县卫健委组织医务人员对3—12岁儿童开展新冠肺炎疫苗接种工作

现已痊愈转回林周县管理和后期随访留观中。

【传染病防治】 年内,加强结核病控制工作的规范管理,做到疑似结核病人及结核病人发现,加强对病人资料登记、收集、管理工作。结核病防治门诊接待初诊病人为76例,免费胸片人数为62例、痰检人数153例、免费治疗结核病人登记数26例,其中Ⅲ型20例(涂阳11例、涂阴9例)、结核性胸膜炎3例、肺外结核3例、病原学阳性率为47.8%。涂阳密切接触者筛查为83例(农牧民39例、学生44例),筛查率100%。

年内,及时上报检测份数表与高危行为干预报表,完成咨询检测315人,其中术前检测59人、预产期检测256人。发放安全套14156只,发放宣传材料14100余份,无新增病例与死亡病例。

【党建工作】 年内,林周县卫健系统党建、党风廉政建设和意识形态工作始终以政治建设为统领,坚定"以人民健康为中心"的发展理念,确保党中央、区、市、县的决策部署在全系统全面贯彻落实。截至11月,共开展党总支理论中心组学习12次,开展"三新""三更"大学习大讨论2次,开展缅怀革命先烈、参观红色教育基地、学党史知识竞赛、"红色百年献礼"等"党日+"主题活动11次。年内,举办林周县卫健系统党史学习教育暨党员政治教育培训班。在松盘乡松盘村开展共建党支部义诊活动,卫健委党总支59名党员献爱心捐款11800元购买药品,免费发放给需要群众。

(赵 亮)

【机构领导】

主 任

强巴索朗(藏族)

副主任

肖 莎 莎(女)

林周县人民医院

【概况】 2021年,门急诊量51243人次,较2020年同期降低0.23%。其中急诊2783人次,较2020年同期降低31.11%。出院844人次,较2020年同期降低59.5%。治愈好转率83.7%,平均住院日8.43天,比2020年增加0.37日;住院手术量163台次,较2020年同期降低71.7%。住院分娩291次,藏医理疗3480人次,药浴94人次。拍片6998人次,超声6081人次,心电图2039人次;血常规7081人次,尿常规3410人次,大便常规1210人次,肝功2232人次,淀粉酶1306人次,两对半1009人次,电解质1991人次。办理健康证1228人次,核酸检测数量10608人次。

【安全生产】 年内,积极推进"平安医院"建设工作各项任务,促进医疗服务质量和能力高效发展,切实落实齐抓共管的措施,满足人民群众日益增长的医疗服务需求。坚持从实际出发,因地制宜,注重实效的原则,以医患双方满意为目标,把改善医患关系、提供满意服务贯穿创建"平安医院"活动的始终,坚持依靠卫生资源,依靠全体医务人员,依靠人民群众,严厉打击危害医务人员、患者人身财产安全和破坏正常医疗秩序的行为。

年内,先后组织全院干部学习《中华人民共和国宪法》《中华人民共和国侵权责任法》《医疗纠纷预防与处置条例》《医疗机构投诉管理办法》《中华人民共和国传染病防治法》等法律法规。并加强对院内精神、麻醉药品的管控,加强对重点部位和重点科室、物资的安全管理。开展安全生产检查工作8次,包括消防安全、网络信息安全、危险化学品检查等。

【医共体建设】 年内,召开医共体会议8次,会议包括拟订或修订医共体发展规划和章程、推进医共体管理体制、运行机制改革和现代医院管理制度建设、财务、人事、项目基建、公共卫生等。

林周县人民医院整体搬迁项目正在有序实施中。开展乡村医师培训,提高基本公共卫生服务能力,先后培训共计80人次数。年内,开展乡镇卫生院服务能力提升项目,为江热夏乡、松盘乡、唐古乡卫生院采购90万元的设备。根据医保改革工作的需要及医共体财务管理的要求,已完成林周县各乡镇卫生院办理统一社会信用代码证书(事业单位法人证书),并已与拉萨市农业银行林周县支行办理开立账户。

【党建工作】 年内,林周县人民医

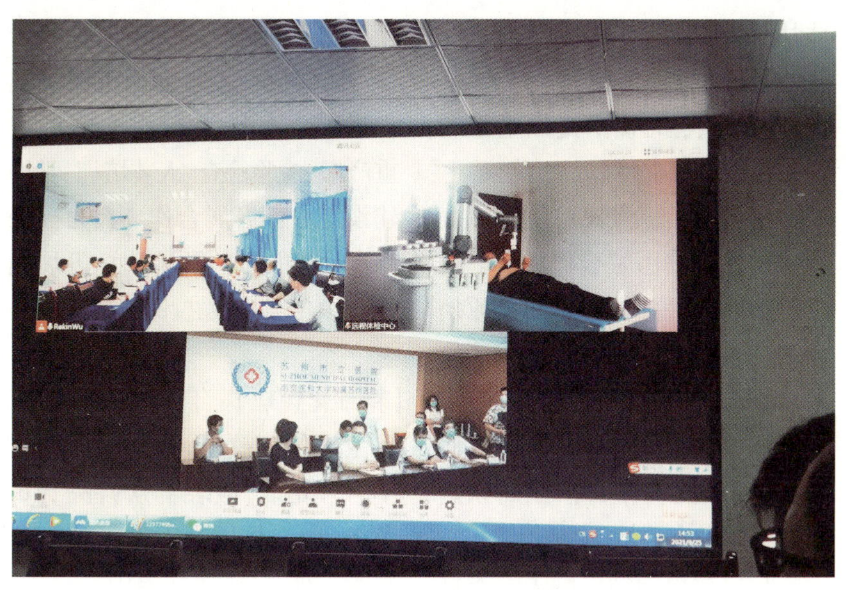

2021年9月25日，“苏林云诊”品牌发布暨5G远程超声机器人启用

院继续加强医院支部党建工作，引导激励党员发挥先锋模范作用，提升党支部战斗堡垒作用；积极探索建立公立医院法人治理结构，全面落实院长责任制。

严格执行支部委员会议、党小组会议、支部党员大会、支部书记讲党课、主题党日、“四讲四爱”主题教育、民族团结、“两学一做”学习教育、党史学习教育等党内生活的时效性，强化政治纪律和政治规矩，按时召开每季度党员大会，安排本年度党建工作、党风廉政建设工作、医德医风建设工作、意识形态工作、医疗机构廉洁从业工作，签署《党员承诺践诺书》《党员不信仰宗教承诺书》《医德医风建设责任书》《平安医院建设责任书》《党风廉政建设和一岗双责制》。

10月24—28日，开展为期5天的党员政治教育学习培训，加强党的执政能力、先进性和纯洁性建设，全面推进新时代党的政治建设，引导广大党员增强“四个意识”、坚定“四个自信”、做到“两个维护”，严守党的政治纪律和政治规矩。

【人员培训】 年内，共开展院内业务培训课程30个，890余人次；组织全院开展应知应会、心肺复苏、三基、突发公共卫生事件、医疗废物处置等知识考核5次；组织25人次妇幼专项培训。截至年底，派出医共体成员10人到苏州市医疗机构挂职锻炼。

【民生健康工程】 6月20—21日，在林周县卫健委的带领下组织援藏医疗队和医共体骨干医务人员组成专家团队，到林周县异地搬迁康姆桑村开展“免费健康体检暨家庭医生签约服务”活动。共为123名群众开展免费健康体检，发放宣传资料300多份，充分体现医务工作者优良的工作作风、高超的技术水平，受到异地搬迁群众和村委会的一致好评。

结合“我为群众办实事”要点，邀请苏州高新区红十字会、苏州高新区人民医院专家共计6人到林周县人民医院开展“光明行”眼科义诊活动。此次眼科义诊患者59名，其中符合手术指征患者20名，根据年龄、身体情况及术前检查结果，最终拟有10名白内障患者及3名其他眼疾患者于6月7日、8日、9日进行免费眼科手术；开展全县儿童先天性心脏病筛查工作，共计筛查儿童8279人，确诊4人，并计划4人到区外救治，经苏州市立医院儿童附属医院筛查后手术指标2人，保守治疗2人，并于10月完成治疗，其中医疗救治全过程免费。

【充分利用援藏资源】 3月，江苏5名援藏医师入驻，先后开展业务培训16次，指导或参与开展各类手术40余台，会诊及参与疑难病例讨论20余例次，胃肠镜检查10余例次，主持及参与大型抢救10余次，向受援医院输出心脏超声、腔镜手术、水囊引产等多项适宜新技术和新项目，开展远程医疗5例次，新冠疫苗保障7000人次。为确保援藏工作顺利开展，切实为林周县人民医院提供更好的服务，结合林周县人民医院实际情况，制定《林周县人民医院管理提升年活动方案》。

9月25日，在苏州市立医院、林周县人民医院两地同时举行“苏林云诊”品牌发布暨5G远程超声机器人启用，会中由两地领导同时发布“苏林云诊”医疗援藏品牌，并由江苏省医师协会超声医师分会候任会长、苏州市立医院超声中心主任邓学东通过5G连线方式，远程控制拉萨市林周端超声机器人臂对患者进行超声检查。

【社会公益】 2020年4月启动“基层巡回诊疗”工作，依托组团式医疗人才援藏的技术优势，组建由苏州市卫健委等驻派林周县人民医院援藏专家为指导专家，涉及领域有内外妇儿、五官、口腔等领域的基层巡回诊疗团队。并联合县、乡、村三级医生开展巡回诊疗活动。截至年底，共计巡诊6900人次，健康宣教6900人次，上门入户235户，个性化服务569人次，免费发放药品68924.5元。

【分级诊疗】 年内，根据林周县实际，建立林周县分级诊疗工作领导小组，牵头成立覆盖全县医疗联合体，推动疑难病历远程会诊、双向转诊和医疗质控工作。2021年，林周县人民医院与自治区人民医院签订结核病防治专科医联体协议，开展结核影像学诊断会议，开通结核病防治远程会诊平台，为结核病的诊治提供坚强的学科建设平台保障。

西藏自治区人民医院高原病诊疗协作网络医院合作协议。促进自治区内医疗机构之间高原病学科交流合作，实现优质人才技术资源共享，提高高原病诊治水平和服务能力，提升高原病科研能力，为共同筑牢自治区高原病防治体系做出贡献。

与拉萨市妇幼保健医院签订孕产妇和婴幼儿急危重症诊疗专科医联体协议，保障“两降一升”（降低孕产妇、新生儿死亡率，提高住院分娩率）成果。

与拉萨市人民医院签订医联体协议，在急危重症、危重产妇、检验检查、人才培训等方面开展合作，大力提升林周县人民医院疑难杂症患者救治成功率。

为深化苏州与林周医疗卫生领域交流合作，医疗队积极筹备由苏州援藏工作组发起、苏州林周医疗卫生领域策划实施的“苏林云诊”系列活动。与苏州市医院建立远程会诊平台，在急危重症、危重产妇、检验检查、人才培训、学科建设等方面开展合作。大力提升综合诊疗能力。截至年底，开展远程会诊3例、远程授课2次。

2021年11月20日，林周县人民医院组织医护人员开展义诊活动

【精细化管理】 年内，为进一步深化卫生体制改革，控制医药费用不合理增长，减轻群众就医费用负担，加强林周县人民医院医疗质量管理，县医院按照国家、自治区、市县卫健委相关文件精神，制定《林周县人民医院临床路径与单病种收费实施方案》，制定15种适用于临床路径。截至年底，入径人数299人，出径人数291人，入径率占出院总人数的36.29%，变异人数7人，变异率4.36%。

【新冠肺炎疫情防控】 年内，林周县人民医院领导班子高度重视，牢牢抓实疫情防控工作，实现“外防输入、内防反弹”目标，成立以院长为组长的疫情防控领导小组、救治专家组、流行病学调查组、核酸检测组、消杀组、标本采样组、院内感控组、医废处置组、藏医药治疗专家组、信息数据统计组、物资保障组、防控督导组、药品储备组。

疫情初期健全完善《林周县医共体关于新型冠状病毒感染的肺炎应急预案》及发热患者救治流程。抽调20名医护人员成立新型冠状病毒感染的肺炎医疗救护梯队，其中第一梯队10人，第二梯队10人。

2021年11月15日，林周县人民医院医务人员到县苏州小学为学生接种新冠疫苗

1月21日，林周县卫健委召开关于防治全国新型冠状病毒感染的肺炎工作安排部署会暨专题培训会议后，林周县人民医院医共体积极响应，迅速行动，按照会议的部署要求，在县医院及每个乡卫生院因地制宜设置预检分诊台，设有醒目的标识。

医疗队积极落实国家疫情防控要求，指导院内发热门诊改建工作，特邀请自治区院感学会专家到林周县人民医院共同探讨改造方案，最终在不影响医院正常医疗业务开展及满足发热门诊建设要求的前提下完成改建图纸，并按时完成发热门诊改建工作。为提高医院分诊效率，医疗队主动协同医院、软件公司三方共同完成医院预检分诊系统，每日来院就诊患者信息可直接在服务器生成表单，减少分诊工作人员的负担，同时完全避免因手工填写身份证及各类信息时产生的人为错误，提升林周县疫情防控整体水平。

林周县人民医院主动承担林周县疫苗接种保障任务，医疗队派遣队员在6—7月完成成人疫苗接种保障共计1万余人次，并于8月参与12—18周岁疫苗接种保障共计2000余人次，均未发生不良事件，完成疫苗接种任务。

【民族团结】 年内，为全面深入学习习近平新时代中国特色社会主义思想和中共十九大精神，贯彻落实习近平总书记治边稳藏重要论述和“加强民族团结、建设美丽西藏”重要指示精神，根据《拉萨市关于重新创建全国民族团结进步示范市测评工作的通知》文件精神，成立以院长为组长的“民族团结进步创建活动”领导小组。并制定林周县人民医院“民族团结进步创建活动”实施方案。年内，林周县人民医院成功纳入县级先进民族团结示范单位。

（刘　强）

【机构领导】

党支部书记

巴桑旺堆（藏族）

党支部副书记、院长

董启宏

党支部组织委员、副院长

丁　琼（女）

副院长

其美夺吉（藏族）

罗布顿珠（藏族）

市场监督管理

【概况】 2021年，林周县市场监督管理局坚持以习近平新时代中国特色社会主义思想为指导，深入贯彻落实县委、县政府决策部署，围绕“保安全守底线、强监管促发展”工作目标，坚持党建引领，持续深化商事制度改革，全方位强化监管，服务县域经济高质量发展。

2021年，林周县登记市场主体共计3970户，同比增长11%。其中企业563户，个体3158户，农专249户，全年新增市场主体418户。全县餐饮服务单位320家，食品销售单位300家，药品零售单位3家，各类医疗机构（含诊所、医院、卫生院）14家，农产品交易市场1个。

【党建工作】 年内，重点围绕贯彻学习领会习近平新时代中国特色社会主义思想、中共十九届历次全会精神、区党委和市十次党代会精神，充分发挥理论中心组作用，把学习党的理论作为制度常抓不懈，采取集中学习、自学、研讨、宣讲等多种形式，学深悟透，确保学习效果，不断用党的最新理论武装头脑，指导实践，推动工作；建立党史学习主题教育常态化、制度化、长效化推进制度，坚持把学习教育、调查研究、检视问题、整改落实贯穿到日常工作的全过程，坚持理论指导实践，不断在“知行合一”上下功夫、求实效。2021年市场监管局党组理论中心组集中学习17次，开展专题研讨8次，书记讲党课2次。

2021年12月14日，林周县市场监督管理局工作人员向商户宣讲中共十九届六中全会、自治区市第十次党代会精神

【党风廉政建设】 年内，不断完善和严格执行党风廉政建设责任制，落实“一岗双责”。党组书记与每名党员干部签订《党员领导干部廉政承诺书》，与党组成员签订《党风廉政建设“一岗双责”责任书》。党组书记做到“三负责”，即“真抓实干、常抓不懈，对党的事业负责；加强监督，防微杜渐，对班子成员负责；严管重教，关口前移，对全体党员干部负责”。确保党风廉政建设工作做到党员干部认识到位、领导干部责任到位、具体落实到位。2021年，林周县市场监督管理局党组组织党员观看警示教育片7次，开展节前廉政谈话6次。

【营商环境】 年内，依托“互联网+政务服务”平台，企业实行“全程电子化”，全面实现限时办结制和“一次性告知”制，全面实行“受审合一”，企业登记实现一人通办。督促县域市场主体积极主动做好企业年报申报工作。2021年，林周县企业年报率达到92.5%，位居拉萨前列；积极推动“双随机、一公开”监管。制定“双随机、一公开”抽查计划2次，抽取检查市场主体127户，市场秩序持续稳定。

【食品安全监管】 年内，开展校园及周边食品安全专项检查累计60余次，检查市场主体累计153户次，中考、小考期间，对学校食堂供应餐进行农药残留检测和餐饮具表面洁净度检测，和学校签订《食品安全承诺书》，保障校园食品安全；开展节前食品安全大检查。对节日消费较大的预包装食品、农副产品等从标签标识、价格、进销货台账记录等全面进行检查，累积出动执法人员238人次，检查各类市场主体370余户，对检查发现的各类问题，按照违法情节依法进行责令整改或立案处罚；实行餐饮行业食品安全监督量化分级管理，完成量化分级等级评定餐饮单位320家，实现全县九乡一镇全覆盖。

聘请第三方对流通领域和餐饮环节食品开展监督，抽检98批次，检测合格率达到97%；组织开展模拟食品安全突发事件应急演练，提升应对食品安全突发事件的能力和水平；召开全县九乡一镇农村集体聚餐食品安全风险防控工作会议，严格落实农村集体聚餐备案制度，2021年全县农村集体聚餐备案25家，发放常见食品安全警示海报200余份。杜绝食品安全事件发生；推进全县餐饮单位和学校食堂“明厨亮灶”建设，以“明厨亮灶，阳光操作”为目标，打造行政监督、社会监督和群众监督为一体的共治平台，项目已建设完成并投入使用。

【药品医疗器械安全监管】 年内，按照新冠肺炎疫情防控要求每日对购买退热、止咳等药品的人员全部进行实名信息登记，对退热止咳药品的销量每日进行动态监测；开展药品价格检查，对标价格系统，对未做到“明码标价”

的情况，下达责令整改通知书8份；强化疫苗质量监管。对全县疫苗接种点的疫苗存储设备进行逐一检查，对新冠灭活疫苗的进货清单、运输单、票据、出入库证明、接种记录等进行全面检查，保障群众用药安全；组织开展对县人民医院医疗器械安全检测。全年开展药品专项检查40余次，累计检查医疗机构130余家次，对检查发现问题下达责令改正通知书8份。

【特种设备安全】 截至年底，林周县登记使用的各类特种设备29部。林周县市场监督管理局狠抓安全责任制落实，全县特种设备领域安全形势稳中向好。对县城区域内的电梯、压力容器等特种设备全面进行安全隐患排查，累计出动执法人员28人次，查出隐患问题3个，现场下达责令整改通知书，已全部整改完成。建立液化气站"智慧充装"追溯平台，确保全县气瓶储存、充装、运输和使用安全。截至年底，1.2万个气瓶有了"身份证"，基本实现液化气瓶智慧监管。

【执法办案】 年内，林周县市场监督管理局适应市场经济的新变化新趋势，狠抓监管和执法，全力维护公平有序的市场环境。公平竞争秩序稳步向好。有力有序推动公平竞争治理，公平竞争审查制度全面建立并有效实施。2021年查办食品、药品、特种设备案件共22件，立案8件、责令整改14件，罚没款共计81499元全额上缴国库。

截至年底，受理"12315"投诉举报12件，全部成功调解，调解率100%，为消费者挽回经济损失1550元。

【综合监管】 年内，制定《2021年林周县打击侵权和假冒重点工作方案》，明确各成员单位工作职责和任务分工。召开专题会议2次，研究部署工作推进事宜。启动2021年打假专项行动，对县域内各类市场经营主体开展侵权假冒伪劣商品专项检查，提升产品质量。制定《林周县市场监管局工业产品质量抽检计划》，委托第三方拉萨市综合产品检验检测有限公司按照计划组织实施抽检工作。重点对辖区内儿童玩具、文具、服装、鞋、口罩、电线电缆、成品油等共计34个批次，抽检合格率达到82%。

以食品安全中的粮食安全为中心，采取有效措施抓好粮食市场的安全监管工作。以超市、商店、农贸市场等为重点区域对粮食市场供求和价格变动情况进行监测，累计发放价格告诫书1600余份。对肉及肉制品、蛋、禽、酒类、饮料等生活必需品和本地居民特色消费食品进行随机抽查，检查有无囤积居奇、哄抬价格、串通涨价等违法行为。检查粮油销售市场主体累计258户次。开展"野生菌"专项整治。采取有效措施"堵源头、查流通、清市场"。严查经营者的营业执照经营范围、索证索票台账、销售菌类的产地及合格证明，以及有无销售私自采摘的野生菌情况。深入企业、建筑工地食堂等群体性聚餐场所，宣传严禁采摘、加工野生菌类，严格要求负责人切实履行管理职责，切实做到防患于未然。宣传海报350余份，覆盖人员400余人次。严格计量监管，改善计量服务，全面开展法治计量监督和民生计量服务工作，营造诚信公平的消费环境。开展网络监管，规范电子商务行为，净化交易环

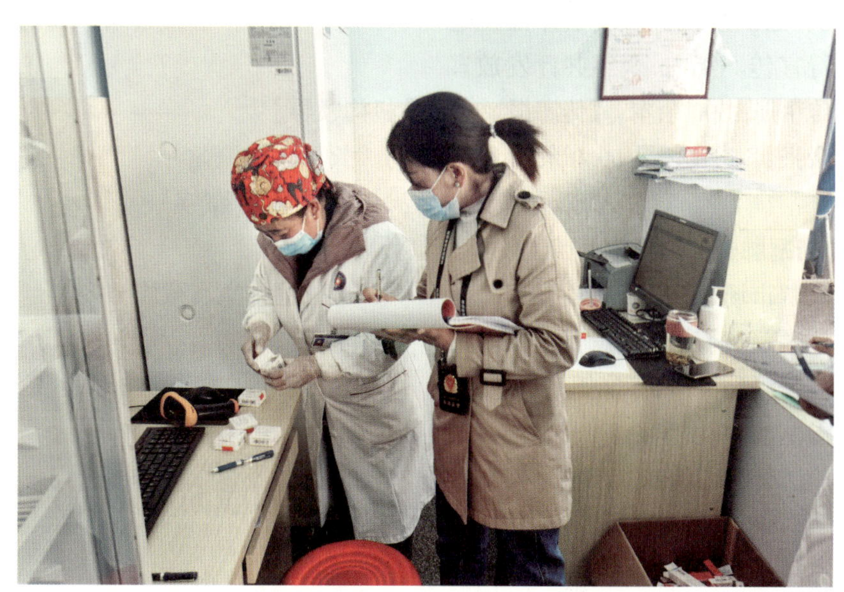
2021年10月21日，林周县市场监督管理局执法人员开展疫苗检查

2021年7月6日，林周县市场监督管理局执法人员开展药品、医疗器械检查

境，促进林周县电子商务持续健康发展。

【宣传活动】 年内，开展“学雷锋日”“3·15”国际消费者权益日、“5·1”国际劳动节、“5·25”护肤日、“6·5”世界环境日、“六月食品安全宣传周”、“医疗器械宣传周”等宣传活动，通过设置宣传牌、发放宣传资料、现场解答等方式对法律法规、食品药品安全常识、知识产权等各类法律知识进行宣传。年内，全年共计发放宣传手册2500余本、宣传海报3000余张、各类宣传品5000余个。

【新冠肺炎疫情防控】 年内，加强农贸市场、超市商店、餐饮服务单位、零售药店等重点行业领域的监督管理，严格落实佩戴口罩、体温监测、环境消杀、等日常防控措施。督导零售药店严格落实对购买“四类药品”人员实名登记报告制度，发挥好疫情防控“哨点”作用；鼓励直接接触冷链食品从业人员全部接种疫苗，确保高风险岗位人员100%接种。各类市场主体完成第一针接种690人，第二针接种684人，第三针接种673人；根据疫情防控要求，2021年安排执法人员在护城河检查站进行24小时值班，严格筛查过往车辆，扎实做好疫情防控工作，全年累计筛查过往运输冷链车辆162车次，劝返运输冷链食品相关证明材料不齐全的车辆6车次。

（刘 恒）

【机构领导】

局 长

尼玛次仁（藏族）

副局长

次仁德吉（女，藏族）

华若冰

尚发福

文化和旅游（文物）

【概况】 林周县文化和旅游（文物）局下设县文化馆（综合文化活动中心）和县艺术团2个股级单位，同时林周县文化市场综合行政执法队在县文化和旅游局挂牌，实行“局队合一”体制。全系统编制12人，实有12人。

【党建工作】 年内，认真贯彻新时代党的建设总体要求和新时代党的组织路线。以党的政治建设为统领，开展党史学习教育和“政治标准要更高，党性要求要更严，组织纪律性要更强”专题教育，开展“我为群众办实事”实践活动。截至年底，林周县文化和旅游（文物）局党支部开展“党史”专题学习会12次，做好局机关党员发展工作，重点做好1名入党积极分子的培养、考察工作以及1名新参加工作党员的接收工作。积极做好党费收缴工作，2021年共收缴14名党员党费1853.37元。严格落实议事制度、“三重一大”制度、末位发言制度等，做到规范化、制度化、程序化，保证决策过程的科学民主和结果的公正合理。

局主要领导履行好主体责任，班子其他成员认真履行分管职责，层层传导压力。深入学习民法典、《关于新形势下党内政治生活的若干准则》、《中国共产党纪律处分条例》等相关法律法规和习近平新时代中国特色社会主义思想，提升政治素质。坚持抓早抓小，及时谈话提醒，认真落实“三重一大”民主决策制度，筑牢安全防护网络。

年内，深入开展“扫黄打非”斗争，加强对文化市场监管，注重从源头把关，严格把好办理文化类行政审批事项入口关，加强干部职工教育引导，增强“四个意识”、坚定“四个自信”、做到“两个维护”。

【打造旅游品牌】 年内，实施旅游重点项目建设落地，打造林周旅游品牌，推动旅游业长足发展。重点援建项目唐古游客服务中心、林周农场（二期）提升改造工程，援藏项目唐古旅游集散中心如期建成交付；新建项目唐古旅游小镇基础设施提升项目完成概算批复等一系列前期手续，完成招投标工作。唐古乡平措康桑唐古酒店顺利投用，标志着高海拔乡镇旅游基础设施的又一块短板得到补齐，林周主动融入“拉北环线”精品旅游线路、着力构建全域旅游新发展格局的能力进一步增强。2021年全县旅游总收入2172.53万元，同比增长25%，接待游客18.36万人次，同比增长40%。

年内，在苏州市文广旅局大力支持下，再度组团参加中国苏州创博会，在展台搭建规模、参展非遗种类、传承人级别及文创公司数量上取得新的提升；与情调苏州工作室、西藏雪堆白传统手工艺学校联合推出的文创产品“手绘地图”全新亮相。在林周县委、县政府和苏州援藏工作组具体指导下，持续推进“苏林一家”苏州援藏纪实展方案设计、资料征集、视频拍摄工作；会同情调苏州工作室、五洲出版社加快《林周旅游手册》《林周全域旅游调研报告》编制审核工作。积极对接苏州市文广旅局、太仓市文体广旅局、苏州市滑稽剧团等对口援建单位，累计争取65万元专项用于支持当地文旅事业发展。

年内，在县委常委、副县长查淼两度组团到江苏开展工作对接旅游宣传推广，同江苏省文旅厅、苏州市文广旅局、苏州市文旅集团等单位围绕规划建设、项目运营、市场开拓与人员交流等议题进行深入交流。邀请北京第二外国语学院、西藏旅游总公司、西藏自治区旅游汽车公司、布达拉文旅集团、平措康桑文旅股份有限公司等单位召开旅游文化发展工作座谈会，通过引入专业团队与领头企业，为提升林周文旅事业及产业发展贡献力量。同西藏自治区摄影家协会就文旅图片拍摄等工作达成协议，邀请专业摄影师到林周开展专题采风创作，为林周文旅宣传素材积累奠定坚实基础。

【文化惠民活动】 年内，组织工作人员对县综合文化活动中心、10个乡镇综合文化站开展公共文化设施运行管理排查整治工作，有效提高林周县基层文化馆站使用率，促进公共文化服务效能全面提升。为45个行政村文艺演出队集中发放价值135万元音响设备45套，并安排专业人员对设备使用及维护细节进行讲解，进一步完善农村文化基础设施。

林周县艺术团改编扎念弹唱《卓姆仁青岗》、舞蹈《共产党来了苦变甜》、合唱《再唱山歌给党听》《五十六个民族五十六朵花》3类4个群众喜爱的文艺节目。积极组织参加拉萨市第五届县（区）艺术团文艺调演，新创作《党旗下的誓言》主题晚会，在调演比赛中荣获三等奖。

持续深入推进“两馆一站”县文化馆、县图书馆、乡镇综合文化站免费开放。县综合文化活动中心举办各类演出3次，观众达1000余人次，召开各类会议9次，接待人员1200人，举办展览

2021年4月20日，林周县文旅局局长巴桑云旦（右二）对彭波农场景区建设项目进行最终验收

2期,参观人数800余人次,举办培训班1期,32人参加培训;各乡镇综合文化站举办群众文化活动50场次,受益群众1万余人次。县乡两级公共图书馆累计开展图书借阅服务148次。广泛开展群众性文化活动,县艺术团开展文化惠民文艺下基层70场次,45个行政村文艺演出队利用农闲时间累计演出达384场次,受益群众6万余人次,切实丰富了城乡人民群众精神文化生活。利用“4·23”世界读书日开展阅读宣传、送书下乡等活动,为10个乡镇综合文化站充实发放图书共计2480册。

新吸收1名扎念弹唱演员进入林周县艺术团,为艺术团的发展注入新鲜血液,截至年底,县艺术团共有演员19人。组织15名行政村文艺演出队音响设备操作人员到拉萨参加集中培训,提升操作专业水平。16名县艺术团演员到南部7个乡镇32个行政村文艺演出队为521名演员开展业务培训,进一步提高演员业务素质。组织22名文物保护工作人员参加文物保护和安全知识集中培训,全面提高野外看管人员和室内文物看管人员文物保护意识,增强了管理和维护技术能力。组织县艺术团全体演员参加“三区”人才支持计划培训班,编排2个舞蹈类和1个小品类新节目,丰富演出内容。

【文物遗址保护】 年内,与38座寺庙签订《文物保护工作目标责任书》,形成齐抓共管的格局。抓好文物保护维修项目建设,争取24万余元县级文物保护单位经费纳入县级财政预算,对部分文物保护单位进行抢救性维修。做好全国可移动文物普查工作,对可移动文物进行建档、复查工作,确保普查工作保质保量按时完成。加强对文物保护单位的巡查,在“三大节日”、疫情防控、萨嘎达瓦、中国共产党成立100周年等期间对各级文物保护单位进行文物消防安全大检查。对160处文物点的标志碑进行全面检查和碑文油漆翻新、石碑维修。完成12座藏传佛教寺庙财税监管工作中文物登记造册和定级等工作。按照市文物局《关于印发〈文物安全专项整治三年行动实施方案〉的通知》等文件精神,加强文物保护安全领域专项整治行动工作,联合有关部门组织开展文物建筑消防安全联合或单方面检查工作10余次,对存在的安全隐患现场指出并督促整改。

年内,抓好非物质文化遗产的保护和挖掘工作。在对现有非物质文化遗产项目进行深入调研、充实项目库内容、全面掌握底数的基础上,再次对全县非物质文化遗产资源进行调查。截至年底,林周县共有31个非物质文化遗产项目,其中,国家级1个、自治区级1个、市级14个、县级15个,共有传承人27名,其中自治区级1名、拉萨市级10名、县级16名。加大非物质文化遗产的宣传力度,利用非物质文化遗产宣传日,开展非遗保护宣传活动。对各级非物质文化遗产项目再次进行整理完善,收集文字材料和图片,图文并茂地制作编写《林周非遗名录》,更好地保护发展林周县非物质文化遗产工作。继续深入挖掘林周县非物质文化项目,“银器制作技艺”和“藏香制作技艺”上报为第六批拉萨市级非物质文化遗产项目,12月准备将“唐卡绘画”“林周传统民间歌舞”“藏文书法”等项目申报为第五批县级

2021年4月29日,唐古旅游服务中心正式投用

2021年9月25日，西藏林周展馆参加第十届中国苏州文化创意设计产业交易博览会

非物质文化遗产项目，由林周县推送申报的“热振曲卓”成功入选第五批国家级非物质文化遗产名录，实现林周在该层级非遗名录中“零”的突破。

【文旅市场管理】 年内，落实机构编制改革措施，推动文物、旅游和文化市场执法力量整合。组织3人次参加执法人员培训，配齐执法设备，进一步推进执法队伍规范化建设。

年内，开展“两节”期间文化市场安全生产大检查、校园周边环境专项整治、文化市场普法宣传和“扫黄打非”专项行动等一系列综合执法行动，以真情实意教育引导和严厉查处违法行为相结合的方式，确保文化市场安定有序。截至年底，共出动执法人员686人次，检查歌舞娱乐场所221家次，互联网上网服务营业场所108家次，电影发行放映单位2家次，广播电视、地面卫星接收设施5家次，书报刊经营单位21家次，音像（电子）出版物经营单位89家次，打字复印店127家次，查处违法违规经营单位2家，作出行政处罚决定并办理终结案件。

（德青取堆）

【机构领导】

局　长

巴桑云旦（藏族）

副局长

李　　祥（江苏援藏）

边巴索朗（藏族）

农业农村

【概况】 林周县农业农村局是县人民政府工作部门，下设农业技术推广站、畜牧兽医站2个下属单位，加挂县科学技术局、县乡村产业发展局和县农业综合行政执法队。林周县农业农村局核定行政编制4名，实有5人（含1名不占编制的援藏干部），其中科级领导职数3名，核定事业编制38名，实有31人。2021年有正式干部职工36人（援藏干部1人）。

林周县农业农村局的职能主要是贯彻执行党的农业农村政策方针以及国家、自治区、市有关“三农”工作的法律法规；统筹研究和组织实施全县“三农”工作和科技创新工作中长期规划和重大政策；统筹推进发展全县农村社会事业、农村公共服务、文化建设、农村基础设施建设以及乡村治理；拟订全县深化农村集体经济体制改革和巩固完善农村基本经营制度的政策并组织实施；指导乡村特色产业、农产品加工业、休闲农业发展工作；负责全县种植业、畜牧业、渔业、农业机械化等农业各产业的监督管理；负责全县农产品质量安全监督管理；负责有关农业生产资料和农业投入品的管理，比如种子、农药等；负责农业防灾抗灾和农作物重大病虫害防治以及极端恶劣天气后的生产恢复工作；负责农业投资管理；推动农业科技体制改革和农业科技创新体制建设；指导农业农村建设工作；统筹实施乡村振兴战略，深化农业供给侧结构性改革，提升农业发展质量，扎实推进美丽乡村建设，推动农业全面升级、农村全面进步、农民全面发展，加快实现农业农村现代化建设。

【种植业】 年内，全县粮食作物15.20万亩，其中青稞面积10.68万亩，小麦面积4.52万亩；油料作物0.97万亩；蔬菜作物0.72万亩。全县粮油总产11852.15万公斤(结构调整后),其中粮食总产5809.465万公斤,油菜产量116.61万公斤。示范推广青稞良种共101.15万公斤(藏青"2000"70.2万公斤、"喜拉22"30.95万公斤),建立二级种子田0.65万亩,品种为"藏青2000"和"喜拉22"。

年内,按照上级业务部门指示要求,主要开展小麦、油菜、春青稞不同品种的区域试验和生产示范种植,共13亩。其中青稞试验9个品种,试验面积2.5亩;青稞示范2个品种,试验面积2.5亩;油菜小区12个品种,试验面积2亩;小麦品种4个,试验面积1亩;油菜示范5个品种,试验面积5亩。年底,经区市县三级业务部门验收评定,完成试验示范种植任务。

截至年底,林周县二级种子田面积达6500亩,绿色优质高效、测土配方项目均在10万亩以上、社会化服务试点任务面积达1.2万亩。通过社会化服务模式的实施,积极鼓励带动群众规模化生产提高种植效率,充分合理发挥机械化作用,推动农业机械化发展。

2021年7月1日,林周县农业农村局集中观看庆祝中国共产党建党100周年大会实况

【畜牧业】 截至年底,全县牲畜存栏达22.39万头(只、匹),其中牦牛12.69万头,黄牛6.11万头,绵羊2.05万只,山羊0.88万只,猪0.41万头,马属动物0.25万匹;牲畜出栏达5.25万头(只),其中牦牛2.77万头,黄牛1.37万头,绵羊0.59万只,山羊0.32万只,猪0.2万头。2021年肉产量0.57万吨,其中牛肉0.543万吨、羊肉0.014万吨、猪肉0.013万吨;奶产量为2.13万吨;禽蛋产量为93.32吨。年内,林周县共计动物电子检疫出证3246头(只、匹、羽),其中,牛1149头、马123匹、羊451只、猪323头、鸭子1200只。

4月20日,春季重大动物疫病防控工作全面完成,共动用畜牧工作人员、村级兽医和科技特派员160余人,免疫注射各类动物203193头(只),其中,牛O、A型双价口蹄疫201176头、猪O型口蹄疫2017头。2021年秋季重大动物疫病防控工作于10月15日全部完成,共注射223189针次,其中牦牛口蹄疫双价疫苗注射132296头、黄牛口蹄疫疫苗注射53792头、绵羊双价口蹄疫疫苗注射24378只、山羊口蹄疫疫苗注射6071只、猪O型口蹄疫疫苗注射3326头、猪瘟疫苗注射3326头。同时按照月月驱虫、犬犬投药的工作要求,对全县范围内7533只犬每个月进行驱虫投药已完成第53轮,并进行粪便无害化处理(挖坑深埋)。

【惠农政策补贴】 年内,林周县农业农村局兑现各项强农惠农政策性补贴,包括粮食直补、粮食作物良种推广补贴、畜牧良种推广补贴、农机购置补贴、科技特派员补贴、草原生态保护补贴补助、动物防疫补助等。各项补贴及支农惠民政策项目的落实对林周县农牧业发展以及农牧民群众增收起到积极的推进作用。

【农牧民劳动技能培训】 年内,林周县农业农村局共组织开展农作物种植技术培训、田间管理培训、村级动物防疫员轮训、青稞标准化生产培训、农机操作培训、科技特派员业务培训、牦牛育肥培训等各类培训10余场次,涉及村级防疫员、科技特派员、农牧民群众达1500余人次;累计开展各类技术服务活动40余场次,受益群众达3000余人次。

【项目实施】 年内，共新建项目4个，分别是林周县2021年高标准农田建设项目、2021年林周县高标准农田建设项目第二批、林周县小型农田水利设施建设项目、林周县2021年人工种草项目，年度完成投资达5300万元，吸收农牧民就业人数达850人次，现金增收15.3万元。其中林周县2021年高标准农田建设项目、2021年林周县高标准农田建设项目第二批实施中，进度达到40%，预计2022年12月底之前建设完成。林周县小型农田水利设施建设项目进度达到95%，剩余工程量拟定在2022年3月复工建设，预计在5月底之前完成。林周县2021年人工种草项目，该项目进度达到70%，剩余未完成工程部分为饲草种植。

【科技工作】 年内，林周县农业农村局在全国科普宣传月、宣传周和宣传日期间，依据农牧民群众的需求，积极开展科技、防灾抗灾、环境保护、安全生产、科普进校园等宣传活动15场次，发放网络安全、禁毒、反邪教、人居环境整治、安全生产以及农林牧种植养殖等各类科技材料30余种1000余份，接受群众咨询300余次。科技工作的普及和宣传提高了全县农牧民群众的科技意识和科技素质，在全县范围内营造出重科学、讲科学、学科学以及用科学的良好风尚。强嘎乡典冲村1名农牧民群众获得西藏自治区2021年基层科普行动计划先进个人奖励。

年内，林周县共有科技特派员149名，每人每年生活补贴6000元。截至年底，在全县5个乡镇（甘旦曲果镇朱加村、松盘乡岗巴村、江热夏乡卡日村、强嘎乡曲嘎强村和春堆乡人民政府），5个寺庙（波多寺、甘曲寺、塔玉寺、夏寺等）建立科普活动站，共投入资金40余万元添置各类科普书籍、宣传展板、图书柜、音响、电视等相关科普示范设备，搭建起技术员和农牧民面对面交流的科技服务新平台，充分发挥科技工作者的主观能动性。

【农产品质量监管】 年内，在辖区内开展农资专项整治12次，对辖区内的餐饮场所、菜市场以及农产品生产基地开展农产品质量安全大检查30余次，同时定量定性委托第三方江苏省农产品质量安全检监中心检测。全年定量定性抽检样品180批次，蔬菜120批次，定量检测68项农药残留指标，按拉萨市食用农产品“治违禁、控药残、促提升”三年行动工作方案》的通知，豇豆抽检8批次、韭菜1批次、芹菜2批次。当年蔬菜已出89批次样品，其中合格率98.9%；畜产品40批次，定量检测18项指标合格率100%；禽蛋10批次，定量检测12项指标合格率100%；水产10批次，定量检测24项指标合格率100%。林周县农业农村局承担全县的果蔬农药快速检测样品404批次，合格率达到99.7%。

【合作社经济组织发展】 年内，成功评选上市级家庭农场6家，家庭牧场2家。截至年底，全县累计拥有龙头企业2家，合作社249家，国家级示范合作社2家，市级示范合作社27家，市级家庭农场13家，家庭牧场2家，吸纳社员2000余人，涉及种植业、养殖业、民族手工业、食品加工业、农用机械、运输业等多个行业。合作社的不断发展，带动了广大农牧民群众经济增收，推动了林周县经

2021年7月1日，林周县农业农村局开展重温入党誓词志愿宣誓活动

2021年12月14日，林周县农业农村局联合江热夏乡拉顶村委会组织开展结对帮扶慰问暨中共十九届六中全会精神宣讲活动

济向好向前发展。

【牦牛选育】 截至年底，全县牦牛存栏达12.69万头，牦牛种群结构不断优化。同时依托格桑塘现代农牧产业示范园，实施开展牦牛高效繁育、幼龄架子牛早期培育、牦牛3.5岁适时出栏等关键技术研究及饲料配方的研制，试验结果表明，犊牛4月龄早期断奶技术可行；1.5岁、2.5岁架子牛采取放牧兼补饲的饲养模式，饲养6个月后，体重相比传统养殖提高75%以上。引进种牛开展牛群监测工作，2021年配种基础母牛中抽检934头，显示577头配种受孕，通过数据分析，预计60%的基础母牛可以实现“三年二胎”，正在加强种牛管理与饲养监测工作。起草《牦牛短期育肥技术规范》《牦牛早期断奶技术规范》《牦牛高效养殖技术规范》等3个地方标准，申报实用新型专利22件，申报软件著作权10件，已发表论文9篇。同时申请上级资金对林周县牦牛选育场开展改造提升项目，项目计划总投资720万元，正在办理项目用地手续，积极与格桑塘现代农牧产业示范园合作，利用格桑塘现有牦牛种群不断改良林周牦牛品种。

【饲草产业】 年内，林周县持续调整优化种植业结构，秉持“以草带畜、以畜促草、草畜一体化”的发展模式，实现饲草种植8.13万亩，其中紫花苜蓿1.38万亩，燕麦草2.17万亩，箭筈豌豆和燕麦草混播4.48万亩，青饲玉米734亩，芫根300亩。群众通过种植饲草一方面收益持续提升，全县种植饲草毛收入达到6578万元；另一方面带动畜牧产业快速发展。

在抓好传统优质饲草种植的同时，试点实施高效节水饲草生产示范基地项目，项目总投资约1200万元，在斯曲亚玛草场建设1600余亩的节水灌溉饲草生产基地，配套建设远程控制系统、水肥一体系统，示范开展双季饲草种植，预计两季种植青干草将达到625公斤/亩。

（张 政）

【机构领导】

局 长

索 朗（藏族）

副局长

丁 成（江苏援藏）

巴桑措姆（女，藏族）

李贵轸（女）

医疗保障

【概况】 林周县医疗保障局编制6人，2021年城乡居民参保人数为56076人，城镇职工参保人数为2750人。贯彻落实国家、区市县关于医疗保障方面的法律法规和政策规定，拟定全县医疗保险、生育保险、医疗救助、大病保险等有关医疗保障方面的政策，并负责全县医疗保障经办管理、公共服务体系和信息化建设；组织制定和完善异地就医管理和费用结算政策；建立健全医疗保障关系转移接续等工作。

【惠民政策】 年内，林周县医疗保障局积极推动医保惠民政策的落地、落实，完成医疗保险市级统筹，认真落实统一城乡居民医保待遇工作。

年初及时组织各乡镇分管副乡长、相关部门经办工作人员召开城乡居民基本医疗保险征缴工作安排部署会议，对征缴工作进行安排部署，会后督促指导各相

2021年7月2日，林周县医疗保障局局长次仁拉多（左二）一行到旁多乡开展医疗保障基金监督检查

关部门扎实开展登记缴费，顺利完成2021年城乡居民基本医疗征缴工作。结合监管工作实际与辖区定点医药机构集中签订2021年服务协议，对定点医药机构各项服务行为进行全面规范要求。截至年底，城乡居民住院报销2045人次，统筹支付2121.52万元，门诊报销11180人次，统筹支付21.99万元，门诊特殊病报销1139人次，统筹支付7.21万元。大病保险理赔343人次，理赔376.46万元。职工住院171人次，统筹支付273.11万元。医疗救助565人次，救助资金279.04万元。

【医疗保障】 年内，全面完成医保信息业务编码工作。对全县10家定点医疗机构，2家定点零售药店医保医师、医保护士、医保药师信息进行全面维护，推进医疗保障标准信息化建设。加强部门协调联动，顺利完成医疗机构和医药机构的接口改造和联调工作，保质保量完成医保电子凭证申领激活工作。积极推广微信App线上参保缴费，真正实现“让数据多跑路、让群众少跑腿”。积极与上级业务部门进行对接，完成9个乡镇卫生院“医服通”医保结算业务，36个村卫生室“村医通”门诊购药POS机结算业务，为当地广大干部群众开展门诊、门诊特殊病、“两病”购药报销服务提供了方便。

【打击欺诈骗保】 年内，利用各类宣传活动宣传解读医疗保障政策规定和基金监管法律法规，进一步提升全社会特别是定点医药机构政策水平和法治意识。开展基层医疗机构专项治理，成立检查组，对全县12家定点医疗（医药）机构进行全覆盖检查。对基层医疗机构是否存在“假病人、假病情、假票据”、进销存系统不健全等突出问题进行执法检查，针对存在的不同问题下发监督意见书，分别采取立行立改和限期整改的方式，督促各定点医疗机构进行整改。全年医疗保障局开展集中宣传活动5场次，悬挂宣传横幅30条，在政务服务大厅、各定点医药机构连续滚动播放宣传片2处，受益群众5000余人次，开展专项检查4次，检查医疗（医药）机构48家次，出动执法人员12人次。

【政策宣传】 年内，为切实将医保各项政策落到实处，提高群众掌握了解医保政策水平，开展各类

2021年12月2日，林周县医疗保障局党支部全体党员联合松盘乡岗巴村党支部开展“办实事，解难题”主题党日活动

宣传活动。采取以会代训的方式组织各乡镇分管副乡长、医保专干进行医保政策培训，通过培训使经办人员熟悉业务、掌握政策，为更好地服务群众奠定了基础。工作人员深入乡、村组织广大居民，采取以数据举例用藏语和汉语讲解的方式，分别对普通门诊、门诊特殊病、“两病门诊”（高血压、糖尿病）、住院等不同政策进行细致讲解，提高群众对政策的知晓率。全年累计开展各类宣传培训活动20余次，受益干部群众达2.5万余人次。

（卢建春）

【机构领导】

局　长

次仁拉多（女，藏族）

副局长

卢 建 春

乡村振兴

2021年5月14日，林周县迎接易地搬迁群众入住康姆桑村

【概况】 2021年2月25日，习近平总书记出席全国脱贫攻坚总结表彰大会并发表重要讲话，庄严宣告：“我国脱贫攻坚战取得全面胜利，现行标准下9899万农村贫困人口全部脱贫，832个贫困县全部摘帽，12.8万个贫困村全部出列，区域性整体贫困得到解决，完成了消除绝对贫困的艰巨任务，创造了又一个彪炳史册的人间奇迹”。习近平总书记强调，“脱贫摘帽不是终点，而是新生活、新奋斗的起点”“我们要切实做好巩固拓展脱贫攻坚成果同乡村振兴有效衔接各项工作，让脱贫基础更加稳固、成效更可持续”。

2021年5月31日，林周县乡村振兴局挂牌成立。深入学习贯彻习近平总书记重要讲话精神，全面落实党中央决策部署，坚持巩固拓展脱贫攻坚成果，把防止发生规模性返贫作为全面推进乡村振兴的底线任务，持续响鼓重锤抓紧抓好，切实维护和巩固脱贫攻坚战的伟大成就，全力助推乡村振兴。

【党建工作】 年内，结合党史学习教育，科学制定学习计划，将个人自学和集体学习相结合，召开党支部学习50余次，书记讲党课8场，激发全局干部职工的学习热情。按要求召开专题组织生活会，开展批评与自我批评、严格落实整改。结合“三会一课”及主题党日等要求，开展主题突出、特色鲜明、形式多样的学习活动，确保学习不断线，开展党史学习教育视频分享会，集中观看《永不消逝的电波》、《1921》、《百团大战》、《金刚川》、“庆祝中国共产党建党100周年大会实况”“西藏和平解放70周年大会”等学习视频，督促党员干部“学习强国”App线上学习，开展“走出去”学习，组织党员干部到西藏自治区自然博物馆、拉萨市规划建设展览馆、拉萨市生活垃圾分类宣教中心、“两路”精神纪念馆等红色教育基地学习，缅怀先烈丰功伟绩，踏寻红色足迹，进一步加强党性修养、坚定理想信念。组织党员干部参加党史知识竞赛线上答题活动共10人次。

【防止返贫监测】 年内，4次召开专题会议对防返贫监测工作进行安排，确保持续巩固拓展全县脱贫攻坚成果，坚决守住不发生规模性返贫底线，实现巩固拓展脱贫攻坚成果同乡村振兴有效衔接。制定《林周县关于健全防止返贫动态监测和帮扶机制的实施方案》，对各乡镇专干进行专项业务培训3次150余人次。组织人员入村入户进行排查，将“线上”数据整合比对与“线下”走访排查有机结合，及时摸清摸准返贫风险。确定并在系统标注防返贫监测对象4户13人（2户突发困难户、2户边缘易返贫户）。针对监测户，一对一指导乡村建立由乡村干部、驻村干部、乡村网格员等基层帮扶力量做好预警性、常态化监测，一季度开展一次排查；每季度末，与民政、医保、残联等部门定期开展大数据汇总比对，对“两不愁三保障”、安全饮水和病、学、灾等进行动态监测，一旦出现突发问题，迅速进行研判，做到应纳尽纳。

【涉农整合项目推进情况】 年内，林周县涉农整合资金总规模13392.25万元，整合项目共计24个，逐步向提升乡村基础设施和改善人居环境考虑，其中生产发展类（产业项目）5个，人居环境整治类项目3个，基础设施类3个。

制定《林周县扶贫产业项目联包实施方案》，细化项目责任分工，落实干部指导产业，充分发挥党建工作的引领、组织和保障优势。广泛征求各乡镇“十四五”产业项目筹建项目库，确保乡村振兴产业项目逐步推进落实。

请专人负责编制全县“十四五”乡村振兴规划工作，到各乡镇进行实地调研，广泛征求乡村规划意见建议。于10月28日组织召开专题会议，安排部署全县各单位积极筹备申报“十四五”乡村振兴项目约60个，为“十四五”发展做好规划部署。

【易地扶贫后续扶持】 “十三五”时期林周县实际实施易地扶贫搬迁1169户5224人。其中跨县区搬迁至城关区恩惠苑652户2861人，县内集中安置517户2363人。县内集中安置点共计7个（不含“三岩”搬迁安置点），由安置点所在村负责管理，城关区恩惠苑搬迁点由林周县长期派驻3名正式干部负责日常各项工作。搬迁点配套14个产业项目，总投资共计4893.7万元，项目共计带动842人，实现分红23.61万元。

积极引导搬迁户参加各类实用技能培训及参加专场招聘会，为群众提供大量就业岗位，完全实现“一户一就业、一户一技能”。截至年底，已有903户1225人就业。大部分搬迁群众原籍牲畜已出售或交由亲戚代养，原籍耕地、草场优先交由村集体统一种植流转，避免“两头跑”问题。恩惠苑联络站工作专班逐户进行政策宣讲，协助意愿群众办理户口迁移手续，截至年底，已完成17户65人户口迁出工作。安置房屋不动产确权登记制证517个，制证率100%，已颁发269个，剩余248个正在核对不动产信息是否有误，核实完毕后，将发放至搬迁群众。截至年底，已拆除旧房屋并享受拆除补助资金共计795户3693人，累计兑现资金2954.4万元。旧房拆除宅基地复垦复绿工作已完成40户（45.77亩），261户（287.57亩）复垦中，剩余旧房拆除复垦工作正在手续跑办中。

【“三岩”片区搬迁安置】 年内，顺利完成贡觉县49户搬迁群众入住工作。共计发放近5万元物资，其中包含酥油、大米、面粉、砖茶等物资，确保群众在一年过渡期基本生活有保障。同时针对新搬迁49户群众搬迁入住后未能耕种分配土地，林周县按照每亩补贴400斤青稞实物的标准，对49户贡觉县搬迁群众进行青稞实

2021年2月25日，林周县组织干部集中观看全国脱贫攻坚总结表彰大会

物补贴，共计发放青稞133600千克，折合人民币72.144万元。

加快康姆桑村行政村建设，完善新村各项配套基础设施及村容村貌提升工作，由县住建局牵头，申请援藏资金1700万元，重点对村委会、文化广场、道路绿化等方面进行实地测绘，广泛征求群众意见建议，对康姆桑村基础设施进行全面改造提升，确保康姆桑村村容整洁、设施齐全、村民宜居。通过新建引水渠和维修机井相结合的方式，解决搬迁群众农业用水缺乏的问题，已改造维修机井13口，项目于11月完成建设并投入使用。

姆桑村农牧民施工专业合作社正在组建中，对有意愿进行专业技能培训的群众进行统计，报名39人，涉及木工、钢筋工、水电工、泥瓦工、推挖装机械操作手等。合作社正式运营后预计带动近50人就业增收。立足康姆桑村新建的40栋温室大棚，引进苗木种植企业，建立康姆桑村苗圃，主要进行造林育苗、景观育苗和有机蔬菜水果种植。该项目已正式运营，项目已带动固定就业岗位9个，后期还将带动固定就业岗位3个，临时就业岗位50余个，该项目每年直接带动租金收益40万元，同时带动就业岗位收益100余万元。

（马季龙）

【机构领导】

局长、四级调研员

卢立芳（女，6月免）

党组成员、副局长、二级主任科员

央金卓嘎（女，藏族）

党组成员、副局长、二级主任科员

蒲小龙（藏族，4月免）

退役军人事务

【概况】 2019年3月22日，林周县退役军人事务局挂牌成立，行政编制3名，科级领导职数2名；2019年5月31日，林周县退役军人服务中心成立，为林周县退役军人事务局所属事业单位，副科级建制，事业编制2名，副科级领导职数1名。2021年，林周县退役军人事务局干部职工公益性岗位共6人，其中正科级1人、副科级干部2人、事业专技1人、工人1人、公益性岗位1人。林周县退役军人事务局主要负责全县的双拥优抚、走访慰问、退役军人安置、抚恤金发放、退役军人职业技能培训等各项工作。

【党建工作】 年内，林周县退役军人事务局将党史学习教育作为一项重大政治任务，坚持学党史与悟思想融会贯通、办实事与开新局同向发力，不断推动党史学习教育入脑入心、走深走实。在集中学习基础上，开展自学、交流发言、撰写心得体会等活动。集中学习教育12次，通过周四学习例会和党员“主题党日+”等活动，上党课2次，组织开展学习研讨会2次，形成研讨发言提纲20余篇。

压实“一把手”抓党建工作主体责任，将责任落实到岗、到人。认真落实“三会一课”、党员领导干部讲党课、“主题党日+”等制度，严防业务、党建“两张皮”。通过政治教育，着力提升党员党性认识、宗旨意识和政治觉悟，凝聚工作合力。

【党风廉政建设】 年内，林周县退役军人事务局党支部书记坚决履行党风廉政建设主体责任和第一责任人责任，认真抓好党风廉政建设和反腐败工作，强化责任落

2021年7月22日，拉萨市退役军人事务局党组书记何镛（左一）一行到林周县慰问低保户退役军人

实和作风建设，坚持制度约束和宣传引导，积极构建反腐倡廉工作的长效机制。截至年底，组织开展节前廉政和平时党风党纪教育15次，组织党员干部学习《中国共产党廉洁自律准则》《中国共产党纪律处分条例》，学习通报违纪违法典型案例5件。

【理论知识学习】 年内，组织开展中共十九大，中共十九届二中、三中、四中、五中和习近平中国新时代特色社会主义思想的学习，深入贯彻中央第七次西藏工作座谈会和中共十九届六中全会精神，不断提高党组织的创造力、凝聚力和战斗力。截至年底，组织集中学习18次。

【意识形态工作】 年内，严格落实党支部书记抓意识形态工作"第一责任人"责任，支部成员落实"一岗双责"，以高度的思想自觉、政治自觉、行动自觉狠抓意识形态工作。

【走访慰问活动】 年内，林周县退役军人事务局充分利用"三大节日"、"八一"中国人民解放军建军节、新兵入伍、老兵退伍、立功受奖送喜报、庆祝中国共产党成立100周年等时机，大力开展走访慰问活动。走访慰问驻地部队，投入慰问金2.75万元；慰问退役军人等各类优抚对象107人次，并发放慰问金。

【安置工作】 年内，认真做好自主就业退役士兵一次性经济补助

2021年3月31日，林周县退役军人事务局党支部组织退役军人党员开展"缅怀先烈、退伍不褪色、永远跟党走"主题党日活动

和家属优待金发放工作。为2020年度退役的自主就业退役士兵发放一次性经济补助和家属优待金；为符合发放家属优待金的军改退役士兵发放家属优待金。

林周县退役军人事务局主动加强与县委组织部沟通联系，切实做好转业士官的安置工作，将转业士官安排在县机关后勤服务中心工作，积极维护军人军属合法权益，让军人成为全社会尊崇的职业。

【优抚对象抚恤补助】 年内，发放60岁以上农村籍退役军人生活补助金，发放伤残抚恤金。按照《拉萨市财政局关于下达2019年11月困难群众价格临时区、市两级补贴资金的通知》，发放60岁以上农村籍退役士兵和伤残人员2020年6—9月物价补贴。

【"双拥"创建】 年内，强化舆论宣传，积极营造双拥模范城（县）创建氛围。制作双拥宣传标语，发放各类宣传资料，组织退役军人学习"最美退役军人"先进事迹，开展退役军人志愿服务和国防教育进企业进校园等活动。帮助驻地部队解决实际困难，引导驻地部队参与当地经济社会发展稳定等工作，帮助解决实际困难。帮助退役军人解决好"最后一公里"问题，建立常态化联系退役军人工作机制，积极为退役军人提供帮助、排忧解难、化解矛盾。2021年，林周县被自治区委员会、自治区人民政府和西藏军区评为"双拥模范县"。

【场所建设】 年内，按照"五有"要求和全国示范创建标准，林周县加强退役军人服务中心和各乡镇退役军人服务站建设，进一步优化退役军人服务中心（站）办公场所、政治文化环境、规章制度、宣传标语等建设，规范设置办公室、服务窗口、退役军人活动室，悬挂制度牌和门牌等，不断推进林周县退役军人服务中心（站）标

准化建设，并顺利通过验收。

【政策宣传】 年内，向群众发放宣传资料，讲解法律法规，发放《中华人民共和国退役军人保障法》《军人抚恤优待条例》等宣传资料300余份，现场解答退役军人等人员咨询20余人次。

组织退役军人开展政策宣讲，张贴“拥政爱民、拥军优属”宣传标语，组织退役军人学习“最美退役军人”感人事迹，引导退役军人积极参与疫情防控，建立乡村联动、网格化管理，形成“爱军、学军、拥军、崇军”浓厚氛围。截至年底，开展政策宣讲会6场，多名参与退役军人。并投入双拥宣传资金制作双拥宣传杯。

【推进就业】 年内，充分利用乡（镇）退役军人服务站力量，采取电话、微信和实地核查等方式，了解辖区内退役军人就业单位、就业意愿、创业情况、培训情况，并登记造册。

主动与用工单位和主管就业创业的服务部门对接，为退役军人提供定向式就业岗位、订单式培训机会，协助开发就业项目，促进供需有效衔接，同时建立退役军人就业创业微信群，及时推送就业创业政策、企业招聘用工信息，提供多种双向就业选择。

指定专人负责，为退役军人提供就业创业政策咨询等专业化、个性化服务，让有需求的退役军人更有“方向”。年内，多名退役军人实现自主就业，有进入村“两委”班子任职的，有参加技能培训的。

2021年2月3日，林周县退役军人事务局召开2020年度政府安排工作退役士兵动员会

【服务保障】 截至年底，登记2020年、2021年现役军人家属信息，安置工作退役士兵，发放“光荣之家”牌子33块。按照《拉萨市退役军人就业创业补贴资金管理办法》，加强宣传、积极争取，为一名退役军人成功申请就业培训补贴。

【开展红色教育】 年内，为了深化党史学习教育，组织服务站工作人员和退役军人参加“缅怀先烈、退伍不褪色、永远跟党走”主题党日暨扫墓活动和藏传佛教活佛转世专题展，参观人数达150余人。

【树立典型引领】 年内，为深入贯彻习近平新时代中国特色社会主义思想，继承优良传统，弘扬雷锋精神，印发《关于成立林周县退役军人志愿服务队的通知》，退役军人报名参加志愿服务队，各乡镇退役军人服务站也成立退役军人志愿服务队，全县成立志愿服务队11支。

根据《西藏自治区退役军人事务厅组建全区退役军人就业创业指导团队实施方案》要求，推荐旁多乡加格村退役军人达多、阿朗乡拉康村退役军人鲁珠2人为林周县退役军人就业创业指导员。

根据《关于开展推荐自治区2021年度“最美退役军人”学习宣传活动人选的通知》，为激发退役军人荣誉感、责任感、使命感。结合退役军人在脱贫攻坚、乡村振兴、维护稳定、致富带头、基层组织建设等方面的具体表现，推荐林周县卡孜乡卡孜村党总支书记赤来旺堆为林周县“最美退役军人”。

【组织参加活动】 年内，根据《关于举办“老兵永远跟党走”庆祝中国共产党成立100周年文艺会演的预通知》，组织11名农牧民群众，参加在拉萨市群艺馆举办的中国共产党建党100周年文艺演出活动。为热烈庆祝中国共产党建党100周年，推荐林周县公安局徐帅作为退役军人代表参加拉萨市“知党恩、听党话、跟党走”喜迎建党100周年主题演讲比赛活动，并取得第二名的好成绩。

【自身建设】 年内，林周县退役军人事务局深入开展廉政建设和反腐败教育，深入贯彻习近平新时代中国特色社会主义思想和中共十九大精神，特别是中共十九届六中全会和区市重要会议精神，组织全局人员观看廉政影片，参观廉政警示教育基地。坚持学党史的同时，学习党史、新中国史、改革开放史、社会主义发展史，做到学史明理、学史增信、学史崇德、学史力行。组织开展谈心谈话活动，全面掌握林周县退役军人事务局党员干部的思想动态。完善资金发放管理机制，提升廉政风险防控能力，确保资金管理到位。积极转变工作作风，坚决杜绝“冷、横、难、阻”服务态度，进一步优化服务方式，提升服务质量。不断加强效能建设，创新服务工作平台，积极开创林周县退役军人事务局工作新局面。

（温　华）

【机构领导】

局　长

文均辉

副局长

扎西多吉（藏族，2月免）

温　　华（3月任）

林业和草原（自然保护区管理）

【概况】 林周县林业和草原局（加挂林周县自然保护区管理局牌子）是人民政府工作部门，为正科级，下设林业管理站一个事业单位，其中局行政编制4人，在编2人、空编2人；林业管理站事业编制10人、在编9人，空编1人。

2021年，林周县林业和草原局完成乡村“四旁”植树、义务植树等种植184523株苗木，约2493.38亩；种草面积95亩；全年总体防治病虫害暴发区达700余亩；林区管护面积1500余亩。

【党建工作】 年内，林周县林业和草原局由局党支部书记亲自抓党建工作，领导班子成员同林业和草原局干部职工共同研究制订2021年党支部党建学习计划，要求全局干部职工先自学，再在学习会上交流学习，加强服务队伍建设，积极组织开展驻村工作，做好党员学雷锋志愿服务工作，学习党章党规等。不断加强党员干部理论学习成果，切实改进思想作风和工作作风，认真落实“两学一做”学习教育、“三会一课”、组织生活会等党的组织生活制度，林草局持续强化自身建设，开展党建和党风廉政工作，持续推进“两学一做”学习教育常态化制度化。2021年党支部召开集中学习会30次，“主题党日+”活动12次、节前节后严明整治纪律、工作作风专题会9次，维护稳定工作专题会6次，参观林周县红色教育基地1次，观看警示教育片2次，并及时查摆问题，制定相应的整改方案，并抓好落实，推动党支部党建工作持续健康发展。

【新冠肺炎疫情防控】 年内，新冠肺炎疫情防控期间，开展“一查二巡三监测”工作模式，扎实做好疫情期间野生动物疫源疫病防控阻击战。严格按照新冠肺炎疫情防

2021年4月2日，林周县林业和草原局局长米玛（右排中）主持召开林周县林业和草原局党支部党史学习教育动员部署会

控要求，把关野生动物疫情关口，督促保护区巡护员充分发挥巡护员职责并利用黑颈鹤监控平台，动员全县947名护林员和9名野生动物巡护员等岗位人员在全县范围内开展排查工作，实行“零报告”制度，做好上传下达；选派专人在县检查站帕尔热桥设卡点开展防控新型冠状病毒（野生动物疫情排查）工作，对进出林周县人员、车辆进行消毒、检测、检查，做好林业和草原局疫情防控登记工作及牲禽活鲜的检疫排查工作。

2021年1月28日，西藏自治区广播电视台记者采访林周县林业和草原局干部关于雅江中游河谷黑颈鹤保护工作

【造林绿化】 年内，结合国土绿化义务植树工作任务，在县政府南侧对面的林周公园种植树苗12186株和403.5公斤草种和花种，约种树164.68亩；在县城主干道人行道、住宅区等区域的树坑进行补植和死树清理工作，补充种植树苗423株，约5.72亩；在县城鹏博健康产业园区开展义务植树，共种植1597株树苗，合21.58亩，参与县直机关义务植树的县直干部有652人。

【乡村“四旁植树”】 年内，结合区市实施的乡村“四旁”植树工作要求，实施林周县乡村“四旁”植树工作。2021年林周县乡村“四旁”植树总投资金额为765万元，其中，自治区配套资金为592.8万元、拉萨市配套资金为103.32万元、县级配套资金为68.88万元，根据上级业务部门下达的计划任务，林周县种植15.3万株，完成种植170877株苗木，完成种植2268亩，其中村（宅）旁植树98872株，面积1300余亩；路旁植树22410株，面积300亩；田旁植树39390株，面积530亩；水旁植树10205株，面积138亩。

【生态修复】 年内，按照区市安排部署，开展实施林周县2020年草原生态修复治理、2021年飞播种草（自治区林科院）、山坡种草种树试种5亩等林草生态修复治理类项目，累计种植面积达1万亩以上。截至年底，2021年飞播种草（区林科院）、山坡种草种树试种5亩工作均已完成，林周县2020年草原生态修复治理项目已完成项目前置手续办理，项目施工、监理招标等工作，已完成项目中九三学社中央草原生态修复与生产力恢复试点地块90亩地补播和禁牧围栏2200米的建设工作。

【完成保护区问题整改任务】 年内，根据中央第十巡视组巡视西藏自治区工作联络组《关于吴英杰、齐扎拉经济责任审计报告征求意见稿中的有关问题请提供具体情况说明的通知》、西藏自治区党委审计委员会《关于做好审计发现问题整改档案和定期报送整改进展情况的通知》要求，林周县需整改甘旦曲果镇甘曲村巴桑砂场、卡孜乡白朗村、强嘎乡曲果强村脱贫攻坚异地搬迁点涉及雅江中游河谷黑颈鹤国家级自然保护区的问题，上述三个问题均已完成整改工作，并上报自治区市进行问题销号。

【推进森林督查政改】 根据国家林业和草原局驻成都专员办反馈的森林资源监督情况文件，林周县2019年森林督查问题整改任务5个已完成；2020年森林督查问题整改任务为14个，已上报区市待整改销号13个问题，剩余1个问题于2021年年底前完成整改。

【黑颈鹤国家级自然保护区投食】 年内，根据历年监测到的黑颈鹤活动区域情况和栖息特点，在全县设立的10处黑颈鹤投食点，由9名保护区专职巡护员投食2万多公斤的青稞、小麦，投食工作主要采取不定期喂食，充分补充黑颈鹤食源，给越冬黑颈鹤建立一个食物充足、安全的觅食地，营造了越冬候鸟舒适的栖息环境。

【冬虫夏草采集工作管理】 年内，结合区市《关于切实做好2021年冬虫夏草采集管理工作的通知》，制定《林周县2021年度冬虫夏草采集管理工作实施方案》，并召开林周县2021年冬虫夏草采挖进度情况调度会。林周县2021年冬虫夏草采挖于6月3日陆续开始，全县无人工种植虫草情况，2021年累计采集虫草人数1309人，发放采集证512本，全县共设立采集点16个，组建工作组16个，全县派遣监管工作人员36人，采挖期间未发生任何矛盾纠纷。

【森林草原防灭火】 年内，根据《地方党政领导干部安全生产责任制度规定》和“三个必须”相关要求做好森林草原防火工作。严格排查并落实“防火码”使用。深入排查各林区寺庙等祭祀用火、农事用火，从源头管控“煨桑”原料，严格开展规范“煨桑”原材料管理工作。截至年底，非法采集制售原生植物行为得到全面遏制；结合森林草原防火应急预案，在虎头山水库开展防火演练，向各乡（镇）、寺庙组织发放铁扫把、自救式呼吸器、背负式水枪、充电式吹风机等林草防灭火设备，发放森林草原防火宣传手册3000余份。极大地加强林周森林草原防灭基础设施的建设，全县整体综合防控森林草原火灾能力得到新的提高。

【生态岗位】 年内，计划并落实947名专职护林员、1596名六大生态岗位，年投资生态效益补偿基金923.9818万元、生态补偿岗位资金478.8万元，管护工作人员生态效益补偿基金资金通过“一卡通”程序发放到管护人员。同各乡镇签订专职护林员《重点公益林管护合同（A）》，各乡镇与各专职护林员签订《重点公益林管护合同（B）》，专职护林员管护职责和管护合同均为藏语汉语。此外，还为全县947名护林员定制岗位挂脖牌，挂牌上以藏汉双语的文字明确写明护林员工作职责。

2021年1月28日，林周县林业和草原局工作人员到甘曲湿地巡查修护湿地网围栏

【普法宣传】 年内，结合自治区市县开展3月、6月、9月、12月等宣传月活动的相关要求，结合林草工作实际开展普法宣传活动，宣传《中华人民共和国森林法》《中华人民共和国草原法》《森林防火条例》《草原防火条例》《国家林业和草原局关于印发〈草原征占用审核审批管理规范〉的通知》等法律法规，全县普及森林草原法律知识，提高农牧民的法律素质。活动中印制发放宣传单1万余份，出动车辆10余次，悬挂横幅近20幅，出动县林草局工作人员30名，张贴宣传标语8条，受教育人数达2500人次。

【病虫害防治】 10月，林周县林业和草原局提前谋划，积极筹备，根据防治要求，按照“科学浓度配比、涂抹均匀”的原则，对林周县道路两旁、县城周边的树木开展涂白工作，为树木安全过冬和明年病虫害防控打下坚实基础。截至年底，共出动车辆60余次，人员200余人次，用药19吨，病虫害有效防治面积700余亩，管护近1500亩林区，有效提高了病虫害防治能力。11月，全面完成林周县城道路两侧、县城至县一号卡点道路两侧苗木的涂白工作。

【林政资源管理】 林周县国土面积4512平方公里，其中林地面积147000.172公顷，占土地面积的32.58%，全县森林面积132405.293公顷，森林覆盖率29.8%，林木绿化率31.5%。全县整体分布为南部六乡一镇多人工林、少天然林，北部三乡多天然林而人工林少。

年内，加快林草手续的办理进度，指派专人协助项目建设单位跑办涉及自然保护区、热振森林公园、湿地、林地、草地事宜，对项目建设选址进行现场核实、逐级上报审批材料、协助办理林勘、草勘等相关报告；减少办事人员跑动次数，定时追踪林草手续办理进度，及时完善和充实项目审批文件，确保项目的顺利实施。

【西藏热振国家级森林公园】 热振国家森林公园位于西藏自治区拉萨市林周县北部的唐古乡境内，东起者拉日山脊，西至措牛拉东部第一道山脊，南以热振藏布南缘为界，北达拉那。热振国家森林公园距林周县城95千米，距离拉萨市153千米。周边交通条件较好，从当雄县—旁多—林周县城到拉萨市的青藏公路保通线距公园23千米，旁多—唐古—藏雄的乡级公路穿越公园南段，交通较为方便。为保护好唐古乡内的大果圆柏林及所属的高山林灌草甸生态系统，林业和草原局在热镇森林公园建立西藏拉萨市林周县公益林专业管护站。

【黑颈鹤国家级自然保护区】 林周县黑颈鹤自然保护区是雅江中游河谷黑颈鹤国家级自然保护区的一部分，于2003年被国家批准成立，总面积1010.499平方公里，其中核心区面积197.966平方公里。该保护区内的保护对象是国家一级野生动物黑颈鹤，保护级别为国家级。林周县黑颈鹤自然保护区主要分布在南部六乡一镇，该区域也是粮食生产区域，群众主要以农业生产为主，每年10月底、11月初迁飞到林周越冬栖息的黑颈鹤数量在2000只左右，是雅江中游河谷地区黑颈鹤分布数量最为集中的保护区。为加强对黑颈鹤自然保护区、湿地、热振森林公园的宣传保护工作，林业和草原局在重点位置安装了宣传牌，并大量制作自然保护区和湿地保护宣传手册，切实加强群众对生态环境的保护意识。

（杨 瑞）

【机构领导】

局 长

米 玛（女，藏族，6月免）

副局长

张高峰

水利

【概况】 2021年，林周县水利局共有行政编制4名，实有3名，其中正科级干部1名，副科级干部2名；下设事业单位2个，即林周县水电队和虎头山水库管理站，共有事业专技人员8名，其中林周县水电队5名，虎头山水库管理站3名。主要负责全县水资源综合利用与开发，负责全县水利工程建设、运行管理、确权划界、河道采砂管理及防汛抗旱工作。

【党建工作】 年内，林周县水利局始终把学习型党组织建设放在工作的重中之重，旗帜鲜明讲政治，深入学习贯彻习近平新时代中国特色社会主义思想、中共十九届历次全会精神和中央第七次西藏工作座谈会精神，按照学习计划定期召开“三会一课”，召开支部党员大会5次、支委会13次、党课4次，开展“主题党日+”活动12次。中共水利局党支部现有党员10人，入党积极分子1人，指定专人每月按时按标准收缴党费，2021年共收缴党费1451元。年内，根据办公场所调整，重新制作林周县水利局党支部宣传栏、党建文化墙，营造浓厚的党建工作氛围。

及时召开“深刻揭批达赖集团分裂本质、筑牢新时代反分裂思想根基”教育活动动员部署会，干部职工签订“反分裂承诺书”。结合“主题党日+活动”认真组织开展教育揭批活动，组织“深刻揭批达赖集团分裂本质、筑牢新时代反分裂思想根基”教育学习2次；揭批达赖集团分裂本质表态发言1次，撰写表态发言稿11篇。

【项目建设】 年内，林周县水利局

2021年6月21日，林周县召开全县防汛抗旱工作部署会

主要以治理水土流失、提升防洪能力、巩固农村饮水安全、提高灌溉用水能力等重点项目为主，共涉及16个项目，其中已完工项目7个，在建项目8个，待建项目1个。2021年，水利发展资金投入8339.41万元，带动当地农牧民增收约1030万元。

年内，争取到农饮维修养护资金272万元，其中市级112万元，县级160万元，按照轻重缓急，3月开始陆续安排修缮任务。截至年底，完成38个村组饮水工程的修缮任务，累计投资资金94.82万元，项目的实施改善了项目区6243人饮水安全问题；完成125个村组供水水源水质检测工作。争取县级本级资金1218.82万元，新建拉萨市林周县强嘎乡曲嘎强村水渠维修改造工程和林周县卡孜乡“三岩”片区搬迁点灌溉工程，渠道总长11.563千米，有效解决周边9000亩农田灌溉问题。

【“河长制”工作】 年内，以县、乡两级河湖长为首，各行业部门为伍，不定期开展清除垃圾、清理违建(违占)、清洁水质“三清”行动。截至年底，开展清理垃圾活动70余次，清理垃圾65吨。完成虎头山水库和县级澎波河支流果当沟岸线保护与利用规划划定工作。2021年第三季度遥感监测疑似“四乱”问题图斑，林周县涉及18处，经现场复核均不属于“四乱”问题。

【防汛抗旱】 年内，修订完善防汛应急预案、水库运行调度预案，山洪灾害防御预案等各项应急预案，调整充实县级防汛抗旱领导小组成员和水库“三个责任人”名单。落实防汛配套专项经费63.82万元，该经费全部为县级配套防汛抗旱专项经费，其中防汛抗旱物资费39.2万元，机械雇用费24.62万元。加强物资储备，在原有的储备物资基础上购买铅丝笼300卷，铁丝100圈，编织袋4.8万条。对虎头山水库、五七干渠、大寨干渠等淤积严重地方开展清淤，清理淤积泥沙达2.6万立方米。2021年争取中小河流治理资金4956.92万元，新建春堆杰曲和林周顶段防洪工程，修建防洪堤总长17.497千米。投资809.97万元开展林周县4座水库维修养护工程，组织开展林周县2021年山洪灾害应急演练。

【最严格水资源管理】 拉萨市下达拉萨发展和改革委员会关于印发《拉萨市“十三五”水资源消耗总量和强度双控行动实施的通知》，控制目标指标要求林周县2020年用水总量指标是8975.84万立方米，控制目标完成情况良好，用水总量为8554万立方米。根据西藏自治区确定的节水型社会建设定性、定量指标体系以及水利行业节水型机关建设要求，编制《拉萨市林周县节水型机关建设实施方案》，2021年预算申请解决资金60万元，推行节水型机关建设，主要对政府机关院内的10栋办公楼(含食堂、招待所)的现有用水器具更换成节水型器具，安装水表，张贴节水标语、制作节水展板等内容。2021年农村饮水水费收缴工作初见成效，林周县水利局订做农村饮水安全工程水费收缴账簿，并下发各乡(镇)，截至年底，全县收缴农村饮水安全水费共计150141.57元，收缴达70%。

【亮点工作】 年内，林周县确定为深化小型水库管理体制改革样板县，争取到国家投资资金809.97

2021年7月6日，西藏水利工程建设管理培训班一行到林周县参观学习水利工程运行管理和水利设施保护范围划定工作

万元，用于推进小型水库管理体制改革样板县建设。对县域内1座中型水库、3座小型水库增设照明路灯、坝顶安装防护栏、修建人工水位观测设施等附属设施建设。

在全区率先开展县级水域岸线保护和管理范围划界工作，2021年完成澎波河和虎头山水库岸线保护和管理范围划界。

水利部建管司在林周县开展“为群众办实事”活动，委托南科院免费为卡孜水库安装大坝安全监测设施和雨水情测报系统，卡孜水库实现大坝安全监测信息化。

（谢彦红）

【机构领导】

局　长

边巴次仁（藏族）

副局长

卢昌旺

教育 体育

【概况】 2021年，林周县有各类学校52所，县中学1所，县小学1所，乡中心小学9所，县职教中心1所，县中心幼儿园1所，乡幼儿园9所，村级幼儿园30所。全县各级各类在校学生9303人，其中：初中生1940人，小学生4917人，在园幼儿2446人。全县教育系统教职工802人。

【严格落实党建统教】 年内，林周县教体局始终坚持把思想政治建设摆在首位，坚持使教育者先受教育，牢牢掌握学校教育的舆论阵地，通过召开2021年教育工作会议，党建、党风廉政、意识形态工作会议，加强党对教育工作的全面引领；加强党建工作与业务工作的衔接和融合，截至年底，召开局党委会15次，研究议题84个，召开办公会8次，研究议题34个，为解决教育难题，发挥党建引领，起到积极作用；加强对干部的选拔和培养，调整教育局党委班子成员3人、局科室负责人及校领导11人，增补学校中层干部6人，组织系统内60余名党务工作者开展党史学习教育暨党员政治教育培训；召开民主生活会，查摆问题7个，进行师德师风专项整治等具体整改。督导局机关、各学校召开党史学习教育专题组织生活会12次，查摆问题40余条，并进行逐项整改，加强党员党性修养，增强了党组织的活力。

组织理论学习28次，观看十三届全国人大四次会议直播、中共十九届六中全会新闻发布会直播、《榜样5》、《活佛转世》、《护航之道》、《老西藏故事》共计1600人次，组织保密法知识测试、党史学习教育应知应会、拉萨学习教育活动知识测试、中共十九届六中全会精神和党史知识问答4次，提高了干部职工政治理论和知识素养；对照2020年区党委巡视反馈问题、中央第十巡视组反馈意见、林周县作风建设整治发现的问题，进行举一反三，严肃整改，并向上级党委、政府和纪检部门汇报整改进度和结果；组织开展“石榴籽·百年足迹·魅力绽放”系列活动，选出教师代表组9个和各校学生代表组8个，共计100余名师生，通过才艺展示的方式庆祝中国共产党建党100周年、西藏和平解放70周年，其中多个节目获得市级表彰，3个节目入围拉萨市晚会名单，向县委宣传部选送参加庆祝中国共产党建党100周年文艺演出节目13个；组织各学校党员领导干部和教育局科室负责人近30人参观拉萨市廉政警示教育基地，进一步加强党风廉政建设，切实增强了党员领导干部廉洁从教意识和拒腐防变能力；联合旁多乡加格村党支部结对共建，开展“我为群众办实事”主题党日活动，走访慰问10户困难党员家庭。

【德育规范化建设】 年内，挂牌成立教育系统11个思想政治工作办公室、揭牌成立林周县中学团校，并在1所中学、9所小学召开少代会，强化社会主义和共产主义预备队培养教育工作的组织架构；组织青年教师进行“青年大学习”线上学习，达到每天285人的常态化学习教育；组织15名思政教师参加2021年拉萨市思政课教师培训，为各校思想政治教育教学培养了骨干力量；选拔县幼儿园教师参加拉萨市首届金牌宣讲员比赛，荣获全市宣讲第三名。

组织局机关党支部党员干部、县中学和苏州小学师生，在县养老院开展学雷锋志愿服务；组织各学校通过文艺会演、书法比赛、知识竞赛等方式，纪念“3·28”西藏百万农奴解放62周年、庆祝中国共产党建党100周年和西藏和平解放70周年；动员全县师生8000余人，轮番开展13场次“我们的节日·清明”网上祭语活动，依托网络，缅怀革命先烈，感恩幸福生活；累计开展“我和我的祖国”诗歌朗诵、“文明出行、从我做起”、“从小学党史，永远跟党走”、“石榴籽——民族团结主题教育”、“学英雄、赞英雄”宣讲教育活动51场次，受众2.8万人次。

【提升教育教学质量】 年内，建立完善《林周县教师备课制度》《林周县教师听课评课制度》《林周县学校教研制度》《教研室2021年度教研工作计划》，从制度层面规范教师教学行为；通过召开教学工作安排部署会、常规检查及毕业班教学工作指导研讨会、小学教学质量监测分析会，激发广大教师工作积极性，增强位次意识和质量意识；选派12名教师，参加市级赛课，培养各校骨干教师力量；组织开展科目教师片区教研活动，发挥骨干教师示范引领作用；开展“周四教研日”活动，不定学校，不打招呼，到各校检查教学常规工作开展情况。

组织第一期教师信息技术培训、12期科目教师培训、县级教学竞赛等活动，不断提高教师信息化教学能力，推动教师适应教育技术变革，以理论学习+实践活动的形式，提高教师理解教材、课标的能力；组织两期毕业班摸底考试和六年级毕业考试，确切掌握全县小学毕业班整体学业水平，为全面冲刺其他省市西藏班，实现教学质量稳步提升奠定了扎实基础。2021年，林周县50余名中小学生分别上线其他省市西藏班、拉萨中学、拉萨市北京中学。

【多媒体信息带教】 年内，高效完成林周县户籍278名小学毕业生报考其他省市西藏班校的报名、审核、考试、录取和619名初中毕业生中考报名、考试、录取、中职补录等常规工作；推进完成全县600余名教师2020区培计划中小学（幼儿园）教师教育信息技术能力提升工程2.0线上培训，及线下信息化2.0整校推进材料上报任务；完成县中学智慧校园项目的布线及部分设备安装工作；推进落实强嘎乡中心小学校园电视台及机器人兴趣班项目；按照西藏自治区教育厅要求，高效、优质完

2021年4月6日，林周县召开2021年度教育工作会

成林周县16节精品课上传任务；统一为教师代缴集团网络宽带费，为创设教育信息化和互联网教学提供了必要条件，在环境留人方面做好了细节关怀。

2021年9月23日，共青团林周县教育工作委员会成立大会暨第一次全体会议召开

【师资建设】 年内，组织召开部署会、推进会，制定印发《林周县2021年师德师风整治工作方案》《林周县师德师风失范行为负面清单及处理办法》，完善请销假、教职工管理、班主任津贴等各项规章制度，深入走访调研15所乡村学校，指导学校开展自查整治；做好乡村幼教入岗工作，补充学前师资力量。对入职的96名乡村幼教进行集中岗前培训，组织签订聘用合同及时兑现工资，迅速补充到全县乡村幼儿园；结合本县教师队伍实际，及时制定教师补充计划，严把教师队伍入口，2021年通过公开招考、调入等渠道将17名教师充实到师资相对紧缺的乡村学校，其中北部三乡8名，占比47.06%。加强校长和教师队伍均衡化建设，有计划地从优质学校选派管理干部充实到偏远学校和薄弱学校领导班子。截至年底，共选拔调整年轻校长及副校长5名，对4名校长进行南北部、城乡间交流轮换，队伍业务素养和管理水平明显提升；选派50余名教师参加国培、区培，对所有教师进行信息技术2.0、三科等网络培训，对接拉萨市教育局开展特级教师巡讲活动和拉萨市师校入校调研活动，积极向自治区申报推荐乡村优秀青年教师1名和高级职称评审库专家6名；完成2021年教师调入调出工作，严格按照程序报局党委研究，促进队伍流动；计算、申报、套发全县711名教师正常晋升工资和116名教师职称晋升工资，激发教师工作积极性。联合电教站对全县713名教职工定编定岗进行再次筛查核实；做好"一考三评"前期工作，组织755名教师进行报名、考试，发放资料653本，组织网络测评17次。完成10所学校17名教师高级职称和21名教师中级职称的民主考察。

加强学前教师培训，提高乡村幼儿园保教水平，联合县疾控中心，从民族传统礼仪、幼儿园一日工作流程、师德师风、政策法规、卫生保健等方面，对107名新分学前教师（含乡村幼教）进行幼师岗前培训；组织召开园长及骨干教师会议，集体研讨并制定《林周县学前教师听课评课制度》《林周县学前教师备课制度》等规章制度，实现学前教育有章可循，贴合乡村教育实际；依托自治区实验幼儿园、拉萨市城关区第十四幼儿园的结对帮扶，在旁多乡开展幼儿名师送教下乡活动；通过参加、开展市、县两级学前教师课堂教学技能、保育员保教技能大赛，进一步提高保教工作吸引力和感染力。

【安全卫生】 年内，健全完善《林周县教育系统维稳综治和安全卫生管理制度》《林周县教育局2021年开学工作指导方案》等各项规章制度；局党委班子经常研究分析校园安全工作，组织开展安全工作检查，树立校园安全底线思维，通过召开安全稳定会议、专题形势教育会议及其他晨会、例会等，教育教职工1.28万人次，覆盖率达到100%。并通过多家职能部门联合实地检查、县级交叉检查等形式，发现各类安全隐患32个，现场督促整改20个，限期整改完成9个，报请上级部门解决3个；完成2021年度39所学校第二次水质检测，有效保障校园饮水安全。招聘安保人员48人,在32所村级幼儿园门口设置隔离栏硬质防冲撞设施,加装围墙防护装置,配备配齐保安人员安保装备,有效防范各类涉校案件和暴恐袭击事件,保障师生生命财产安全。

邀请城关区心理辅导专家,走村入户,对林周县存在心理问题的学生进行健康辅导,开展有针对性的安全教育活动;为全县42所中小学、幼儿园安装完成校园一键式报警系统,并正式接入公安大数据投入运行;全县42所中小学、幼儿园食堂"互联网+明厨亮灶"工作覆盖率达到100%,林周县校园食品安全工作步入动态监管新常态。截至年底,全县教职工除禁忌症102人外,其余1107人皆接种新冠疫苗,12岁以上学生接种率达到94%,3—11周岁学生接种率达到93%。

【发展体育运动】 年内,坚持每周星期四教研日,开展听评课活动,对全县各校体育课程开设情况进行检查;成功举办第四届全县干部职工暨农牧民民族传统体育运动会、林周县中小学校园阳光足球联赛;组织干部职工参加拉萨工间操比赛,获得第四名的好成绩;开展林周县首届"推进双减,落实五项管理"中小学体育教师培训,大力协助拉萨市体校招生(录取15人),为拉萨市体育人才培养输送优质资源;完成全县中小学学生体质监测和视力测试任务,相关信息已上报国家数据库;体育走基层,进寺庙活动别开生面,联合市教育局为纳连查寺,配备了健身器材(篮球架),展现了团结科学、健康文明的新时代风貌。

【项目建设】 年内,根据拉萨市教育系统项目计划安排,实施项目22个(其中续建项目5个、新建项目11个、政府采购项目6个),落实投资9000万元以上;争取以市教育局牵头,预算资金为70万元的"旁多乡日布村幼儿园塑胶操场建设""旁多乡日布村幼儿园水塔建设"项目;继续推动以林周县中学维修改造建设、林周县阿朗乡中心小学改扩建、林周县唐古乡中心小学学生宿舍改扩建等为代表的项目进展,重点落实42所学校监控联网建设、41所学校供暖建设等43个重要议题,其中42所学校监控联网建设项目完工,供暖项目(第一批)已完工即将投入使用,第二批有序建设、加快推进中。落实中央关于"双减"工作精神,认真做好"五项管理"专项督导工作。

【落实"双减"工作】 年内,成立林周县教育系统"双减"工作专班,督促各校健全作业管理和课后服务机制,分类明确作业总量,提高课后服务质量;将"五项管理"落实作为规范办学行为督导检查的重要内容,县教育局设立面向群众的"双减""五项管理"监督电话与举报平台;落实校外培训机构专项治理工作,林周县教育局多措并举,扎实推进辖区校外培训机构专项整治工作,取得良好效果,县内无一所学科类校外培训机构;参与拉萨市教育局初中组和小学组蹲校活动,主动接受专家组对林周县5所小学"双减""五项管理"和教学"五环节"落实情况的全面,细致检查、指导,完成"双减"平台数据填报工作;通过微信平台督促学校开展第二课堂活动,切实落实"双减"精神,丰富学生课余生活;组织开展学前、小学教师课堂技能

2021年3月30日,林周县教育局组织老师到鹏博健康产业园开展"植绿、爱绿、护绿"义务植树活动

大赛，切实做到减负不减质，提升教育教学质量。

【国家通用语言文字推广】 年内，林周县教体局承担村干部、寺庙僧尼国家语言文字培训任务。截至年底，培训村干部四期共300余人，僧尼一期30余人；另外组织推荐师生参加自治区级《我和我的祖国》第三届中华经典诵读比赛，林周县师生斩获学生组二等奖1名，三等奖1名佳绩。

【各项工作指标任务完成情况】 2021—2022学年初，小学净入学率100%，初中毛入学率103.14%，学前教育毛入园率107.66%，九年义务教育巩固率100%。有效保障学生接受学前教育和义务教育的权利，基本实现县域内均衡发展。

【完成中、小考等考务工作】 年内，林周县其他省市西藏初中班考试参考人数共有277人，体检分数线上线29人，实际录取人数30人（苏州小学18人，其中2名考生在那曲考试，联合学校1人，松盘1人，其他学校10人）。2021年录取控制线：县镇藏族及区内少数民族311分，农村藏族及少数民族300.5分，县镇进藏干部职工子女235.5分，数学单科控制60分。中考700分以上12人，600—699分55人。

【落实惠民政策】 顺利完成2020—2021学年在校大学生资助工作，2020—2021学年林周县共资助在校大学生2200人，资助资金985.237914万元，其中建档立卡户、低保户在校大学生327人，资助资金197.664827万元；困难户大学生18人，资助资金10.23968万元；农户大学生1855人，资助资金777.333407万元。全部按时足额发放至学生及家长手中；另外通过召开会议、现场调研、入户统计，做好昌都“三岩”片区贡觉县334名搬迁群众的子女入学保障工作，所有人员均就近安排入学，且要求接收学校进行一对一帮扶关怀，帮助搬迁学生更好融入校园环境，切实保障适龄儿童义务教育权利。

（刘娇娇）

【机构领导】

局　长

仓　　拉（女，藏族）

副局长

格桑次仁（藏族）

格勒白姆（女，藏族）

林周县中学

【概况】 林周县中学是一所农牧区寄宿制学校，占地面积224.5亩，建筑面积40000余平方米。现有40个教学班级，在校学生人数1940人，学校肩负着县城七至九年级的义务教育重任。现有教职工183人，是一支作风踏实、教书育人、勇于进取、乐于奉献的师资队伍。

【工作开展】 年内，牢固树立“安全第一”的意识。在常规工作的基础上，与德育教育相结合，做好平时的安全教育工作。通过“课堂育人、活动育人、实践育人”，夯实班级基础，养成学生“安全”意识和习惯。开展丰富的活动：安全教育类5次，其中公检法4次、卫健委1次；市县校三级文体艺活动11次。在实践育人方面突出校园“闭环式”管理。在疫情防控形式下，养成严格遵守疫情规矩和预防传染性疾病的卫生习

2021年10月17日，在林周县中学“一考三评”业务知识考试，全县513人参与考试

2021年3月9日，林周中学与拉萨市第八中学开展“城乡结对”工作对接

惯。做好班车接送工作；做好校园传染性疾病预防工作；做好周末北部学生管理工作；完善《留校北部学生管理办法》，关爱学生心理健康；关注重点“三类生”；做好安全隐患排查整改等。

【新冠疫情防控】 年内，加强新冠疫情和常见传染病防控工作，科学地开展传染性疾病的防、控、治工作，落实五级联防联控机制，制定科学且操作性强的《疫情防控工作方案》《预案》《消毒措施》《通风制度》《环境卫生检查通报制度》《健康教育到人制度》《晨（午）检跟踪制度》等，并严格落实。同时，制作《疫情防控告家长书》《林周县中学疫情防控及安全工作知识读本》，召开疫情防控主题班会，加大防控宣传力度，使疾病防控深入人心。

【常规教学】 年内，认真落实“五环节”；以“双减政策”为导向，严格落实“五项管理”。在常规工作的基础上，主要突出以下工作重点：开展拉萨市教研所教研员蹲校活动；拉萨市名校长、骨干教师蹲校活动；拉萨市第八中学蹲校交流活动；区市教研室专家课题讲座等。创建书香校园，完善图书阅览室。明确体育老师工作任务，提高三操质量。以学业水平考试为导向，展开分析，加大体育、历史、地理、生物学科改革。其中贡嘎、欧思琼获市级学科带头人，普布卓玛、张小娜、边巴次仁获市级骨干教师称号，张银妹、格来热吉、邱淋、南木卓、坚参边角获市级教学能手称号，次仁桑姆同学在第三届诵读中国经典诵读大赛全国大赛中荣获二等奖。

【校园信息化】 年内，做好硬件维护的同时，实现全部班级电子白板上课，学生学籍管理、考务和统计等基本实现信息技术现代化，全年对教师进行信息化2.0培训，其中直播2次、集中培训1次、分组学习5次、提交作业2次。在珠峰旗云学籍数据库导入导出1次、1952人。精品课录制上传14节，利用数字资源对全校学生进行党史教育、安全教育、法治教育等网络直播。

【后勤保障】 年内，建立后勤服务中心，切实提升总务效益，减轻教师的额外负担，加强保安巡逻，弥补监控不够的不足，在学生宿舍内开始供应开水，提升学生就

2021年6月5日，林周县中学开展消防演练活动

2021年11月27日，林周县中学落实“双减”工作—开展“趣味拔河”活动

寝环境，完善后勤工作职责，开始落实“职工在哪儿、管理团队在哪儿”，职工既会做事，又会管理，按照《林周县中学班级、学生考核办法》，对学生管理，并发放职工绩效奖。宿舍查房、伙房查浪费、保洁查卫生。同时安排3名教师到学生伙房工作，主抓学生行为习惯，培养学生良好的生活习惯。

【学校队伍管理】 年内，加强学校教师队伍、班主任队伍、干部队伍建设，按照《教师队伍建设办法》，先后学习落实县教育局的《师德师风考核办法》，严格执行《请销假管理》。梳理全校教师专业和学历，校域内调配，确保学科教学完全满足新的学考需要，创设“公平”的育人环境。建立班主任工作室、设立每周星期五的班主任教研活动、实行每月班级管理分析会。完善《班级工作考核办法》，按照《班主任管理条例》《德育工作条例》，依规办事，加大班级工作量，按照班主任专业标准进行专业要求，提升班主任工作的自豪感，大胆培养使用年轻班主任，实现能上能下。按照《中学干部体制管理办法》，简化管理体制，建立学校、年级组、班级三级管理模式。原校级干部重新分工，原科室干部全部轮岗，夯实年级组基础。

（苏远庆）

【机构领导】
党总支书记
　　贵桑多吉（藏族）
校　长
　　牟 维 军
副校长
　　公保才旦（藏族）
　　王 银 超

林周县鹏博健康产业园管理委员会

【概况】 为加快推动林周县产业园区发展建设和招商引资工作，进一步提升产业园区服务功能，优化企业发展环境，结合林周县实际，经2月3日县委编委2021年第一次会议研究决定，设立林周县产业园区服务中心，为林周县经济和信息化局所属事业单位，股级建制，核定事业编制3名。

【招商引资】 年内，围绕产业链缺失环节，开展“走出去补链”招商引资系列活动，先后于4月、5月和9月到宁夏、广西、贵州和重庆等地开展招商引资考察活动。期间与智诚科创有限公司签订关于打造数字产业基地的战略合作协议；与广西鲜友公司就热带水果种植项目达成投资意向（金阳果项目）；实地考察贵州省保利集团民爆生产线，助推各类实体产业落地林周。12月，以“苏藏一家亲金秋江苏行”招商引资推介活动（南京站）为契机，前往广东佛山对众陶联供应链有限公司进行回访，就供应链平台产业发展实际与乡村振兴战略相融合，打造电商数字产业园区及产学研科研基地项目方面进行对接交流，并达成合作意向，招商工作取得良好成效。

【招商项目】 由西藏保利久联民爆器材发展有限公司计划投资1亿元的“12000吨乳化炸药生产项目”用地审批手续已完成自然资源厅审批，预计2022年年初开展征地工作。

由日喀则宝峰房地产开发有限公司计划投资1亿元的“林周

德吉卓康住宅小区项目和林周县彭波颇章房地产有限公司计划投资2亿元的“林周·颇章花园项目”设计方案已完成评审，因县自来水厂改建项目暂未完工，导致以上2个项目无法按期开工，现经县政府2021年第7次县长办公会研究同意2个项目延期开工。

林周县工业民用天然气项目已完成发改项目备案、环评报告已提交待批复、稳评等正在办理，建设用地正办理农转用手续。

2021年2月1日，林周县委副书记、县长德吉央宗（右一）一行到产业园服务中心调研

【援藏项目】 年内，为推动新兴产业成长和传统产业数字化转型升级，切实为企业做好招商引资部门一站式服务，打造数字经济创业创新高地，实现产业生态化，数字化，由江苏省援藏投资2000万元的林周县数字产业发展中心项目，该项目已完成项目招投标工作，由西藏龙玖建设工程公司中标承建，已完成项目统计入库工作。截至年底，项目已完成30%。项目建成后，将林周县数字化产业提供基础平台，促进数字信息产业的集聚和合作优势，为数字企业的发展创造优质的环境，补齐林周县数字产业基础设施的短板。

江苏省援藏投资1600万元的产业人才培训基地项目，已完成项目立项，项目稳评已通过县委政法委初审及市委政法委复审，完成项目用地预审与选址意见书的办理，项目环评、林业及水土保持等手续均已办完，4月开工建设。

（普　珍）

【机构领导】

主　任

洛桑罗布（藏族）

城市建设·环保

住房和城乡建设

【概况】 2021年，林周县住房和城乡建设局下辖林周县城管大队，核定事业编制14名，实有事业编制11名、工人2名；下辖事业单位林周县自来水厂，核定事业编制14名，实有事业编制人数3名、工人9名、公益性岗位人员8名。

【完善住房保障体系】 年内，为提高林周县住房保障能力，解决住房困难家庭、外来务工、新就业大学生、易地搬迁等人群的住房问题，完成林周县2018年公共租赁住房建设项目（二期），建设公租房218套；新建林周县2021年公共租赁住房建设项目，建设公租房240套，概算投资4554.61万元，项目于9月13日开工建设；实施林周县卡孜乡康姆桑村易地搬迁配套基础设施提升工程，概算投资1497.34万元，项目于10月15日开工建设。

【公有房屋管理】 年内，做好保障性住房管理，加强保障房维修工作，共接到保障房及共有房屋报修28件，已全部完成维修。对现有办公用房进行清理，清理整改54间领导干部办公室存在超标问题，涉及办公用房面积1575.53平方米，做好保障房租金收缴工作。

【农村危房改造】 年内，林周县住房和城乡建设局继续落实住房安全保障政策，坚持将农村危房改造工作作为改善贫困群众居住环境，提高农村群众幸福感、获得感为目标。2021年共改造254户，向群众兑现资金129万元。同时加大农牧民群众房屋安全排查力度，共排查出因雨损出现安全隐患房屋78套。

【提升城乡环境质量】 年内，为全面提升林周县城乡环境卫生质量，2021年完成林周县江热夏乡垃圾转运站建设项目、林周县松盘乡垃圾转运站项目建设，其中江夏乡垃圾转运站概算投资

2021年11月2日，县委常务副书记、常务副县长韦国岭（中）一行到卡孜乡调研垃圾转运、康姆桑村饮水及公租房工作

418.99万元,松盘乡垃圾转运站概算投资484.15万元。推进林周"美丽乡村·幸福家园"示范村建设行动计划整村推进项目:第一批4个村当杰村、曲嘎强村、强嘎村、江夏村已全部开工建设。第二批春堆村、达龙村、白定村、唐古村项目在前期手续办理中。

2021年7月27日,林周县住房和城乡建设局局长曲扎(中)到卡孜乡康姆桑村看望结对户

【"四化"整治】 年内,为了营造良好的节日氛围,做好迎接中国共产党成立100周年和西藏和平解放70周年庆祝活动,根据县委、县政府安排部署,开展城市"四化"整治工作。

在县城(含园区)种植树木3115株、绿化带种植绿篱1.45万余株。更换关于中国共产党建党100周年和西藏和平解放70周年相关的宣传灯箱,共更换460套。对县城路灯、灯饰进行维修,并交由第三方进行运维管理,确保路灯亮灯率已达到98%以上;对城市容貌环境整治,拆除县城违建,拆除影响市容环境的电线杆围栏12处,更换老旧牌匾和广告牌30余处,实施弱电入地工程,整治县城露天洗车场,消除城市"牛皮癣",清理乱张贴145处。加强县城环境卫生清洁工作,环境卫生明显提升,投入15.3万元,在县城主干道安放90个四分类垃圾桶,助力建造干净整洁的林周县城市环境。

【严格施工许可证办理】 年内,全县登记办理施工许可证建设项目21个,其中工程造价在1000万元以上的项目有4个,工程造价在500万元以上的项目有5个,工程造价在400万元以下的项目有12个。

【公厕日常监管】 年内,林周县公共厕所共有75座,严格按照"厕所革命"城镇公厕管理要求,落实专职看管人员和保洁员,统一设置规范的公厕标示牌,加强日常卫生管理。加大公厕开放力度,并设置明显标识,便于群众寻厕和监督强化城镇公厕规范化管理,全面提升服务质量,避免出现浪费公共资源的情况出现。

【建筑领域行业监管】 年内,房屋建筑和市政领域开复工项目共计35项,林周县住房和城乡建设局加强建筑工地安全生产及疫情防控工作,对全县开复工项目施行关键部位建设及验收质量监督全覆盖,保障建筑领域质量安全。对实名制未做到位的建筑企业进行资质锁定,确保实名制管理落实到位,保障工资按月发放到位,避免出现拖欠民工工资事件。加强建设招标领域监管,消除招标领域各类不合理限制和壁垒,维护公平竞争的市场秩序,清理取消各类企业库,减少政府对招标领域的干预。加强日常监管,规范招投标行为,加强对招标过程的监督,避免发生规避招标、虚假招标、围标串标等行为。截至年底,未发生重大安全事故。

【城市管理综合整治】 年内,为深入贯彻落实习近平总书记关于城市建设管理的一系列重要指示精神,把林周县城建设好、管理好,根据县政府的工作部署,每天对县域内沿街商户的门前卫生、经营环境、秩序进行检查,与商户签订"门前三包"责任书,整治占道经营、县城人行道车辆乱停乱放等乱象,拆除县城违规建筑设施10余处。完善县城基础设施,投入资金46万元,完善县城道路标识标牌;投入资金48.65万元,更换县城路灯灯饰,美化亮化县城;

完善县城停车场，新增停车场6个、停车位433个，免费向群众开放，既解决了车辆乱停乱放、规范了停车秩序，又解决了群众停车难问题，县城面貌得到明显改善。

【供水保障】 年内，林周县自来水厂水质监测全年符合《生活饮用水卫生标准》。为确保城乡居民饮用水安全，每月固定进行水质检测一次，本着为民服务的原则，进行县城供水管网排查，消除隐患，保障县城正常供水，做好水费收缴工作。

【党建工作】 年内，中共林周县住房和城乡建设局党支部严格落实“三会一课”、组织生活会等制度，对党史、爱国主义教育、“三更”教育、“三新”教育等内容开展学习和举办活动，传达学习一系列上级下发的重要文件和习近平新时代中国特色社会主义思想，全年组织开展“主题党日+”活动12次、召开支委会17次、召开党员大会4次、讲授党课4次。

开展主题“党日+”观看红色电影活动，丰富了党建活动的同时，进一步激励局党员干部坚定理想信念、不忘初心，时刻牢记感党恩、听党话、跟党走。认真履行意识形态工作的主体责任，把意识形态工作纳入党建工作责任制，纳入目标管理。坚持每季度召开1次意识形态工作会议，分析研判意识形态领域情况，辨析思想文化领域突出问题，牢牢掌控意识形态主导权。

【党风廉政建设】 年内，林周县住房和城乡建设局党员进行廉政风险点自查，并相应建立台账，进行廉政谈话，加强党风廉政建设。综合应用组织警示、个人自省、群众监督三结合的廉政措施，教育党员干部践行廉洁自律，以求真务实的作风推进各项工作，积极营造风正、气顺、劲足的良好工作氛围。

（马 溶）

2021年12月14日，林周县住房和城乡建设局一行到强嘎乡强嘎村开展办实事活动

【机构领导】

局 长

曲 扎（藏族）

副局长

张燕林

生态环境保护

【概况】 拉萨市生态环境局林周县分局为拉萨市生态环境局派出机构，由拉萨市生态环境局直接管理，承担所辖区域内的生态环境保护及环境执法工作。2021年，拉萨市生态环境局林周县分局行政编制4名，其中科级领导指数2名；实有干部职工5人，均为中共党员。

【环境质量监测】 年内，制定《林周县2021年县域环境质量监测方案》《林周县2021年农村环境质量监测方案》，定期对县域环境空气、地表水、地下水、人工湿地污水处理站进出水以及全县46个行政村环境质量开展常规监测。根据监测结果显示，县域空气各项指标均满足《环境空气质量标准》（GB 3095—2012）一级标准；地表水水质各项指标均达到或优于《地表水环境质量标准》（GB 3838—2002）Ⅲ类标准；地下水水质各项指标均达到或优于《地下水质量标准》（GB/T 14848—2017）Ⅲ类标准，县域环境质量总体保持优良状态。

【环境日常监督管理】 年内，针对辖区重点工矿企业、施工扬尘、污水处理、辐射安全管理、疫情防控医疗废物安全规范处置、规模以下小型养殖场污染防治措施运行情况以及县城农贸市场、各大超市、果蔬店白色塑料袋使用等情况开展日常检查。积极处理群众举报案件,组织执法人员参加上级业务部门生态环境保护执法轮训,规范使用移动执法系统,提升执法效能。累计检查90余次,出动执法人员200余人次,共立案查处环境违法案件5件,其中查封扣押1家,处罚金3.565万元。

2021年10月25日,西藏自治区生态环境厅检查组一行到林周县对绿盾点位整改情况进行督导检查

【项目建设监督管理】 年内,严把环评审批关,每月初对上月建设项目网上登记备案情况进行统计,为拉萨市生态环境局林周县分局日常监管提供基础依据。严格监督建设项目环境保护措施,督促建设项目严格按照环境影评价内容,落实环保“三同时”制度。年内,全县共有20个建设项目在网上登记备案。同时,采取提前介入、现场踏勘、查阅资料等方式,主动做好对接与服务工作,邀请市生态环境局业务骨干就项目环评手续办理、审批过程中存在的突出问题予以指导帮助,全力助推林周县重点民生项目落地落实。

【排污许可核发登记】 年内,全县排污单位共46家,其中核实停产关闭企业19家,其余27家全部完成排污许可发证登记。

【非道路移动机械编码登记】 年内,持续开展非道路移动机械编码登记工作,完成编码登记337辆、审核通过并发放环保登记号码278辆、退回重填59辆。

【拉萨河源头环境卫生管控】 年内,为切实加强拉萨河源头环境卫生整治工作,拉萨市生态环境局林周县分局先后给10个乡(镇)下拨60万元专项资金,对辖区内卫生包干区、沟渠、河道等重点区域进行环境卫生整治,加强河道采砂管理,逐步形成环境卫生治理常态化、长效化。

【环境基础设施建设】 年内,投资421.78万元,试点引进低氮低温裂解垃圾处理工艺,建成林周县旁多乡生活垃圾低氮低温裂解处理项目,进一步完善城乡生活垃圾收集处理体系。投资182万元建设农村污水处理试点工程,补齐农村污水处理设施短板。

【生态文明建设示范创建】 年内,重新调整成立由县长任组长的创建自治区生态文明建设示范区工作领导小组,全面推进县、乡、村三级联创各项工作。先后编制印发《林周县生态文明建设甘旦曲果镇等10个示范乡(镇)创建规划(2021—2025年)》《甘旦曲果村等45个行政村建设方案(2021—2025年)》《关于创建自治区生态文明建设示范县的决定》,全面启动林周县“自治区级生态文明建设示范县”及全县9个乡1个镇45个行政村“自治区级生态文明建设示范乡(镇)、村”创建申报工作。

【生态文明教育】 年内,依托国际生物多样性日、“6·5”世界环境日、生态文明宣传月等,持续深入开展生态文明建设和生态环境保护宣传活动,组织各乡镇全面开展环境大整治工作,引导教育广大群众积极参与,推动形成“全民动员、共同参与、重点治理、全域保洁”的良好工作氛围。制作“美丽林周 生态文明”宣传短片,利用政府网站、“林周之窗”“林

2021年7月6日，拉萨市生态环境局林周县分局执法人员对私自生产企业设备进行查封

周环保”“林周融媒”等新媒体发布生态环保信息200余条，累计发放宣传资料6500余份、环保袋5500余个、环保宣传物品2000余个，悬挂横幅50余条，设立宣传牌、宣传栏60余个，受教育群众达5万人次。

【中央生态环境保护督察反馈问题整改】 年内，做好中央生态环境保护督察反馈问题整改。林周县涉及中央生态环境保护督察整改总任务25项，子项任务103项；林周县中央第六环境保护督察组受理来电来信长期整改任务共12项，均已完成整改，并已向市整改办提请销号申请。

【突发环境事件应急演练】 年内，联合县应急管理局、县自然资源局、西藏梓鑫农业科技发展有限公司以及林周县江热夏乡财胜矿业有限公司开展突发环境事件应急演练。通过演练，锻炼和检验各单位迅速反应和协同作战能力，进一步提升林周县突发环境事件的应急处置能力，达到预期效果。

【党建工作】 年内，中共拉萨市生态环境局林周县分局党支部严格落实“三会一课”、组织生活会、民主评议党员、党费收缴等制度，认真学习中共十九届五中、六中全会精神，学习习近平总书记系列重要讲话精神，特别是在西藏考察时的重要讲话批示精神。全年组织开展集中学习31次，召开党员大会4次，书记讲党课3次。

通过开展支部共建活动、组织参观红色教育基地、观看红色电影等多种学习形式，深入开展党史学习教育，扎实推进“我为群众办实事”实践活动，推动党建工作与各项工作深度融合、相互促进。年内，支部党员干部累计投劳12人次，自筹资金600元，开展志愿服务活动。

【党风廉政建设】 年内，中共拉萨市生态环境局林周县分局党支部认真落实民主集中制，坚决贯彻执行“三重一大”事项集体决策制度，认真履行党风廉政主体责任，始终把反腐倡廉教育放在首位，坚持逢会必讲，切实将党风廉政建设与业务工作同考虑、同部署、同实施。认真组织学习《中国共产党章程》《党政机关厉行节约反对浪费条例》，以及中央、自治区、市、县各级关于改进工作作风、密切联系群众的有关规定，坚持将反面“活教材”违法案例纳入日常学习，结合典型案例进行反腐倡廉和纪律法制教育，引导党员干部自觉遵守廉洁准则，筑牢拒腐防变意识，努力营造全局上下风清气正的政治生态。年内，开展干部作风建设自查自纠，形成个人自查自纠报告5份。

（孟　雪）

【机构领导】

局　长

格桑次仁（藏族）

副局长

土　　旦（藏族）

交通·通信

交通运输

【概况】 林周，藏语含义为天然形成的沃土，位于拉萨市东北，距离市区65千米。东、南、西、北分别与拉萨市墨竹工卡县、达孜区、堆龙德庆区、当雄县以及那曲市嘉黎县毗邻。全县辖9个乡1个镇，46个行政村，15733户64926人。分南部和北部，南部主要以农业为主，北部主要以畜牧业为主。林周县现有国道一条：G561，境内里程110.342千米；省道两条：S507，境内里程44.33千米；S303，境内里程74.665千米。林周县农村公路总里程1095.951千米，全县路网密度0.24千米/平方千米，农村公路按道路类型分为县道、乡道、村道、专用道路，其中县道270.517千米，乡道136.934千米，村道479.788千米，专用道路208.712千米。一类桥梁28座、二类桥梁30座，三类桥梁83座，四类桥梁2座，五类桥梁1座。全县10个乡镇、46个行政村已全部实现通畅，184个自然村全部实现通达，其中107个已实现通畅。全县行政村通畅率达到100%，自然村通畅率58.2%。林周县交通运输局从“建、管、养、运”四方聚力，农村公路服务经济社会发展的能力也得到了大幅提升。

【2021年实施项目】 年内，林周县交通运输局新建项目共11个，其中，已完工项目9个，正在实施项目2个，项目投资达8985.28万元，涉及公路52千米，桥涵11座；G561和S507林周县境内道路全面贯通，开展生态环境恢复与安防设施完善、增设工作；G561拉萨至林周公路新改建工程（拉林隧道），该项目工程可行性研究报告已通过，已完成初步设计，初设总投资111亿元，林周县交通运输局将继续配合市局对该项目各项前期工作的协调力度，以G561林周至拉萨新改建工程实施为契机，加快县域快速路与拉萨市域快速通道、高速公路等高等级公路衔接。

【公路建设项目】 拉萨市林周县达龙村委会至达龙村觉姆库组公路工程（市管续建项目）：项目按照四级路标准设计，路基宽度4.5米；项目投资总额725.7166万元；资金来源：建设资金从农村公路审核结余资金中解决。项目已完工。

林周县卡孜乡帕雪大桥至克布村朱古组公路改建工程（续建项目）：该建设项目道路等级为双向单车道四级公路，路线全长5.69千米，其中主线4.843千米，路基宽度5.50米；支线路线全长1.45千米，路基宽度4.50米；主线和支线总长6.29千米；总投资1547.58万元；资金来源为县级配套资金，项目已完工。

林周县卡孜乡林春路至亏组公路工程建设项目：总长3.345千米，采用单车道四级公路标准，路基宽度5.5米，路面宽度4.5米；总投资796.97万元；资金来源：2020年扶贫资金；项目已完工。

拉萨市林周县边交林乡道路提升改造工程建设项目：该项目为四级公路，改造冲琼组路线全

2021年8月17日，拉萨市交通运输局副局长徐翚（中）一行到林周县养护部检查指导工作

长0.774千米，扎西康萨组路线全长0.555千米。其中路基工程1.329千米，路面工程1.329千米；总投资229.18万元；资金来源：2020本级扶贫资金；项目已完工。

拉萨市林周县江热夏乡、边交林乡“幸福路”工程项目：路线全长5.352千米。公路全线按四级公路技术标准进行建设，其中，路基工程5.352千米，路面工程5.352千米，桥涵工程1项；项目总投资1087.00475万元。资金来源：2021援藏资金，项目已完工。

林周县春堆乡洛巴堆村赤组公路改建工程建设项目：改建4.018千米，路基宽度7.5/5.5米，路面宽度6.5/4.5米，采用四级公路技术标准，桥涵工程1项；总投资812.08万元；资金来源：2020年本级扶贫资金；项目进度75%。

拉萨市林周县县道102、104、105道路维修工程：临时交通工程1项，路基工程33.482千米，路面工程33.482千米，桥梁涵洞工程40米，交叉工程99处，交通工程及沿线设施33.482千米。总投资4042.85万元；资金来源：林周县本级财政；项目进度30%。

【桥梁建设项目】 林周县春堆乡春堆村郭当组桥梁改建工程项目：一座3孔16米桥，桥梁总长60米，宽7.5，双车道，加两边引道300米（每边150米）；总投资488.8086万元；资金来源：产业资金；项目已完工。

林周县卡孜乡嘎布桥桥梁改建工程建设项目：改建18.24米小桥工程；项目总投资104.59万元；资金来源：2020本级扶贫资金；项目已完工。

拉萨市林周县卡孜乡克布组桥梁改建项目：位于拉萨市林周县境内，本项目为改建桥梁全长21.24米/1座。项目投资总额136.10万元；资金来源：2020年本级扶贫资金；项目已完工。

林周县江热夏乡卡日桥梁改建项目：桥梁全长58.84米/1座，采用四级公路双车道标准设计，桥涵设计荷载采用公路Ⅱ级。本项目现有形状为简易过水路面，为避免发生群众生命财产安全事故，把原有过水路面改建为桥梁，不占用新增用地；总投资323.9981万元；资金来源：本级配套资金；项目已完工。

【机具情况】 年内，拉萨市林周交通产业服务有限公司拥有各种车辆62辆，其中县际班线车辆19辆，农村客运车辆21辆，校车4辆，机务车7辆，农村公路养护部机械设备共11台（装载机2台、挖掘机2台、拖板车1台、养护综合车1台、自卸车1台、工程车1台、道路巡视皮卡车1台、罐式搅拌车1台、压路机1台）。

【养护工作】 年内，林周县交通运输局实施养护工程项目共6个，总投资达525.37万元。

林周县唐古乡增日组桥梁建设项目：1—10米钢筋混凝土实心板桥1座，导流堤38米；项目总投资122.28万元；2022年续建。

林周县阿朗乡布岗村塔那组涵洞工程项目：1—4米钢筋混凝土盖板涵1座；项目总投资20.77万元；2022年续建。

林周县阿朗乡拉康村曲热组涵洞工程项目：1—5米钢筋混凝土盖板涵1座，导流堤20米；项目总投资15.42万元；2022年续建。

林周县春堆乡卡东村桥涵养护项目：纳木组桥为1—10米整体现浇实心板桥结构，桥跨径总长10米，全长18.24米。桥面纵坡为0,桥面横坡2%;1.0米×3.0米钢筋混凝土盖板涵12米,拆除旧建筑物、构造物;项目总投资157.26万元;2022年续建。

林周县边交林乡、甘旦曲果镇、强嘎乡部分道路养护工程:拉萨市林周县边交林乡道路维修工程项目:道路工程123米,排水工程211米。拉萨市林周县甘旦曲果镇甘曲村彭波西路涵洞工程项目:1米×3米钢筋混凝土盖板涵1座长12米,拆除旧涵1座。拉萨市林周县强嘎乡切玛村拉热组涵洞养护工程项目:1米×2.5米钢筋混凝土盖板涵1座,1米×0.5米钢筋混凝土圆管涵1座。道路填铺砂砾100米;项目总投资94.61万元。其中边交林乡道路维修、甘旦曲果镇涵洞已完工;截至年底,强嘎乡涵洞正在实施。

拉萨市林周县虎头山水库至春堆乡过水路面及涵洞养护工程:对林周县林春路(虎头山水库至春堆乡段)进行维修养护,路线全长8.357千米;总投资67.54万元;截至年底,正在比选施工单位。

拉萨市林周县2020年水毁道路维修项目:1—4米钢筋混凝土盖板涵、1—2.5米钢筋混凝土盖板涵、1—2米钢筋混凝土盖板涵、1—1米钢筋混凝土盖板涵、4—1.5米混凝土圆管涵。江琼村一号和二号涵洞;总投资115.03万元;项目已完工。

拉萨市林周交通产业服务有限公司农村公路养护实施日常养护使用沥青保通路段共计26.8千米,挖补200余坑槽,路面、边沟等清扫27余公里,安装标志牌共计52个,年内经向林业部门请示批准,林周县养护部在县道102段、104段、105段沿线50千米处漫过路肩树枝进行修剪,同时冬季降雪频繁,加大对公路灾害易发多发、高危边坡、临水临崖、急转弯等路段的巡查力度和频次,组织养护工人对冰雪路段投入机械和人力,采取积极有效的措施,全力做好雪天道路保通工作,针对公路积雪结冰等情况,各管养单位启动抢险保通应急预案,组织机械5台次、人员40人次、抛洒融雪剂4余吨,完善和修订防汛救灾交通运输救援保障工作应急预案、方案。

2021年12月30日,林周县交通运输局综合行政执法队执法人员在一号卡点开展打击非法营运、超限超载执法工作

【水毁资金投入】 年内,林周县普降大雨,季节性河流较多,防汛抗灾形势相当严峻。2021年全县因暴雨冲刷导致多处不同程度桥梁、挡墙、路面损坏,县内农村公路的养护主要由拉萨市林周交通产业服务有限公司养护部和乡镇来实施,主要业务范围为道路清障、保通和路面清扫、路肩培护、排水沟疏通等工作,因此除实施的养护工程投资605.62万元及拉萨市林周交通产业服务有限公司养护部实施的日常养护投资391.58万元外,向乡(镇)拨付公路保通使用机械费、维修费共28.226万元。

【综合行政执法】 林周县交通运输综合行政执法队于2020年11月26日完成挂牌工作。林周县交通运输局综合行政执法队实行局队合一的办公模式,设有1名队长,1名副队长,3名执法人员。截至年底,林周县交通运输局开展交通法律法规宣传4次,共发放宣传资料1000余份,提高了广大人民群众对道路运输法律法规的认知。同时局执法队积极协调上级交通执法部门和县交警队在G561沿线定期或不定期地开展交通执法20余次,有效遏制非法营运和超限超载现象;组织县综合执法大队责任部门对车辆超限超载问题开展联合监督检查共4次，有效震慑了从事非法营运、超限超载的行为。

【人大提案回复】 年内，林周县交通运输局通过走访形式，现场答复21名人大代表和政协委员的议案提案。部分代表、委员因工作地址原因无法当面答复其议案、提案内容，通过电话和代领方式做了答复，其余在本地的代表、委员全部与本人会面做详细答复。对有条件解决的议案、提案，告知人大代表和政协委员交通运输局对议案、提案的办理计划；因条件所限不能尽快解决的，向人大代表实事求是地解释了原因，献计献策努力寻求解决的办法，解决了部分问题，还未解决到的获得代表和委员的理解和支持。

【安全生产】 年内，组织开展以整培路基路肩、改善路域环境为重点的农村公路春季集中整治活动，投入资金1025.426万元（养护工程、日常养护、水毁投入），通过集中整治，全县农村公路路域环境得到有效整治，养护管理水平得到全面提升，为消除安全隐患打下了坚实基础。

林周县交通运输局专门邀请专业第三方对全县桥梁开展桥梁护栏安全评定检测和桥梁数据库完善建设工作，同时按照全区公路承载体灾害普查要求，对全县农村公路桥梁和危险路段、灾害隐患点等方面进行全面排查和建档。经过排查，全县农村公路存在安全隐患的桥梁2座、涵洞9座，桥梁已列入区公路局危桥库，9座涵洞中7座涵洞已整改完成。

在项目建设期间，组织项目管理人员和技术人员对施工现场进行安全检查。针对桥梁工程施工高处作业多、交叉作业密集的情况，对于高处坠落、人工挖孔桩、深基坑的支护等桥梁施工过程中危险性较高的施工过程进行重点检查，杜绝现场出现的违章违规现象。同时，工作人员加大日常安全巡查力度，对于桥梁施工的重点部位的施工，采取全程监察的方式，努力将危险降低到最低程度。截至年底，未发生过任何安全事故。

2021年5月25日，林周县交通运输局党支部一行到县党员党性教育基地开展"主题党日+"活动

【农村客运】 拉萨市林周交通产业服务有限公司2018年1月15日正式运营，县政府在财力紧张的情况下每年为农村客运车辆补贴304万元，作为农村客运车辆运行费，拉萨市林周交通产业服务有限公司农村客运车辆平均每年服务群众22万余人次，公司运营收入平均一年为58.5469余万元，县际班线通过承包经营方式，每月租金6000元整，县际班线平均每年服务群众4万余人次，极大地改善了人民群众的出行条件，树立农村公交优良形象，为城市增添了一道亮丽的风景。

（晋 美）

【机构领导】

局 长

杨高斌（藏族）

邮政

【概况】 2021年，林周县邮政分公司在册干部职工共30人，其中正科级1人，营业员10人，投递人员8人，外聘安保2名。县辖邮政乡服务网点9人，投递服务段道7条，服务面达4000多平方公里，年服务行程达5.2万公里。经营范围：邮政储蓄、邮政保险、邮政汇兑、国内国际包裹(含港澳台收寄)、国内EMS、报刊、函件、集邮、代理机票和代收移动话费等业务。

【邮政通信服务】 年内,林周县邮政分公司认真贯彻落实区市邮政工作会议精神,以市邮政会议工作部署,按照增强"24字中心任务"的建设目标,紧紧围绕"优服务强支撑"的战略目标,为中国邮政全面实施好"一体两翼"的经营发展战略保驾护航,林周县邮政分公司全体员工坚定信心,奋勇前行,以科学发展观为主线,着力抓好创新发展邮务类业务,重点发展金融业务,加快发展寄递类业务,大力发展农村电商业务,有效促进企业效益的稳步增长。圆满地完成全年的各项目标任务,并取得一定成效。

截至年底,累计完成业务收入共计268.2万元,比2020年净增长39.5%,完成年度预算的112.68%,全面完成全年的经营目标任务和各项工作任务,各项邮政通信服务质量指标达到上级部门的考核标准。

【业务发展】 年内,林周县邮政分公司在加大窗口宣传力度的同时,市场营销工作逐步成了业务发展的主体,分销业务累计完成收入59万元,完成目标任务的202.68%;贷款业务刚对外开放,就在2020年的业务发展中显得尤为突出,并取得一定的成效,共计放款1500万元,为全面完成全年的经营目标任务奠定了坚实基础。

2021年6月1日,林周县邮政分公司经理普布扎西(右二)慰问职工发放学生书包

【完善各项规章制度】 年内,林周县邮政分公司持续推进基础管理,对现有的规章制度、流程、标准进行梳理,健全各项规章制度。加大精细化管理力度,加强员工学习服务礼仪,严格按照服务礼仪执行,将精细化管理的理念、方法、措施等融入各项工作中,堵塞管理漏洞。同时,深入开展对标管理,进一步加强对市场情况和同行业信息的把握,学习先进单位管理经验,提高水平缩短差距。推进绩效考核体系建设,建立科学的绩效考核体系,建立台账,现金台账双人保管,完善各项激励奖惩机制,及时进行兑现,提升经营活力,使基础管理工作得到进一步的夯实和规范,形成有章可循、按章办事、规范有效的管理体制。

【服务建设】 年内,林周县邮政分公司除承担县城区域的投递服务工作外,还承担林周县各乡镇、各完小、寺庙、企事业单位等机构的投递服务工作。全县乡邮政投递服务工作辐射9个乡、1个镇、46个行政村,38座寺庙,乡镇通邮率达100%,村村通邮率达100%,最大限度地满足偏远山区邮政通信需求,为林周县经济发展和农牧区文化建设做出贡献。

进一步加大乡邮工作力度,不断提高管理水平和服务质量,以高度的政治责任感,把延伸服务深度、认真做好邮政普遍服务作为己任,投入到乡邮管理工作中,认真落实实施,在巩固乡邮成果的同时,不断提高乡邮通信的覆盖率,确保乡邮工作的畅通,始终站在"讲政治、讲大局"的高度上,以对党和国家高度负责的精神,着眼于"服务三农"忠实履行普遍服务,全力以赴做好党报党刊的投递工作,全年共投递党报党刊205万份。确保邮政普通服务不降低,水平不缩水。结合部门实际拓展农牧区邮政业务,每周四定期到旁多中心乡网点进行流动服务，全面实现中心乡邮政网点业务新突破，实现收入 8.5 万元；加大乡邮政通信安全工作管理力度，确保部门邮政通信安全工作的正常运转。

【创建活动】 年内，林周县邮政分公司以“优秀农村邮政支所”创建活动为主要方式，以“季度业务优秀团队”不断改善服务支撑，以“先进集体”建设要求满足日益增长的多层次、多元化、个性化需要。

【创先争优强基础惠民生】 年内，在文化大发展背景下，把“创先争优强基础惠民生”作为农牧区乡邮工作的重点之一，为做好“创先争优强基础惠民生”工作队的邮政服务工作，为此召开专题会议，会上希望各辖区投递服务人员要站在讲政治的高度，切实强化投递服务质量，全力满足驻村工作队的用邮需求，树立良好的邮政企业形象。并做到监督检查必须到位、投递服务标准必须到位、宣传力度必须到位。通过走访，基本掌握各驻村工作队的基本信息；大力宣传邮政服务内容和服务标准，其次通过深入了解和宣传党报党刊征订工作和用邮需求。

【安全生产】 年内，签订《安全工作目标管理责任书》《消防安全责任书》，制定《车辆管理办法》、与乡邮员签订《乡邮汽车及摩托车安全管理责任书》等与安全生产息息相关的管理办法和制度，将安全生产指标考核纳入部门绩效考核中。并每月实行定期组织安全生产检查，使安全生产工作制度化、规范化。确保邮政通信生产安全，维护了社会稳定秩序。

（普布扎西）

【机构领导】

经　理

普布扎西（藏族）

2021年11月13日，林周县邮政分公司表彰基层新冠肺炎疫情防控工作人员

电信

【概况】 中国电信集团有限公司林周县分公司（以下简称林周县电信分公司）正科级建制，下设林周县电信自有营业厅 11 家，分别覆盖到 9 个乡 1 个镇及县域并且新建便民服务营业厅。林周县电信分公司核定人数 7 名，其中合同制员工 6 名，劳务派遣制员工 1 名，乡镇划小承包员工 32 名。

林周县电信分公司在中国电信集团公司和区市两级公司的统筹安排下，围绕拉萨市电信分公司“外树形象、内塑品质、央企担当”的党建品牌引领下，成立林周县电信分公司党支部，开展生产经营、客户服务、应急通信保障、疫情防控等工作。结合企业深化改革，在移动业务、宽带业务、高清业务等传统业务基础上，数字乡村、智慧家庭等领域，通过大数据分析、物联网、明厨亮灶等方式，提供全县党政机关各行业的通信及信息化业务解决方案。林周县电信分公司移动用户持续递增，新增手机用户中 98% 以上用户为 4G 智能手机，随着 5G 网络的开通与有线智能光宽的提速已经在悄然改变着林周全县广大农民的信息生活方式。

【新冠肺炎疫情防控】 年内，在中国电信拉萨市分公司和县党委、政府的统筹安排下，林周县电信分公司成立战“疫”突击队，从党的基层组织到党员的带头作用，都在实际工作中体现讲政治、顾大局、勇

2021年12月30日，林周县电信分公司召开员工表彰大会

担当的良好局面。面对当时疫情防控工作的艰巨使命，林周县电信分公司党支部3名党员身先士卒做到“四个保障”。在物资保障、客户服务保障、网络通信保障、生产保障工作中，林周县电信分公司与中国电信集团公司和市县两级公司形成纵向联动，同时与林周县委、县政府进行横向协同，积极响应疫情防控工作安排部署。

【扩大资源覆盖】 年内，林周县电信分公司持续加大基础资源建设力度，截至年底，建设宽带接入端口15392个，有线宽带服务能力领跑全行业。FTTH（光纤到户）已全面覆盖各个新建小区、扶贫安置点、各乡和行政村，实现100M起步、200M普及、1000M引领的高速宽带接入局面，机站117个，无线网络已经覆盖全县所有乡镇和99%以上的自然村区域，以及境内省道公路和乡村公路全程覆盖，是拉萨市各县内覆盖最广的移动网络地区之一，已实现宽带天地一体化的通信网络。

【客户服务感知提升】 年内，林周县电信分公司以“用户至上、用心服务”的服务理念，以提升用户满意度为指引，以关键服务环节为切入，以感知测评为手段，强化差异化服务优势。有效落实“首问负责制”公约，积极参与政风行风建设，提速降费落实、通信扶贫行为，加强用户信息安全、网络安全和信息化建设。通过投诉预防体系、集中服务工单管理体系、客户体验感知等做好服务提升，实现事前防范，事中监督和事后管控。

【建设数字林周贡献力量】 年内，林周县电信分公司举办“平安数字乡村视频监控体验观摩会”邀请林周县45个行政村村委会书记或村长，介绍国家对“平安数字乡村”建设的一系列重要指导文件及行业背景和趋势，同时在林周县电信分公司内，分别就针对云眼数字平台和智慧家庭产品全部做了详细的解说，为建设“智慧林周、数字林周”奠定了良好的基础。

（普布次仁）

【机构领导】

局　长

旦巴扎西（藏族）

副局长

普布次仁（藏族）

移动

【概况】 中国移动通信集团西藏有限公司拉萨分公司林周县分公司（以下简称移动林周县分公司）共有员工13人，其中，经理2人、全业务技术支撑1人、网格长2人、网格经理6人、客户经理1人、驾驶员1人。男员工9人、女员工4人。正式党员3人。其中合同制员工11人，劳务派遣制员工2人。平均年龄34岁。本科学历7人、专科学历5人。移动林周县分公司下辖自办厅1家、合作厅3家、乡镇服务站8家。全县移动用户共计2.3万户，2021年累计完成通信收入2800万元，收入同比增幅2%。

【网络能力提升】 年内，移动林周县分公司本着“以人民为中心的发展理念”，切实有效地为林周县老百姓改善优化通信网络，提升用户满意度。截至年底，移动林周县分公司累计建设4G基站159个，5G基站15个，基本实现信号连片覆盖；同时，为140个小区、行政村覆盖宽带网络资源，共计建设11112个端口，用户数达3675户，解决了疫情期间小孩上网课难的问题。

【党建合创】 年内，为实现党组织优势互补，党建促进乡村振兴衔接，充分发挥基层党组织和广大党员推动经济发展、凝聚人心、促进和谐的作用，努力构建资源共享、优势互补、互相促进、共同提高的党建工作新格局，移动林周县分公司计划与阿朗乡拉康村党委联合开展党建共建、发挥合力、乡村振兴系列活动，为保障共建工作落到实处。

【总经理接待日】 年内，移动林周县分公司为更好倾听客户心声，满足广大人民群众通信需求，同时正视自身不足，每月2日、15日开展经理接待日活动。当天县公司经理亲自在县移动公司营业厅值班，为进厅客户推荐现行优惠活动及了解日常服务中存在的不足并提出改善措施。

【践行央企社会责任】 年内，为深入落实党史学习教育要求，切实开展“我为群众办实事”实践活动，深化落实助老民生服务。8月27日，移动拉萨分公司党委结合林周县委、县政府关于脱贫攻坚巩固之年工作的部署安排，在林周县卡孜乡“三岩”片区易地搬迁点启动“学党史，为群众办实事，助老互联网教学服务进乡村”活动，助力搬迁群众“搬得出、稳得住、能致富”。活动当天，移动林周县分公司还为易返贫户送去大米、面粉、食用油等慰问品。

【助力乡村振兴】 年内，为积极响应国家乡村振兴战略，建立健全数智家园，彻底畅通老百姓致富的通道，移动林周县分公司积极协调相关局、办、处，落实基础建设。移动林周县分公司将以党员干部带头，充分协调内外资源，积极助力乡村振兴战略惠及千家万户。

（仁青曲扎）

2021年11月30日，移动林周县分公司举办2021年林周县公司幸福“1+1”员工集体生日会

【机构领导】

经　理

魏　　垚（1月免）

仁青曲扎（藏族，5月任）

联通

【概况】 中国联合网络通信有限公司拉萨市分公司林周县营业部（以下简称联通林周县营业部）组建于2010年3月，2021年有员工8人，经理1人、客户经理3人、线路基站维护4人。全县共建设49座基站，服务于全县9乡1镇和县城，5G基站建成投入服务8座。中国联通定位为“数字信息基础设施运营服务国家队、网络强国数字中国智慧社会建设主力军、数字技术融合创新排头兵”，战略升级为“强基固本、守正创新、融合开放”，以“大联接、大计算、大数据、大应用、大安全”五大业务作为主责主业，全面发力数字经济主航道，全面布局大计算战略业务，统筹推进数据中心、云计算与网络的深度融合，构建布局合理、网络先进、云网协同的算网一体化体系。聚集重点区域发展、重点产品服务，经营模式创新，结合“一切为了客户、一切为了市场、一切为了一线”的“三个一切”经营理念，推进业务扩展、渠道建设、团队建设网络基础资源建设等方面取得很好的成绩，联通林周县营业部各项业务、品牌影响力、竞争力均有效提升。现推出的“腾讯王卡、5G冰淇淋与5G终端、新增的扶贫专属套餐、关爱老

2021年9月11日，拉萨市联通分公司第五支部一行到林周县养老院开展我为群众办实事——“银发无忧　智慧助老”在行动民族团结进步志愿服务活动

人的银龄和孝心卡”产品得到广大客户青睐和一致的好评。

【服务和管理】 年内，联通林周县营业部面对复杂多变的内外部环境和艰巨繁重的企业改变转型发展任务，开展大量卓有成效的工作；坚持以政治建设为统领，以中央巡视为契机，检视自我、破解问题、改善生态实现新突破，开展“不忘初心、牢记使命”主题教育，担当作为迈出新步伐，推进全面从严治党的不断深化，企业党建质量全面提高；深入落实网络强国战略，以共建共享新模式推动5G发展取得突破性进展；直面行业发展新挑战新要求，坚持不懈推动行业生态建设，坚持不懈推动经营模式转型，坚持不懈践行以人民为中心的发展思想；纵深推进混改，微观主体活力不断激发；新基因、新治理、新运营、新动能、新生态的“五新”联通建设不断加强，企业各项工作迈出新步伐。

为进一步提升联通林周县营业部各渠道对服务工作的主动性和积极性，按照一切为了客户的理念，归根结底是因为满足客户需求，为客户创造了价值。因此，所有生产经营工作以及制度流程设计都要以面向市场、快速响应客户需求为出发点，努力提升客户感知和体验，提升网络服务水平，提高客户满意度和客户感知度。充分借助产品和网络优势，差异化的服务优势，大力发挥协同效益，夯实基础管理，提升网络质量，加快有效发展，增强综合实力，努力为全县广大用户提供更加高效优质的信息服务，紧紧依靠自治区党委、政府的关怀和支持，紧紧依靠广大用户的深情厚爱，深入贯彻落实习近平总书记系列讲话精神，坚定信息，抢抓机遇，集中精力加快业务发展和网络建设提升服务水平，树立企业形象，增强综合竞争力和可持续发展能力，适应不断变化的市场需求，向用户提供全方位的行业运用与信息化解决方案、宽带通信、携号转网与信息服务、并将客户满意作为衡量经营管理工作的最高标准。

【服务农村市场】 年内，为更好地满足农村市场需求，更好地服务群众。联通林周县营业部经理、渠道经理、政企经理等走访每个乡镇村庄。查看各乡镇的网络情况和数据的稳定性，网络的覆盖率情况，为打造数字乡村，助力林周乡村振兴提供智慧解决方案。

【践行社会责任】 年内，联通林周县营业部秉承“做优秀企业公民”的理念，发挥通信行业信息化快速建设，构建公平和谐的信息社会，参与政府信息化、农村信息化、应急通信建设，推进信息化和工业化融合，通过向信息服务商的转型，推进整个社会信息化进程。主动参加政府组织的义务植树活动为林周县城添绿。积极响应政府创建文明城市的号召，率先完成架空光缆入地迁改工作，解决县城长期存在的“蜘蛛网”问题，在同行业中起到了表率作用。

在联通自身发展的同时，没有忘记肩负社会责任的重担，在西藏联通、拉萨联通的号召与组织下，为庆祝西藏和平解放70周年，弘扬中华民族敬老爱老的传统美德，营造“社会认同”的西藏联通良好氛围，2021年9月11日，拉萨联通第五党支部到林周县敬老院，开展“银发无忧、智慧助老”关怀慰问老年人的志愿活动。为关心关爱老人们的身

2021年3月30日，联通林周县营业部组织员工在县城参加义务植树活动

体，时刻能喝上热水，党支部为敬老院的老人们送上不锈钢保温杯，给敬老院老人送来健康与温暖。活动现场向老年人讲解常见电信网络的诈骗方式和真实案例，提醒老年人未知链接不点击、陌生来电不轻信、个人信息不透露、转账汇款多核实。进一步提升了老人的反诈骗意识，也增强了老年人的自我防范、自我保护意识。为了让老年人更好、更轻松地使用智能手机，志愿者面对面、手把手指导老人使用手机，志愿者现场教会老年人如何下载并使用中国联通App、如何使用微信扫健康码、收付款、清理手机内存、定期手机杀毒、微信使用、如何找回密码等一些实用操作。经过细致的讲解，许多老人都能熟练地使用智能手机，宣讲现场气氛热烈。

【新冠肺炎疫情防控】 年内，作为通信服务业防控责任，各级领导高度重视积极组织迅速行动，确保各项工作有效落实。组织员工率先接种新冠疫苗，营业场所认真定时消毒，上班人员全程佩戴口罩，对进厅客户严格要求戴口罩、扫码、测体温、双手消毒、登记后再办理业务。

【基础管理】 年内，在工作过程中实行明确的奖罚机制，赏罚分明，对于月表现突出的员工直接予以表扬并加入月末考核，加强员工的主人翁意识，青年团员则主动向党组织靠拢。根据“首问责任制”，从服务宗旨、服务项目、服务人员管理、服务规章制度、岗位责任、服务承诺、规范服务用语、客户投诉处理八个方面对营业员的行为做出更加细致的规范，对用户投诉依要求更新回复期限，对用户的建议做到及时反馈，遇到问题及时整改，使营业厅的管理更趋于细化、量化、科学化和人性化。在营业厅醒目的位置为自己的服务提出“青春献联通，服务创一流”的服务口号。最后每月按评分结果进行考核排名，帮扶结对，优胜劣汰，对于未达标者，进行待岗学习，直至达标。

（祝建明）

【机构领导】

经　理

祝建明

金 融

中国农业银行股份有限公司林周县支行

【概况】 中国农业银行股份有限公司林周县支行(以下简称农行林周县支行)成立于1995年7月1日,位于林周县甘旦曲果镇甘曲路2号。农行林周县支行内设行长办、业务管理部和综合管理部3个部室,下设4个营业网点,分别为支行营业室、江热下营业所、强嘎营业所、旁多营业所。2021年有员工28人,党员10人,积极分子1人。在全县范围内设立三农金融服务点57个,布放ATM机7台,POS机62台。

【存款业务】 截至年底,各项存款余额119276万元,较年初减少3048.1万元。其中,对公存款余额67523元,较年初减少10684.9万元,储蓄存款余额51753万元,较年初增加7636.9万元。

【贷款业务】 截至年底,各项贷款余额157188万元,较年初增加23338.4万元。其中,法人类贷款32625万元,较年初增加14729.1万元,个人贷款(含公职人员)124563万元,较年初增加8609.3万元,涉农贷款94336万元,较年初增加3712万元;全年累计发放贷款3170笔59004万元,其中,法人类贷款累计发放50笔22434万元,个人贷款(含公职人员)累计发放3120笔36570万元。全年累计收回各项贷款2135笔28940万元,其中,法人类贷款累计收回12笔2315万元,涉农贷款累计收回2091笔25755万元,个人贷款(含公职人员)累计收回32笔870万元。

【党建工作】 年内,农行林周县支行党总(支)部下设2个支部,分别为支行营业室党支部和机关、营业所联合党支部,辖内共有10名中共正式党员,1名预备党员,11名入党积极分子。支行党总支认真组织开展党史学习教育,根据自治区市两级行党委相关工作要求,结合支行工作实际,制定

2021年11月3日,农行拉萨分行辖内全体党员干部一行到林周县党员党性教育基地开展“深化党史学习　接受红色教育”主题党日活动

《中国农业银行林周县支行党史学习教育工作计划》，并组织开展10余次集中专题学习、观看爱国主义题材电影《长津湖》、“我为群众办实事”等活动。在总行第七巡回指导组的指导下，成功召开林周县支行党总支党史学习教育专题组织生活会，会上总行指导组进一步肯定农行林周县支行在党史学习教育中取得的成果。同时，组织开展形式多样的主题党日和党建共建活动，分别与农银大学、区分行对公业务前台部门、人行拉萨中心支行、拉萨分行党委、总行党史学习教育第七巡回指导组、拉萨分行现金中心党支部以及林周县城投公司等组织开展7次主题党日及党建共建活动，进一步强化基层党组织建设，增进交流，提高了党性觉悟，增加了党员的凝聚力和向心力。并按照拉萨分行党建工作要点的指导思想和总体要求，结合农行林周县支行工作实际，制定《林周县支行2021年党建工作要点》，进一步明确工作内容、工作重点和工作要求，使支行党建工作进一步提升。

2021年12月29日，农行林周县支行利用“流动金融服务车”到唐古乡藏雄村开展送金融知识下乡活动

【新冠肺炎疫情防控】 年内，农行林周县支行全面贯彻落实党中央、国务院和区市两级分行在疫情防控期间的工作安排和重要指示精神，把疫情防控，金融保障作为当前工作重中之重。面对新型冠状病毒肺炎疫情，林周县支行常态化组织开展每日对营业大厅、办公场所、ATM等机具进行无死角消毒，提高全体员工的卫生防疫意识和自我保护能力。此外，在疫情防控期间做好客户服务和宣传工作并要求进入网点的客户必须佩戴口罩并测量体温登记，对于未佩戴口罩的客户提供一次性口罩，对体温超标的客户劝解其前往附近医院进行复查，确保网点环境安全无病毒。

【“三农”金融扶贫】 年内，农行林周县支行始终秉承“面向三农，服务城乡”的金融理念，将脱贫攻坚、金融扶贫工作作为一项首要工作抓落实，积极响应并贯彻落实区市两级行及地方党政部门相关工作要求。年内，按照“三资平台”管理工作要求，对全县9个乡1个镇46个行政村、38座寺庙和23个“寺管会”，开立村股份经济合作社、村委会等对公账户，覆盖率达到100%。为体现大行担当，巩固脱贫攻坚成果，有效衔接乡村振兴战略，为林周县广大农牧民群众增收致富和地方实体经济发展提供强有力的金融力量，对辖内62名助农取款点工作人员按照季度兑现劳务费534300元，累计评定五星级71户，四星级28户，三星级46户，二星级15户，一星级23户，无效60户。

为大力拓展支行新型业务，切实解决农牧民群众融资难的问题，经与区市两级行相关职能部门沟通交流，加大与县农业农村局的业务合作，在上级行的支持下，2021年3月25日，农行林周县支行向当地10户农户发放农机具购置贷款228万元。同时，为切实做好与地方党政部门的工作汇报与沟通，支行与营业所负责人定期或不定期地向县委、县政府、乡镇（村委）政府和当地驻村干部汇报农行的各项工作，特别是服务“三农”工作情况。在日常工作中充分发挥现代科技产品的作用，利用便携式超级柜台开展流动式服务，为偏远的乡村和行动不便的农牧民群众开展上门服务，并成功建设“智慧停车场”1户，“智慧党费”项目全乡镇100%覆盖，通过积极与县委、县政府及县委组织部进行沟通对接，“智慧食堂”项目达成初步合作意愿。为提升支行整体资产质量，按照不良贷款“应核尽核、能核早核”的原则，经过前期大量的实地走访、现场摸排和资料准备等工作，通过法院上诉等形式收回不良贷款1户，19万元，发送律师函14笔128万元。核销不良资贷款3户9万元。并为拓宽业务范围，提升业务效率，丰富基层营业网点业务品种，提高员工综合业务技能水平。年内，各营业所成功导入各乡镇“网捷贷”228户，金额2257万元。按照就近就便的原则，将各营业所所辖乡镇、行政村、寺管会和寺庙的对公账户开立在了各营业所。

【党风廉政建设】 年内，结合农行林周县支行的工作实际，积极开展廉政文化教育，采取集中学习和自学相结合的方式，做到书本教育、集中与日常教育、正面典型与警示教育“三个结合”，有计划、有步骤地对干部员工进行系统培训，提高学习效果。加强合规教育，组织员工开展学习和贯彻《员工行为守则》和客户经理“十个严禁”活动，开展“一把手”讲合规、网点主任讲合规和基层员工讲合规等合规文化宣讲活动，严禁违规操作和越权办事。同时，加强警示教育，运用正反面事例，特别是近年来发生在农行系统的案例教育员工知法、懂法、依法办事。通过经常性的教育，使干部员工筑牢思想道德和党纪国法两道防线，树立正确的世界观、人生观和价值观，班子成员也处处以身作则，树立党员干部的良好形象，养成良好的生活作风，保持奋发有为、昂扬向上的良好精神状态。

通过支行全体员工的共同努力，农行林周县支行荣获县公安局及交警大队联合颁发的“二〇二一年度零酒驾示范单位”荣誉称号。并建立班子成员的党建联系点，每月一次到营业所指导党风廉政建设、业务经营、案防等工作的开展。召开党风廉政建设会议、案防工作联席会议，层层签订党风廉政责任书，提升员工廉洁自律、合规经营及风险防范意识。年内，累计共召开党总支支委会10余次，其中专题研究部署党风廉政及反腐败工作、党建工作3次；组织支行党总支理论中心组学习15次，班子成员下党建联系点调研及参加组织生活2次。

2021年4月8日，农行林周县支行助农取款点劳务费发放仪式举行

【社保卡业务】 年内，为大力支持和推进社保卡的发卡、激活工作，积极贯彻落实县委、县政府关于推广社保卡相关工作要求，农行林周县支行专门组织成立外拓营销小组，组成专人利用休息时间及“3+2”流动服务加班加点到金融空白物理网点乡镇、村委会为广大农牧民群众发放、激活社保卡。截至年底，累计发放社保卡63618张，激活50748张，激活率达79.8%。

【住房公积金业务】 截至年底，累计发放住房公积金贷款5372万元，办理归集业务（提取和缴存）962笔，为当地公职人员提供了优质、高效、便捷、周到的金融服务。

（次仁顿珠）

【机构领导】

行 长

索朗念扎（藏族）

副行长

王 荣（女，10月免）

次仁顿珠（藏族）

格 央（女，藏族）

乡(镇)概况

甘旦曲果镇

【概况】 甘旦曲果镇位于林周县人民政府驻地,距拉萨65千米,是林周县的政治、经济、文化中心。平均海拔3800米,总面积230平方公里。

2021年,农牧民2456户,其中农业户2337户,农牧民总人口9470人,劳动力5786人,妇女劳动力2549人。

甘旦曲果镇共有干部48人(其中行政编制30人、事业编制26人、工人1人),党员有618人(其中农牧民党员584人),机关党员22名,预备党员17名;退休干部79名,退休工人104人;“三老”人员29人,其中老党员18人,老干部8人。下辖6个行政村。6个行政村第一党支部、10个基层党支部(其中有6个行政村党支部、1个退休党支部、3个寺管会党支部)。

【经济发展】 年内,本级财政预算内资金1817万元,支出1529.3863万元,支出占比84.2%。2021年援藏资金收入70万元,无支出。每一笔涉农资金都是相关工作人员收集一卡通,通过一卡通发放到农牧民卡上,打破以往由财务工作人员和相关工作人员发放,防止资金风险。

【新冠肺炎疫情防控】 年内,严格按照习近平总书记重要讲话和指示批示精神以及中央、国务院决策部署和区市县党委、政府精神,秉承“外防输入、内防扩散”要求,认真落实各级疫情防控工作方案,加强组织领导,全面部署动员,充分发挥党委、政府主体责任,坚持“六抓六到位”,扎实织密疫情防控网。辖区内设立检查点7个,摸排返流人员2406名,发放疫情宣传册500余份,对外来返镇人员建立工作台账,实行外来返镇人员“每日两报”制度、镇干部职工包干制,每日2次进行体温检测、登记备案。

【党建工作】 年内,坚持以学促

2021年7月1日,林周县人大常委会副主任、甘旦曲果镇党委书记郑杰(左一)走访慰问老党员并颁发“光荣在党50年”纪念章

知、以知促行，落实好“三会一课”、民主（组织）生活会、领导干部双重组织生活、民主评议党员、谈心谈话、“主题党日 +”等制度，全镇各级党组织开展“主题党日 +”活动 60 余场次、党务村务财务公开 10 次、召开支部党员大会 25 场次、党支部委员会 43 场次、党小组会 78 场次、讲党课 40 场次，开展群团活动 18 次，参加人数 1700 余人次，严把党员“入口关”，重视从返乡大学生、退伍军人等群体中发展党员，着力整顿发展党员弄虚作假、近亲繁殖等突出问题，持续巩固排查解决发展党员违规违纪问题成果，切实提高发展党员精准化科学化水平，全镇发展党员 18 人。

【“四讲四爱”群众教育实践活动】 年内，甘旦曲果镇开展“四讲四爱”群众教育实践活动宣讲共计 50 余场次，受益群众共计 5320 余人次；按照上级有关部门要求，在镇村两级辖区更新有关宣传标语共计 20 条，LED 显示屏共计 10 个。开展学习中共十九届六中全会精神 10 余场次，受益群众达 600 余人次，学习中央第七次西藏座谈会精神 70 余场次，受益群众共计 8100 余人次。

【决策部署】 年内，甘旦曲果镇先后召开党建工作部署大会、党风廉政建设工作部署大会。召开党委会议 36 次，安排部署重点工作，确保甘旦曲果镇重点工作扎实落实；召开 2021 年政府工作会议，确定 2021 年全镇经济社会发展方向。

2021年4月30日，中国共产党甘旦曲果镇第二次党员代表大会各界代表合影

【三个“全覆盖”】 年内，各村充分利用自身优势，进一步发展壮大村集体经济，各村收入均超过 12 万元。村干部通过参加党员政治教育培训，成功打造一支政治素质好的队伍。

【学习教育】 年内，甘旦曲果镇党委召开理论中心组（扩大）学习 14 次，参与学习人数 400 余人次；镇村两级书记讲党课 20 余次，300 余人次参与。

【党风廉政建设】 截至年底，甘旦曲果镇共组织集中学习 14 次。通过采取集中学习和个人自学等方式，认真研读中共十九大精神、政治纪律教育、《中华人民共和国监察法》、《习近平关于扶贫论述摘编》等，深入引导广大党员干部切实把思想统一到中央精神上来，努力形成不敢腐、不能腐、不想腐的有效机制。

年内，甘旦曲果镇纪委 2021 年共组织纪检监察干部以会代训 2 次，提升了纪检干部相关业务能力；组织观看警示教育片 1 次，提高纪检干部政治站位，坚定“为人民服务”的决心；针对全镇共产党员信仰宗教和慰问工作落实情况，开展 5 次监督检查，发现问题 2 个，对落实慰问工作不力 2 名村干部进行约谈，联合镇党委对新任各村级党组织书记、村务监督委员会成员开展常规约谈 24 人次，对镇村两级干部，特别是领导干部贯彻落实中央八项规定精神情况的监督检查。

截至年底，围绕爱国主义教育、揭批达赖、党史学习教育、三务公开等日常工作，开展 2 次监督检查，发现 7 个问题，已整改完善；遏制车轮上的腐败，在全镇范围内开展“私车公养”的专项监督检查 1 次，发现问题 6 个，针对检查中发现的问题，镇党委主要领导对 2 个行政村的负责人进行约谈；聚焦“无公函接待”“一涵多餐”等公务接待中“吃公函”问题开展专项监督检查1次。

【精准扶贫】 年内，召开14次脱贫攻坚专题会议，开展农牧脱贫攻坚知识宣讲98场次。紧紧围绕“六脱”，全面纵深推进脱贫攻坚，在稳定脱贫成效、建立长效机制上长效发力，确保“脱得了、稳得住”。开展易地搬迁腾退工作，采用集中宣讲和走访入户等方式，起订易地搬迁原房屋腾退及复垦协议。

甘旦曲果镇易地搬迁澎博半细毛羊养殖项目总投资395.53万元，累计运营销售收入达89.32万元，以带动搬迁点签订协议且长期居住36户建档立卡户实现分红增收，现已配备管理人员1名，为搬迁点党支部书记；兽医1名；饲养员1名；采取“短期育肥”的养殖模式。年内，项目逐渐运行正常，管理能力提升，搬迁群众参与的积极性提高，半细毛羊的销售渠道不断拓宽。

2021年7月15日，林周县甘旦曲果镇退休支部庆祝中国共产党成立100周年活动召开

【农牧业】 年内，发放二级种子528袋，其中“喜拉22号”种子421袋，“藏青2000”种子970袋（含部分江角村托管服务试点），一般农田种子16.35万余公斤，其中包括“藏青2000”种子3.3万公斤、“喜拉22号”种子9.2万公斤，发放除草除虫药品300余箱，并已高质量通过区市县级的相关验收工作。按照县农业农村局要求已完成2021年粮食直补相关统计和资金兑现工作，共计播种粮食面积25738.6077亩，调备尿素10.7万公斤、复混肥30.75万公斤，农药等生产农资已到户，切实满足全镇生产需求。

为有效开展新型冠状病毒防控工作，甘旦曲果镇农牧办每日开展防控非洲猪瘟排查工作、牲畜养殖大户每日消毒工作、禽流感排查日报工作，并且不定期前往各村排查农牧工作开展情况。高质量推进牲畜疫苗免疫接种工作，接种牦牛8461头、黄牛6590头、绵羊3076只、山羊212只、猪517头，除产畜及病畜外，接种率达100%。对2021年甘旦曲果镇优质奶牛户统计（万户百场十中心）名额196户工作已安排落实，并对2018年度优质奶牛户共计150户，发放精补饲料226.05吨。按照“犬犬投药、月月驱虫”的要求，甘旦曲果镇将每月6日定为“驱虫日”，认真开展家犬驱虫工作，同时规范填写“投药记录本”和汇总表，投药后5天内将犬只拴养以便收集粪便，并将犬粪进行深埋无害化处理，避免病原扩散。

【林业、水利】 年内，按照林周县林业草原局2021国土绿化1.4万株榆树任务，按照县林业草原局、县水利局要求完成2021年生态岗位人员的岗位承诺书、岗位考勤及岗位考核等相关上报工作。

【民政工作】 年内，兑现城镇低保3户3人兑现城镇低保金3万余元，兑现农村低保20户43人，兑现农村低保金14万余元，其中提标金共计1.4091万元，在低保家庭中享受老年人两项补贴人员总共有4人，已按季度完成兑现补贴资金2400元。兑现分散特困供养人员21人补助资金15.4224万元，通过“一卡通”落实医疗救助资金共24.1353万元，2020年第五批和2021年第一批城乡医疗救助共22人，医疗救助金共计17.9492万元，2021年第二批城乡医疗救助人员11人，兑现资金6.1861万元，已上报县医保局审批。

2021年，参保人数共8434人，缴费85.213万元，其中建档立卡参保人共529人，缴费4.232万元，参保率达到99%。全镇城乡医保患者就诊人次755人次，总医疗费用报销共159.3065万元，其中门诊人次664人次，门诊总费用报销32456.42元，住院人次111人次，住院费用报销共计104.9万元，其中建档立卡住院人数为4人，报销金额为7729.77元。

【涉农保险体系】 年内，养殖业共计420头（匹、只），其中牛312头、羊105只、能繁母猪3头；种植业共4666.07亩，其中青稞3058.78亩、小麦1166.97亩、油菜440.32亩。

【教育工作】 年内，全面落实学生“三包”政策，落细贫困家庭大学生“三免一补”政策，扎实开展学生出行安全、饮食安全、自身防护等宣传行动3场次，兑现2020—2021年度大学生资助，一般户345户、困难户9户、建档立卡26人，涉及资助资金184.05万元。进一步完善大学生资助体系，认真履行职责，规范管理流程，切实减轻农牧民群众供养子女上大学的经济负担，不让一名学生因家庭经济原因而失学，帮助鼓励大学生顺利完成学业。建立健全在校大学生数据库，及时更新核对学生人数，掌握学生在校就读情况，对学生实行动态管理。认真审核学生申请材料，对弄虚作假、挤占、挪用、滞留资助金，错报、重报、漏报等行为承担相应责任。

2021年6月9日，甘旦曲果镇组织党员干部参观林周县党员党性教育基地

【人社工作】 年内，全镇农牧民实现转移就业1473人，异地扶贫搬迁就业人数145人，稳定就业804人，稳定就业率55%，多措并举推动高校毕业生就业创业工作，应届高校毕业生125人，已就业人数124人，就业率达99.2%。高质高效做好城乡居民养老保险工作，及时发放养老保险金206.9万余元，积极开展微信端城乡居民养老保险基金筹集工作，参保率达90%。

【卫生工作】 年内，落实生态文明示范村、镇建设目标，积极组织各行政村志愿服务队员和农牧民群众对辖区的卫生及河道进行清理33次，组织群众在辖区范围栽种树木1.4万余株，成活率达90%以上。

【人大工作】 5月，召开甘旦曲果镇第十四届人民代表大会第一次会议和人大代表建议、批评和意见答复办理推进会议，并收集各村人大代表议案36条。

（潘　锴）

【机构领导】

县人大常委会副主任、甘旦曲果镇党委书记

郑　杰

党委副书记、镇长

次仁桑珠（藏族，4月免）

米　玛（女，藏族，5月任）

党委副书记、人大主席

普　珍（女，藏族，4月免）

党委副书记、人大主席、统战委员

罗　军（5月任）

党委副书记

土多格列（藏族，4月免）

姚　娜（女，藏族，4月任）

纪检书记

卞军普（3月免）

扎　西（藏族，3月任）

党委委员

段金诚（4月免，藏族）

马红德（5月任）

党委委员、宣传委员

卓　嘎（女，藏族）

党委委员、组织委员

白 银娜(女)

党委委员、副镇长

边巴多吉(藏族,5月任党委委员)

副镇长

祁 登 友(5月任)

边巴玉珍(女,藏族)

边交林乡

【概况】 边交林乡位于林周县东南部,距县城24千米,总面积136.72平方公里,平均海拔3780米。全乡下辖3个行政村(当杰村、卡优村、色康村),19个村民小组,农牧民1322户5438人,其中农业户1297户5303人、牧业户25户135人,劳动力3877人,妇女劳动力2806人。

乡政府共有干部职工41人,其中科级干部15人(正科级4名,副科级11名),科员9人,专业技术人员17人。全乡共有23个基层党支部(乡机关党支部1个、村第一党支部3个、19个村组党支部),党员360人,农牧民党员328人、其中女性党员122人,占全乡党员33.89%;大专及以上学历的党员46名,占全乡党员的12.78%。

【基层党建】 年内,边交林乡圆满完成村“两委”班子换届选举工作,选举产生村“两委”班子21名,其中村党组织班子成员15人,村民委员会班子成员12人,其中女性4人,交叉任职6人,换届工作还同步产生9名村务监督委员会成员。通过本次村“两委”换届,全乡实现村干部年龄学历“一降一升”,实现村“两委”班子好中选优,优中选强。坚持发展党员“十六字”方针,针对农牧民党员年龄老化、文化结构偏低、妇女比例偏少的情况,2021年着重做好严把党员“入口”关,全年发展预备党员5名;邀请县委党校老师为全乡各村党支部书记就发展党员流程进行集中授课。充分利用理论学习中心组、“主题党日+”、专题学习会等平台集中开展“党史故事大家讲”“书记讲党课”等活动40余次,全面掀起学习党史热潮。

9月,积极探索“村干部国家通用语言文字教育培训工作”有效途径,强化措施,精准发力,多措并举,打出一套村干部国家通用语言文字教育培训工作“组合拳”,先后受到“拉萨组工”“拉萨晚报”“西藏先锋”“学习强国”等多家主流媒体宣传报道。认真组织全体教育对象,紧紧围绕党史学习教育、“政治标准要更高、党性要求要更严、组织纪律性要更强”专题教育、“把握新发展阶段林周怎么看、贯彻新发展理念林周怎么办、构建新发展格局林周怎么干”大学习大讨论三个专题,谈为什么、讲是什么、说怎么做共计30余场次,开展党史学习测试1次,撰写交流研讨材料共计70余份。

【党风廉政建设】 年内,边交林乡党委始终坚持把抓党风廉政建设作为应尽之责、分内之事,纳入转型发展和党的建设总体布局,坚持党风廉政建设与经济建设、政治建设、文化建设、社会建设、生态文明建设同部署、同落实、同检查、同考核,坚决贯彻落实上级党组织关于党风廉政建设的部署要求,研究制订工作计划、目标要求和具体措施,通盘考虑、协调推进党风廉政建设与转型发展稳定各项工作。召开乡党委党风廉政建设工作会议,安排部署全年党风

2021年3月12日,县委副书记、县长高军(左二)一行到边交林乡现代农业示范园区调研

廉政工作；先后召开5次乡党委会议专题和2次全体会议听取党风廉政建设和反腐败工作汇报，分析和研判党风廉政建设形势，研究制订工作计划、目标要求和具体措施，年初、年中2次召开的边交林乡党风廉政安排部署会，听取班子成员及各村党组织书记、第一书记党风廉政建设工作履行情况汇报；结合具体工作实际，与单位主要负责人、新任职干部进行廉政谈话，起到良好效果。同时，抓好日常教育监督管理，组织党员干部开展集中学习30次，中心组学习12次，交流发言60人次，讲党史故事30人，撰写心得50余篇，观看《镜鉴》《正风反腐就在身边》等电教片7部。

2021年3月28日，边交林乡开展“我和国旗合影　传承红色基因”庆祝“3·28”西藏百万农奴解放活动

【意识形态】 年初，召开意识形态领域工作安排部署会议，印发《边交林乡2021年度意识形态工作方案》，部署全年意识形态工作任务；年中，召开2021年意识形态半年工作总结暨下半年工作部署会，对下半年意识形态工作进行安排部署。年内，坚持不懈抓好理论武装，累计开展常态化教育学习30次；开展党委理论学习中心组学习12次、“主题党日+”活动12次。开展拉萨市烈士陵园参观，“西藏和平解放70周年成就展”参观，“3·28”西藏百万农奴解放纪念日升国旗、唱国歌，政治承诺互动，参观“两路”精神纪念馆，缅怀革命先烈，学习“两路”精神活动，走进林周农场开展“追寻红色足迹，传承老西藏精神”主题党日活动等17项实践活动。创新宣讲方式，推动党史学习教育走深走细。为切实做好全乡党史学习教育宣讲工作，教育引导广大党员干部学史明理、学史增信、学史崇德、学史力行，有力推进党史学习教育工作，有效实现“六个进一步”目标要求，6月21日，党史学习教育拉萨市宣讲团在边交林乡开展集中宣讲。

【人大工作】 3月，边交林乡有序推进县乡两级人大换届选举工作。通过选民登记—划分选区与分配代表名额—提出代表候选人—考察审查代表候选人等代表选举程序，严格按照法定程序在各选区选举产生新一届乡级人民代表大会代表47名、县级代表名额13个。

5月1—2日，召开边交林乡第十四届人民代表大会第一次会议，会议听取审议《政府工作报告》《财务收支情况工作报告》《人大主席团工作报告》，并组织代表开展座谈交流，代表们本着对全乡经济和社会各项事业发展高度负责，对政府工作极度关心的态度，代表广大人民群众的心愿和要求，依法行使法律赋予的权利，提出意见建议内容涉及基础设施、社会管理、民生问题等多个方面，在2021年第十四届人民代表大会上共收到代表意见建议31件，其中，农牧方面6个、环保方面3个、电力方面2个、交通方面3个、林业方面1个、水利方面12个、人社方面1个、其他3个，已转办给乡政府，为乡党委、政府谋划全乡新的发展思路提供了依据，有力地促进了全乡社会经济健康和谐发展。会上，依法选举产生乡人大主席1名、乡长1名、副乡长3名，均全票当选。

【脱贫攻坚】 年内，边交林乡“十三五”建档立卡89户328人。搬迁户共计36户，其中搬迁至拉萨8户、搬迁至江热夏乡1户、搬至藏嘎搬迁点27户。搬迁户原房屋腾退拆除前四批25户94人，兑现旧房腾退补偿资金共计 75.2 万元。第五批原房屋拆除共 2 户 8 人已申请上报补偿资金共计 6.4 万元。

完成 2020—2021 学年建档立卡在校大学生资助 13.2444 万元。以核查的方式，通过申请、公示，最终确定生态补偿岗位人员 73 人（其中建档立卡 67 人，非建档立卡 6 人），并完成以补岗位承诺书签订和培训工作。边交林乡建档立卡劳动力 190 人，稳定就业 76 人，短期就业 34 人。

【现代农业示范园区】 边交林乡现代农业示范园区始建于 2011 年，占地 75.09 万平方米，园区共有 289 栋温室大棚，分为 A、B、C 三个区。着力将现代农业示范园打造成为一个集教学、观光、种植为一体的多功能实践基地，解决当地 50 余名农牧民群众就业问题。果业、蔬菜、青稞、奶渣、食用菌等特色产业结构逐步调优，质量效益不断提高，全乡农村经济运行平稳。园区产品在保证县域供应的同时，还向拉萨、日喀则、山南等地销售。园区花卉种植面积已达 13000 平方米，种植花卉 50 余种。

【经济发展】 年内，经济总收入达 10051.35 万元，农村居民人均可支配收入 18483.55 元，同比增长 13.25%，完成全年目标任务。其中，当杰村总收入 3815.63 万元，卡优村 3716.15 万元，色康村 2519.57 万元。

【农牧林水】 年内，粮食作物总播种面积为 18071.42 亩，其中冬小麦 142.76 亩、春小麦 9577.53 亩、青稞 8351.13 亩；经济作物油菜 142.6 亩、土豆 337.4 亩；推广种植青稞种子“喜拉 22 号”44926.435 公斤、“藏青 2000”27102.86 公斤；发放除草除害虫农药 252 箱；收缴涉农保险资金 58901.9 元；兑现 2020 年青稞推广种良购买种子每公斤 5.6 元，共计资金 575632.4 元；完成土地流转 1870.34 亩；完成深松作业 3543 亩（当杰 700 亩、卡优 2243 亩、色康村 600 亩）。春秋季进行牲畜疫苗注射 31252 剂次，确保应免畜禽免疫密度达 100%；未发现一例非洲猪瘟；发放全乡未超载户 625 户草原生态保护补助奖励 155360.74 元。四旁植树 22738 株。

全乡生态岗位 108 名，其中专职护林员 41 名（非扶贫户 19 名）、其他六大岗位 67 人。积极组织防汛抗洪工作，发放防洪物资编织袋 10 袋、铅丝笼 9 卷，铁丝 3 圈、吨袋 10 个。3 个村资产清查、集体经济组织成员身份界定、公示确认、方案章程表决通过、成立三村股份经济合作联合社、股权量化到户到人等，农村产权制度改革相关工作已全部完成。并在系统内进行录入成员身份、宅基地、耕地、林地等信息。根据县农业农村局指示要求，办理了 3 个村集体经济章程、公章、挂牌等工作。

【民生服务】 年内，加大民生工程宣传力度，做好残疾人、特困人员登记帮扶工作，共有农村低保 5 户 11 人、城镇低保 4 户 9 人、残疾人 167 人。兑现农村低保补助金 27338.78 元、城镇低保补助金 39707.05 元、特困人员补助金 40843.01 元、0—16 岁少儿残疾康复补贴 12400 元、重点关爱人员补助金 42000 元、“阳光家园计划”居家托养补贴 9000 元、事实无人抚养补贴 3009.72 元、残疾人两项补贴 95200 元、老年人两项补贴 2250 元。深化“放管服”改革，边

2021年9月29日，边交林乡开展村干部国家通用语言文字培训之“永远跟党走·红歌大家唱”活动

2021年6月29日，边交林乡开展庆祝中国共产党成立100周年文艺演出

交林乡便民服务大厅（8个窗口）实施“一站式”服务，共办理16723件事项。征缴城乡居民养老保险基金48.67万元，涉及2514人。

做好“控辍保学”排查工作，全乡0—16岁适龄儿童逐一核实，“十二五”“十三五”建档立卡学前教育、小学、初中学生113人。实施“一对一”“一对二”高校毕业生帮扶机制，全乡2021年应届高校毕业生78名，已就业78名，就业率达100%。全乡参加城乡居民基本医疗保险5033人，筹集资金58.334万元，窗口住院报销76人次，兑现资金达417558.82元，医疗救助51人次，兑现救助金达275525元；药费核销305851.85元。

【社会治理】 年内，定期对辖区内学校、餐饮、村内干道等开展安全生产、食品安全、道路交通安全大排查，构筑“乡村”两级治安联动摸排化解矛盾纠纷，开展扫黑除恶专项斗争，共排查安全隐患50余次、整治安全隐患18处、开展治安巡逻300余次，累计投入群防群治力量3200余人次。团结带领全乡党员干部、人民群众弘扬“伟大抗疫精神”，认真落实“外防输入、内防扩散”的要求，切实把维护人民生命安全和身体健康放在首位。筑牢疫情联防联控的“防火墙”，动员组织各类群体接种疫苗，积极配合上级疫情办交办各项事务，做好防疫措施、宣传防疫政策，及时排查返林人员信息，做好防控隔离措施，为全乡农牧民的健康安全保驾护航。

【乡村振兴】 年内，当杰村“美丽乡村·幸福家园”建设行动有效推进。农田灌溉水利设施遍地开花。交通基础不断完善。下辖三村公路通畅率100%，卡优军巴组至江夏乡段、扎西康萨组、冲琼组至主干道的幸福路建设完工，极大方便村组内农牧民出行。生态文明持续见效。环境治理体系不断完善，建成生活垃圾收集转运站，“村收集、乡转运”的垃圾处理模式运行顺畅，垃圾分类工作有序推进。完成厕所革命的户数有158户。开展“美丽家园·清垃圾”义务活动50余次，清理垃圾40余吨。实施“白色污染”治理攻坚战，持续巩固“禁白”成果。

（陆效游）

【机构领导】

党委书记

边巴次仁（藏族）

党委副书记、乡长

罗　军（4月免）

周　益（4月任）

党委副书记、人大主席、统战委员

旦　增（藏族，4月免）

达　桑（藏族，4月任）

党委副书记

姚　娜（女，藏族，4月免）

冯　靖（女，4月任）

纪检书记

扎　西（藏族，3月免）

旦增罗布（藏族，3月任）

党委委员

达娃次仁（藏族）

党委委员、副乡长

旦增多吉（藏族，3月任党委委员）

党委委员、宣传委员

刘权锐（4月任）

党委委员、组织委员

陈学圣（4月免）

张春晓（4月任）

副乡长

格桑德吉（女，藏族，4月免）

冯　靖（女，4月免）

索朗曲宗（女，藏族，4月任）

陆效游（3月任）

春堆乡

【概况】 春堆乡位于林周县西南方向，距林周县城27千米，平均海拔4000米，全乡行政区划面积294.7平方公里，全乡下辖3个村委会，13个村小组。全乡1136户6067人，其中劳力3855人，在校生1334人，其中大学生168人、高中生210人、初中生280人、小学生476人、学龄前儿童200名。全乡共有4个党委、20个党支部，共有党员476人。

全乡耕地面积24553.2亩，人均4.03亩，草地378210亩。农作物以青稞和小麦为主，经济作物以饲草和土豆为主，全乡存栏牲畜禽类19291头(只、匹)，以牛羊养殖为主。

【主要工作】 年内，全乡上下坚持以习近平新时代中国特色社会主义思想为指导，进一步增强“四个意识”、坚定“四个自信”、做到“两个维护”，全面贯彻落实中共十九大以及中共十九届历次全会精神，统筹“六稳”“六保”工作，正确处理好“十三对关系”，加快推进乡村振兴，全面完成各项经济指标。

【党建工作】 年内，坚持把学习习近平新时代中国特色社会主义思想作为最重要的政治任务，与学习贯彻中共十九届四中、五中、六中全会和中央第七次西藏工作座谈会精神，以及新时代党的治藏方略结合起来，运用“学习强国”平台，借助“理论中心组”“主题党日+”、党史学习教育，截至年底，累计开展集中学习12次，理论中心组学习15次，累计交流发言120余人次。开展乡村两级换届工作，新一届村“两委”班子成员共计21人，其中留任6人、转任7人、新任8人、退出8人，平均年龄42岁；新一届乡党政班子11人，其中留任4人、转任2人、新任5人，平均年龄38岁，班子结构进一步优化、运行更加规范。

严把质量关，按照党员发展计划，2021年春堆乡共培养2名积极分子，接收5名预备党员，4名预备党员转为正式党员，持续加强党员政治教育，累计开展4期农牧民党员政治教育活动，两级书记讲党课活动9次；完善春堆乡党委议事决策规则和村级四议两公开办法，指导各村制定农村集体经济组织章程，依规办事、依法用权，截至年底，乡党委召开18次党委会研究解决重大事项。

庆祝中国共产党成立100周年和西藏和平解放70周年，对12名“三老人员”、正常离任村干部、生活困难党员进行走访慰问，同时开展“两优一先”表彰工作，新旧西藏对比等系列活动，进一步激发基层党组织战斗堡垒和共产党员先进模范作用；认真落实九届县委巡察“回头看”整改工作任务，制定整改方案推动整改落实，召开党委专题整改会议2次、机关党员大会2次、民主生活会1次，专题部署研究和推进整改落实工作，已全部完成25个问题的整改，建立长效机制3条。

【民生保障】 年内，全乡农村经济总收入11522.67万元，人均可支配收入18958元，较2020年人均可支配收入16772元，增加13%，并获得县级增收第二名的好成绩。

全面落实农村学生15年免费教育和各项教育补贴政策，加大适龄儿童入学教育力度，实现

2021年4月29日，中国共产党春堆乡第二次党员代表大会第一次全体会议召开

47 名大学毕业生就业，就业率达 96%；完成城乡居民合作医疗保险筹资工作，脱贫建档立卡贫困户实现免征缴政策，农牧民参合率达 100%；民政工作中，共兑现 147.97 万元；通过乡村两级干部职工走村入户、大力宣传的方式，全乡新型农村养老保险共参保人员 4628，参保率达到 99%，60 岁以上老人养老保险共兑现 212.24 万元。

年内，组织 165 名农牧民开展 2 期厨师培训和 1 期电工培训，部分人员在市、县、乡茶馆等其他餐饮部门实现就业。同时引导本乡劳动力跨地区就业，全年完成劳动力转移就业达 1272 人；31 名干部参与就业帮扶，结对 51 名应届高校毕业生，至 2021 年年底有 49 人顺利就业，就业率达到 96.1%。

“动物防疫”工作中，牛巴氏杆菌、“W”疫苗免疫、小反刍兽疫、禽流感、猪瘟等各类疫病免疫总数均达到 18909 头（只匹）以上，平均免疫率都达到 100%，做到清净无疫。森林资源保护和绿化造林是惠及子孙的重要工程，完成 2021 年“四旁”植树种苗 1.6 万棵，并加强做好管护人员对森林防火和严格控制乱砍滥伐行为的巡山力度。

建设好、运用好“农家书屋”、村史馆、新时代文明实践所（站）等载体，积极组织开展群众文化活动，教育引导群众做有道德、有素质、讲文明、有文化的新时代农牧民，指导各村做好文艺队的建设工作，将国家的惠农政策、身边

2021年4月27日，县委党校老师一行到春堆乡中心小学开展“学党史 强信念 跟党走”主题团日宣讲活动

的新风尚、好人好事等融入表演内容，寓教于乐，丰富村民文化生活，2021 年各村文艺队累计演出 10 场次。

【产业发展】 年内，农作物种植面积更加优化，农作物总播种面积 24553.19 亩，其中，粮食作物播种面积为 15222.99 亩，经济作物播种面积 2517.85 亩，饲草料作物面积 6812.35 亩。载畜量更加平衡，全乡牲畜存栏 16856 头（只、匹），其中牦牛 5923 头、黄牛 6718 头、绵羊 3104 只、山羊 814 只，马 135 匹，驴 47 头，猪 115 头，牲畜出栏达到 1466 头。

【乡村振兴】 年内，坚持农业农村优先发展，积极推进春堆村乡村振兴示范村建设和自治区级生态文明建设示范乡、村创建工作。截至年底，春堆村 6 个样板房（春堆小组 4 个、巴杂小组 2 个）已建设完成，配套设施工程已完成前期工作。

先后 2 次组织专业技术人员、基层科技人员参与拉萨市农业技术推广总站、拉萨市畜牧兽医总站、自治区农科院提供的理论学习，3 次到周边市县和乡镇进行参观考察和实地调研，有效拓宽了视野，提升了能力，提高了党员干部队伍的整体素质。

明确全乡农牧业发展方向，结合各村资源优势，大力发展村集体经济。年内，高标准完成春堆村、洛巴堆村集体经济种植 2800 余亩饲草项目，实现纯利润 275 万余元。试种 80 亩“藏青 2000”“苏拉青 2 号”优质青稞品种取得成功，增产增效明显；卡东村农机合作社通过向矿山出租挖机、实施地材加工项目等，全年实现总收益 50 余万元；洛巴堆村和春堆村实施牦牛短期育肥项目共计采购牦牛 100 头，年底出售 54 头，实现收益 6 万余元。

【生态文明】 年内，利用横幅、LED（发光二极管）显示屏、宣传

标语等，在乡政府、学校、卫生院、寺庙及村组等开展环保知识学习10余次，环保活动宣传3次，参与人数达300余人。设置6名环境监督员，2名乡镇保洁员，15人环卫队伍，配备垃圾转运车4辆、配置环保垃圾桶15个，环卫清洁电动车6辆以及相应的清洁工具，全年开展环境清扫活动80余次，使得全乡多处形成户集、村收、乡运、县处理的模式。贯彻落实习近平总书记在西藏考察时关于“厕所革命”的指示精神，积极推进700余户厕所革命工作。年内，新建卫生厕所100余户，着力解决农牧户用厕“脏、乱、差”现象。

【新冠肺炎疫情防控】 年内，调整充实春堆乡疫情防控工作领导小组，做到分工明确、责任细化；落实上级防疫要求，及时更新返乡人员动态，做到每日报平安。共排查发现返藏人员106名，均未发现异常；深入各村组开展疫情防控工作和检查应急物资储备20余次，同时宣讲疫情防控相关知识，教育群众非必要不离藏，出门戴口罩、勤洗手。

【农村改革】 年内，按照县委部署，在全县率先试点开展农村集体产权制度改革工作。截至年底，辖区3个行政村均已完成清产核资、成员身份识别、股权量化、合作组织理事会成立及章程制定等工作。春堆村作为全县农村集体产权制度改革试点村，挂牌成立集体股份制经济合作联合社。

【党风廉政建设】 年内，健全“一把手负总责，分管领导各负其责，班子成员齐抓共管、乡纪委协调督查”的领导体制和工作机制，制定《春堆乡落实全面从严治党主体责任2021年度工作要点》，将党风廉政建设与领导班子成员的分管工作和分管单位结合起来，按照“一岗双责”，细化党风廉政建设各项任务。

积极贯彻落实“六项纪律”，不断优化全乡干部职工工作纪律和作风，召开节前廉政警示教育会7次，不定期对各村、驻村工作队在岗在位及其他情况开展明察暗访50余次。

同时利用“春堆朝闻”公众号，对日常工作事务公示公开，作为接受社会监督的平台，增强广大干部、服务对象参与反腐倡廉的积极性，大力营造浓厚的廉政氛围。

（万映沁）

2021年6月8日，春堆乡组织党员志愿者一行到林周县党员党性教育基地参观学习

【机构领导】

党委书记

刘　　勇（4月免）

张天平（4月任）

党委副书记、乡长

索朗次仁（藏族）

党委副书记、人大主席、统战委员

巴　　珠（藏族）

党委副书记

强巴格桑（藏族）

党委委员、政法委员

杨　　虎（4月任）

党委委员、纪检书记

小边珍（女，藏族）

党委委员、组织委员

杨　　虎（4月免）

何青松（4月任）

党委委员、副乡长

土旦卓嘎（女，藏族，4月任）

党委委员、宣传委员

陈治中（4月任）

副乡长

平措卓玛（女，藏族，4月免）

何青松（4月免）

李雪斌（4月任）

张为之（4月任）

仁青罗布（藏族，4月免）

江热夏乡

【概况】 江热夏乡位于拉萨河上游，澎波河沿岸，拉林公路贯穿全境，乡政府驻地距拉萨55千米，距县政府10千米，为半农半牧区。全乡耕地面积22909.37亩，人均3.72亩，牲畜35882头（匹）。全乡共5个行政村，14个村小组，具体为江热夏村：江热夏组、杰仲组、农牧处组；联巴村：联巴组、吉龙组；加荣村：加荣组；卡日村：永唐组、卡日组、马行组、加热组；拉顶村：拉顶组、古吉组、顶雪组、牧业组。2021年，全乡户籍人口1546户6152人。全乡辖区内有2座寺庙，曲定寺和康龙寺。江热夏乡辖区内还设有学校、卫生院、派出所、农行等公共服务设施。

【经济发展】 年内，江热夏乡人均可支配收入18278.05元，同比增长14%，完成年初预定目标，其中人均生产性经营性收入8746.23元，占比47.85%；人均工资性收入7886.61元，占比43.15%；人均政策性转移性收入1504.16元，占比8.2%；人均财产性及其他收入141.04元，占比0.8%。

【农业生产】 年内，结合江热夏乡地域、经济、产业实况，以青稞、牦牛、饲草等产业为主导，充分发挥种草养畜系列奖励政策作用，着力推进种草养殖业快速发展，实现粮食作物播种面积20049亩，其中青稞播种面积15069亩

2021年7月1日，县委常委、副县长查焱（前排左一）一行到江热夏乡开展“七一”慰问活动

（单产200公斤），小麦播种面积4980亩（单产300公斤），饲草种植面积3180.45亩（单产400公斤），土豆播种面积297亩（单产105公斤）。

【乡村振兴】 年内，在县乡村振兴局指导下共同规划江热夏村“美丽乡村”建设，涉及江夏村25户86人，带动增收共计83万元，25栋房屋已建设完成，部分家庭已入住；苏州援藏资金投资890万元建成联巴村至边林乡卡优村“幸福路”，共带动当地88人就业，人均增收1.6万元，不断夯实发展基础；林周县澎波河甘丹曲果镇江角村防洪工程已完工，总投资2535.46万元，新建防洪堤坝11.12千米，彻底解决联巴村雨季河水倒灌等问题，带动本地群众增收45.5万元。

【党建工作】 年内，江热夏乡共有党员461人（包含预备党员11人），其中农牧民党员400名、少数民族党员446名、女性党员170名、35岁及以下党员134名，新发展党员11名，全乡“三老”人员69人，其中老干部53人，老党员16人。乡党委不断加强党员干部日常教育管理，严格落实“三会一课”“主题党日+”、开展党史学习教育、理论中心组学习、机关支部学习等活动；积极开展农牧区违规违纪发展党员专项整治“回头看”工作，探索解决农牧区基层党组织发展党员源头不足、培养教育缺失、审查把关不严等重点难点问题，从源头上保证党员队伍先进性和纯洁性，推进全面从严治党迈上新台阶，提升基层党组织凝聚力、创造力、战斗力。

【党风廉政建设】 年内，牢固树立党风廉政建设主体意识，坚持把党风廉政建设工作纳入党委工作重点，明确领导班子成员党风廉政建设岗位职责。班子成员严格按照岗位职责，切实履行“一岗

双责”，认真落实党风廉政主体责任。从严压实“两个责任”，组织开展党政班子成员及重点岗位人员廉政谈心谈话 2 次，召开各级书记讲党课 12 次，其中党委书记讲廉政党课 1 次，深化党风廉政建设工作。利用雪顿节、中秋节、国庆节等节日契机，召开干部警示教育大会 3 次，通报违反中央八项规定及作风纪律典型案例 13 例，提醒干部廉洁过节，增强干部廉洁自律意识。结合雪顿节、中秋节等节假日，以钉钉子精神推进作风建设，把中央八项规定及其实施细则精神作为监督重点，持续开展“四风”监督检查，严防细查公款旅游、公款吃喝、违规发放津补贴、公车私用、子女升学等问题，同时对维稳值班、疫情防控措施落实进行日常监督检查，共计开展检查 10 余次。将《中国共产党廉洁自律准则》《中国共产党章程》等内容纳入党委会及理论中心组学习会议议程，进一步树立干部职工勤政为民、廉洁奉公意识。

【党史学习教育】 3 月 22 日，召开江热夏乡党史学习教育动员大会，全面启动部署全乡党史学习教育工作。同时，结合乡实际制定实施《江热夏乡开展党史学习教育实施方案》，以总体方案为引领，跟进制定《江热夏乡庆祝中国共产党成立 100 周年活动方案》，确保规定动作不走样，自选动作有特色；乡党委班子成员和干部职工围绕学习习近平总书记在党史学习教育动员大会上的讲话精神、习近平总书记在庆祝中国共产党成立 100 周年大会上的讲话和习近平总书记在西藏考察时的重要讲话，进行理论中心组专题学习和党支部“三会一课”学习共计 24 次，受益 1272 人，形成交流材料 64 篇。

5 月 26 日，乡党委书记旦增顿旦为乡机关党员干部、各村党总支书记、村“两委”上了堂名为《学党史、颂党恩、跟党走》的党课；7 月 1 日，乡党委书记旦增顿旦以“恰是百年，风华正茂”为题，结合参加学习教育以来的学习所思，把大道理融入小故事，将党史知识、时事政策、党风廉政以及时代精神传递给全体党员；5 月 13 日，全体机关干部在卡日村辖区内栽植杨树、榆树、柳树等树苗 100 余棵，以实际行动为乡村振兴添新绿；4 月 26 日，乡党委组织观看《警示》《警钟》警示教育片，引导党员干部坚定理想信念，提升党性修养，永葆先进本色；6 月 10 日，江热夏乡全体在家党员在乡党委书记旦增顿旦带领下到林周县党员党性教育基地参观学习，开展参观党性教育基地，接受革命传统教育的“主题党日 +”活动；8 月 5—11 日，乡机关党支部和 5 个行政村党总支陆续召开党史学习教育专题组织生活会。会前组织开展习近平同志在中国共产党成立 100 周年庆祝大会上的重要讲话和《论中国共产党历史》等 4 本指定学习材料集中学习 38 次，开展专题研讨 13 次。会前围绕党史学习教育广泛征求意见建议 20 条，开展谈心谈话 87 次，切实找准存在的突出问题 28 条。

【换届工作】 2 月 4 日，江热夏乡完成 5 个行政村的村级组织换届选举工作，于 3 月 13 日完成群团组织换届工作。选优配强新一批村“两委”班子 33 人，其中 3 名乡村振兴专干进入村“两委”队伍，年龄层次进一步优化，文化水平进一步提高。

2021年6月27日，乡党委书记旦增顿旦（左四）在江热夏乡庆祝中国共产党成立100周年暨西藏和平解放70周年文艺会演活动现场致辞

【国家通用语言培训】 年内，根据县委关于《林周县村干部国家通用语言文字教育培训工作实施方案》要求，开展村干部国家通用语言文字教育培训工作，有效提升村干部使用国家通用语言文字水平，提升村“两委”班子成员和村后备干部履职能力和水平，助力农牧区基层党组织标准化规范化建设。联合江热夏乡小学师资力量，打造培训学习“八个一”模式，每周一、三在乡政府集中开展培训教学，利用“学习强国”“藏译通”等App软件平台进行自主学习，共计开展村干部国家通用语言文字教育培训28期。

【生态环境】 年内，依托“6·5”世界环境日“人与自然和谐共生”这一宣传主题，在乡政府主干道开展“人与自然和谐共生”宣传活动，张贴过街宣传标语40余幅，通过乡、村微信平台发送清理卫生图片500余条，发放各种宣传手册约800份，更新环保宣传栏5期；7月，在各村举办“白色污染防治培训班”，从日常生活和生产实际情况解读新环境保护法，介绍环境污染、清洁生产、环保法律等相关环保知识；明确职责，将垃圾焚烧专项整治活动与乡容乡貌管理责任制工作结合起来，加大巡查力度，对重点路段实行蹲点管理。同时，辖区内设立村垃圾投放点14个，配备集中投放垃圾箱14个；逐步开展农村“厕所革命”工作，完成户厕改造23户，逐步提升人居环境。

2021年6月10日，江热夏乡机关党支部一行到林周县党员党性教育基地参观学习

【教育工作】 江热夏乡2020—2021学年在校大学生共203名，共计发放资金114.69万元，其中建档立卡贫困户家庭大学生23名，资金16.78万元。困难户家庭大学生2名，资金1.13万元。一般农户家庭大学生178名，资金96.78万元。

【社保医疗】 年内，城乡居民医疗保险参保人数4771人，筹资金额为54.21万元。筹资录入医疗系统参保人数4771人，税务系统申报医疗筹资4771人。建立健全低保信息动态管理，全乡城镇低保1户3人、农村低保 26户64人，全年兑现低保金共计 14万余元，确保困难群众基本生活有保障。持续开展农牧民住院报销及医疗保险申报。年内，共申报85人，医疗救助申报17人，农牧民门诊核销256人，17.76万元，乡卫生门诊核销1895人，14.17万元。系统内江热夏乡城乡养老保险应缴3192人，已申报人数达到2646人。

【高校毕业生就业】 年内，全力开展宣传高校毕业生就业创业引导工作，建立高校毕业生微信群，利用微信平台大力推送就业创业各项政策措施和就业岗位信息。发挥舆论引领作用，转变群众思想观念，让就业创业主体增强信心，发放高校就业宣传册1000余份，推送区市招聘会信息14余次。推动乡干部与高校毕业生结对，了解其就业意愿和思想动态。江热夏乡70名高校毕业生已全部制定落实“一对一”“一对多”结对帮扶机制，其中65人已就业。

【新冠肺炎疫情防控】 年内，开展疫情“常态化”管理，按照县疫情防控要求，乡、各行政村设有提示牌及场所码，凡进入人员须佩戴口罩、出示大行程数据和场所码、做登记、测体温、消毒。同时，凡是乡（镇）辖区内干部、务工人员因到其他省市休假等情况返藏返林,要求有近2天的核酸检测报告,在返回地再次做核酸检测,签订承诺书,并要附3天的体温。

年内,江热夏乡18—59岁疫苗接种人数为第一针累计2486人,第二针累计2127人,脱漏率为零。按照第二针接种后满6个月可接第三针的要求,干部职工已接完第三针。12—17岁、60岁以上疫苗接种人员共有889人,全部已完成疫苗接种。

（阿怀萍）

【机构领导】

党委书记

肖 鸿 彪(4月免)

旦增顿旦(藏族,4月任)

党委副书记、乡长

旦增顿旦(藏族,4月免)

王　　政(4月任)

党委副书记、人大主席

秦 晓 华(女)

二级主任科员

伍 江 河

党委副书记

程 国 亮

党委委员、组织委员

加　　略(女,藏族)

党委委员、政法委员

旦　　曲(藏族)

党委委员、纪委书记

王　　超

党委委员、宣传委员

段 金 城(藏族)

党委委员、副乡长

次仁白姆(女,藏族)

副乡长

次仁卓玛(女,藏族)

黄 幸 蒙

四级主任科员

尼玛卓玛(女,藏族)

李 自 强

易　　鑫

胡 成 涛

阿 米 奶(女,藏族)

蒋 佳 翰

卡孜乡

【概况】 卡孜乡位于林周县城西部,距县城12千米,海拔3822米,乡域面积499平方公里,耕地面积36472.29亩。下辖7个行政村,27个村民小组,65个自然村,村党委1个,村党总支部6个,基层党支部37个,共有党员545名,其中农牧民党员479名,干部党员66名,预备党员13名。

2021年,卡孜乡总人口1551户7582人。农村经济总收入9415.41万元,农村居民人均可支配收入15080.8元,2021年从对口援藏单位——江苏省常熟市海虞镇争取到援藏资金60万元。

【基层党建】 年内,乡(镇)村两级围绕中共十九届五中、六中全会,中央第七次西藏工作座谈会精神等重点学习任务开展集中学习80余次,乡(镇)党委书记讲党课2次、各村书记讲党课30余次,撰写网评文章30余篇;宣讲习近平总书记“七一”重要讲话和视察西藏重要讲话重要指示精神21场次,受教育群众1800人次,发放宣传材料500余份,开展专题宣传1期;围绕重点学习任务深入开展党史学习教育15次、“三更”专题专题研讨8次、“三新”大学习大讨论活动7次,累计撰写交流发言材料47篇,开展谈心谈话4次18人次,撰写检视对照材料3篇、警示教育心得体会1篇、专题教育交流发言稿4篇,参加市级专题培训班2人次,开展党史学习教育知识现场测试和网上答题3次,参与人数80余人,推动理论学习走深走实。乡党委

2021年7月15日,江苏省常熟市海虞镇一行到林周县卡孜乡交流指导工作

持续发力推进村级组织活动场所标准化、规范化建设，继续完善活动场所硬件设施、落实党建责任制工作要求，建好管好用好村级组织活动场所，规范悬挂标识牌，建立健全便民服务中心、党员活动室、农家书屋、村史馆、综合会议室等，充分发挥村级组织活动场所主阵地作用。扎实做好中心组学习、“三会一课”、民主（组织）生活会等基础性工作，年初召开2020年党组织书记抓基层党建述职评议会，落实书记抓基层党建第一责任人责任，深化“两学一做”学习教育常态化、制度化，全面推广“学习强国”App，持续深化党员教育管理，全方位、多角度推动党员干部教育管理体制的规范化、常态化，打造完成卡孜村党建示范点，推进党支部标准化、规范化建设，全年共培养7名优秀干部在村“两委”担任职务。卡孜乡抓牢抓实党员政治教育，常态化排查解决发展党员违规违纪问题，持续深入推进“一心一意跟党走、旗帜鲜明反分裂”党员发声亮剑活动常态化，干部撰写反分裂斗争表态发言材料30余份，签订共产党员不信仰宗教承诺书520份，妥善处理2名党员违规违纪组织处理工作，同时严格落实发展党员工作程序，坚持从严从实发展党员，高标准、严要求做好党员发展工作，认真开展组织生活、严格党员管理、规范发展党员程序和资料存档管理，2021年已培养入党积极分子29名，发展党员13名，及时上报党费年度统计报表。严格落实党内激励关怀帮扶

2021年6月30日，卡孜乡颁发“光荣在党50年”纪念章暨中国共产党建党100周年慰问座谈会

工作机制，围绕“抓党建促发展、抓党建促和谐、抓党建促乡村振兴”的思路，着力发挥党组织在引领发展、凝聚力量的核心作用，落实党内激励关怀帮扶工作机制，先后开展慰问3次，向“三老”人员、离任村干部、聘用职工以及各驻村工作队、派出所、卫生院、寺管会等单位共计90余人送上节日慰问，动员社会力量捐物帮扶康姆桑村困难群众，共募集衣物180余件，救助困难群体100余人次，开展扶困解难、结对慰问、义诊服务等暖心服务活动17场次，涉及群众680人次。开展庆祝中国共产党成立100周年表彰大会，对3个优秀党组织、1个进位党组织、3个先进党支部、20名优秀党务工作者及21名优秀共产党员进行表彰，激励各村党组织和共产党员继承和发扬党的光荣传统。

【意识形态工作】 年内，依托乡文明实践站，积极开展文明实践活动，深化意识形态工作推进，发放党史学习教育、新时代文明实践工作参阅资料等各类书籍210余本，开展集中宣讲40余次，入户宣讲30余次，惠及群众4000余人次。通过组织党员群众参观西藏百万农奴解放纪念馆、拉萨烈士陵园、林周农场等，深入开展“做合格党员、当先锋模范”、“讲村史、谈变化、颂党恩”大讨论、庆祝中国共产党成立100周年、西藏和平解放70周年文艺会演等活动，全力抓好“两个大庆”期间各项宣传工作。利用青年之家，持续优化青年群众学习基地；以“巾帼夜校”为载体，开展妇女技能培训、表彰先进妇女党员、宣传《中华人民共和国妇女权益保障法》《中华人民共和国民法典》《中华人民共和国反家庭暴力法》等法律法规12余次，宣传册100本、宣传单100张，惠及全乡500余名妇女同胞，树立了文明新风，促进了社会和谐，教育引导群众追求现代文明生活，逐步淡化宗教的消极影响，激励群众跟紧时代

步伐，争做社会主义新人。

【党风廉政建设】 年内，乡党委认真学习贯彻上级关于党风廉政建设和干部作风建设的要求，深入开展反腐倡廉教育，增强责任制的威慑力。加强组织领导，成立由乡党委书记牵头，班子成员齐抓共管，乡纪委组织协调，各行政村、村务监督委员会、各部门共同参与的“两个责任”工作领导小组，建立“一把手”负总责、分管领导集中抓、其他领导协助抓的工作机制，召开乡村两级党风廉政建设安排部署会议，印发《卡孜乡2021年落实党风廉政建设工作要点》，组织干部集体学习党风廉政建设工作要点4次，班子成员安排部署分管范围党风廉政工作2次，听取各行政村汇报1次。强化监督检查，乡党委、纪委不定期听取村级纪检委员、纪检监督员工作汇报，就工作中存在的困难进行分析研判指导。乡党委在重要节点均派出联合督导组，围绕干部作风建设情况、“一岗双责”履行情况、党委的重大决策决议和重要工作部署是否贯彻落实等情况进行监督检查，特别是对各村乡村振兴工作落实以及惠民资金的兑现情况开展专项督查，年内，开展各项重点工作检查督导12次，检查单位30余家次，就值班人员责任意识不强、未张贴值班表等问题提出整改意见7条，更换信访举报箱8个。查找岗位廉政风险点，年初，全乡20余名党员干部针对个人岗位实际进行风险点自查，通过查找廉政风险点，制定风险防范措施，提高党员干部自我查找风险、自我防范风险的积极性和主动性，增强党员干部的风险意识和廉政意识。抓好换届风气监督，强化教育引导，先后张贴发放党员代表大会宣传标语30余条，换届工作应知应会宣传册50余份，换届“十严禁”手册1000余份，签订换届纪律承诺书230余份。

【人大工作】 年内，抓及时交办、年中抓限期办结、后期抓督办难点，年初卡孜乡人大到各村开展县人大第十二届六次会议会前视察调研活动，经与县级人大代表面谈和召开座谈会等形式全面了解掌握乡经济社会发展状况，做好大会议案建议准备工作，代表们踊跃发言，针对兴修水库、修建堤坝、改善乡村道路等民生方面共提出意见建议10条。交办意见建议，增强办理责任。突出抓承办部门督办和建议办理“回头看”，增强建议办理的责任感和自觉性，卡孜乡人大于5月28日将第十四届人民代表大会提出的意见建议54件交由乡政府及相关部门办理，并联合乡纪委对部分重点建议的办理落实情况进行实地督查，并逐条进行满意度测评，确保建议办理的见面率、规范答复率、有效落实率均达到100%。聚结民智民力，改进代表工作，强化自身建设。

始终坚持党管干部和依法选举任免相结合，坚持对拟任人员任前资格审查、任职表态发言、当场颁发任命书和向宪法宣誓制度，不断强化拟任人员的执法为民、依法行政、公正司法意识。年内，共依法选举代表55人，其中市级代表1人，县级代表12人，乡级代表42人，其政治素质、构成比例、文化程度等方面比较合理，符合法定要求。精心组织实施，稳步推进人大换届工作。全乡总人口7582人，选民4652人，划分县级选区9个、乡级选区17个，县级人大代表名额15个，乡

2021年9月17日，卡孜乡开展庆祝拉萨市第31个民族团结进步月文艺会演活动

级人大代表名额47个。乡人大从4月1日开始开展选民登记工作，截至4月7日公布，按照西藏自治区实行等额选举的原则，5月1日，全乡17个选区在同一天召开乡级人民代表大会代表选举大会，4652名选民参加投票选举，参选率达100%，随后选举产生新一届乡人大主席和主席团成员7名，乡机关领导班子建设得到进一步加强。聚力依法监督，促进民生改善，切实保障人民群众切身利益。

做到“十簿一册”齐全，对活动的开展记录、接待选民的记录、来访登记、学习培训登记、批评意见建议登记、代表述职登记等尽皆齐全，并在一定时期、一定范围内通过组织召开工作经验交流会，加强代表之间的交流，使他们优势互补，促进“人大代表之家”活动开展的制度化、常态化。切实保障宪法法律实施。认真落实乡人大同人大代表、人大代表同人民群众的联系制度，提高人大工作水平，2021年学习《中华人民共和国宪法》《中华人民共和国全国人民代表大会和地方各级人民代表大会代表法》《中华人民共和国各级人民代表大会常务委员会监督法》《中华人民共和国全国人民代表大会和地方各级人民代表大会选举法》《中华人民共和国民法典》，以及中央第七次工作座谈会精神等共组织开展代表政治理论与业务知识培训2次，召开代表座谈会2场，配合上级人大对卡孜乡村规民约调研相关工作，有效维护法治统一和规则公平。

2021年5月17日，卡孜乡机关党支部开展“主题党日”义务植树活动

【经济发展】 年内，统筹全乡产业项目，进一步把项目做大做强。基础设施进一步完善，懂村懂组桥梁、克布村珠古桥、林春线—亏组路段新建、林春线提升改造、农田灌溉等基础设施建设全力推进。推进强基惠民项目，召开2021年强基惠民项目分析讨论会，研究上报购买大型拖拉机等强基惠民项目7个，项目投资资金预计123.5万元。探索村级集体经济多样化发展模式，着力推进懂村牦牛短期育肥、白旦手工编织合作社、饲草种植等村集体经济协调、健康、可持续发展，卡孜乡林周霞曦畜牧养殖有限公司藏鸡养殖项目当前已初见成效，带动托门村建档立卡户4户6人实现就业，基层党建与产业发展、生态建设、易地搬迁等重点工作深度融合。持续大力发展传统产业，将饲草深加工产业作为提升饲草附加值的产业发展重点，2021年饲草种植包括房前屋后紫花苜蓿、燕麦草箭舌豌豆共计10515.48亩，涉及5个行政村，其中紫花苜蓿种植面积1290.1亩，燕麦草箭舌豌豆种植面积7115.44亩，外租种植饲草面积2109.94亩，乡农牧办根据2021年粮食直补政策整理收集材料，最终审核直补资金598918.04元。腾退拆除建档立卡贫困户房屋91户，兑现资金344万元，完成市审计反馈问题整改工作，“三岩”片区跨市易地扶贫搬迁点产业项目逐步配齐，康姆桑村保暖牛舍项目、村容村貌提升改造工程、灌溉用水水渠修建项目、高标准农田建设、林周县卡孜乡老年人日间照料中心建设项目稳步实施，搬迁群众积极适应卡孜生产生活。高标准农田项目及重污染土地整治有效开展，2021年乡高标准农田面积1.6万亩，乡农牧综合服务中心定期组织专业技术人员深入项目区进行实地指导2次；2021年对重污染土地发放土地治理有机肥2500吨，腐熟剂110吨，棚膜50吨，全年，高标准农田建设工作稳步开

展，受污染地块整治良好。

【环保工作】 年内，广泛开展环保宣传教育，群众环境保护意识不断提高，上级环境保护督察反馈问题整改有序推进，已完成辖区2个个人所属砖厂拆除整改改造工作，垃圾分类箱已配备完成，乡垃圾处理站高效运行，垃圾分类顺利实施，乡村垃圾处置初步实现“村收集、乡转运、县处理”模式，有效推进“河长制”工作全面落实，组织河道管护员开展巡河100余次，开展植树种草、整治脏乱差、建设美丽乡村活动56次，农村“四旁”植树27020棵，人畜合居情况全面摸清，禁白成果得到有效巩固，积极开展生态红线划定，顺利接受“绿盾”行动工作检查，生态安全屏障不断优化。

【农牧林生产】 4月20日、10月10日，全面完成春、秋季重大动物疫病免疫工作口蹄疫、高致病性禽流感、猪瘟等重大动物疫病免疫任务，春季重大动物疫病强制免疫应防数19538头(只、匹)，秋季重大动物疫病强制免疫21571头(只、匹)，实防数41109头(只、匹)，密度100%。

年内，卡孜乡农村“厕所革命”改革基数为778户，其中托门村298户、卡孜村187户、白朗村147户、田嘎村146户，全年改革工作已完成710户。下一步在验收合格改厕户后，统一收集下发补贴资金，确保全乡厕所改造工作全面顺利完成。农业基础进一步夯实，春耕春播期间乡政府及时组织各村对田间土地、杂草、害虫进行集中整治，种子包衣工作、小反刍兽疫预防治理稳步推进，共计发放大瓢马、爱秀、铁证等防治农药400余箱，统计上报受灾作物油菜、小麦、青稞、饲草3725亩受灾面积上报至保险部门，及时保障农牧民利益。

截至年底，累计完成农作物播种面积3.806万亩，其中青稞1.142万亩，春小麦0.416万亩，冬小麦0.081万亩，油菜播种面积0.141万亩，蔬菜0.079万亩，青饲料播种面积1.947万亩。年底粮食产量7139.16吨，其中冬小麦产量162.69吨，春小麦818.655吨，青稞2217.87吨，油菜85.745吨，蔬菜934.05吨，青饲料2920.15吨。

【民生保障】 年内，民生保障持续深入，“十四五”规划、乡村振兴实施方案和村庄规划编制工作扎实推进，“十项提升工程”有序推进，客运班线高效运转，通电、通信、通邮、通网实现了行政村全覆盖。民生领域兑现资金46.41万元，各级人大代表、政协委员和群众关心的问题得到有效解决。全面推进社会事业发展，城乡居民医疗征缴6442人63.431万元，门诊报销资金14.39万元，门诊核销资金38.65万元，收集手工结算住院报销49人次，支付县人民医院2020年群众住院自付费用5.74万元，合作医疗管理委员会账目支付2.41万元。加大转移就业力度，积极配合县直有关部门开展订单式、定向式、定岗式、定员式培训，将乡辖区内富余劳动力第一时间推荐到易地扶贫搬迁点相关产业项目上进行务工。全年，技能培训209人，劳动力转移就业1593人次，农牧民工资性收入为3442.64万元，人均增收6787.54元。切实保障老年人的基本生活，紧紧围绕“老有所养”的目标，完善养老保险档案，申请16—59岁去世人员11人丧葬补助41672.61元、60岁以上去世18人丧葬补助66207.94元，2021年城乡居民养老保险征缴总人数2312人，征缴资金共计46.38万元，新增27人、转入转出12人，兑现60岁以上城乡居民养老保险待遇635人。

【新冠肺炎疫情防控】 年内，强化新型冠状病毒疫情防控工作落实，严格落实个人防护，着重做好新冠病毒疫苗接种工作，落实核酸检测，推动“健康码”“场所码”通行，做好假期返乡人员、外来人员、来自中高风险地区人员等重点人群的信息登记、摸排和日常健康监测工作，召开疫情防控工作例会8次，发放宣传资料350余份，宣传引导群众1000余人次。

【通用语言培训】 年内，卡孜乡坚持“集中教育打基础+常态自学促提升+多元载体强实效”，全面推进教育培训工作，有效提高村干部使用国家通用语言文字水平。截至年底，开展培训34次，结成帮学对子38个，可正确认读写用500个以上国家通用语言文字15人，能懂会说1000句以上国家通用语言日常语句9人。

（卢 智）

【机构领导】

党委书记

拉　穷（藏族，4月免）

何振华（4月任）

党委副书记、乡长

何振华（4月免）

蒲小龙（藏族，4月任）

副书记、人大主席、统战委员

次旦拉姆（女，藏族，4月任统战委员）

党委副书记

郭　勇（4月免）

张昌贵（4月任）

党委委员、纪检书记、监委主任

张帅龙

党委委员、组织委员

白玛央（女，藏族，3月免）

扎西多吉（藏族，3月任）

党委委员、政法委员

马红德（4月免）

谭正权（4月任）

党委委员、宣传委员

四郎旺姆（女，藏族，4月任）

党委委员、副乡长

柏　明（4月任党委委员）

副乡长

桑珠次旦（藏族，4月免）

普布央金（女，藏族，4月免）

四郎旺姆（女，藏族，4月免）

洛桑白玛（女，藏族，4月任）

扎西邓珠（藏族，4月任）

阿朗乡

【概况】 阿朗乡下辖4个行政村，19个村小组，国土面积为573.03平方公里，平均海拔4200米，乡政府距县城95千米，属半农半牧区，总人口1007户5157人，劳动力3481人（女劳动力1702人），在校生1264人，耕地面积1.13万亩，粮食作物种植面积7201.5亩，专职护林员153名，草场面积52.63万亩，农作物以青稞为主，经济作物以油菜为主，牲畜存栏共计17983头（只、匹）。下辖2个村党委、2个村党总支、24个党支部，党员350名，其中农牧民党员302名、女性党员84名；乡机关工作人员40名（其中抽借调5名），村干部25名，乡村振兴专干5名，卫生院医护人员12名（其中执业医师2名，公共卫生1名，村医9名）；中心小学1所，幼儿园3所，教职工60名；4座寺庙（党旦寺、嘎玛寺、边嘎寺、巴杂寺）。

【党建工作】 年内，高质量召开党史学习教育专题组织生活会，开展谈心谈话42次，发放征求意见建议表60份，征求意见建议30条，查找突出问题26条。参观爱国主义教育基地1场次。开展专题大讨论3次。深入开展党员违规违纪排查工作，上报违规违纪问题1例，全乡广大党员干部政治“三力”得到显著增强。

年内，高质量完成党政班子换届工作，严格落实“三重一大”等各项制度，召开党委会21次、专题党委会11次，班子议事能力得到显著提升。深入开展“我为群众办实事”实践活动，梳理我为群众办实事40余条，梳理出“我为群众办实事”重要项目清单6项，班子成员的思想政治受到洗礼，干事创业担当的精神进一步提振。

年内，完成村“两委”换届工作，调整充实“1+3”专干队伍，4个村党委（总支）力量得到显著增强。制定《阿朗乡党委落实全面从严治党主体责任2021年度工作要点》，听取各村党委（总支）、“1+3”专干汇报4次。持续推荐党员三包工作，充分发挥党员先锋模范作用。实行党委班子包村制，形成调研报告6篇，有力指导

2021年4月30日，中国共产党林周县阿朗乡第一届委员会第二次党员代表大会闭幕

各村党委(总支)落实落细各项工作,确保实现党建工作与中心工作同频共振。

【党风廉政建设】 年内,共召开党风廉政专题会议4次,召开以案促改警示教育大会1次,观看廉政宣传片3次,通过反面典型教育党员干部遵守党规党纪,对县纪委通报曝光的案件,一律在乡村干部会上学习通报,深刻剖析,充分利用典型案件在全乡开展警示教育活动,加强对党员干部党性、理想信念和廉洁从政教育、警示教育,筑牢思想防线,营造“以廉为荣,以贪为耻”的良好氛围,提高党员党性意识,形成“自觉受监督、习惯被监督”的良好心态。积极运用监督执纪四种形态,进一步增强法纪意识,筑牢拒腐防变思想防线,同时,加强对举报箱的排查力度,每月至少一次清查举报箱,凡群众提供的问题线索,坚持有举必查、快处快查。

【经济发展】 年内,地区生产总值完成11495.15万元,同比增长18.18%;居民可支配收入1.84万元,同比增长15.44%。农业发展稳中向好,种养殖产业结构进一步优化。实现青稞产量2692.25吨,油菜产量235.45吨,土豆产量75.4吨,饲草产量137.47吨,累计实现种植业收入886.37万元。实现牛出栏4214头,羊出栏238头,出售马35匹,累计实现养殖业收入3067万元。积极探索乡村休闲旅游项目,接待游客47人,实现旅游收入1.6万余元。

【乡村振兴】 年内,农业农村现代化步伐持续加快,平稳推进牦牛经济杂交项目,农村集体产权制度改革基本完成,成立农村集体经济组织合作社,村集体经济日益壮大。千方百计抓就业稳就业,完成技能培训1期45人,2021年度转移就业1958人次,创收5711.26万元,群众内生动力更足更强。应届高校毕业生36人,实现就业36人,就业率达100%。阿布村母犏牛养殖中心试点项目、拉康村隆仁畜牧养殖农牧民专业合作社试点项目均已进入采购阶段。积极对接上级职能部门,完成林周县2022年巩固脱贫攻坚成果同乡村振兴有效衔接规划项目表前置手续办理。

【生态环保】 年内,始终牢固树立“绿水青山就是金山银山”发展理念,加快推进乡村“四旁”植树,完成种植树木2550棵,种草17亩。全面落实河长制,管理河流35千米,河道修缮清淤2千米,兑现32名河道管护员工资11.2万元,有效巩固辖区河流整治成果。“厕所革命”宣传教育4次,覆盖群众2205人次,组织爱国卫生运动22次,清理垃圾2.1吨,乡村环境得到进一步优化,“和美阿朗”底色更加鲜明、更加持续。

【医疗民政】 截至年底,全乡农牧民住院人数48人,报销金额14.54万元。合作医疗参保人数4022人,缴费金额43万元。参保率达100%;参保缴费人员已申报2745人,60岁领取待遇新增人员15人,办理社保卡66张。发放丧葬补助金30人,7.2万元。60岁新增46人,全部已做申请并次月享受待遇。完成养老保险数据整改问题503人次;兑现农村低保金40户126人,共30.93万元。“三大节日”慰问49个贫困户,发放酥油、米、面、砖茶等物品。兑现临时救助6户共资金3.1万元。医疗救助37户,共资金17.35万元。残疾人两项补贴169人,共

2021年6月26日,阿朗乡开展“学党史、强信念、跟党走”主题演讲比赛

2021年11月3日，阿朗乡卫生院组织医务人员入户开展新冠疫苗接种工作

32.76万元。兑现高龄老人补贴322人，31.26万元。兑现“一孩双女”补贴102人9.8万元。兑现特扶人员资金10人5.16万元，筛查大骨节病32人，筛查先天性心脏病6人。

【党史学习教育】 年内，阿朗乡党委认真学习习近平总书记在党史学习教育动员大会上的重要讲话精神，第一时间成立党史学习教育工作领导小组，快速响应、全面部署，制定下发《阿朗乡党史学习教育方案》《2021年度党史学习教育学习计划》，以理论中心组为载体，组织集中学习《中国共产党简史》、习近平《论中国共产党历史》等部分篇目和习近平总书记重要讲话精神。结合集中学、自主学、知识竞赛等方式，使广大党员干部在学习中接受了教育，启发了思路，提高了认识，拓展了视野。

截至年底，开展党史学习教育15次，集中研讨3次，经验方法大家谈1次，每月至少开展1次铸牢中华民族共同体意识宣讲教育，开展反分裂斗争教育20余次，爱国主义教育30余次，新旧西藏对比教育20余次。

【新冠肺炎疫情防控】 年内，全乡召开新冠肺炎疫情防控暨新冠病毒疫苗接种工作会议16次，各村成立村“两委”班子成员、“1+3”专干、驻村工作队、村“监委”、村医、科技特派员、“双联户”、党员为牵头的工作联防联控队伍，截至年底，全乡3岁以上接种新冠疫苗4410人，占全乡应接种人数的96.56%。区外中低风险返乡人员24人，均已按照相关防控程序。各卡点登记检查来往人员4860人次，各级督导检查疫情防控工作36次。3人参加县级疫情常态化防控培训，乡村级组织6场疫情常态化防控培训，10人参加县级核酸检测信息录入人员培训，排查区外中低风险返乡人员132人次。同时，开展多种形式的传染病防治知识宣传教育活动25次，全方位多层次宣传普及相关防治知识，有效提高群众卫生防病意识和能力。

（刘晓开）

【机构领导】

党委书记

宋 宜 青（女，4月免）

谢 颜 芳（女，4月任）

党委副书记、乡长

尼玛次仁（藏族）

党委副书记、人大主席、统战委员

普布次仁（藏族）

党委副书记

次仁顿珠（藏族，4月免）

郭　　勇（4月任）

党委委员

多吉欧珠（藏族，2月任）

党委委员、纪委书记

杨 周 衡（12月免）

党委委员、组织委员

潘　　锴（4月免）

刘 晓 开（4月任）

党委委员、宣传委员

仁青罗布（藏族，4月任）

副乡长

土旦卓嘎（女，藏族，4月免）

刘 权 锐（4月免）

余 曙 光

洛桑旦增（藏族，4月任）

泽仁拉宗（藏族，4月任）

旁多乡

【概 况】 旁多乡下辖5个行政村，21个村小组，总人口884户4504人（其中达龙村226户1112

人，日布村183户1073人，加格村148户684人，宁布村125户595人，帮多村202户1040人），全乡劳动力2371人（女劳动力1152人）。耕地面积5171.83亩，粮食作物种植面积3068.81亩，人均0.64亩，林地396845.4亩，草场面积874189.7亩。牲畜存栏共计34099头（只、匹），全乡农牧业产值7516.75万元，牲畜禽类出栏1881头（只、匹）。2021年，农村居民人均可支配收入18870.01元。有乡党委1个，1个村党委、4个村党总支、21个党支部，党员324人，乡辖区有噶玛噶举派寺庙4座。

2021年12月13日，县委常委、政法委书记刘军（中）率旁多乡班子成员一行到堆龙德庆区羊达街道开展学习交流

【党建工作】 年内，组织召开乡党委理论中心组学习12次，开展书记讲党课、革命故事课2次。组织专题学习中共十九届六中全会、区市第十次党代会精神2次。配齐人才队伍，全乡共下派各村“1+3”专干20人、乡村振兴专干5人、农业农村专干1人、科技专干4人、网格员5人。组织新任村干部岗前培训1次，开展村干部国家通用语言集中培训5次，成果检验2次，开展外出交流学习36人次，开展党员政治教育培训3天，覆盖全乡农牧民党员。建立“水韵旁多”微信公众号，累计发布、转载时政信息160余条。完成村级组织活动场所更新换牌15个。年内，新发展正式党员7人，预备党员7人，递交入党申请书6人，整理完善存在问题党员档案64套。常态化开展党员政治承诺活动，签订党员不信仰宗教政治承诺书323份，开展“一心一意跟党走，旗帜鲜明反分裂”活动6次。

年内，共召开党委会议28次，乡党委换届后召开16次，研究审定包括各类制度方案、资金使用、人事调整、乡村换届等重大事项，在党委会议上听取党委会议议定事项落实情况报告2次。开展中国共产党建党100周年系列活动，组织开展乡级“两优一先”表彰活动，对1个先进基层党组织，4名优秀党务工作者，7名优秀共产党员进行表彰；各村党组织开展表彰活动4次，表彰优秀党员23人。全乡开展“七一”慰问活动6次，慰问人数597人次。

【人大工作】 年内，乡人大完成县乡两级人大换届选举工作。新当选乡级人大代表47名，其中党政领导干部代表4名，占8.5%；基层代表43名，占91.5%；妇女代表11名，占23.4%；少数民族代表44名，占93.6%；党员代表29名，占61.7%；继续提名代表13名，占27.7%。截至年底，全乡各级人大代表共61人，其中市级人大代表1人、县级人大代表12人、乡级人大代表47人，人大代表覆盖党员领导干部、教师、村“两委”班子、普通党员、农牧民群众等各个领域。

5月2—3日，召开旁多乡第十四届人民代表大会第一次会议，出席会议的乡级人大代表和列席会议的乡党政班子、各村第一书记共60余人。

【组织换届】 年内，相继开展乡村两级换届工作，配齐配强乡党委、人大、政府班子成员11名，其中书记1名、副书记3名（含政府乡长、人大主席）、委员5名、副乡长3名；领导班子平均年龄35.4岁，其中35岁以下6名；大专3名，本科8名。现任村“两委”班子成员共32人，实现年龄学历“一降一升”，进一步充实了村级组织力量，为推进乡村振兴战略打好了基础，提供了有力保障。

【党风廉政建设】 年内，共召开党风廉政专题会议2次，制定并印发工作方案、全面从严治党责任清单、调研方案等，与各行政村、机关、卫生院签订党风廉政建设责任书7份，结合分管工作领域和包村分工，开展调研并撰写调研报告9篇。组织开展谈心谈话，乡党委书记同乡党政班子成员、第一书记、村书记、村纪检委员、村级纪检监督员等主动开展约谈。落实民主集中制，抓好“三重一大”事项的议定实施。

【纪委工作】 年内，选优配强乡纪检干部和村级纪检监督员，全乡共有纪检干部8名，坚持执行乡村纪检干部季度工作交流汇报制度。扎实开展干部职工队伍建设，乡党委、纪委从履行岗位职责、服务态度及效能、完成重点工作任务、遵守工作纪律和廉洁纪律等4个方面结合实际提出“39条旁多乡干部作风建设负面清单”，制定《林周县旁多乡干部八小时之外遵规守纪承诺书》，共签订承诺书50余份。在各类节假日和重要节点开展落实中央八项规定和“四风”反弹、疫情防控等监督检查共17次，针对九届县委第八轮巡察反馈问题整改落实情况进行监督指导2次。

9月23日，乡党委和纪委从管班子带队伍、处理各类矛盾纠纷、淡化宗教消极影响、强化廉政教育等四个方面对下辖5个行政村党组织书记进行党风廉政建设集体约谈。

【综治工作】 年内，调整充实旁多乡综治工作领导小组，形成主要领导亲自抓，分管领导全力抓，其他领导配合抓的良好局面。乡党委书记和乡政府乡长作为第一责任人，人武部部长作为直接负责人，日常过问乡、村、组、户发生的各种治安、纠纷等事件，制定切实可行的工作方案。年初与5个行政村、旁多乡中心小学、旁多卫生院、中凯矿业有限公司等企事业单位签订《旁多乡2021年度社会治安综合治理和维护稳定工作目标责任书》，将综治工作目标、工作责任落实到实处。

2021年7月2日，县委常委、副县长李辉（中），副县长张强（右三）一行到旁多乡参加庆祝中国共产党成立100周年文艺会演

【人武工作】 年内，旁多乡人武部根据《林周县2021年度基干民兵组织整顿工作意见》要求，及时召集全乡干部，召开民兵整组专题工作会议，悬挂横幅标语10条，搞好兵员动员思想工作，确保基干民兵保障体系的建立与巩固。9月，乡人武部认真组织安排人员，完善规范民兵预备役软件资料，对各类台账项目进行整理、分类、归档，建立档案袋，完善办公室，资料室“两室”建设。

2021年度冬季征兵工作，旁多乡坚决执行上级征兵指示，狠抓落实，廉洁征兵，努力实现“三个确保”、完成“四个指标”，成立乡征兵领导小组，设立办公室，明确分工和制度、职责，强调廉洁征兵的纪律要求，切实把征兵工作摆在重要议事位置。同时，召开乡、村征兵专题会议6次，张贴标语50幅，横幅标语12条。

【乡村振兴】 年内，成立旁多乡乡村振兴工作领导小组，由乡党委书记任组长。开展防返贫监测和帮扶工作，制定《旁多乡关于健全防止返贫动态监测和帮扶机制实施方案》，排查出3户10人为动态监测对象，录入国家防返贫监测系统。继续落实“四个不摘”政策，按照“一人一岗”要求，安排生态岗位156个，下发岗位资金54.6万元。落实易地搬迁后续扶持政策，2021年共计拆除原搬迁户房屋128户，发放补助资金426.4万元，对搬迁群众生产生活现状进行再调查，其中外出务工共357人，占搬迁总人数的42.7%，实现户户有就业。做好产业项目的运营和乡村振兴项目申报，为90户未搬迁贫困户发放带崽母牛180头，为270户脱贫户发放分红资金27.2万元。申报改善民生、人居环境等民生类项目7个。做好金融扶贫风险监测，全乡脱贫户享受扶贫小额信贷153户。

【农牧林草】 截至年底，全乡牲畜存栏共计34099头（只、匹）。其中牦牛29892头、黄牛1070头、马358匹、山羊1635只、绵羊1144只。总耕地面积为5171.83亩，种植青稞3068.81亩、油菜388.22亩、蔬菜（土豆）73.51亩、青饲料1579.30亩、豆类55亩，人工种草面积1978.25亩。林地面积为26456.36公顷，安排专职护林员为159名。

年内，共计发放农药50余箱，发放有机肥932袋，46.6吨，发放种子35936公斤，兑现粮食直补金额15.14万元。全年牲畜出栏1881只（头），其中牛1095头，出栏率达21.79%；羊786只，出栏率达20.76%；产生牛肉905.43吨、羊肉6.85吨、牛奶1998.81吨。全年完成2021年春季秋季牲畜疫苗接种工作，共计完成63361头（只）牲畜疫苗注射，其中牦牛55555头、黄牛2021头、绵羊2267只、山羊3518只。

年内，完成专职护林员和林草局六大岗位安排工作，全乡共计更换专职护林员159名、以补岗位护林员100人，完成种植树苗2000株。完成野生动物肇事第一至三季度保险理赔统计工作，其中涉及牦牛295头、黄牛8头、绵羊27只、山羊56只、马22匹，赔偿金额为48.89万元。

年内，完成2次草补统计，1—11月草补政策变更前享受草畜平衡奖励资金的共有792户（其中333户未超载户）农牧民发放草畜平衡奖励资金128.48万元，村级天然草原监督员51名，发放工资27.54万元，共计156.03万元；11月草补政策变更后，享受草畜平衡奖励资金的共有792户（其中417户未超载户，较之前增加84户）农牧民发放草畜平衡奖励资金170.19元，村级天然草原监督员51名，发放工资35.7万元，共计205.89万元。

【民生保障】 年内，全乡共有低保户18户83人，发放低保金15.59万元；残疾人128人，发放生活、护理补贴16.73万元；特困人员救助持续开展，全乡分散供养7人，发放补贴4.25万元。全乡医保、养老保险、社会保障参与率基本达到100%。全面保障辖区食品安全，共开展食品安全专项检查4次，涉及食品经营商户50余家，收集过期食品210件，辖区食品安全形势持续向好。年内，协助县住建局排查、鉴定疑似危房户22户；乡村两级安排调查员11名、核检员1名，完成辖区房屋建筑和市政设施自然灾害风险普查工作。

【新冠肺炎疫情防控】 年内，累计接种新冠疫苗第一剂2066针、第二剂1623针。储备医用口罩5箱，84消毒液大桶17桶，小桶90瓶。8月4日，按照县疫情办指示，乡政府联合乡卫生院启动2—17岁“在校生”和“非在校生”人群新冠肺炎疫苗接种工作，当日接种

2021年4月30日，中国共产党林周县旁多乡第二次代表大会全体代表合影

总计36人，其中小学生2人，非在校3人，初中毕业学生29人。

【群团组织】 年内，完成乡村两级工会、团委、妇联换届工作。全乡现有工会组织6个，涵盖各行政村及乡机关，2021年，完成乡机关工会会员物资发放3次；全乡共有团支部6个，团员76名，年内完成团费收缴1次，开展团支部书记述职1次，组织开展预防青少年犯罪知识讲座1次，组织青年志愿者开展志愿服务2次；全乡农村妇女总人数2275人，妇女劳动力1152人，有妇女组织5个。年内，开展巾帼夜校5期，开展妇女卫生知识讲座5次，开展妇女就业技能培训1次。

（叶德浩）

【机构领导】

党委书记

张 天 平（4月免）

王 正 楼（4月任）

党委副书记、乡长

米　　玛（藏族）

党委副书记、人大主席、统战委员

张 梦 娜（女，藏族，3月任）

党委副书记

伦　　珠（藏族，3月免）

杨 嘉 兴（3月任）

党委委员、纪委书记

普布次仁（藏族，4月免）

仁青卓玛（女，藏族，4月任）

党委委员、政法委员

尼玛欧珠（藏族）

党委委员、组织委员

王　　超（4月免）

巴桑罗布（藏族，4月任）

党委委员、宣传委员

郭　　靖（4月任）

党委委员、副乡长

索　　珍（女，藏族，4月任党委委员）

副乡长

郭　　靖（4月免）

巴桑罗布（藏族，4月免）

熊 博 锋（3月任）

胡 明 江（4月任）

强嘎乡

【概 况】 强嘎乡位于林周县城西北方向，地理位置是北纬29° 56 '，东经91° 08 '，距县城15千米，距拉萨83千米。强嘎乡西连春堆乡、东接松盘乡、南与卡孜乡相连、北接旁多乡，平均海拔3860米。强嘎乡人民政府所在地：拉萨市林周县104乡道。属高原季风气候，最高气温28摄氏度、最低气温零下17摄氏度，昼夜温差大，气温低。全乡总面积222.11平方公里，其中耕地面积为41913.6亩，主要沿彭波河以北呈带状分布，人均拥有耕地面积5.68亩，水资源和可利用荒地资源丰富，农业灌溉主要依靠虎头山水库，耕地大部分为自留保灌地，约80%的耕地为一等地，是典型的农区畜牧业乡。

2021年，下辖5个行政村，21个村民小组，其中，曲嘎强村委会4个村小组：热苏岗组、拓玉组、贡热组、搬迁小组；典冲村委会5个村小组：热萨组、典冲组、郭吉组、仁青岗组、江玛组；强嘎村委会3个村小组：强嘎组、林周顶组、拉龙岗组；连布村委会3个村小组：连布组、冲嘎组、西加组；强嘎乡切玛村6个村小组：切玛组、古如组、普夏组、东牧组、西牧组、拉热组。共有户籍人口1434户7016人。强嘎乡共设4个党委（含3个村党委）、2个党总支、29个党支部，农牧区党支部22个。共有党员545人（新发展党员7人），其中农牧民党员498人，党群比达7.77%；共有青年2276名，团员160人，团青比7.03%。

【物产资源】 强嘎乡因其特殊的地理位置，资源极为丰富，农副产品主要有冬小麦、春小麦、青稞、油菜、土豆、萝卜等；动物资源主要有牦牛、黄牛、绵羊、山羊等；野生动植物资源主要有獐子、白唇鹿、狐狸、水獭、猞猁、黑颈鹤、雪鸡、黄鸭、灰鸭、野山羊、斑头雁等；药材资源主要有虫草、贝母、雪莲花、红景天、雪灵芝等；矿产资源有铅、锌、石膏、自然泉水、矿泉水等。

除自然保护区外，强嘎乡至今存在古文化遗址等丰富的历史人文资源。例如：位于强嘎乡强嘎村，乡政府旁的林周县党员党性教育基地（林周农场旧址），于2021年4月8日顺利挂牌成为全区唯一一个“全国关心下一代党史国史教育基地”；强嘎乡切玛村仍留存有2处古庄园遗址（普夏庄园和定结庄园）；强嘎乡辖区内共分布着9座古墓遗址；切玛村东牧组距离村委会5千米处有一处天然矿泉水，切玛组距离村委

2021年8月18日，乡党委书记宋宜青（右一）以《如何做好基层党务工作》为题，向各村第一书记、村党务工作者和全乡干部职工讲党课

会3千米处有一处野生温泉——切玛温泉；强嘎乡强嘎村境内有一座神山——东孜山，每12年人们都会集聚在此举行隆重的东孜猴年转山活动。

【组织换届】 年内，强嘎乡全力抓好村级组织换届工作，提前谋划并成立换届工作领导小组，深入摸排全面了解“两委”班子的工作能力、群众口碑及思想动态，将政治立场坚定、对党忠诚老实、群众口碑好、工作能力强的致富带头人、优秀退役军人选拔进入村班子，为村干部队伍注入新鲜血液，实现村干部学历文化结构再提升、年龄再降低、整体素质再提高。

5月，强嘎乡乡村两级换届工作全部完成。截至年底，新一届党委班子成员10人（派出所所长不占职数），政府班子成员4人，交叉任职2人，纪委班子成员5人，村“两委”班子实配职数共34个，村级党组织、村委会交叉任职20人，交叉比例达到54.05%；村务监督委员会成员16人。全乡共有正式干部46人（其中行政编制27人、事业编制19人），“三老”人员29名，退休人员45名；乡级党代表90名，县级党代表13名，市级党代表2名；乡级人大代表共计49名，县级人大代表16名，市级人大代表1名；县级政协委员4名。

【经济发展】 年内，本级财政预算内资金1785.06万元，支出1650.26万元，预算执行率达92.24%。2021年苏州援藏资金40万元，支出32.83万元，占比82.09%。农村居民总收入18825.15万元，其中工资性收入5513.50万元，经营性收入12086.19万元，转移性收入864.05万元，财产性收入361.41万元，人均收入18306.37元。下辖5个行政村村集体经济50万—100万元的村1个，100万—500万元的村4个，50万元以上的村1个。

【文体广电】 年内，乡下辖5个行政村文艺演出队共有演员109人，全年乡文化站开展文化活动5场，举办文艺演出活动42场次，民间藏戏团、公共文化机构到村演出7场次，开展“三八”国际妇女节活动6场，开展义务植树、环境卫生整治、关爱老年人、疫情防控等志愿服务40余场次，各村“农家书屋”充实书籍8袋，组织农牧民群众观看电影2场次，各级宣讲员开展意识形态宣讲70余场次，覆盖群众7000余人次，开展新旧西藏对比展8场，“不忘旧西藏的苦、珍惜新西藏的甜”等主题宣讲活动5场。

【基层党建】 年内，组织召开基层党组织书记抓基层党建工作述职评议会，全面掌握各村党组织书记抓党建工作情况，立足乡情民意，研究制订《2021年度工作计划》以及《强嘎乡2021年党建工作计划》《强嘎乡2021年党风廉政建设和反腐败工作计划》《强嘎乡2021年意识形态工作计划》，调整选派17名综合素质过硬的干部到村任“1+3”专干。坚持民主集中制和“一把手”末位发言制，全年召开党委会集体商讨全乡“三重一大”事项31次。

严明党员不得信仰宗教的政治纪律，与党员签订《拉萨市共产党员不信仰宗教承诺书》543份，填写《共产党员信仰宗教情况排查登记表》499份，走村入户实地排查8次。召开“七一”表彰会1次，表彰优秀基层党组织3个、优秀党务群团工作者7名、优秀共产党员8名。乡党政班子走访入户90余次，收集社情民意73条，通过党员“三包”开展“我为群众办实事”176件，投劳7054人次、机械1286台次，投入经费78万元，兑现各类强农惠农资金总计724.95万元。

【学习教育】 年内，研究制定《强嘎乡2021年理论学习计划》，严格落实“每周二”学习例会制度，开展党委理论中心组学习12次、乡党委书记讲党课2次、“主题党日+”活动60余次、支部集中学习80余次；开展“三更”“三新”专题学习研讨会5次，交流发言14人次、撰写交流发言材料50余份；开展党史学习教育知识测试8次，观看《百团大战》《永不消逝的电波》等影片10次，各村党组织书记围绕党史学习开展“书记讲党课”30余次，集中学习《论中国共产党历史》“五史”等60场次，开展党史宣讲活动40余场次，覆盖农牧民党员群众8000余人次。选派乡村两级干部160余人次参加区市县行业系统区内外相关培训，实现村级组织班子队伍培训全覆盖，进一步提高干部队伍干事创业能力。

在前期摸底调查划分等级的基础上，乡村两级建立干部结对帮学机制，通过文字教学、红歌教唱、情景演绎等方式深入推进国家通用语言文字教育培训工作。并以拉萨市师范高等专科学校在林周农场开展参观学习、实践教育活动为契机，每周六下午组织村干部到林周农场礼堂，开展国家通用语言文字教育集中培训，学生、村干部“多对一”帮学的教学模式，有效帮助村干部迅速掌握到汉字的发音、字形、意义，现场教育氛围浓烈，村干部学习热情高涨。截至年底，举办培训班6期，学习覆盖200余人次。

【党风廉政建设】 年内，乡党委始终坚持把主体责任扛在肩上、抓在手上、落实到行动上，定期听取和研究党风廉政建设和反腐败工作开展情况，及时发现存在困难和问题，帮助各村各部门找准工作方法、厘清工作思路。强化换届风气监督，“三必谈”谈心谈话覆盖率达100%，组织签订五类承诺书162份，组织学习换届纪律相关政策文件6次，发放、张贴“十严禁”资料1000余份，悬挂换届纪律宣传横幅10余条，设立换届举报箱6处，组织“两代表”“一委员”及换届工作人员观看《镜鉴》《警钟》警示教育纪录片6场次，开展换届风气监督，测评满意度达100%。

及时将《中国共产党纪律处分条例》《中华人民共和国监察法》《中华人民共和国公职人员政务处分法》《违反政治纪律行为处分规定（试行）》等纳入学习计划，组织学习6场次，开展干部警示教育26次，传达学习纪委通报14次，纪律重申6次，节假日督导检查34次，组织党委班子成员参观拉萨市廉政教育基地1次、赴山南市参观红色遗迹1次，发放各类宣传资料200余份，对5个行政村纪检监督员进行调整，清理退出与纪委业务无关的议事机构4项，对各节假日、节点的维稳纪律执行情况监督检查16次，换届纪律监督检查3次，疫情防控工作落实情况监督检查6次，及时反馈问题2个，执纪问责2人。

2021年4月30日，强嘎乡第二次党代会顺利闭幕，全体参会党代表合影

【农牧业】 年内，出售良种34.25万公斤，调运种子12.88万公斤，收购青稞良种“藏青2000”3.25万公斤并顺利完成种子出售工作，

按照工作要求，完成62.82万公斤农家肥及731吨有机化肥发放工作。在强嘎村、连布村、典冲村实行3042亩农田托管服务，减轻部分群众劳力、降低生产成本的同时，进一步改善农业生产能力。

做好重大动物疫病防控工作，组织召开非洲猪瘟防控相关会议10次，动员各村以拉网式排查加强消毒灭源工作力度，春秋季牲畜疫苗接种总计31995头，免疫完成率均达100%。全年实现农作物和经济作物播种面积2941.78公顷，产量17217.46吨，其中青稞播种面积1079.46公顷，春小麦播种面积629.86公顷，饲草播种面积1069.54公顷，冬小麦11.67公顷，油菜121.97公顷，蔬菜29.28公顷。

【项目建设】 年内，典冲村半细毛羊养殖项目通过优化管理，提升小羊成活率，2021年通过出售羊粪累计收益1万元，带动1名边缘户和1名建档立卡户稳定就业，年人均增收3.6万元。切玛村牦牛养殖项目与西藏泱噶鲁谷农牧业发展有限公司合作探索新的养殖模式，积累科学养殖技术，为进一步扩大项目效益面，年内申报配套总投资为200万元的切玛村牦牛产品销售点建设项目基建已完成，现处于设备采购、商标设计和产品包装设计阶段，养殖合作社带动稳定就业1人，年人均增收2万元。连布村砂石制砖合作社建设项目已投产运营，解决12人就业问题，发放工资14万余元，制砖质量较好，现已向周边各大工地运送。切玛村水磨糌粑加工厂糌粑加工产业链已投入运营，糌粑各类产品的食品检测报告已经出具，各项指标和要求符合相关规定，面粉加工产业链及榨油厂处于设备调试阶段，该项目直接带动8名建档立卡户稳定就业，年人均增收2万元。扶贫产业增收项目运营正常，年内房屋出租率达90%以上，年收缴租金28万余元，对全乡124户脱贫户和卡孜搬迁户分红24万余元。

【生态保护】 年内，全乡种植“四旁树”25600株，开展环境卫生宣传60余场次，发放宣传资料5000余份，覆盖群众2000余人次。对各村环境卫生进行督导检查45次，组织开展集中环境卫生整治活动420余次，清理生活垃圾等720吨、白色垃圾360吨，参与人数2500余人次，组织240余人对河湖沿岸、河道、桥下、水库开展集中垃圾清理行动，组织250余人、11辆车，对澎波湖流域、塔玉普曲流域进行垃圾清理，清理河域总长30千米，处理垃圾7.2吨，进一步提高农牧民群众生态环境保护意识。

【乡村振兴】 强嘎乡有建档立卡脱贫户124户622人。年内，坚持落实“四个不摘”，牢牢巩固脱贫攻坚成效，按照“321”结对帮扶机制，安排市县乡三级结对干部104人实现结对帮扶全覆盖。组织开展就业技能培训7次，涉及311人次，脱贫户实现长期稳定就业186人，务工收入1345.41万元，审核确认2021年申报生态以补岗位196人，累计发放工资68.6万元。按照《林周县关于健全防止返贫动态监测和帮扶机制的实施方案》，对各村专干进行专项业务培训2次，组织人员走村入户进行排查，及时摸清摸准返贫风险。

持续做好“十二五”“十三五”期间303户脱贫户收支测算及监测分析工作，常态化监测、一季度

2021年6月30日，强嘎乡在县党员党性教育基地组织开展庆祝中国共产党成立100周年暨“七一”表彰大会

一排查。截至年底，强嘎乡不存在返贫监测户。审核上报第三批、第四批易地搬迁户7户36人旧房腾退有关材料，兑现资金28.8万元。持续推进“美丽乡村·幸福家园”建设工作，强嘎村及曲嘎强村新建户23户（原址新建21户、异址新建2户），8户主体框架建设已完成。全乡“厕所革命”改厕基数876户，已完成183户，完成比例20.89%，18户厕所改造资金已兑现。

2021年6月2日，强嘎乡组织乡小学学生到驻训部队，开展国防教育实地参观活动

【社会治理】 年内，召开维稳工作安排部署会16次，对乡辖区内各单位督导13次，联合流动法庭，开展普法等宣传活动160余场次，发放宣传资料7000余份，受教育群众达1.2万余人次。开展征兵宣传20次，悬挂宣传横幅10幅。根据工作实际及个人表现情况，对辖区联户重新进行划分并全面更新基础信息，联户代表调整至82名，“双联户”开展矛盾纠纷排查400余次、调解矛盾纠纷36起，排查安全隐患400余次。

按照“小事不出村，中事不出乡，大事不出县”的基本原则，信访工作与各村委会、乡派出所、司法、政法等部门工作贯穿结合，通过积极建立矛盾纠纷联合排查机制，完善乡村两级人民调解委员会，采用定期与不定期相结合的形式对乡辖区开展矛盾纠纷隐患排查，全年成功化解矛盾纠纷48起，帮助23名工人拿到工资40万余元。

【卫生工作】 年内，强嘎乡城乡基本医疗保险参保人数6418人，统筹资金总计64.65万元。坚持公平、公正、公开救助的原则，全年累计救助34户，发放救助金29.25万元，年内门诊报销227人次，报销金额15.26万元，住院报销56人次，报销资金22.46万元。

【民政工作】 年内，兑现农村低保24户87人资金14.03万元，城镇低保4户8人资金46116.6元；兑现高龄老人、失能老人补贴资金8250元，发放分散供养9人资金7.51万元；发放残疾人两项补贴资金26.29万元，阳光家园居家托养补贴资金4500元，严重精神残疾护理补贴2.25万元，瘫痪卧床补贴4.05万元，严重精神障碍患者补贴7200元。年内，累计开展救助5次，发放救助资金2.9万元；“三大节日”慰问群众发放资金900元，慰问11名分散特困供养人员，资金2200元，兑现事实无人抚养儿童补贴资金7200元。

【人社工作】 年内，全乡养老保险参保人数4542人，特殊人群参保人数794人，参保率达100%。新增60岁到龄人员74人按工作要求做好养老保险待遇申领发放工作，去世49人已在养老保险系统上做暂停终止。核查发现88人多领冒领养老保险金14.98万元，已追回85人多领冒领资金14.31万元。全乡2021年66名高效营业毕业生已全部实现初次就业，就业率达100%，系统录入转移就业人数1450人。

【新冠疫情防控】 年内，强嘎乡严格落实疫情防控工作措施，利用广播滚动播放防疫知识800余小时，张贴、发放疫情防控宣传资料5000余份，持续强化农牧民群众科学防疫意识。严格按照文件要求做好区外返乡务工人员、学生摸排统计、体温监测、核酸检测结果跟踪等工作，保障强嘎乡不发生“输入型”病例。全力推进新冠疫苗接种工作，在规定时间内完成全乡12岁以上符合接种人员摸底登记工作，并一人一档建立信息台账。截至年底，第一针接种5143人、第二针接种4888人、第三针接种3544人。

做好疫情防控后勤物资保障工作，先后购买体温计、消毒液、口罩等物资，并指定专人负责，严格做好物资妥善存放及出入库登记等工作，并对乡辖区内36家经营单位、46人核酸检测情况进行统计，上门指导一一注册张贴防疫"场所码"。同时，严格值班带班工作要求，对前往乡村两级办事群众，要求佩戴口罩、扫场所码，进一步落实落细疫情防控工作措施。

（杨文静）

【机构领导】

党委书记

赵 光 超（4月免）

宋 宜 青（女，4月任）

党委副书记、乡长

多吉次仁（藏族）

党委副书记、人大主席、统战委员

边巴次仁（藏族）

党委副书记

王 金 燕（女，4月免）

马　　静（4月任）

党委委员、纪委书记

赵 学 善（4月免）

普布次仁（藏族，4月任）

党委委员、组织委员

扎　　桑（女，藏族，4月免）

伦　　珠（藏族，4月任）

党委委员、政法委员

赵　　睿

党委委员、副乡长

次仁卓嘎（女，藏族，4月任党委委员）

党委委员、宣传委员

易　　勇（4月任）

副乡长

小 尼 玛（女，藏族，4月免）

马　　静（4月免）

易　　勇（4月免）

王　　玥（女，4月任）

阿旺占堆（藏族，4月任）

松盘乡

【概况】 松盘乡位于县城西北部，国道561沿线，交通较为便利。乡政府驻地距县城14千米，北与阿朗乡、旁多乡相连，西与强嘎乡接壤，南与甘曲镇为邻，平均海拔高度在3900米。

2021年，全乡共有1006户，其中农业户959户，牧业户47户，总人口为4516人，农业人口4192人，牧业人口324人，其中劳动力3363人。松盘乡共有行政编24名、事业编20名。公益性岗位8名、人社协理员2名、"三支一扶"4名、乡村振兴专干5名、民政专干1名、专职人民调解员1名、农业农村专干9名。

【农业农村工作】 年内，全乡完成播种面积24617.7亩，推广"喜拉22号"3136.98亩，"藏青2000"7581.02亩。积极引导群众种植饲草近万亩。持续组织各村开展"田间管理、清除杂草、防控虫害、提升产量"活动，在土地增收上下功夫，购置化肥260吨。切实通过改良土壤肥力、提高种子质量促进农牧民群众增收。2021年，松盘乡实现农业机械化作业率达到98%。全乡农村经济总收入年增长率为5.5%，其中第一产业收入达到5351.36万元，第二产业收入达到269万元，第三产业收入达到921.71万元。牲畜年末存栏量22372。完成2021年春季动物重大疫病防疫和小反刍兽疫疫情防控，防疫密度达到100%。

2021年松盘乡从自身实际出发，按照人员清晰、分类科学、界定准确的工作原则，以确保农村集体经济组织成员身份界定的公平、公正、合理、合法和明晰，以农村集体产权归属、维护农村集体经济组织成员权利为核心，扎实推进农村产权制度改革工作，为全面推动农村经济社会快速协调健康发展奠定基础。截至年底，松盘乡4个行政村，15个村民小组已完成产权制度改革工作阶段性任务并通过各级部门的验收。

【乡村振兴】 年内，始终坚持把脱贫攻坚同乡村振兴有效衔接工作作为第一政治任务，坚持做到扶上马送一程，严格落实脱贫不脱政策的工作要求，2021年结合脱贫户贫困户意愿共安排岗位（不包含拉萨搬迁）271个，持续做好旧房拆除及复垦复绿，共上报第一批至第六批旧房屋拆除67户相关资料，补贴金额242.4万元。做好返贫监测工作，确保群众脱贫之后能致富，全乡无识别纳入返贫监测户。

2021年5月3日，松盘乡召开十四届人民代表大会

【民生改善】 年内，全乡城乡居民养老保险征缴1514人，征缴金额311000元。2021年松盘乡对4户进行临时救助，共兑现资金21780元。共为23人报销医疗费用202908.33元、门诊核销179人核销费用101920.5元，乡医保覆盖率达到100%，参合人口总数达3901人。乡民政所工作人员组成家庭经济调查小组，入户核实低保户家庭收入状况，将不符合低保条件的全部取消，2021年低保审核从申请、审核、审批，逐级公示，公开、公正、公平，接受群众及村务监督委员监督。2021年经村乡县三级核查清退4户17人、新增5户20人。2021年度残联工作在上级部门及领导的指导下，实现一人一档，全乡残疾人基本服务状况和需求信息数据动态更新。

【新冠肺炎疫情防控】 年内，始终坚持人民至上，筑牢疫情防控堡垒。加强管控，层层压实责任，全力做好常态化疫情防控工作。积极储备防疫物资，按流程做好辖区重点区域的消毒工作，2021年购买储备近3万元疫情物资，尽全力做到宁可有备无用、不可无备要用。广泛动员，全力做好疫苗接种工作。深化网格化社会治理机制，利用“网格化”管理，全力做好中高风险地区返回人员排查和流调工作，松盘乡共有12个网格、12个网格员、4个网格长，做到排查无死角。抓好重点任务，构建长效防控体系，认真制定各项方案、预案，做到要素齐全，措施具体。采取多种形式宣传法律知识12场次，受益群众3200余人次。深入开展矛盾纠纷调解，成功化解10余次矛盾纠纷。组织开展3月综治宣传月、6月综治宣传周等宣传活动，形成“全民参与”的生动局面。截至年底，开展各类宣传22次。

【党建工作】 年内，始终坚持党要管党、全面从严治党，切实加强党的执政能力、先进性和纯洁性建设，推动习近平新时代中国特色社会主义思想在松盘乡落地开花，自觉运用习近平新时代中国特色社会主义思想的立场、观点和方法指导实践、推动工作。开展“不忘初心、牢记使命”主题教育、党史学习教育、“政治标准要更高、党性要求要更严、组织纪律性要更强”专题教育、“把握新发展阶段、贯彻新发展理念、构建新发展格局”大学习大讨论活动，不断增强党的政治领导力、思想引领力、群众组织力和社会号召力。把政治建设放在首位，增强“四个意识”、坚定“四个自信”、做到“两个维护”、提升“五种能力”，始终做到思想上拥护、政治上维护、组织上服从、行动上看齐。严格党的组织生活，坚持落实“三会一课”等组织制度。

开展“抓重点、创亮点、促发展”活动，强化基层党组织带头人队伍建设，着力打造推介一批实践特色鲜明、示范带动作用强的党建示范点。持续推进基层党支部规范化建设，进一步巩固壮大村级集体经济，全面提高村级场所利用率。坚定不移推进党风廉政建设和反腐败斗争，进一步构建风清气正、干事创业的良好政治生态，为松盘乡发展提供坚强的纪律保障。

【美丽乡村建设】 年内，始终坚持秉持生态文明理念，持续推进美丽乡村建设，生态是松盘最好的财富，牢固树立和践行“绿水青山就是金山银山”的理念，加强环境保护和生态建设，让蓝天常驻、青山常在、绿水长流，把“生态松盘”作为推动美丽乡村建设的根本底色。着重完善村庄布局规划，坚持保护与开发、传承与创新相结合，打造一批自然生态型村庄、特色产业型村庄。加强乡村环境整治，建立垃圾处理、道路修护、绿化养护、河道管护、公共设施维护长效管护机制。继续严格执行环境保护制度，实施严格的生态环境保护措施，全面整改落实负面清单，突出抓好生态空间管控和保护，严守生态保护红线。强化农村环境治理，积极推进农村“厕所革命”，不断提升城乡文明程度和群众生活品质。

【人居环境】 年内，始终坚持全面推进人居环境提升工程，以建设“生态松盘”“美丽松盘”为抓手，全乡环境得到有效治理，农村面源污染持续减少，人居环境大为改善。深入开展打击破坏森林草原生态及野生动植物资源违法犯罪专项行动，森林草原资源保护力度持续加强。强化生态文明宣传教育，全民节约意识、环保意识、生态意识日益增强，爱护生态环境的良好风气逐渐形成。截至年底，松盘乡修建5个厕所、1个法治公园、4个村健身场所、5个新时代文明实践站（所）、组建4支文艺演出队等。

【社会治理】 年内，始终坚持深入开展社会主义法治教育，全乡学法守法用法意识不断增强。大力打击各类违法犯罪活动，积极应对各类自然灾害和公共突发事件，社会治安防控体系不断完善，人民群众安全感不断增强。

全面安排部署扫黑除恶工作，加大宣传力度，做到人人知晓。定期研究安全生产工作，构建一级抓一级、层层抓落实、责任到人的大安全工作格局，经常性开展道路交通、建筑施工、防汛防火、食品药品等安全生产大检查，做到防患于未然。全乡五年来没有发生生产安全责任事故。深入贯彻落实党的民族宗教政策，民族团结、宗教和顺的大好局面进一步巩固。党管武装、爱民固边、“双拥”工作成效明显。群团组织和统一战线工作不断加强。充分发挥工、青、妇、残联等群团组织的桥梁纽带作用，最广泛的爱国统一战线进一步巩固发展，老干部和关心下一代工作取得新成效。

2021年7月1日，松盘乡组织庆祝建党100周年、西藏和平解放70周年农牧民运动会暨文艺竞演

【产业优化】 年内，始终坚持把加快转变经济发展方式作为主线，大力改造提升传统产业，加快培育壮大特色产业，形成多元发展、多极支撑的产业格局。松盘乡立足土地优势，加快土地流转步伐，全乡已流转土地7500余亩，每年可为农牧民增加收入近200万元，草场流转2万亩，每年可持续为小组增收20万元。通过转移就业、土地分红等渠道，群众受益约1000余万元，解决就业500余人次。松盘乡岗巴村宗雪组党支部抓住机会，与西藏顺通药业科技发展有限公司签订购销及技术指导协议，以“党支部+公司+农户”的模式承包种植中药材，种植当归115亩，保底收入46.8万元。截至2021年年底，群众自主开垦近千亩荒地，每年增加收入30万元。561国道修建工程实施中，经乡党委、政府积极协调与岗位对接，解决辖区内农牧民群众务工增收1500余万元。依托辖区内龙头企业格桑塘解决松盘乡17名困难群众就业问题，月工资标准达3000元以上。

（张俊敏）

2021年9月3日，松盘乡农牧民群众秋收

【机构领导】

党委书记

晋美多吉（藏族）

党委副书记、乡长

荣聚金（5月免）

赵学善（5月任）

党委副书记、人大主席

达　桑（藏族，5月免）

旦　增（藏族，5月任）

党建副书记

次仁顿珠（藏族，5月任）

纪委书记

吴宗纪（5月任）

组织委员

罗布卓玛（女，藏族，5月免）

杨文杰（5月任）

宣传委员

格桑德吉（女，藏族，5月任）

党委委员、副乡长

达娃卓嘎（女，藏族）

党委委员

卢广春（5月免）

柯威新（5月任）

副乡长

次仁卓玛（女，藏族，5月免）

何鹏勇（5月免）

谭正权（5月免）

魏　阳（5月任）

白　桑（藏族，6月任）

唐古乡

【概况】 唐古乡位于林周县东北部，恰拉山以北，平均海拔4200米，总面积1260.4平方公里，距离林周县城98千米，距离拉萨168千米。

2021年，唐古乡农牧民1012户5779人，劳动力2106人。唐古乡总编制50人，共有干部职工49人（其中行政编制26人、事业编制23人）。全乡党组织30个，其中党委2个（其中基层党委1个、村级党委1个），党总支3个，党支部25个（含“小个专”党支部）；中共党员365人（其中农牧民党员325人），机关党员40人，预备党员9人；“三老人员”25人，其中老党员21人，老干部4人。辖4个行政村，18个村民小组。唐古乡寺庙2座，热振寺和桑旦林寺。

【乡村振兴】 年内，组织人员对全乡已脱贫436户2335人进行收支测算，未出现一户一人致贫返贫；资金项目和扶贫资产管理有序，科学谋划有效衔接项目，完善各产业项目运营方案；签订合同，马术体验中心及搬迁点农庄项目均租赁，年租金2万元，温室大棚年租金0.85万元；藏泉药浴馆已向上级申请资金用于设备维修及墙体粉刷，唐古乡热振乡村旅游项目已向上级申请接电接水请示；开展“美丽乡村·幸福家园”整村推进建设入户政策宣讲7次510余人次，申报涉及基础设施提升及房屋建设30户，其中，原址重建28户、异地新建2户。

年内，完成兑现易地搬迁拆迁补偿款813.6万元，涉及197户1017人，唐古乡玉热组集中安置点100户已全部完成不动产权证办理，完成6户易地搬迁户户口迁移；常态化对唐古乡玉热组集中安置点开展问题排查整改工作，认真总结搬迁点后续扶持工作经验，切实解决搬迁群众的后顾之忧；唐古乡“十二五”“十三五”时期，在国家防返贫系统中更新录入已脱贫户共436户2335人基本信息，包括劳动技能、致贫原因、家庭收入、家庭人员自然增减、政治面貌、在校情况、务工信息、文化程度、健康状况、耕地、住房、草场面积等信息，同时对县乡村振兴局下发的各类数据问题核实并修改。

【增收工作】 年内，唐古乡农牧民总收入达13914.7万元，人均可支配收入达18439.94元，同比增长13.4%，完成年度目标的100%。

【农牧林水】 截至年底，唐古乡牲畜总存栏3.47万（头、匹、只），全部实现疫苗免疫接种工作，疫苗接种率达到100%，无重大疫情和重大产品质量事故发生；2021年唐古乡完成种子和草补资金发放工作，发放青稞种子、有机肥130.81吨，落实春播作物播种面积570.83公顷；草补资金、粮食直补资金353.71万元；落实河长制，发挥河道管护员、水资源管护员作用，全年开展巡河巡护84次，兑现58名水利岗位人员岗位工资20.3万元；兑现专职护林员、专职草监员、六大岗位人员、兽医工资328.03万元；兑现野生动物肇事补贴、涉农保险补贴资金385.51万元。

年内，成立唐古乡护林防火民兵巡护分队，完善《唐古乡国家森林公园民兵巡护分队防火行动方案》《唐古乡热振国家森林公园民兵巡护分队防火应急预案》，制定《唐古乡2021年护林防火巡护分队春季首次消防巡护方案》，明确巡护分队的责任区域，严格落实24小时森林防火值班制度；以重要节日、节点为载体，在人员密集场所、主要进山口、主要路口，通过防火车巡、人巡等方式，为农牧民打好森林防火的“预防针”；加大对火源的管控力度，对入山

2021年12月22日，西藏自治区党委实施乡村振兴战略领导小组一行到唐古乡开展自治区2021年度巩固拓展脱贫攻坚成果同乡村振兴有效衔接实绩考核

人员和车辆加强管理，确保火源不入林、火种不上山；排查林区、草地、闲置地等是否存在可燃物堆积情况，排查林区等重点区域防火标语、宣传栏缺损情况，做到及时清理。

【民政服务】 年内，唐古乡开展低保对象核查2021年低保收支测算工作，健全低保对象、高龄老人、残疾人、精神病人等人员信息，结合医疗救助和临时救助等工作，开展各类民政惠民政策宣讲。2021年唐古乡农村低保户15户62人；高龄老人、失能老人7人；残疾人142人；0—16岁残疾儿童10人；严重精神病人3人；瘫痪患者1人；特困老人6人；事实无人抚养儿童4人；临时救助家庭5户。全部完成2021年民政资金兑现，共计兑现低保、“两项补贴”等资金约55.86万元；2021年“三大节日”期间，慰问1人900元。

【人社工作】 年内，60岁到龄新增43人，60岁以上死亡102人，17—59岁之间死亡人数8人，参加城乡养老保险人数2727人，参保率达到100%。城乡居民养老保险征缴2727人，共征缴54.54万元；应届高校毕业生27人，就业26人，就业率为96.29%。2021年唐古乡农牧民劳动力人数2106人，转移就业人数1032人，其中建档立卡转移就业人数411人，厨师培训、挖机培训、民族歌舞技能培训人数232人，全部就业，就业率为100%。

【教育工作】 年内，唐古乡有小学1所，幼儿园4所，教师39人、保育员8人，小学生527人（学前班230人“送教上门”5人）。唐古乡2020—2021学年在校大学生共130名，兑现资助资金56.4万元。

【医疗保险】 年内，开展医疗保险集中宣讲活动6次，发放医疗保险政策宣传册900余份，受益

群众达3500余人次。2021年，全乡医疗保险筹资5003人50.22万元；参合农牧民报销43人22.68万元、门诊票据核销37户2.42万元、农牧民家庭账户核销23.1万元；医疗三期一般医疗救助32人14.72万元。

【生态文明创建】 年内，唐古乡树牢“绿水青山就是金山银山，冰天雪地也是金山银山”理念，以生态乡建设为平台，以保护农村自然生态环境为切入点，全面提升环境监管水平，创新机制、严格管理、真抓实干，取得明显成效；完善工作领导小组、制定工作方案，以严格环境影响评价、强化环境监管为基础，围绕“经济抓环保，抓好环保促发展”的工作思路，依托乡村两级，切实加强辖区环境卫生的监督检查；贯彻落实《中华人民共和国环境保护法》作为关系全乡经济和社会发展的一项重要任务，纳入政府工作的重要议事日程，明确目标，落实责任，强力推进，形成环保执法的强大合力，召开环保专题会议3次，工作简报10余期，组织群众开展环境卫生清扫50余次；对全乡2家矿业企业、1家自来水厂进行经常性的环境监察，发现问题立即督促其及时整改，确保环境安全；对辖区河道的违法采砂行为进行经常性的监督检查，全年无违法采砂的情况。

【党建工作】 年内，乡村两级换届工作完成。换届后，唐古乡4个行政村“两委”班子，班子结构进一步优化，工作合力进一步形成。年内，党史学习教育取得实效，乡党委召开理论中心组学习13次，“三更”专题教育5次，“三新”大学习大讨论4次，交流发言29次，撰写心得体会10余篇，全乡各党组织开展党史学习教育、爱国主义教育、淡化宗教消极影响学习、宣讲130余场次，惠及党员干部群众8000余人次，各级书记讲党课7人次，组织党员参观林周县党员党性教育基地、“两路”精神纪念馆、西藏70周年成就展等6次；全乡24个党支部召开党史学习教育专题组织生活会实现全覆盖，完成问题整改107条；开展庆祝中国共产党成立100周年和西藏和平解放70周年文艺活动，惠及农牧民群众6000余人次；落实“我为群众办实事”实践活动，累计投入554人次120余万元；打造“线上＋线下”双模式学习平台，举办“党史”线上知识竞赛，以考学结合的方式检验党史学习教育效果；乡微信公众号“新唐古”每天推送各级党史学习教育内容，为广大党员提供参考和学习资源，累计推送各类信息296条、转发其他媒体信息483条，县级新媒体采用15条，市级融媒体采用6条。

2021年6月4日，唐古乡机关党支部组织全体党员干部参观林周党员党性教育基地

年内，完成34名搬迁恩惠苑党员的党组织关系转接。开展党员违规违纪专项整治工作，针对“带病入党”、弄虚作假、徇私舞弊、严重违反入党程序问题进行全面排查和整治。开展党员信仰宗教问题排查处置工作，签订党员不信仰宗教承诺书，以支部为单位每月开展入户摸排工作。围绕“六个基本”，推进村级活动场所标准化规范化建设，提高使用率和利用率，进一步发挥政治引领和服务群众功能。开展党员“三包”工作，党员干部实行一对一、一对多帮扶机制，每月至少联系一次帮扶对象，掌握社情民意第一手资料，及时解决群众的“急难盼愁”问题，进一步增进党群干群关系。

【党风廉政建设】 年内，严格履行组织领导之责，深入推进党风廉政建设，将党风廉政建设责任制的落实列入乡党委的重要议事日程，乡党委与各村党组织签订《2021年度党风廉政建设责任书》，并将党风廉政建设纳入乡村干部年度目标考核。乡党委听取纪委工作汇报2次，安排部署2次，乡党委书记讲廉政党课1次，组织乡机关党员干部参观警示教育基地1次；组织党员干部学习贯彻中纪委、自治区市县纪委有关会议精神及上级廉政建设文件精神，组织观看反腐警示教育片；发挥监督执纪“四种形态”作用，开展维稳工作纪律执行情况监督检查14次，提出整改意见5条；开展中央八项规定精神落实情况监督检查、节前宣传教育12次，组织学习各类案件通报8次；制定《唐古乡党风廉政建设监督责任制工作方案》《党风廉政建设监督责任实施细则》，按照方案、细则向乡党委提出党风廉政建设建议2条，督促开展廉政谈话1次，组织岗位风险排查1次；开展扶贫领域专项监督检查1次，扫黑除恶专项斗争排查2次，“四风”问题自查自纠1次；组织开展乡机关作风建设专项整顿，着力解决作风建设突出问题、巡察反馈问题整改落实情况。通过专项整顿，乡机关作风得到明显转变，干部职工精神面貌焕然一新，工作积极性显著提高，工作效率极大提升。

【人大工作】 年内，完成人大换届选举工作，选举产生47名乡级人大代表和12名县级人大代表，按时顺利完成县乡人大换届选举工作；召开唐古乡第十四届人民代表大会第一次会议，参会代表提出意见建议75条，为政府决策提供了重要依据；乡人大始终把学习放在首位，采取以会代训的方式，组织新一届人大代表系统学习习近平总书记在中央人大工作会议上的重要讲话、中央第七次工作座谈会精神、中共十九大及中共十九届历次全会精神、习近平在庆祝中国共产党成立100周年大会上的重要讲话精神3次，重点学习《中华人民共和国宪法》《中华人民共和国全国人民代表大会和地方各级人民代表大会代表法》等法律法规，了解开展工作的法律程序和要求，增强法治观念，人大代表对有关法律法规的知晓度明显得到提高。

【工青妇】 年内，在唐古乡工会委员会指导下，辖区各村完成村级工会委员会换届工作，配置20名工会专兼职工作者；唐古乡积极发展农牧民工集中入会工作，乡机关工会会员40人，农牧民工会员753人；关心关爱困难职工，“三大节日”期间，慰问困难职工5人；按照工会“八有”建设要求，开展职工系列活动5场次，惠及职工2000余人次；发挥基层工会职能，配合各部门做好相关工作。

年内，共青团唐古乡委员会突出党建带团建，党员带团员工作制度，使团干部队伍建设与党的干部队伍建设相衔接，充分发挥团组织作为党组织的后备军作用；完成乡、村团委换届工作，全乡设5个团支部，配备团支部书记5名、委员20名，其中青年占比57%以上，大专以上学历占比22.8%，为村团支部注入新鲜年青血液，改变以往村团干普遍“老龄化”的现象，为扎实推进团的各项工作提供有力保障；依托青年大学习平台开展党章党史、团史、思想政治教育12次，惠及团员1000

2021年7月6日，唐古乡恰扎村巴荣组党支部开展“我为群众办实事”实践活动，为“五保户”修建厕所

余人次；认真落实基层支部“三会两制一课”、主题团日等团内生活制度，以党史、团史为主的思想政治教育，传承“伟大建党精神”、“五四精神”、“老西藏精神”、“两路”精神，全乡上下开展主题活动4次，参与活动团员100人；建设“青年之家”，构建“基层组织+青年中心”的新型组织体系，满足了青少年学习、丰富业余文化生活等多方面需求。

年内，唐古乡妇联广泛开展《中华人民共和国反家庭暴力法》《中华人民共和国妇女权益保障法》《中华人民共和国民法典》《中华人民共和国未成年人保护法》等普法宣传工作，提高了妇女儿童学法、懂法、用法的水平，促进了妇女依法维护自身权益；开展送温暖、关爱弱势群体、“三八”国际妇女节、“六一”国际儿童节等活动，丰富唐古乡妇女业余文化生活；唐古乡妇联立足自身职能，开展婚姻家庭矛盾纠纷排查，及时发现和化解矛盾纠纷隐患，与乡综治、司法等部门密切配合，协助调处婚姻家庭纠纷及其他涉及妇女儿童合法权益的案件，为维护社会和谐稳定、高质量发展注入巾帼力量。完成乡、村妇联换届工作，配备乡、村妇联主席5人、专职副主席6人、兼职副主席11人，执委27人；结合党史学习教育，开展巾帼夜校，宣传宣讲党史学习教育30余次，惠及妇女500余人次；组建5支巾帼志愿服务队，凝聚巾帼志愿者力量，助力环境环保、疫情防控、法律宣传等工作，用实际行动彰显巾帼担当。

2021年9月22日，唐古乡新时代文明实践所组织党员志愿者帮助困难群众收割庄稼

【新冠肺炎疫情防控】 年内，唐古乡及时调整充实疫情防控工作领导小组，把责任落实到每个人、每个环节，形成乡、村、组三级网格化防控举措；在人员密集等公共场所严格执行“扫码、测温、戴口罩、外来人员登记”的常态化疫情防控措施；全年对重点场所进行消杀50余次，悬挂横幅6条，张贴标语12条，开展广播宣传50余次；疫苗接种率不断提高，完成疫苗接种第一、二、三针达6879人次；排查其他省市返乡返村29人，有效落实拉萨市疫情防控要求，进行3次核酸检测和居家隔离措施；进一步规范公共场所“场所码”的推广应用，完成辖区内60家商铺、5处公共场所的申领和张贴，实现“场所码”宣传推广使用全覆盖；采购1.16万元疫情防控物资，基本保障基层应急物资供应。

【受援工作】 年内，太仓市城厢镇为唐古乡对口支援单位，重点从加强组织建设、巩固脱贫攻坚同乡村振兴有效衔接等方面，为唐古乡提供资金支持40万元；与江苏省苏州市吴江经济技术开发区财政和资产管理局签订合作协议，围绕“全面推进乡村振兴、加快农业农村现代化”的发展目标，建立健全巩固拓展脱贫攻坚成果长效机制，为唐古乡有序推进乡村振兴工作提供资金20万元；江苏省统计局太仓调查局着眼于农牧民统计增收等工作，为唐古乡提供资金支持2万元，作为农牧办统计、走访等工作开支。2021年，共争取援助资金62万元。

【旅游资源】 唐古乡，曾被译为“塘古”、“塘果”，藏语含义为“平坝”。位于林周县东北部。

唐古乡出产虫草、麝香等；辖区有矿山；经济以农牧业为主，旅游业为辅，种植青稞、油菜、苜蓿等农作物；有白唇鹿、岩羊、褐马鸡、棕熊、猞猁、狐狸等野生动物。

唐古乡地处拉北环线重要位

置，区位优势显著。周边青山绿水环绕，环境优美景色宜人，境内坐落着保护完好的热振国家森林公园和历史悠久的热振寺。藏民族民俗文化艺术底蕴深厚，热振文化远近驰名。热振卓舞因其历史悠久、流传广泛、内容丰富、深受农牧民群众喜爱而享誉四方，热振卓舞于2021年5月入选第五批国家级非物质文化遗产名录。“卓舞”在藏语中被称为“腰鼓舞”。“卓”意为吉祥，一般在重大节庆活动中开场、谢幕时表演。卓舞作为藏族传统舞蹈文化中一门比较特殊的艺术，也是现存世界各民族传统舞蹈文化中最为古老的项目之一。卓舞距今已有1300多年的历史，每逢重大节日，当地农牧民都有跳卓舞的习俗。

热振国家森林公园于2004年被国家正式批准成立，是西藏著名的自然旅游风景区。热振国家森林公园海拔4300米，占地面积7463公顷，有22万株古刺柏，部分高达5—12米，树龄300—500年，胸径30—80厘米，单株材积最高可达3.5立方米。该森林公园是著名的省级自然保护区，保护区连绵30千米的热振河谷，形成独特的河谷风光，山清水秀，古柏环绕，环境幽雅，是西藏不可多得的自然旅游风景区，具有独特的人文资源和旅游资源，美丽的热振河谷，珍稀野生动植物，形成高原国家森林公园的独特风光。其中为“热振圣水”为久负盛名的泉水。热振国家森林公园因其独特的历史文化、自然风光及民俗风情吸引大量游览观光者，深受国内外游客青睐。

热振寺位于拉萨北面240千米的林周县唐古乡唐古村，是藏区著名寺庙。热振寺于1056年由阿底峡的大弟子仲敦巴·嘉瓦迥乃（1005—1064）兴建。热振寺是藏传佛教噶当派的第一座寺庙，现为格鲁派寺庙。2007年，热振寺被列为西藏自治区级文物保护单位。热振寺占地面积1667.5平方米，坐北朝南，主体建筑有措钦大殿、热振喇章等。

（宋仿勇）

【机构领导】

党委书记

赵 继 荣（3月免）

刘 智 仁（3月任）

党委副书记、乡长

罗桑桑登（藏族，3月免）

土多格列（藏族，4月任）

党委副书记、人大主席、统战委员

拉巴次仁（藏族）

委副书记

巴 国 彪（彝族）

党委委员、组织委员

闵　　瑞（4月免）

陈 学 圣（4月任）

党委委员、副乡长

闵　　瑞（4月任）

党委委员、政法委员

李 雪 斌（3月免）

尼玛多吉（藏族，4月任）

党委委员、纪委书记

晋美朗杰（藏族，2免）

云旦扎巴（藏族，3月任）

党委委员、宣传委员

阿　　珍（女，藏族，4月任）

副乡长

尼玛多吉（藏族，4月免）

阿　　珍（女，藏族，4月免）

尼玛旦达（珞巴族）

乔　　凯（3月任）

国有企业

拉萨市林周城镇化建设投资发展集团有限公司

【概况】 拉萨市林周城镇化建设投资发展集团有限公司(以下简称城投集团)于2014年4月经县委、县政府正式批准注册成立,注册资金为1.25亿人民币,其中1亿元为实物资本,2500万元为货币资本;核减后注册资本为12134.4万元,其中9634.4万元为实物资本,2500万元为货币资本。2020年、2021年县财政局分别注资5000万元,现注册资金有2.21344亿元,其中9634.4万元为实物资本,12500万元为货币资本。经营范围为:房地产开发、利用;国有资产管理;土地资源开发;旅游开发;城乡基础设施建设;钢材、水泥销售等。公司内部设立工程建设部、综合管理部、财务部、人力资源与组织发展部、投资发展部(招商部)等5个部门。旗下全资子公司有林周鹏博物业管理有限公司、西藏鸿兆实业有限公司、西藏鼎拓文化旅游发展有限公司、西藏鼎拓园林绿化工程有限公司、西藏鸿兆建材产业有限公司、西藏鼎拓人力资源服务有限公司、林周城投水电气服务发展有限公司、林周城投建设有限责任公司和西藏鹏波实业投资有限公司共10家。三级全资子公司拉萨鹏波酒店管理有限公司、林周城投机械租赁服务有限公司。三级控股合资子公司西藏鹏波农业发展有限公司、西藏鹏博建材股份有限公司。

2021年7月5日，林周城镇化建设投资发展集团有限公司党支部副书记、董事长白玛加措（前排左五）参加庆祝“庆百年华诞，永远跟党走”中国共产党成立100周年主题活动

【党建统企】 年内,城投集团党支部努力夯实党建工作基础,以党建促发展,较好地完成党员管理和支部建设工作。公司党支部以习近平新时代中国特色社会主义思想为引领和高举旗帜创建新发展理念,构建新发展格局、中国共产党建党100周年系列活动为重点内容、结合红色旅游教育资源,严格抓好经常性党性教育,每月按时举办“主题党日”活动,把“三新”“政治标准要更高,党性要求要更严,组织纪律性要更强”专题

2021年11月2日，林周城镇化建设投资发展集团有限公司党支部书记边巴次仁（右二）与西藏拉威集团洽谈业务

教育融入每月学习中。2021年公司开展12次主题党日活动和24次集中学习教育活动。主题党日活动主要以参观林周农场、参加义务植树、观看红色电影、唱革命歌曲、重温誓词等形式开展。公司开展支部书记讲党课活动，其他班子成员要结合分管工作和职责，上好党课。坚持把学习教育、活动实践和业务工作等内容融入党课教育全过程，不断提升党课对党员的吸引力。年内，公司累计开展6次书记讲党课活动和党员大会。

【管理制度】 年内，为适应企业发展的需要，对内设机构进行调整，把原来的资产管理部和综合办公室进行合并，统一为综合管理部，增设投资发展部(招商部)，各部门职能按企业标准化要求进行明确。

为进一步加强和规范企业经营管理，提高工作效率，促进公司“依法治企、合规经营、强化管理”，已编制完成符合城投集团实际情况的内部控制制度、薪酬与绩效考核管理办法，三重一大管理办法、合同管理以及财务管理制度。通过内控体系和制度的建设，为企业实现战略目标提供强有力的支撑。

【项目建设】 年内，承接的项目有林周县“三岩”片区搬迁点警务室建设项目，为全过程代建，已完成所有前置手续且施工进度已达到二层验收；林周县自来水厂改扩建项目为阶段性代建，进入招标阶段；林周县4座水库维修养护工程完成所有前置手续，现已进入施工阶段；林周县彭波河林周顶段防洪工程完成所有前置手续，现已进入施工阶段；林周县杰曲春堆乡段防洪工程完成所有前置手续，现已进入施工阶段；“美丽乡村·幸福家园”整村推进建设项目(一期)各村各点都已进入施工阶段；2021年林周县农业水价综合改革建设项目办理取水许可及编制水资源论证；林周县人民医院藏医院建设项目已做好相关开工准备工作；旅游综合服务中心项目。总用地面积2万平方米；总建筑面积为11802平方米，计入容积率的总建筑面积11082平方米(最终数据以施工蓝图为准)；项目总投为1.6亿元，一期总投预计为7000万元左右。项目进度：林周县旅游综合服务中心项目于2020年7月正式立项

2021年12月30日，林周城镇化建设投资发展集团有限公司召开2021年度表彰大会

2021年3月25日，林周城镇化建设投资发展集团有限公司组织员工到县党员党性教育基地开展党史教育学习

至2021年年底，基本完成项目所需的相关前置手续等相关工作，现正在进行项目建筑施工图纸设计工作以及环评工作，预计2022年下半年正式动工建设，同时，为确保项目顺利推进，确保项目所需相关资金，同步与相关金融机构对接融资工作；西藏鹏波阿郎菜籽油项目。一期主体工程已竣工，2021年12月正式投产，一期附属工程的修建以及相关生产许可资质办理开展中；唐古乡旅游集散中心项目。该项目由城投集团二级子公司拉萨鹏博酒店管理有限公司与西藏平措康桑酒店管理集团合作，2021年5月正式对外营业，截至年底，已实现较好的销售收入；林周县党员党性教育基地(林周农场)，成功将林周农场打造成为林周的一张名片，名声响彻全区，成功挂牌全区唯一的“全国关心下一代党史国史教育基地”、西藏自治区爱国主义教育基地，挂牌共计12个。

【扶贫扶志】 年内，带动林周县贫困户就业，城投集团下属西藏鸿兆实业有限公司新建4个项目共聘用当地农牧民415人，共计为当地农牧民增收约940210元，租赁当地机械创造收入约3728260元，购买当地实心砖、配件砖材料创造收入约1674600元。

带动大学生就业，集团公司针对近年来大学生就业难等问题，积极联合县人社局，数次参加专业人才招聘会，特为待业大学生提供多个就业岗位。截至年底，已有40名大学生在公司上岗就业，其中包含本地精准扶贫建档立卡户。同时，城投集团还为应届毕业生提供大量的实习岗位，为他们将来毕业后正式进入社会、踏上工作岗位奠定良好的基础。

(巴　桑)

【机构领导】

董事长

白玛加措(藏族)

林周县净土产业投资开发有限公司

【概况】 林周县净土产业投资开发有限公司(简称“林周净土公司”)成立于2014年1月27日，属国有独资企业，注册资本为3000万元，其中1000万元为货币资金，2000万元为固定资产。公司业务范围涵盖农业资源开发，农村土地开发整理，种植养殖、销售农副产品，牲畜育肥，农村旅游开发，中草药种植与销售，农业新技术开发、推广及应用等诸多领域。公司内部设立综合管理部、生产部、资产管理部、对外合作部(市场营销部)、人力资源部、党建办、财务部、农机中心8个部门。

2021年，旗下有林周净牧农牧发展有限公司(子公司)和林周县净土产业投资开发有限公司分公司(分公司)，共有干部职工104人。

【党建统企】 年内，林周净土公司党支部始终坚持党对国有企业的领导，把方向、管大局、保落实。紧扣党史学习教育总要求，组织干部职工深入学习习近平新时代中国特色社会主义思想、《中华人民共和国简史》、《中国共产党简史》等相关党史书籍及中央第七次西藏工作座谈会精神，共集中学习研讨十余次，引导职工学史明理、学史增信、学史崇德、学史力行；开展“主题党日+”活动，主题为“植树造林”“垃圾分类”、参观西藏百万农奴解放纪念馆

2021年5月15日，四川农业大学博士彭全辉（前排右六）一行到林周县格桑塘产业园开展"林周县格桑塘牦牛选育与高效扩繁"项目科技培训

等；做好发展党员工作，党支部严把入党积极分子确定关、入党积极分子培养关、发展对象确定关、预备党员接收关和预备党员培养考察关，2021年净土公司党支部有1名入党积极分子转为发展对象。

【管理制度】 年内，为推动巡视巡察整改工作走深走实，加强和规范企业经营管理，根据公司实际情况，编制完成财务管理制度、采购管理办法、"三重一大"决策制度、出差管理制度等，通过制度的建设，为企业实现战略目标提供支撑。

【饲草种植业】 年内，林周净土公司制定《2021年林周县净土公司人工种草实施方案》，对土地进行分档包片，责任到人，开展成本控制及亩产量绩效奖惩，以有效提升饲草单产量和激发员工内生动力。年内，共种植饲草14141.15亩，其中燕麦草和箭筈豌豆混播12798.38亩、青稞142.77亩、紫花苜蓿1200亩。累计投资约为293.96万元、饲草总产为1428.09吨（水分含量≤15吨）。在饲草种植、管理、收割期间解决就近就业用工121人、为当地群众增收64.59万元。

年内，收购种植户、合作社、村委会、小微企业等种植主体饲草共计1443.34吨（水分含量≤17吨），收购额360.83万元，收购价格平均约2500元/吨。

年内，销售饲草（干草）2467.4125吨，销售额为641.85万元；销售青饲玉米516包，销售额为15.69万元，主要销售地区为城关区、堆龙德庆区、尼木县、山南市扎囊县等。

【农机作业】 年内，林周净土公司拥有各类先进农业机械共计98台/批，完成典冲草场1407亩捡石工作；投资19.8万元的农业农村局机械社会化服务项目1500亩合作任务；农业农村局斯曲亚麻节水灌溉项目土地平整作业任务；公司及其他乡村耕、耙、播、收等作业。吸纳当地农机作业能手15人，共计增收19.656万元。

【格桑塘现代农牧产业示范园】 林周县格桑塘现代农牧产业示范园项目总投资为1.5亿元，由东区（牦牛良种繁育）和西园（奶牛养殖、牦牛育肥、饲料加工）构成。

2021年7月8日，林周县净土产业投资开发有限公司开展庆祝中国共产党成立100周年文艺活动

2021年4月16日，林周县净土产业投资开发有限公司党支部组织开展参观西藏自然科学博物馆"主题党日+"活动

【奶牛养殖】 截至年底，存栏280头，年内发情配种421头，妊娠率36.53%，全年产活犊72头，接产成活率为79.1%，3月龄犊牛成活率64.8%。年内，产奶138163公斤，对外销售72141公斤，销售收入43.28万元；自制酥油1167公斤，耗奶33727公斤，出酥率3.46%；犊牛饮用奶32294公斤。

【牦牛育肥】 截至年底，存栏112头，育肥周期设定为50天，育肥牦牛日增重500克左右，50天育肥周期满后屠宰率达到48%左右，育肥饲喂及人工成本18.9元/头·日。年内，出栏育肥牦牛491头，共计销售金额538.74万元。为200户建档立卡脱贫户分红20万元，户均增收1000元。

【牦牛良种繁育】 截至年底，总存栏3338头，年内产活犊920头，成活率为89.4%。饲养成本（饲草饲料、添加剂消耗）：断奶犊牛9.9元/（头·日）；育成牛、成母牛、种公牛平均15.19元/（头·日）（圈养期），8—10月3个月放牧期9.79元/（头·日）（不包含草场租赁费）；96头科技小组实验育肥牛19.29元/（头·日）（特配饲料）。同时，年内科研团队致力于犊牦牛早期培育技术研究、母牦牛群体繁殖率技术研究、牦牛本品种提纯复壮及快速扩繁关键技术研究和牦牛杂交优势组合筛选科研工作。

2021年3月12日，林周县净土产业投资开发有限公司组织全体职工开展植树活动

【饲料加工厂】 林周净土与张掖市格瑞尔生物科技有限责任公司进行合作，年内，共计生产精料补充料1647.96吨，销售1647.96吨，在饲料生产过程中损耗率约为15.33‰。同时将创建市场营销模式，搭建销售网络，预计生产精饲草料0.5万吨/年。

【绵羊育肥基地项目】 截至年底，存栏绵羊550只（2岁以上484只、2岁以下66只），2岁以上死亡率约3%。2021年对外销售65只，销售额为65000元；销售羊粪14车，销售额为7000元；销售羊毛90.9公斤，22元/公斤，共1999.8元。聘请4名工作人员进行经营和管理，每人每月可增收2500元。

（王亚婷）

【机构领导】

执行董事、总经理

普　琼（藏族）

中国人民财产保险股份有限公司西藏分公司林周县公司

2021年3月8日，人保财险拉萨市分公司副总经理李明焕（前排中）一行到甘旦曲果镇朗当村藏鸡养殖调研

【概况】 中国人民财产保险股份有限公司西藏分公司林周县公司（以下简称人保财险林周县公司）位于林周县苏州中路，是中国人民财产保险股份有限公司的一家县域综合性保险服务机构。始终将“真心服务、真情融入、高效快捷”作为工作目标，坚持“以客户为中心”的经营理念，以服务当地农牧民为首要任务；始终牢记“扎根农村、服务百姓”的经营理念和保险公司服务职能。全心全意为林周经济社会发展保驾护航。主要经营企业财产险、家庭财产险、机动车辆保险、货物运输保险、意外险、责任险、农业保险，超大额补充医疗保险等；同时负责县域内的事故现场查勘。作为驻县央企，深刻感受到自身的责任和义务，在日常工作中，牢牢把握县委、县政府的有关决策部署，工作中坚决做到服从大局、坚决配合、积极响应、扎实苦干。

人保财险林周县公司成立于2013年，人员由最初的1人发展到现在19名员工；在全县范围内，建成1个县级“三农”保险服务站，10个乡镇级“三农”保险服务站、45个村级保险联络点，实现县级、乡镇级网点覆盖率100%。选聘的专职员12名，均以当地未就业人员及贫困户为优先考虑，以促进本地大学生就业。另一方面通过扩大综合保险的覆盖面，促进保险服务功能由政府向社会扩展，真正帮助政府实现民生保障，让老百姓受益，赢得百姓的认可。确保所有群众能参与涉农保险，保障所有参保的农户享受农险政策福利。

2021年12月23日，人保财险林周县公司副经理曾培美（右二）为卡孜乡懂村各组长讲解农牧民小额意外保险产品以及政策性农险知识

【服务“三农”】 年内，人保财险林周县公司分别承保政策性农业保险、全县干部职工、教职工、公益性岗位以及学生意外伤害保险、学生食品安全责任保险等。在理赔工作中，尽量做到简化理赔程序，实行“一站式”服务；为林周县干部群众保驾护航，提供保险保障。

按照符合要求“应赔尽赔、及时理赔”的具体要求，2021年，全面完成林周县2021年度的农业保险承保以及2021年度的理赔工作。2021年林周县政策性涉农保险公司共计支付赔款2363.88

万元。

【业务服务】 年内，人保财险林周县公司先后与县政府、县财政、县农业农村局等部门对接，开展政策性农险、意外险、车辆保险等保险知识培训，着重讲解承保险种的具体保障和理赔范围以及理赔注意事项，人员涉及各乡镇农险专干，各村第一书记等。政府后勤办借驾驶员安全教育工作会议时机，邀请公司理赔人员到场，为全县驾驶员讲解普及车辆保险理赔知识。12 月，联合县市场监督管理局牵头对县城各商铺组织开展食品安全责任保险培训会；联合农保员下乡为村民宣传“农牧民小额意外伤害保险”知识。

在大病医疗保险上，自社会医疗保险部在林周人保挂牌成立以来，为进一步利民便民，解决老百姓自己递交理赔资料往返拉萨的不便，农牧民大病医疗保险理赔资料都由县人保专人（驻医保局窗口）负责收集、递交及赔付，确保赔付的时效性。

2021年4月1日，人保财险林周县公司工作人员为政府后勤办驾驶员讲解车辆保险理赔相关知识

【特色商业农险】 林周净牧农牧发展有限公司在人保财险林周县公司投保商业奶牛养殖保险，保费收入为 52.03 万元，赔付金额为 103 万元，实际亏损 50.97 万元。

【服务承诺】 中国人民保险公司服务网络遍布全国，有 4500 多家分支机构和 24 小时服务热线“95518”。可随时随地为客户提供多功能、全方位的优质理财服务和车险客户“百公里免费救援服务”。人保财险林周县公司将以雄厚的实力和优质的服务，竭诚为县域人民提供高质量、充分可靠的保险保障，充分发挥专业技术和服务优势，认真履行社会责任，切实做到为政府分忧，为群众解难，充分体现“人民保险，造福于民”的服务宗旨。

（曾培美）

2021年11月17日，人保财险林周县公司工作人员为县财政普及意外险保险知识

【机构领导】

总经理

李明焕

国网林周县供电公司

【概况】 2021 年 6 月 10 日下达《关于墨竹工卡县供电有限公司等 66 户农电企业国有产权无偿划转有关事项的批复》，结合国网西藏电力有限公司与林周县人民

2021年11月10日，国网林周县供电公司职工在北部三乡收取电费

政府签订国网林周县供电公司无偿划转协议，于2021年10月18日成立分公司。2021年，国网林周县供电公司在岗职工32人，其中拉萨供电公司派驻管理人员2人，正式职工30人。

【经营范围与职责】 国网林周县供电公司主要承担林周县域内发电业务、输电业务、供（配）电业务、发电技术服务、工程管理服务、通用设备修理、专用设备修理、机械设备租赁、非居民房地产租赁、单位后勤管理服务。主要任务是为林周县社会经济发展提供安全、可靠的供电保障。负责林周县域内的电力抢修服务，输、配、变、售电任务；送变电工程设计、施工、安装、维修、调试等业务。

【生产情况】 年内，国网林周县供电公司管辖35千伏变电站3座，变电站容量为33.2兆伏安，35千伏输电线路5条，线路总长87.78千米。10千伏线路21条（专线一条），线路总长728.41千米。公变401台，总容量为38479千伏安。专变419台，总容量74458千伏安。公司供电人口65000人，供电面积4512平方公里。截至年底，林周县供电有限公司完成购电量4204.72万千瓦时，同比下降13.39%；完成售电量3669.42万千瓦时，同比增长0.96%，供电可靠率99%。

【安全管理】 年内，国网林周县供电公司深入贯彻落实县委、县政府及上级公司安全工作部署，编制责任清单，建立安全监督体系，以提升公司安全管理为契机，常态化开展各种安全大检查、员工安规考试、安全教育培训等工作。

落实年度安全目标，细化分解年度安全重点工作，逐级签订责任书，保障各级岗位安全责任落实到位。加强“两票三制”的执行力，出台安全生产作业危险点预控制度，加大变电站、配网线路工作现场安全措施的管控力度，确保安全生产有章可循。加强工作计划和工作人员的安全管控，通过安全准入系统的登记审核，将不安全工作计划和无资质工作人员隔绝在外，保证电网和人身的安全。进一步完善安全监督机构，扩大安委会规模，进一步明确公司各级机构和人员安全职责，健全安全责任体系，维护企业生产安全。严格落实国网西藏公司

2021年8月26日，国网林周县供电公司党员服务队一行到强嘎乡小学开展安全用电进校园宣传活动

2021年6月30日，国网林周县供电公司职工为中小考保电护航

及拉萨公司关于开展县公司安全责任清单编制工作的有关要求，重新编制并发布公司安全责任清单，进一步明确各级岗位的安全职责。加大安全奖惩考核的力度，结合林周实际，在完善月度绩效考核制度的同时，加大安全考核比重，对安全做到奖惩有据。依据国网西藏公司、拉萨公司有关车辆管理办法，出台公司车辆管理补充规定，进一步规范公司用车及油料管理，强化交通安全责任落实，确保交通安全。加大力度提高基层员工的安全素质，加强员工的安全培训教育工作，开展安全视频教学5次，组织安规学习6次、全员及新进员工的安规考试6次。

【电费回收】 国网林周县供电公司总结往年催收电费经验，并在县政府的指导和大力支持下，2021年电费回收率达到100%。

【完善基础台账档案】 年内，国网林周县供电公司全面开展配网基础资产清查工作并配合营业普查工作。经过4个月的现场核查，厘清3座35千伏变电站设备、21条10千伏配网线路、401台公变及419台专变的线、变、户关系，梳理共2122户高低压营业用户，建立准确的配网、营销系统基础档案资料。

（达娃卓嘎）

【机构领导】

副经理

柳　小　强（主持工作）

综管部副主任

白玛央金（女，藏族）

附 录

林周县受县(区)级以上表彰的先进集体一览表

表 1

获奖单位	获奖名称	表彰时间	授予单位
林周县工商业联合会	全国“五好”县级工商联	2021年	中华全国工商业联合会
林周县人民政府办公室	《林周年鉴(2020)》获第八届全国地方志三等奖	2021年	中国地方志指导小组办公室
林周县强嘎乡典冲村	全国农村留守儿童关爱保护和困境儿童保障工作先进集体	2021年	农村留守儿童关爱保护和困境儿童保障工作部际联席会议
林周县扶贫开发领导小组	全区脱贫攻坚先进集体	2021年	中共西藏自治区委员会、西藏自治区人民政府
林周县卡孜乡人民政府	西藏自治区脱贫攻坚先进集体	2021年	中共西藏自治区委员会、西藏自治区人民政府
林周县	双拥模范县	2021年	中共西藏自治区委员会、西藏自治区人民政府、西藏军区
林周县人民政府	双拥模范县	2021年	中共西藏自治区委员会、西藏自治区人民政府、西藏军区
林周县	2022年度西藏自治区“先进双联户”创建活动先进集体	2022年	西藏自治区党委平安建设领导小组办公室
林周县财政局	巾帼文明岗	2021年	西藏自治区妇女联合会
林周县江热夏乡退役军人服务站	温馨窗口	2021年	西藏自治区退役军人事务厅、西藏自治区退役军人服务中心
林周县强嘎乡中心小学	2021年度自治区平安学校	2021年	西藏自治区文明办
林周县退役军人服务中心	2021年度自治区级优秀示范型退役军人服务中心站	2021年	西藏自治区退役军人事务厅
林周县退役军人服务窗口	2021年度自治区级温馨窗口	2021年	西藏自治区退役军人事务厅
林周县市场监督管理局	拉萨市庆祝西藏和平解放70周年活动表现突出集体	2021年	中共拉萨市委员会、拉萨市人民政府

续表 1

获奖单位	获奖名称	表彰时间	授予单位
林周县松盘乡人民政府	2021 年度“先进双联户”创建活动先进乡	2021 年	中共拉萨市委员会、拉萨市人民政府
林周县边交林乡人民政府	全市先进基层党组织	2021 年	中共拉萨市委员会
林周县纪律检查委员会、林周县监察委员会	全市先进基层党组织	2021 年	中共拉萨市委员会
林周县教体局	拉萨市首届中小学生游泳比赛优秀组织奖	2021 年	拉萨市人民政府
林周县教体局	拉萨市第二届工间操比赛第四名	2021 年	拉萨市人民政府
林周县文化和旅游(文物)局艺术团	拉萨市第五届县(区)艺术团文艺调演三等奖	2021 年	拉萨市人民政府、中共拉萨市委宣传部
林周县	2021 年度拉萨市“先进双联户”创建活动先进集体	2022 年	拉萨市委平安拉萨建设领导小组
林周县	2021 年度平安建设先进集体(二等奖)	2022 年	拉萨市委平安拉萨建设领导小组
林周县委办公室	拉萨市文明单位	2021 年	拉萨市精神文明建设指导委员会
林周县强嘎乡人民政府	第五届拉萨市文明村镇	2021 年	拉萨市精神文明建设指导委员会
林周县卡孜乡人民政府	拉萨市文明村镇	2021 年	拉萨市精神文明建设指导委员会
林周县卡孜乡托门村委会	拉萨市文明村镇	2021 年	拉萨市精神文明建设指导委员会
林周县卡孜乡克布村委会	拉萨市文明村镇	2021 年	拉萨市精神文明建设指导委员会
林周县卡孜乡白朗村委会	拉萨市文明村镇	2021 年	拉萨市精神文明建设指导委员会
林周县旁多乡中心小学	第二届拉萨市文明校园表彰	2021 年	拉萨市精神文明建设指导委员会
林周县纪律检查委员会、林周县监察委员会	拉萨市文明单位	2021 年	拉萨市精神文明建设指导委员会
林周县阿朗乡人民政府布岗村	文明村镇	2021 年	拉萨市精神文明建设指导委员会
林周县统计局	拉萨市第七次全国人口普查先进集体	2021 年	拉萨市第七次全国人口普查领导小组办公室
林周县边交林乡人民政府	第七次全国人口普查先进集体	2021 年	拉萨市第七次人口普查领导小组办公室
林周县纪律检查委员会、林周县监察委员会	拉萨市纪检监察系统第二届“迎国庆”篮球比赛冠军	2021 年	拉萨市纪律检查委员会、拉萨市监察委员会
共青团林周县委员会	2021 年度“民族团结闪光行动”先进集体	2021 年	共青团拉萨市委员会
共青团林周县委员会	拉萨市第九期少先队辅导员培训班暨 2021 年少先队辅导员技能大赛团体三等奖	2021 年	共青团拉萨市委员会、拉萨市教育局、少先队拉萨市委员会

续表 1

获奖单位	获奖名称	表彰时间	授予单位
共青团林周县委员会	拉萨青年五四奖章集体	2021 年	共青团拉萨市委员会、拉萨青年联合会
林周县强嘎乡中心小学	拉萨市少年宫庆祝建党 100 周年才艺大赛鼓励奖	2021 年	共亲团拉萨市委员会
林周县卡孜乡克布村委会	拉萨市五四红旗团支部	2021 年	共青团拉萨市委员会
共青团强嘎乡委员会	全市五四红旗团委	2021 年	共青团拉萨市委员会
林周县人民法院	第三届天平杯拔河比赛第三名	2021 年	拉萨市中级人民法院
林周县人民法院	第三届天平杯足球比赛第三名	2021 年	拉萨市中级人民法院
林周县教体局	拉萨市教育系统庆祝建党 100 周年和西藏和平解放 70 周年“石榴籽、百年足迹、魅力绽放”系列活动优秀组织奖	2021 年	拉萨市教育局
林周县中学	拉萨市教育系统庆祝建党 100 周年和西藏和平解放 70 周年“石榴籽、百年足迹、魅力绽放”教师合唱比赛第一名	2021 年	拉萨市教育局
林周县中心幼儿园	拉萨市教育系统庆祝建党 100 周年和西藏和平解放 70 周年“石榴籽、百年足迹、美丽绽放”系列活动声乐类教师组	2021 年	拉萨市教育局
林周县强嘎乡中心小学	2021 年度拉萨市基层优秀党支部	2021 年	拉萨市教育局
林周县强嘎乡中心小学	拉萨市教育系统庆祝建党 100 周年活动舞蹈类小学组三等奖	2021 年	拉萨市教育局
林周县旁多乡中心小学	拉萨市教育系统庆祝建党 100 周年和西藏和平解放 70 周年“石榴籽”系列活动优秀奖	2021 年	拉萨市教育局
林周县民政局	全市第六次民政系统先进集体	2021 年	拉萨市民政局
林周县税务局	先进基层党组织	2021 年	拉萨市税务局
共青团边交林乡委员会	全县五四红旗团委	2021 年	中共林周县委员会、林周县人民政府
林周县边交林乡人民政府	林周县 2020 年度乡（镇）目标绩效争先进位考核一等奖	2021 年	中共林周县委员会、林周县人民政府
林周县公安局	林周县 2020 年度县直单位目标绩效争先进位考核一等奖	2021 年	中共林周县委员会、林周县人民政府
林周县强嘎乡中心小学	林周县第二届校园阳光足球联赛亚军	2021 年	中共林周县委员会、林周县人民政府
林周县唐古乡中心小学	2021 年林周县第二届中小学校园阳光足球联赛优秀组织奖	2021 年	中共林周县委员会、林周县人民政府
林周县唐古乡中心小学	教育系统 2021 年 10 月主题党日活动暨“守初心、颂祖国”师生歌舞大赛教师组中《快乐的舞蹈》二等奖	2021 年	中共林周县委员会、林周县人民政府

续表 1

获奖单位	获奖名称	表彰时间	授予单位
林周县唐古乡中心小学	教育系统 2021 年 10 月主题党日活动暨“守初心、颂祖国”师生歌舞大赛学生组中《山那边的家》二等奖	2021 年	中共林周县委员会、林周县人民政府
林周县苏州小学	2021 年林周县第二届中小学校园阳光足球联赛冠军	2021 年	中共林周县委员会、林周县人民政府
林周县联合学校	林周县教育系统先进基层党组	2021 年	中共林周县委员会、林周县人民政府
林周县强嘎乡人民政府	2020 年全乡“四讲四爱”群众教育实践活动先进集体	2021 年	中共林周县委员会、林周县人民政府
林周县委统战部(林周县宗教事务局)	林周县 2020 年度县直单位目标绩效争先进位考核进位奖	2021 年	中共林周县委员会、林周县人民政府
林周县春堆乡人民政府	全县先进基层党组织	2021 年	中共林周县委员会
林周县中心幼儿园	全县先进阶层党组织	2021 年	中共林周县委员会
林周县强嘎乡人民政府	全县先进基层党组织	2021 年	中共林周县委员会
林周县强嘎乡人民政府	全县先进基层党组织	2021 年	中共林周县委员会
林周县强嘎乡曲嘎强村	全县先进基层党组织	2021 年	中共林周县委员会
林周县税务局	林周青年五四奖章集体	2021 年	中共林周县委员会
林周县委统战部(林周县宗教事务局、林周县工商联业合会)联合党支部	全县先进基层党组织	2021 年	中共林周县委员会
林周县乡村振兴局	林周青年五四奖章集体	2021 年	中共林周县委员会
林周县阿朗乡人民政府布岗村	全县先进基层党组织	2021 年	中共林周县委员会
林周县人民政府办公室	林周县 2021 年先进基层党组织	2021 年	中共林周县委员会
农行林周县支行	“零酒驾”示范单位	2021 年	林周县人民政府
林周县公安局	庆祝中国共产党建党 100 周年和西藏和平解放 70 周年林周县第四届干部职工运动会暨农牧民传统体育运动会团体总分第一名	2021 年	林周县人民政府
林周县江热夏乡人民政府	“零酒驾”示范乡镇	2021 年	林周县人民政府
林周县人民法院	2021 年度平安建设工作先进集体	2022 年	林周县人民政府

说明：由于各单位资料提供不全,可能有遗漏

林周县受县(区)级以上表彰的先进个人一览表

表2

姓名	性别	民族	工作单位	获奖名称	表彰时间	授予单位
巴桑次仁	男	藏族	林周县苏州小学	2021年全国优质教育科研成果展评活动“微课”二等奖	2021年	中央电化教育馆
王　娟	女	汉族	林周广播电视台	追寻—庆祝中国共产党成立100周年红色故事会全国大赛二等奖	2021年	中共中央党史和文献研究院、中共浙江省委宣传部指导,中共浙江省委党史和文献研究室、浙江日报报业集团、中共嘉兴市委红色故事会组委会主办
次旺多吉	男	藏族	林周县财政局	西藏自治区脱贫攻坚先进个人	2021年	中共西藏自治区委员会、西藏自治区人民政府
格桑德吉	女	藏族	林周县松盘乡人民政府	全区脱贫攻坚先进个人	2021年	中共西藏自治区委员会、西藏自治区人民政府
达娃卓嘎	女	藏族	林周县松盘乡人民政府	全区脱贫攻坚先进个人	2021年	中共西藏自治区委员会、西藏自治区人民政府
索朗次仁	男	藏族	林周县春堆乡人民政府	全区脱贫攻坚先进个人	2021年	中共西藏自治区委员会、西藏自治区人民政府
罗松卓玛	女	藏族	林周县卡孜乡人民政府	西藏自治区脱贫攻坚先进个人	2021年	中共西藏自治区委员会、西藏自治区人民政府
卢立芳	女	汉族	林周县乡村振兴局	全区脱贫攻坚先进个人	2021年	中共西藏自治区委员会、西藏自治区人民政府
查　焱	男	汉族	林周县人民政府	全省脱贫攻坚暨对口帮扶支援合作先进个人	2021年	中共江苏省委员会、江苏省人民政府办公室
德吉卓玛	女	藏族	林周县联合学校江夏校区	“追寻——庆祝中国共产党成立100周年红色故事会全国大赛”二等奖	2021年	中共浙江省委党史和文献研究室、浙江日报报业集团、中共嘉兴市委员会
阿　吉	女	藏族	林周县强嘎乡人民政府	全区第三批优秀村(社区)党组织第一书记	2021年	中共西藏自治区党委组织部
刘权锐	男	汉族	林周县边交林乡人民政府	西藏自治区优秀第一书记	2021年	中共西藏自治区党委组织部
旦　曲	男	藏族	林周县江热夏乡人民政府	全区第三批优秀村(社区)党组织第一书记	2021年	中共西藏自治区党委组织部
尼　玛	男	藏族	林周县中学	红色故事会朗诵比赛第二名	2021年	中共浙江省委宣传部
许盛坤	男	汉族	共青团林周县委员会	2020—2021年度大学生志愿服务西部计划西藏自治区优秀志愿者	2021年	共青团西藏自治区委员会、西藏自治区西部计划服务西藏项目管理办公室
米玛次仁	男	藏族	林周县公安局刑警大队	三等功	2021年	西藏自治区公安厅
张银妹	女	汉族	林周县中学	西藏自治区中小学历史课堂实录二等奖	2021年	西藏自治区教育厅
张银妹	女	汉族	林周县中学	西藏自治区中小学历史课件制作三等奖	2021年	西藏自治区教育厅

续表 2

姓名	性别	民族	工作单位	获奖名称	表彰时间	授予单位
马慧芳	女	汉族	林周县中心幼儿园	全区第三届幼儿教师教学竞赛决赛语言领域二等奖	2021 年	西藏自治区教育厅
杨　秀	女	白族	林周县松盘乡中心小学	“2020 年全区中小学优质教育教学资源征集活动”语文组一等奖	2021 年	西藏自治区教育厅
杨　秀	女	白族	林周县松盘乡中心小学	“2020 年全区中小学教育教学资源征集活动”语文组三等奖	2021 年	西藏自治区教育厅
边巴卓玛	女	藏族	林周县强嘎乡中心小学	快乐耕种责任田，高原精神代代传优秀指导老师	2021 年	西藏广播电视台
次仁拉姆	女	藏族	林周县苏州小学	优秀指导老师	2021 年	西藏民族学院
旦增旺姆	女	藏族	林周县苏州小学	第二批自治区级中小学教学能手	2021 年	西藏自治区教育厅
次仁拉姆	女	藏族	林周县苏州小学	优秀指导老师	2021 年	西藏民族学院
边巴卓玛	女	藏族	林周县联合学校江夏校区	全区第二届中小学教师信息化应用大赛获小学组优秀奖	2021 年	西藏自治区教育厅
巴桑伦珠	女	藏族	林周县联合学校边交林校区	“2020 年全区中小学优质教育教学资源征集活动”藏语文组一等奖	2021 年	西藏自治区教育厅
曲尼桑姆	女	藏族	林周县联合学校边林校区	“2020 年全区小学优质教学资源征集活动”藏文组优秀奖	2021 年	西藏自治区教育厅
曲尼桑姆	女	藏族	林周县联合学校边林校区	“2020 年全区小学优质教学资源征集活动”藏文组三等奖	2021 年	西藏自治区教育厅
尼玛卓嘎	女	藏族	林周县气象局	2021 年建党 100 周年演讲比赛优秀个人	2021 年	西藏自治区气象局
尼玛卓嘎	女	藏族	林周县气象局	2021 年度优秀个人	2021 年	西藏自治区气象局
白玛玉措	女	藏族	林周县气象局	2021 年度全区论文交流二等奖	2021 年	西藏自治区气象局
洛桑曲吉	女	藏族	林周县强嘎乡人民政府	2021 年西藏自治区最美家庭	2021 年	西藏自治区妇女联合会
阿旺次仁	男	藏族	林周县人力资源和社会保障局	西藏自治区人力资源和社会保障厅优质服务个人	2021 年	西藏自治区人力资源和社会保障厅
温平庆	女	汉族	林周县人民政府办公室	第十四届全国运动会群众比赛羽毛球项目双打第二名	2021 年	西藏自治区体育局
达次仁	男	藏族	林周县边交林乡人民政府	拉萨市优秀驻村工作队队员	2021 年	中共拉萨市委员会，拉萨市人民政府
洛桑江白	男	藏族	林周县强嘎乡连布村	拉萨市劳动模范	2021 年	中共拉萨市委员会、拉萨市人民政府
次旦央金	女	藏族	林周县机要局	拉萨市创先争优强基础惠民生活动先进驻村（居）工作队员	2021 年	中共拉萨市委员会、拉萨市人民政府
李　菲	女	汉族	林周县人民政府办公室	先进驻村工作队队员	2021 年	中共拉萨市委员会、拉萨市人民政府
巴桑伦珠	男	藏族	林周县公安局交警大队	优秀个人	2021 年	中共拉萨市委员会

续表 2

姓名	性别	民族	工作单位	获奖名称	表彰时间	授予单位
尹　强	男	汉族	林周县中学	全市优秀共产党员	2021 年	中共拉萨市委员会
罗松卓玛	女	藏族	林周县卡孜乡人民政府	拉萨市优秀共产党员	2021 年	中共拉萨市委员会
桑珠次旦	男	藏族	林周县卡孜乡人民政府	拉萨市优秀共产党员	2021 年	中共拉萨市委员会
格旦次仁	男	藏族	林周县人民代表大会常务委员会	拉萨市 2020 年度优秀正县级领导干部	2021 年	中共拉萨市委员会
扎西卓玛	女	藏族	林周县委组织部	全市优秀党务工作者	2021 年	中共拉萨市委员会
刘　姣	女	汉族	林周县经济和信息化局	先进个人	2021 年	拉萨市人民政府
次仁觉旦	男	藏族	林周县经济和信息化局	先进个人	2021 年	拉萨市人民政府
陈昭伟	男	汉族	林周县委宣传部	拉萨市宣传文化工作先进个人	2021 年	中共拉萨市委宣传部
冯　靖	女	汉族	林周县边交林乡人民政府	拉萨市党史知识竞赛一等奖	2021 年	中共拉萨市委组织部
徐子翔	男	汉族	林周县委组织部	2020 年度全市信息工作先进个人	2021 年	中共拉萨市委组织部
刘　莹	女	汉族	林周县中心幼儿园	拉萨工会 2021 年“中国梦·劳动美·永远跟党走　奋进新征程”全市职工主题演讲比赛优秀选手奖	2021 年	拉萨市总工会
琼　吉	女	藏族	林周县中心幼儿园	“中国梦,劳动美”演讲比赛三等奖	2021 年	拉萨市总工会
阿旺拉姆	女	藏族	林周县中心幼儿园	拉萨工会 2021 年“中国梦·劳动美——永远跟党走　奋进新征程”全市职工主题演讲比赛优秀选手奖	2021 年	拉萨市总工会
古桑德吉	女	藏族	林周县中心幼儿园	拉萨市总工会“中国梦劳动美永远跟党走,奋进新征程”全市职工主题演讲比赛优秀奖	2021 年	拉萨市总工会
强巴云旦	男	藏族	林周县苏州小学	“中国梦,劳动美”永远跟党走全市职工主题演讲优秀奖	2021 年	拉萨市总工会
张海艳	女	汉族	林周县春堆乡比如村双语幼儿园	拉萨工会 2021 年“中国梦·劳动美—永远跟党走　奋进新征程”全市职工主题演讲比赛优秀选手奖	2021 年	拉萨市总工会
王　琪	女	蒙古族	林周县财政局	拉萨市第七次全国人口普查先进个人	2021 年	拉萨市第七次全国人口普查领导小组办公室
王　菊	女	汉族	林周县强嘎乡人民政府	拉萨市第七次人口普查先进个人	2021 年	拉萨市第七次全国人口普查领导小组办公室
张　涛	男	汉族	林周县统计局	拉萨市第七次全国人口普查先进个人	2021 年	拉萨市第七次全国人口普查领导小组办公室
旦增潘多	女	藏族	林周县统计局	拉萨市第七次全国人口普查先进个人	2021 年	拉萨市第七次全国人口普查领导小组办公室

续表 2

姓名	性别	民族	工作单位	获奖名称	表彰时间	授予单位
张 宏	男	汉族	林周县委宣传部	拉萨市第七次人口普查先进个人	2021 年	拉萨市第七次全国人口普查领导小组办公室
索朗卓嘎	女	藏族	林周县边交林乡人民政府	第七次全国人口普查先进个人	2021 年	拉萨市第七次人口普查领导小组办公室
宗 吉	女	藏族	林周县阿朗乡人民政府	拉萨市第七次人口普查先进个人	2021 年	拉萨市第七次全国人口普查领导小组办公室
拉姆卓玛	女	藏族	林周县松盘乡人民政府	第七次人口普查先进个人	2021 年	拉萨市第七次人口普查领导小组办公室
范 曾	女	藏族	林周县强嘎乡人民政府	拉萨市优秀驻村工作队队员	2021 年	拉萨市强基础惠民生活动领导小组办公室
古桑德吉	女	藏族	林周县中心幼儿园	拉萨市首届金牌宣讲员第三名	2021 年	拉萨市四讲四爱活动领导小组办公室
益西格桑	男	藏族	林周县委政法委员会	2021 年度平安建设工作先进个人	2022 年	拉萨市委平安拉萨建设领导小组
杨 虎	男	汉族	林周县春堆乡人民政府	2022 年度平安建设工作先进个人	2022 年	拉萨市委平安拉萨建设领导小组
周辉霞	女	汉族	共青团林周县委员会	2020 年度全市优秀共青团员	2021 年	共青团拉萨市委员会
朱 敏	女	汉族	林周县教育局	2021 年度共青团员“民族团结闪光行动”优秀个人	2021 年	共青团拉萨市委员会
张小娜	女	汉族	林周县中学	拉萨市优秀少先队辅导员	2021 年	共青团拉萨市委员会
益西龙桑	男	藏族	林周县中学	辅导员技能大赛优秀奖	2021 年	共青团拉萨市委员会
许盛坤	男	汉族	共青团林周县委员会	2020—2021 年度大学生志愿服务西部计划拉萨市优秀志愿者	2021 年	共青团拉萨市委员会、大学生志愿服务西部计划西藏专项拉萨市项目办
拉巴卓玛	女	藏族	共青团林周县委员会	拉萨青年五四奖章	2021 年	共青团拉萨市委员会、拉萨市青年联合会
巴 桑	男	藏族	林周县阿朗乡中心小学	2021 年拉萨市第九期少先队辅导员培训班暨辅导员技能大赛说课比赛优秀奖	2021 年	共青团员拉萨市委会、拉萨市教育局、少先队拉萨市工作委员会
次仁旦增	男	藏族	林周县公安局国保大队	三等功	2022 年	拉萨市公安局
云登扎巴	男	藏族	林周县公安局国保大队	三等功	2021 年	拉萨市公安局
麻超锋	男	藏族	林周县公安局看守所（拘留所）	三等功	2022 年	拉萨市公安局
仁青邓珠	男	藏族	林周县公安局康姆桑村警务站	三等功	2022 年	拉萨市公安局
洛桑旦增	男	藏族	林周县公安局国保大队	嘉奖	2022 年	拉萨市公安局

续表 2

姓名	性别	民族	工作单位	获奖名称	表彰时间	授予单位
洛桑尼玛	男	藏族	林周县公安局刑警大队	嘉奖	2022 年	拉萨市公安局
扎西顿珠	男	藏族	林周县公安局唐古乡派出所	嘉奖	2022 年	拉萨市公安局
洛桑达娃	男	藏族	林周县公安局边林乡派出所	嘉奖	2022 年	拉萨市公安局
杨　刘	男	汉族	林周县公安局甘曲镇派出所	嘉奖	2021 年	拉萨市公安局
张奋强	男	汉族	林周县公安局甘曲镇派出所	嘉奖	2021 年	拉萨市公安局
旺　姆	女	藏族	林周县人民法院	全市法院优秀法官	2021 年	拉萨市中级人民法院
平措拉吉	女	藏族	林周县人民法院	第三届天平杯女子乒乓球比赛第一名	2021 年	拉萨市中级人民法院
平措拉吉	女	藏族	林周县人民法院	第三届天平杯女子羽毛球球比赛第三名	2021 年	拉萨市中级人民法院
德吉央卓	女	藏族	林周县人民法院	第三届天平杯女子乒乓球比赛第三名	2021 年	拉萨市中级人民法院
巴　桑	男	藏族	林周县唐古乡中心小学	2021 年西藏小学藏文骨干教师教学能力提升培训班培训优秀学员	2021 年	拉萨师范高等专科学校
旺　久	男	藏族	林周县强嘎乡中心小学	拉萨市庆祝建党 100 周年书法比赛三等奖	2021 年	拉萨市编译局
顿珠次仁	男	藏族	林周县强嘎乡中心小学	庆祝中国共产党成立 100 周年和西藏和平解放 70 周年书法比赛三等奖	2021 年	拉萨市编译局
罗布养培	男	藏族	林周县强嘎乡中心小学	庆祝中国共产党成立 100 周年和西藏和平解放 70 周年书法三等奖	2021 年	拉萨市编译局
向前军	男	汉族	林周县中学	中国共产党成立 100 周年和西藏和平解放 70 周年书法比赛楷书体三等奖	2021 年	拉萨市藏语委办
龚仕文	男	汉族	林周县中学	庆祝中国共产党成立 100 周年和西藏和平解放 70 周年书法比赛楷体二等奖	2021 年	拉萨市藏语委办
普布宗巴	女	藏族	林周县苏州小学	庆祝中国共产党成立 100 周年和西藏和平解放 70 周年书法比赛市级三等奖	2021 年	拉萨市藏语委办
米　玛	女	藏族	林周县苏州小学	建党 100 周年书法竞赛中藏文组三等奖	2021 年	拉萨市藏语委办
次达多吉	男	藏族	林周县苏州小学	庆祝中国共产党成立 100 周年书法大赛二等奖	2021 年	拉萨市藏语委办
索朗罗布	男	藏族	林周县苏州小学	庆祝中国共产党成立 100 周年书法大赛三等奖	2021 年	拉萨市藏语委办
黄琳芝	女	汉族	林周县苏州小学	“建党 100 周年、西藏和平解放 70 周年”书法比赛楷书优秀奖	2021 年	拉萨市藏语委办(编译局)

续表 2

姓名	性别	民族	工作单位	获奖名称	表彰时间	授予单位
贡秋卓玛	女	藏族	林周县林业和草原局	拉萨市三级政务服务大厅庆祝建党100周年暨西藏和平解放70周年“演讲比赛”二等奖	2021年	拉萨市行政审批和便民服务局
加　措	男	藏族	林周县苏州小学	2021年度拉萨市小学藏文教师教学提升培训优秀学员	2021年	拉萨市教师继续教育学校
次仁宗吉	女	藏族	林周县苏州小学	拉萨市第九届2021少先队辅导员技能大赛微课第二名	2021年	拉萨市教体局
杨云仙	女	纳西族	林周县苏州小学	拉萨市第九届2021少先队辅导员技能大赛小学案例优秀奖	2021年	拉萨市教体局
张银妹	女	汉族	林周县中学	拉萨市教学能手	2021年	拉萨市教育局
边巴次仁	男	藏族	林周县中学	拉萨市中小学教师课堂教学技能大赛三等奖	2021年	拉萨市教育局
边巴次仁	男	藏族	林周县中学	拉萨市第三届骨干教师	2021年	拉萨市教育局
叶　燕	女	汉族	林周县中学	拉萨市第三届中小学骨干教师	2021年	拉萨市教育局
张小娜	女	汉族	林周县中学	拉萨市第三届中小学骨干教师	2021年	拉萨市教育局
龚仕文	男	汉族	林周县中学	优秀党务工作者	2021年	拉萨市教育局
邱　淋	女	汉族	林周县中学	拉萨市学前、义务教育阶段中小学教师课堂教学技能大赛一等奖	2021年	拉萨市教育局
南木卓	男	藏族	林周县中学	拉萨市“一师一优课、一课一名师”活动优课	2021年	拉萨市教育局
贡　嘎	男	藏族	林周县中学	拉萨市中小学学科带头人	2021年	拉萨市教育局
刘　莹	女	汉族	林周县中心幼儿园	拉萨市教育系统庆祝建党100周年和西藏和平解放70周年“石榴籽·百年足迹·魅力绽放”系列活动语言类教师组优秀奖	2021年	拉萨市教育局
阿旺拉姆	女	藏族	林周县中心幼儿园	拉萨市第三届中小学学科带头和骨干教师首届教学能手评定首届教学能手荣誉	2021年	拉萨市教育局
阿旺拉姆	女	藏族	林周县中心幼儿园	拉萨市教育系统庆祝建党100周年和西藏和平解放70周年“石榴籽·百年足迹·魅力绽放”系列活动语言类教师组优秀奖	2021年	拉萨市教育局
甘炜羚	女	汉族	林周县中心幼儿园	拉萨市教育系统庆祝建党100周年和西藏和平解放70周年“石榴籽·百年足迹·魅力绽放”系列活动声乐类教师组优秀奖	2021年	拉萨市教育局
桑杰达瓦	男	藏族	林周县松盘乡中心小学	2021年拉萨市课堂教学技能大赛藏文组第三名	2021年	拉萨市教育局

续表 2

姓名	性别	民族	工作单位	获奖名称	表彰时间	授予单位
次仁卓嘎	女	藏族	林周县强嘎乡中心小学	拉萨市教育局石榴籽一家亲舞蹈比赛指导三等奖	2021 年	拉萨市教育局
边巴次仁	男	藏族	林周县强嘎乡中心小学	拉萨市教育局石榴籽一家亲朗诵比赛指导一等奖	2021 年	拉萨市教育局
拉巴玉珍	女	藏族	林周县强嘎乡中心小学	拉萨市教育局“石榴籽,百年足迹、魅力绽放”系列活动指导三等奖	2021 年	拉萨市教育局
秀　英	女	汉族	林周县苏州小学	马云教育基金——2021 年拉萨市优秀教师培训班学习优秀学员	2021 年	拉萨市教育局
秀　英	女	汉族	林周县苏州小学	2021 年度拉萨市学前,义务教育阶段中小学教师课堂技能大赛三等奖	2021 年	拉萨市教育局
杨默晗	女	汉族	林周县苏州小学	2021 年度拉萨市学前、义务教育阶段中小学教师课堂技能大赛三等奖	2021 年	拉萨市教育局
格桑德吉	女	藏族	林周县苏州小学	拉萨市 2021 年学前、义务教育阶段教师课堂教学技能大赛三等奖	2021 年	拉萨市教育局
格桑德吉	女	藏族	林周县苏州小学	拉萨市第三届中小学教师教学能手	2021 年	拉萨市教育局
卓　嘎	女	藏族	林周县苏州小学	拉萨市教学能手	2021 年	拉萨市教育局
仁青曲措	女	藏族	林周县苏州小学	西藏和平解放 70 周年全县市教育系统征文活动优秀作品奖	2021 年	拉萨市教育局
米　玛	女	藏族	林周县苏州小学	2021 年一师一优课一课一名师活动中被评为市级优课	2021 年	拉萨市教育局
魏雅峰	女	汉族	林周县苏州小学	拉萨市教育系统庆祝建党 100 周年和西藏和平解放 70 周年“石榴籽 · 百年足迹 · 魅力绽放”系列活动绘画类小学组优秀奖	2021 年	拉萨市教育局
明文雅	女	汉族	林周县苏州小学	2020—2021 年度拉萨市优秀班主任	2021 年	拉萨市教育局
格桑德吉	女	藏族	林周县苏州小学	市级教学能手	2021 年	拉萨市教育局
索朗卓玛	女	藏族	林周县春堆乡中心小学	指导的作品荣获拉萨市教育系统庆祝建党 100 周年和西藏和平解放 70 周年“石榴籽魅力绽放”舞蹈类小学组一等奖	2021 年	拉萨市教育局
郭丽丽	女	汉族	林周县中学	拉萨市第五届青少年科技创新大赛三等奖	2021 年	拉萨市科学技术局、拉萨市教育局、拉萨市科学技术学会
苏远庆	男	汉族	林周县中学	拉萨市第五届青少年科技创新大赛三等奖	2021 年	拉萨市科学技术局、拉萨市教育局、拉萨市科学技术学会
仁青罗布	男	藏族	林周县阿朗乡人民政府	优秀公务员	2021 年	中共林周县委员会、林周县人民政府

续表 2

姓名	性别	民族	工作单位	获奖名称	表彰时间	授予单位
边巴次仁	男	藏族	林周县强嘎乡人民政府	2020 年度优秀公务员	2021 年	中共林周县委员会、林周县人民政府
马　静	男	汉族	林周县强嘎乡人民政府	2020 年度优秀公务员	2021 年	中共林周县委员会、林周县人民政府
德庆卓嘎	女	藏族	林周县强嘎乡人民政府	2020 年度优秀公务员	2021 年	中共林周县委员会、林周县人民政府
罗　罗	女	藏族	林周县强嘎乡人民政府	2020 年度优秀公务员	2021 年	中共林周县委员会、林周县人民政府
王　菊	女	汉族	林周县强嘎乡人民政府	优秀公务员	2021 年	中共林周县委员会、林周县人民政府
杨姣姣	女	汉族	林周县阿朗乡人民政府	优秀公务员	2021 年	中共林周县委员会、林周县人民政府
多吉欧珠	男	藏族	林周县阿朗乡人民政府	优秀公务员	2021 年	中共林周县委员会、林周县人民政府
格　桑	女	藏族	林周县阿朗乡人民政府	优秀公务员	2021 年	中共林周县委员会、林周县人民政府
多吉欧珠	男	藏族	林周县阿朗乡人民政府	优秀公务员	2021 年	中共林周县委员会、林周县人民政府
朱发宝	男	汉族	林周县阿朗乡人民政府	优秀公务员	2021 年	中共林周县委员会、林周县人民政府
屈小姣	女	汉族	林周县人民法院	“学党史、强信念、跟党走”主题演讲比赛中获得三等奖	2021 年	中共林周县委员会、林周县人民政府
刘　倩	女	汉族	共青团林周县委员会	优秀公务员	2021 年	中共林周县委员会、林周县人民政府
许盛坤	男	汉族	共青团林周县委员会	优秀共青团员	2021 年	中共林周县委员会、林周县人民政府
杨　峰	男	汉族	林周县工商业联合会	优秀公务员	2021 年	中共林周县委员会、林周县人民政府
尼　玛	男	藏族	林周县公安局	优秀公务员	2021 年	中共林周县委员会、林周县人民政府
丹增曲扎	男	藏族	林周县公安局	优秀公务员	2021 年	中共林周县委员会、林周县人民政府
张　潘	男	汉族	林周县公安局政工监督室	优秀公务员	2021 年	中共林周县委员会、林周县人民政府
旦增欧珠	男	藏族	林周县公安局交警大队	优秀公务员	2021 年	中共林周县委员会、林周县人民政府
旦增格桑	男	藏族	林周县公安局交警大队	优秀公务员	2021 年	中共林周县委员会、林周县人民政府
伊娜都拉	男	藏族	林周县公安局看守所（拘留所）	优秀公务员	2021 年	中共林周县委员会、林周县人民政府

续表 2

姓名	性别	民族	工作单位	获奖名称	表彰时间	授予单位
廖新华	男	汉族	林周县公安局卡孜乡派出所	优秀公务员	2021 年	中共林周县委员会、林周县人民政府
林周元	男	汉族	林周县公安局旁多乡派出所	优秀公务员	2021 年	中共林周县委员会、林周县人民政府
土旦平措	男	藏族	林周县公安局唐古乡派出所	优秀公务员	2021 年	中共林周县委员会、林周县人民政府
索朗边旦	男	藏族	林周县公安局政工监督室	优秀公务员	2021 年	中共林周县委员会、林周县人民政府
群珠	男	藏族	林周县公安局康姆桑村警务站	优秀公务员	2021 年	中共林周县委员会、林周县人民政府
扎西旺堆	男	藏族	林周县公安局警务保障室	优秀公务员	2021 年	中共林周县委员会、林周县人民政府
普布次仁	男	藏族	林周县公安局警务保障室	优秀公务员	2021 年	中共林周县委员会、林周县人民政府
多布拉	男	藏族	林周县公安局国保大队	优秀公务员	2021 年	中共林周县委员会、林周县人民政府
强巴次仁	男	藏族	林周县公安局国保大队	优秀公务员	2021 年	中共林周县委员会、林周县人民政府
归桑赤列	男	藏族	林周县公安局刑警大队	优秀公务员	2021 年	中共林周县委员会、林周县人民政府
尼玛次仁	男	藏族	林周县公安局治安大队	优秀公务员	2021 年	中共林周县委员会、林周县人民政府
洛松曲珍	女	藏族	林周县公安局治安大队	优秀公务员	2021 年	中共林周县委员会、林周县人民政府
拉巴琼达	男	藏族	林周县公安局甘曲镇派出所	优秀公务员	2021 年	中共林周县委员会、林周县人民政府
胡霞	女	汉族	林周县公安局办公室（指挥中心）	优秀公务员	2021 年	中共林周县委员会、林周县人民政府
汪泉乙	男	汉族	林周县公安局松盘乡派出所	优秀公务员	2021 年	中共林周县委员会、林周县人民政府
尹罗强	男	汉族	林周县公安局觉德岗路便民警务站	优秀公务员	2021 年	中共林周县委员会、林周县人民政府
旦增南嘎	男	藏族	林周县公安局国保大队	优秀公务员	2021 年	中共林周县委员会、林周县人民政府
马健	男	汉族	林周县公安局办公室（指挥中心）	优秀公务员	2021 年	中共林周县委员会、林周县人民政府
土柁多吉	男	藏族	林周县公安局唐古乡派出所	优秀公务员	2021 年	中共林周县委员会、林周县人民政府
陈伟	男	汉族	林周县公安局甘曲路便民警务站	优秀公务员	2021 年	中共林周县委员会、林周县人民政府

续表 2

姓名	性别	民族	工作单位	获奖名称	表彰时间	授予单位
洛桑罗布	男	藏族	林周县公安局唐古乡派出所	优秀公务员	2021 年	中共林周县委员会、林周县人民政府
符　禹	男	汉族	林周县公安局甘曲镇派出所	优秀公务员	2021 年	中共林周县委员会、林周县人民政府
董慧德	男	汉族	林周县公安局特警大队	优秀公务员	2021 年	中共林周县委员会、林周县人民政府
胡　圣	男	汉族	林周县公安局特警大队	优秀公务员	2021 年	中共林周县委员会、林周县人民政府
倪　帅	男	汉族	林周县公安局办公室（指挥中心）	优秀公务员	2021 年	中共林周县委员会、林周县人民政府
何君梦	男	汉族	林周县公安局春堆乡派出所	优秀公务员	2021 年	中共林周县委员会、林周县人民政府
贯严皓	男	汉族	林周县公安局边林乡派出所	优秀公务员	2021 年	中共林周县委员会、林周县人民政府
罗布坚参	男	藏族	林周县公安局卡孜乡派出所	优秀公务员	2021 年	中共林周县委员会、林周县人民政府
索朗旺久	男	藏族	林周县公安局阿朗乡派出所	优秀公务员	2021 年	中共林周县委员会、林周县人民政府
麻超锋	男	汉族	林周县公安局看守所（拘留所）	优秀公务员	2021 年	中共林周县委员会、林周县人民政府
张思平	男	汉族	林周县公安局旁多乡派出所	优秀公务员	2021 年	中共林周县委员会、林周县人民政府
徐　柱	男	汉族	林周县公安局唐古乡派出所	优秀公务员	2021 年	中共林周县委员会、林周县人民政府
洛桑顿珠	男	藏族	林周县公安局甘曲镇派出所	优秀公务员	2021 年	中共林周县委员会、林周县人民政府
强巴益西	男	藏族	林周县公安局甘曲镇派出所	优秀公务员	2021 年	中共林周县委员会、林周县人民政府
唐　鹏	男	汉族	林周县公安局边林乡派出所	优秀公务员	2021 年	中共林周县委员会、林周县人民政府
岑　诚	男	汉族	林周县公安局边林乡派出所	优秀公务员	2021 年	中共林周县委员会、林周县人民政府
李　毅	男	汉族	林周县公安局强嘎乡派出所	优秀公务员	2021 年	中共林周县委员会、林周县人民政府
兰云波	男	汉族	林周县公安局强嘎乡派出所	优秀公务员	2021 年	中共林周县委员会、林周县人民政府
尼玛旺姆	女	藏族	林周县人民检察院	优秀公务员	2022 年	中共林周县委员会、林周县人民政府
阿旺曲珍	女	藏族	林周县人民检察院	优秀公务员	2022 年	中共林周县委员会、林周县人民政府

续表2

姓名	性别	民族	工作单位	获奖名称	表彰时间	授予单位
索朗旦增	男	藏族	林周县人民检察院	优秀公务员	2022年	中共林周县委员会、林周县人民政府
巴桑次仁	男	藏族	林周县人民检察院	优秀公务员	2022年	中共林周县委员会、林周县人民政府
央金卓嘎	女	藏族	林周县教育局	优秀党员	2021年	中共林周县委员会、林周县人民政府
姜　　娜	女	汉族	林周县教育局	林周县教育系统优秀教育工作者	2021年	中共林周县委员会、林周县人民政府
朱　　敏	女	汉族	林周县教育局	全县优秀共青团员	2021年	中共林周县委员会、林周县人民政府
林明静	女	汉族	林周县教育局	林周县教育系统优秀党员	2021年	中共林周县委员会、林周县人民政府
罗　　彪	男	汉族	林周县中学	优秀党务工作者	2021年	中共林周县委员会、林周县人民政府
尼　　玛	男	藏族	林周县中学	“建党100周年西藏和平解放70周年”全县书法比赛语文楷书一等奖	2021年	中共林周县委员会、林周县人民政府
索朗拉措	女	藏族	林周县中学	优秀教师	2021年	中共林周县委员会、林周县人民政府
拉巴仓决	女	藏族	林周县中学	优秀党员	2021年	中共林周县委员会、林周县人民政府
边巴次仁	男	藏族	林周县中学	林周县教育局举办全县书法竞赛丘伊字体优秀奖	2021年	中共林周县委员会、林周县人民政府
向前军	男	汉族	林周县中学	建党100周年、西藏和平解放70周年全县书法竞赛语文楷书字体二等奖	2021年	中共林周县委员会、林周县人民政府
龚仕文	男	汉族	林周县中学	2021年林周县教育系统举办“建党100周年、西藏和平解放70周年”全县书法比赛语文楷书字体二等奖	2021年	中共林周县委员会、林周县人民政府
吴尚国	男	侗族	林周县中学	林周县教育系统优秀党员	2021年	中共林周县委员会、林周县人民政府
吴尚国	男	侗族	林周县中学	林周县教育系统“建党100周年、西藏和平解放70周年”全县书法竞赛三等奖	2021年	中共林周县委员会、林周县人民政府
央　　吉	女	藏族	林周县中学	优秀班主任	2021年	中共林周县委员会、林周县人民政府
张小娜	女	汉族	林周县中学	林周县优秀共青团干部	2021年	中共林周县委员会、林周县人民政府
益西龙桑	男	藏族	林周县中学	五四青年奖	2021年	中共林周县委员会、林周县人民政府

续表 2

姓名	性别	民族	工作单位	获奖名称	表彰时间	授予单位
刘 莹	女	汉族	林周县中心幼儿园	林周县2021年推进“双减”落实“五项管理”学前、小学教师课堂技能大赛学前组一等奖	2021年	中共林周县委员会、林周县人民政府
刘 莹	女	汉族	林周县中心幼儿园	2020—2021学年度教育工作优秀教育工作者	2021年	中共林周县委员会、林周县人民政府
刘 莹	女	汉族	林周县中心幼儿园	2021年林周县教育局举办“建党100周年、西藏和平解放70周年”全县书法竞赛语文楷书字体三等奖	2021年	中共林周县委员会、林周县人民政府
刘 莹	女	汉族	林周县中心幼儿园	林周县庆祝中国共产党成立100周年“学党史,强信念,跟党走”主题演讲比赛二等奖	2021年	中共林周县委员会、林周县人民政府
陈 丹	女	汉族	林周县中心幼儿园	林周县2021年推进“双减”落实“五项管理”学前、小学教师课堂技能大赛学前组一等奖	2021年	中共林周县委员会、林周县人民政府
巴桑色珍	女	藏族	林周县中心幼儿园	2020—2021学年度教育工作师德先进个人	2021年	中共林周县委员会、林周县人民政府
吉 宗	女	藏族	林周县中心幼儿园	林周县2021年推进“双减”落实“五项管理”学前,学前,小学教师课堂技能大赛学前组三等奖	2021年	中共林周县委员会、林周县人民政府
阿旺拉姆	女	藏族	林周县中心幼儿园	林周县2021年推进“双减”落实“五项管理”学前、小学教师课堂技能大赛学前组二等奖	2021年	中共林周县委员会、林周县人民政府
格桑曲珍	女	藏族	林周县中心幼儿园	教育局组织的字体比赛优秀奖	2021年	中共林周县委员会、林周县人民政府
王 坤	女	汉族	林周县中心幼儿园	“四讲四爱”群众教育优秀宣讲员	2021年	中共林周县委员会、林周县人民政府
索朗德吉	女	藏族	林周县中心幼儿园	教育局组织的字体比赛优秀奖	2021年	中共林周县委员会、林周县人民政府
索朗白珍	女	藏族	林周县中心幼儿园	庆祝中国共产党建党100周年和西藏和平解放70周年林周县第四届干部职工运动会暨农牧民民族传统体育运动会篮球比赛第二名	2021年	中共林周县委员会、林周县人民政府
德吉拉姆	女	藏族	林周县中心幼儿园	林周县教育局组织的字体比赛优秀奖	2021年	中共林周县委员会、林周县人民政府
郭杰美	女	汉族	林周县中心幼儿园	2021年林周县教育局举办的“建党100周年、西藏和平解放70周年”全县书法竞赛语文楷书字体三等奖	2021年	中共林周县委员会、林周县人民政府
拉巴仓决	女	藏族	林周县甘旦曲果镇党布村双语幼儿园	林周县教育局组织的字体比赛优秀奖	2021年	中共林周县委员会、林周县人民政府
曲 珍	女	藏族	林周县松盘乡中心小学	2021上半年全县期末统考中五年级语文排名全县第三、2020—2021学年度教育工作优秀班主任	2021年	中共林周县委员会、林周县人民政府

续表 2

姓名	性别	民族	工作单位	获奖名称	表彰时间	授予单位
次仁央金	女	藏族	林周县松盘乡中心幼儿园	“2021 年在林周县推进“双减”落实“五项管理”学前,小学教师课堂技能大赛学前组三等奖	2021 年	中共林周县委员会、林周县人民政府
多吉次旦	男	藏族	林周县强嘎乡中心小学	林周县 2021 年度教育系统优秀党员教师	2021 年	中共林周县委员会、林周县人民政府
旺　久	男	藏族	林周县强嘎乡中心小学	林周县 2021 年度师德先进个人	2021 年	中共林周县委员会、林周县人民政府
普布次仁	男	藏族	林周县强嘎乡中心小学	林周县 2021 年度优秀教育工作者	2021 年	中共林周县委员会、林周县人民政府
拉巴玉珍	男	藏族	林周县强嘎乡中心小学	林周县 2021 年度统考成绩奖	2021 年	中共林周县委员会、林周县人民政府
边巴次仁	男	藏族	林周县强嘎乡中心小学	林周县教育局课堂技能大赛语文组一等奖	2021 年	中共林周县委员会、林周县人民政府
扎西曲达	男	藏族	林周县强嘎乡中心小学	林周县教育局质量监测中全县四年级藏文成绩第二名	2021 年	中共林周县委员会、林周县人民政府
普布达瓦	男	藏族	林周县强嘎乡中心小学	林周县 2021 年度优秀工作者	2021 年	中共林周县委员会、林周县人民政府
顿珠次仁	男	藏族	林周县强嘎乡中心小学	林周县 2021 年教师技能大赛一等奖	2021 年	中共林周县委员会、林周县人民政府
拉巴玉珍	女	藏族	林周县强嘎乡中心小学	林周县教育局质量监测中全县三年级科学成绩第二名	2021 年	中共林周县委员会、林周县人民政府
拉巴玉珍	女	藏族	林周县强嘎乡中心小学	林周县教育局质量监测中全县三年级道法成绩第三名	2021 年	中共林周县委员会、林周县人民政府
嘎玛桑旦	男	藏族	林周县强嘎乡中心小学	林周县第二届教育杯男子篮球第一名	2021 年	中共林周县委员会、林周县人民政府
嘎玛桑旦	男	藏族	林周县强嘎乡中心小学	林周县第二届教育杯男子组押加 88 公斤第一名	2021 年	中共林周县委员会、林周县人民政府
嘎玛桑旦	男	藏族	林周县强嘎乡中心小学	林周县第二届教育杯男子篮球最佳投手(MVP)	2021 年	中共林周县委员会、林周县人民政府
朗　嘎	女	藏族	林周县强嘎乡中心幼儿园	2021 县级幼儿教师游戏创编活动二等奖	2021 年	中共林周县委员会、林周县人民政府
朗　嘎	女	藏族	林周县强嘎乡中心幼儿园	2021 强嘎乡中心小学教师运动会女子 100 米一等奖	2021 年	中共林周县委员会、林周县人民政府
朗　嘎	女	藏族	林周县强嘎乡中心幼儿园	女子 4×100 米一等奖	2021 年	中共林周县委员会、林周县人民政府
冯　霞	女	汉族	林周县卡孜乡中心小学	林周县小学教师技能大赛综合组一等奖	2021 年	中共林周县委员会、林周县人民政府
秀　英	女	汉族	林周县苏州小学	全县期末统考四年级数学二等奖	2021 年	中共林周县委员会、林周县人民政府
扎　桑	女	藏族	林周县苏州小学	县级统考三年级数学三等奖	2021 年	中共林周县委员会、林周县人民政府

续表 2

姓名	性别	民族	工作单位	获奖名称	表彰时间	授予单位
次旺确吉	女	藏族	林周县苏州小学	林周县2021年推进"双减"落实"五项管理"学前、小学教师课堂技能大赛藏文组二等奖	2021年	中共林周县委员会、林周县人民政府
达娃央宗	女	藏族	林周县苏州小学	师德先进个人	2021年	中共林周县委员会、林周县人民政府
达娃央宗	女	藏族	林周县苏州小学	县级统考数学成绩第一	2021年	中共林周县委员会、林周县人民政府
格桑德吉	女	藏族	林周县苏州小学	县级统考数学排名一等奖、县级优秀班主任、市级教学能手、县级统考中英语成绩全县第二	2021年	中共林周县委员会、林周县人民政府
玉　珍	女	藏族	林周县苏州小学	县级统考数学成绩第三	2021年	中共林周县委员会、林周县人民政府
白玛玉珍	女	藏族	林周县苏州小学	林周县2021年推进"双减"落实"五项管理"学前、小学教师课堂技能大赛藏文组二等奖	2021年	中共林周县委员会、林周县人民政府
旦增旺姆	女	藏族	林周县苏州小学	县级期末统考中二年级数学排名全县第一	2021年	中共林周县委员会、林周县人民政府
旦增旺姆	女	藏族	林周县苏州小学	县级优秀班主任	2021年	中共林周县委员会、林周县人民政府
旦增旺姆	女	藏族	林周县苏州小学	县级期末统考中三年级科学排名全县第一	2021年	中共林周县委员会、林周县人民政府
平措卓玛	女	藏族	林周县苏州小学	县级期末统考中二年级数学排名全县第三	2021年	中共林周县委员会、林周县人民政府
小次珍	女	藏族	林周县苏州小学	县级期末统考中三年级道法排名全县第一	2021年	中共林周县委员会、林周县人民政府
大巴桑	女	藏族	林周县苏州小学	2021上半年全县期末统考中三年级数学全县第二	2021年	中共林周县委员会、林周县人民政府
尹林霞	女	藏族	林周县苏州小学	2021年毕业统考英语科目三等奖、2021年上半年全县期末统考三年级英语三等奖、2021年上半年期末统考五年级英语三等奖	2021年	中共林周县委员会、林周县人民政府
姚凯利	女	汉族	林周县苏州小学	2021上半年全县期末统考中科学排名全县第三	2021年	中共林周县委员会、林周县人民政府
姚凯利	女	汉族	林周县苏州小学	林周县2021年推进"双减"落实"五项管理"小学教师课堂技能大赛数学组一等奖	2021年	中共林周县委员会、林周县人民政府
黄琳芝	女	汉族	林周县苏州小学	全县期末统考四年级科学全县排名第三	2021年	中共林周县委员会、林周县人民政府
黄琳芝	女	汉族	林周县苏州小学	"建党100周年、西藏和平解放70周年"全县书法竞赛语文楷书字体三等奖	2021年	中共林周县委员会、林周县人民政府
黄琳芝	女	汉族	林周县苏州小学	全县期末统考三年级语文全县排名第二	2021年	中共林周县委员会、林周县人民政府

续表 2

姓名	性别	民族	工作单位	获奖名称	表彰时间	授予单位
次仁拉姆	女	藏族	林周县苏州小学	“双减”落实“五项管理”学前、小学教师课堂技能大赛综合组三等奖	2021 年	中共林周县委员会、林周县人民政府
米玛潘多	女	藏族	林周县苏州小学	林周县毕业班统考语文成绩第一名	2021 年	中共林周县委员会、林周县人民政府
穷　达	女	藏族	林周县苏州小学	县级优秀教育工作者	2021 年	中共林周县委员会、林周县人民政府
索朗德吉	女	藏族	林周县苏州小学	全县期末统考四年级数学一等奖	2021 年	中共林周县委员会、林周县人民政府
索朗德吉	女	藏族	林周县苏州小学	庆祝中国共产党 100 周年行书二等奖	2021 年	中共林周县委员会、林周县人民政府
索朗德吉	女	藏族	林周县苏州小学	2020—2021 学年优秀班主任	2021 年	中共林周县委员会、林周县人民政府
索朗德吉	女	藏族	林周县苏州小学	“建党 100 周年、西藏和平解放 70 周年全县书法竞赛语文字体二等奖	2021 年	中共林周县委员会、林周县人民政府
郑晓瑜	女	汉族	林周县苏州小学	2021 届小学毕业统考英语科目二等奖	2021 年	中共林周县委员会、林周县人民政府
郑晓瑜	女	汉族	林周县苏州小学	2021 上半年全县期末统考三年级语文排全县第三	2021 年	中共林周县委员会、林周县人民政府
普布卓玛	女	藏族	林周县苏州小学	县级赛课优秀评委	2021 年	中共林周县委员会、林周县人民政府
次仁德吉	女	藏族	林周县苏州小学	县级期末统考中二年级语文排名全县第三	2021 年	中共林周县委员会、林周县人民政府
次仁德吉	女	藏族	林周县苏州小学	县级期末统考中四年级语文排名全县第二	2021 年	中共林周县委员会、林周县人民政府
米　玛	女	藏族	林周县苏州小学	县级优秀教师	2021 年	中共林周县委员会、林周县人民政府
米　玛	女	藏族	林周县苏州小学	县级期末统考三年级藏文排名全县第一	2021 年	中共林周县委员会、林周县人民政府
拉　宗	女	藏族	林周县苏州小学	小学毕业统考二等奖	2021 年	中共林周县委员会、林周县人民政府
李凯东	男	汉族	林周县苏州小学	小学综合毕业统考二等奖	2021 年	中共林周县委员会、林周县人民政府
李凯东	男	汉族	苏林州县州小学	“双减”落实“五项管理”学前、小学教师课堂技能大赛综合组二等奖	2021 年	中共林周县委员会、林周县人民政府
查果拉姆	女	藏族	林周县苏州小学	林周县 2021 年推进“双减”落实“五项管理”学前、小学教师课堂技能大赛综合组三等奖	2021 年	中共林周县委员会、林周县人民政府
德　吉	女	藏族	林周县苏州小学	2021 上半年期末统考五年级数学全县第三	2021 年	中共林周县委员会、林周县人民政府
巴桑次仁	男	藏族	林周县苏州小学	庆祝中国共产党 100 周年行书三等奖、“建党 100 周年、西藏和平解放 70 周年全县书法竞赛语文字体三等奖	2021 年	中共林周县委员会、林周县人民政府

续表 2

姓名	性别	民族	工作单位	获奖名称	表彰时间	授予单位
尼玛普赤	女	藏族	林周县苏州小学	全县统考中数学成绩第二	2021 年	中共林周县委员会、林周县人民政府
查果拉姆	女	藏族	林周县苏州小学	林周县 2021 年推进“双减”落实“五项管理”学前、小学教师课堂技能大赛综合组三等奖	2021 年	中共林周县委员会、林周县人民政府
查果拉姆	女	藏族	林周县苏州小学	2021 上半年全县期末统考三年级英语排名全县第二	2021 年	中共林周县委员会、林周县人民政府
次仁宗吉	女	藏族	林周县苏州小学	县级统考二年级数学第二名	2021 年	中共林周县委员会、林周县人民政府
杨云仙	女	纳西族	林周县苏州小学	林周县五四奖章个人	2021 年	中共林周县委员会、林周县人民政府
杨云仙	女	纳西族	林周县苏州小学	2021 年林周县教育局举办的“建党 100 周年，西藏和平解放 70 周年”全县书法竞赛语文楷书字体二等奖	2021 年	中共林周县委员会、林周县人民政府
杨云仙	女	纳西族	林周县苏州小学	庆祝中国共产党成立 100 周年和西藏和平解放 70 周年书法比赛楷书优秀奖	2021 年	中共林周县委员会、林周县人民政府
次达多吉	男	藏族	林周县苏州小学	庆祝建党 100 周年、西藏和平解放 70 周年全县书法大赛中获得藏文字体一等奖	2021 年	中共林周县委员会、林周县人民政府
格桑德吉	女	藏族	林周县苏州小学	县级统考数学排名一等奖	2021 年	中共林周县委员会、林周县人民政府
格桑德吉	女	藏族	林周县苏州小学	县级优秀班主任	2021 年	中共林周县委员会、林周县人民政府
格桑德吉	女	藏族	林周县苏州小学	县级统考中英语成绩全县第二	2021 年	中共林周县委员会、林周县人民政府
斯郎卓玛	女	藏族	林周县苏州小学	县级毕业班统考语文第三名	2021 年	中共林周县委员会、林周县人民政府
嘎　珍	女	藏族	林周县苏州小学	县级毕业班统考英语第一名	2021 年	中共林周县委员会、林周县人民政府
嘎　珍	女	藏族	林周县苏州小学	县级赛课第三名	2021 年	中共林周县委员会、林周县人民政府
德　西	女	藏族	林周县春堆乡中心小学	林周县 2021 年推进“双减”落实“五项管理”学前、小学教师课堂技能大赛综合组二等奖	2021 年	中共林周县委员会、林周县人民政府
德　西	女	藏族	林周县春堆乡中心小学	2020—2021 年学年度教育工作师德先进个人	2021 年	中共林周县委员会、林周县人民政府
索朗卓玛	女	藏族	林周县春堆乡中心小学	“双减”落实“五项管理”小学教师课堂技能大赛语文组“二等奖”	2021 年	中共林周县委员会、林周县人民政府
巴　桑	男	藏族	林周县唐古乡中心小学	2021 小学教师课堂技能大赛藏文组三等奖	2021 年	中共林周县委员会、林周县人民政府

续表 2

姓名	性别	民族	工作单位	获奖名称	表彰时间	授予单位
索朗珠杰	男	藏族	林周县唐古乡中心小学	“建党 100 周年、西藏和平解放 70 周年”书法竞赛簇仁字体三等奖	2021 年	中共林周县委员会、林周县人民政府
扎西措姆	女	藏族	林周县唐古乡中心小学	2020—2021 学年度优秀班主任	2021 年	中共林周县委员会、林周县人民政府
郭亚茹	女	汉族	林周县唐古乡中心小学	教师技能大赛三等奖	2021 年	中共林周县委员会、林周县人民政府
央宗	女	藏族	林周县苏州小学	县级期末统考中五年级英语排名全县第一	2021 年	中共林周县委员会、林周县人民政府
央宗	女	藏族	林周县苏州小学	县级期末统考三年级英语排名全县第一	2021 年	中共林周县委员会、林周县人民政府
土登建才	男	藏族	林周县经济和信息化局	优秀公务员	2022 年	中共林周县委员会、林周县人民政府
贡秋卓玛	女	藏族	林周县林业和草原局	优秀公务员	2021 年	中共林周县委员会、林周县人民政府
贡秋卓玛	女	藏族	林周县林业和草原局	2021 年度平安建设工作先进个人	2021 年	中共林周县委员会、林周县人民政府
普布次仁	男	藏族	林周县旁多乡人民政府	优秀公务员	2021 年	中共林周县委员会、林周县人民政府
郭靖	男	汉族	林周县旁多乡人民政府	优秀公务员	2021 年	中共林周县委员会、林周县人民政府
胡明江	男	汉族	林周县旁多乡人民政府	优秀公务员	2021 年	中共林周县委员会、林周县人民政府
张金利	男	汉族	林周县旁多乡人民政府	优秀公务员	2021 年	中共林周县委员会、林周县人民政府
贾晶晶	女	汉族	林周县旁多乡人民政府	优秀公务员	2021 年	中共林周县委员会、林周县人民政府
阳旭	男	汉族	林周县旁多乡人民政府	优秀公务员	2021 年	中共林周县委员会、林周县人民政府
欧珠加措	男	藏族	林周县旁多乡人民政府	优秀公务员	2021 年	中共林周县委员会、林周县人民政府
次仁曲珍	女	藏族	林周县人民代表大会常务委员会办公室	2020 年全县“四讲四爱”群众教育实践活动中工作先进工作者	2021 年	中共林周县委员会、林周县人民政府
次仁曲珍	女	藏族	林周县人民代表大会常务委员会办公室	2021 年度平安建设工作先进个人	2022 年	中共林周县委员会、林周县人民政府
格桑德吉	女	藏族	林周县松盘乡人民政府	优秀公务员	2021 年	中共林周县委员会、林周县人民政府
次仁顿珠	男	藏族	林周县松盘乡人民政府	优秀公务员	2021 年	中共林周县委员会、林周县人民政府
魏阳	男	汉族	林周县松盘乡人民政府	优秀公务员	2021 年	中共林周县委员会、林周县人民政府

续表 2

姓名	性别	民族	工作单位	获奖名称	表彰时间	授予单位
文　良	男	汉族	林周县松盘乡人民政府	优秀公务员	2021 年	中共林周县委员会、林周县人民政府
小尼玛	女	藏族	林周县退役军人事务局	优秀公务员	2022 年	中共林周县委员会、林周县人民政府
普　赤	女	藏族	林周县退役军人事务局	优秀事业单位工作人员	2022 年	中共林周县委员会、林周县人民政府
温　华	男	汉族	林周县退役军人事务局	2021 年度平安建设工作先进个人	2022 年	中共林周县委员会、林周县人民政府
边巴索朗	男	藏族	林周县文化和旅游(文物)局	优秀公务员	2021 年	中共林周县委员会、林周县人民政府
朱海莲	女	汉族	林周县文化和旅游(文物)局	优秀事业单位工作人员	2021 年	中共林周县委员会、林周县人民政府
朱宝忠	男	汉族	中国人民政治协商会议林周县委员会	优秀公务员	2021 年	中共林周县委员会、林周县人民政府
格桑拉姆	女	藏族	林周县政协办公室	优秀公务员	2021 年	中共林周县委员会、林周县人民政府
尼玛次仁	男	藏族	林周县阿朗乡人民政府	优秀共产党员	2021 年	中共林周县委员会
刘晓开	男	汉族	林周县阿朗乡人民政府	优秀党务工作者	2021 年	中共林周县委员会
普　珍	女	藏族	林周县边交林乡人民政府	优秀共产党员	2021 年	中共林周县委员会
邵　壮	男	汉族	林周县边交林乡人民政府	优秀党务工作者	2021 年	中共林周县委员会
次仁加措	男	藏族	林周县江热夏乡人民政府	优秀事业人员	2021 年	中共林周县委员会
阿怀萍	女	蒙古族	林周县江热夏乡人民政府	优秀事业人员	2021 年	中共林周县委员会
王　超	男	汉族	林周县强嘎乡中心小学	全县优秀党务工作者	2021 年	中共林周县委员会
尼玛美朵	女	藏族	林周县苏州小学	优秀共产党员	2021 年	中共林周县委员会
巴　桑	男	藏族	林周县春堆乡中心小学	全县优秀共产党员	2021 年	中共林周县委员会
罗松卓玛	女	藏族	林周县卡孜乡人民政府	共青团五四青年先进个人	2021 年	中共林周县委员会
伦　珠	男	藏族	林周县强嘎乡人民政府	全县优秀党务工作者	2021 年	中共林周县委员会
普次仁	男	藏族	林周县强嘎乡典冲村	全县优秀共产党员	2021 年	中共林周县委员会
格旦次仁	男	藏族	林周县人民代表大会常务委员会	优秀公务员	2021 年	中共林周县委员会
次仁曲珍	女	藏族	林周县人民代表大会常务委员会办公室	优秀党务工作者	2021 年	中共林周县委员会

续表 2

姓名	性别	民族	工作单位	获奖名称	表彰时间	授予单位
阿旺次仁	男	藏族	林周县人力资源和社会保障局	2021 年度平安建设工作先进个人	2021 年	中共林周县委员会
骆春兰	女	汉族	林周县乡村振兴局	优秀党务工作者	2021 年	中共林周县委员会
段文峰	男	汉族	林周县委宣传部	2020 年度林周县优秀共青团员	2021 年	中共林周县委员会
梅青松	男	汉族	林周县人民政府办公室	优秀党务工作者	2021 年	中共林周县委员会
王善红	男	汉族	林周县人民政府办公室	“四讲四爱”先进工作者	2021 年	中共林周县委员会
普布卓玛	女	藏族	林周县人民法院	2021 年度平安建设工作先进个人	2022 年	林周县人民政府
白玛拉珍	女	藏族	林周县妇女联合会	2021 年度平安建设先进个人	2022 年	林周县人民政府
次仁加措	男	藏族	林周县江热夏乡人民政府	林周县干部职工运动会优秀运动员	2021 年	林周县人民政府
林明静	女	汉族	林周县教育局	干部职工运动会暨农牧民传统体育运动会女子篮球比赛第二名	2021 年	林周县人民政府
尹强	男	汉族	林周县中学	林周县第四届干部职工运动会男子羽毛球第五名	2021 年	林周县人民政府
尹强	男	汉族	林周县中学	林周县第四届干部职工运动会男子乒乓球第一名	2021 年	林周县人民政府
邓珠赤列	男	藏族	林周县中学	林周县第四届干部职工运动会优秀裁判员	2021 年	林周县人民政府
央吉	女	藏族	林周县中学	林周县第四届干部运动会女子 100 米第四名	2021 年	林周县人民政府
央吉	女	藏族	林周县中学	林周县第四届干部运动会羽毛球(女子)第四名	2021 年	林周县人民政府
边巴扎西	男	藏族	林周县中学	林周县第四届干部运动会优秀工作人员	2021 年	林周县人民政府
段学虎	男	白族	林周县中学	林周县第四届干部职工运动会自行车比赛第四名	2021 年	林周县人民政府
刘莹	女	汉族	林周县中心幼儿园	庆祝中国共产党建党 100 周年和西藏和平解放 70 周年林周县第四届干部职工运动会暨农牧民民族传统体育运动会 100 米(女子)比赛第二名	2021 年	林周县人民政府
刘莹	女	汉族	林周县中心幼儿园	庆祝中国共产党建党 100 周年和西藏和平解放 70 周年林周县第四届干部职工运动会暨农牧民民族传统体育运动会跳远(女子)比赛第二名	2021 年	林周县人民政府
益西卓玛	女	藏族	林周县中心幼儿园	建党 100 周年优秀班主任	2021 年	林周县人民政府
索朗德吉	女	藏族	林周县中心幼儿园	庆祝中国共产党建党 100 周年和西藏和平解放 70 周年林周县第四届干部职工运动会暨农牧民民族传统体育运动会篮球比赛第二名	2021 年	林周县人民政府

续表 2

姓名	性别	民族	工作单位	获奖名称	表彰时间	授予单位
达娃卓玛	女	藏族	林周县中心幼儿园	庆祝中国共产党建党100周年和西藏和平解放70周年林周县第四届干部职工运动会暨农牧民民族传统体育运动会篮球比赛第二名	2021年	林周县人民政府
仓　决	女	藏族	林周县中心幼儿园	庆祝中国共产党建党100周年和西藏和平解放70周年林周县第四届干部职工运动会暨农牧民民族传统体育运动会篮球比赛第二名	2021年	林周县人民政府
次仁德吉	女	藏族	林周县甘旦曲果镇党布村双语幼儿园	庆祝中国共产党建党100周年和西藏和平解放70周年林周县第四届干部职工运动会暨农牧民民族传统体育运动会篮球比赛中第二名	2021年	林周县人民政府
江措拉姆	女	藏族	林周县甘旦曲果镇党布村双语幼儿园	庆祝中国共产党建党100周年和西藏和平解放70周年林周县第四届干部职工运动会暨农牧民民族传统体育运动会100米(女子)比赛第五名	2021年	林周县人民政府
次仁卓嘎	女	藏族	林周县甘旦曲果镇朗当村双语幼儿园	庆祝中国共产党建党100周年和西藏和平解放70周年林周县第四届干部职工运动会暨农牧民民族传统体育运动会篮球比赛第二名	2021年	林周县人民政府
阿　珍	女	藏族	林周县强嘎乡中心小学	林周县第四届干部职工运动会女子羽毛球第五名	2021年	林周县人民政府
嘎玛桑旦	男	藏族	林周县强嘎乡中心小学	林周县第三届干部职工运动会优秀裁判员	2021年	林周县人民政府
嘎玛桑旦	男	藏族	林周县强嘎乡中心小学	林周县第四届干部职工运动会优秀裁判员	2021年	林周县人民政府
嘎玛桑旦	男	藏族	林周县强嘎乡中心小学	林周县第四届干部职工运动男子铅球第二名	2021年	林周县人民政府
大次仁格桑	女	藏族	林周县苏州小学	林周县第四届干部职工运动会中踢毽子比赛县级奖	2021年	林周县人民政府
旦增曲扎	男	藏族	林周县苏州小学	庆祝中国共产党建党100周年和西藏和平解放70周年林周县第四届干部职工运动会暨农牧民民族传统体育运动会优秀裁判员	2021年	林周县人民政府
旦增曲扎	男	藏族	林周县苏州小学	庆祝中国共产党建党100周年和西藏和平解放70周年林周县第四届干部职工运动会暨农牧民民族传统体育运动会优秀运动员	2021年	林周县人民政府
普布宗巴	女	藏族	林周县苏州小学	县级三等奖、林周县第四届干部职工运动会乒乓球比赛二等奖	2021年	林周县人民政府
加　措	男	藏族	林周县苏州小学	干部职工体育运动会秀兹比赛第一名	2021年	林周县人民政府

续表 2

姓名	性别	民族	工作单位	获奖名称	表彰时间	授予单位
杨云仙	女	纳西族	林周县苏州小学	庆祝中国共产党成立100周年和西藏和平解放70周年林周县第四届干部职工运动会暨农牧民民族传统体育运动会铅球比赛第三名	2021年	林周县人民政府
杨云仙	女	纳西族	林周县苏州小学	庆祝中国共产党成立100周年和西藏和平解放70周年林周县第四届干部职工运动会暨农牧民民族传统体育运动会跳绳比赛第三名	2021年	林周县人民政府
尼玛次仁	男	藏族	林周县联合学校边林校区	庆祝中国共产党建党100周年和西藏和平解放70周年林周县第四届干部职工运动会暨农牧民民族传统体育运动会乒乓球男子比赛第六名	2021年	林周县人民政府
尼玛次仁	男	藏族	林周县联合学校边林校区	庆祝中国共产党建党100周年和西藏和平解放70周年林周县第四届干部职工运动会暨农牧民民族传统体育运动会吉韧比赛第五名	2021年	林周县人民政府
罗琴	女	汉族	林周县林业和草原局	2021年度优秀事业专业技术人员	2021年	林周县人民政府
刘恒	男	汉族	林周县市场监督管理局	2021年度平安建设工作先进个人	2022年	林周县人民政府
袁振华	男	汉族	林周县松盘乡人民政府	优秀事业专技人员	2021年	林周县人民政府
旦增卓玛	女	藏族	林周县松盘乡人民政府	优秀事业专技人员	2021年	林周县人民政府
索朗措姆	女	藏族	林周县人民政府办公室	女子篮球最佳投手	2021年	林周县人民政府
索朗措姆	女	藏族	林周县人民政府办公室	女子篮球最佳投手	2021年	林周县人民政府
索朗措姆	女	藏族	林周县人民政府办公室	女子篮球第一名	2021年	林周县人民政府
逄金鹏	男	汉族	林周县人民政府办公室	男子羽毛球第一名	2021年	林周县人民政府
温平庆	女	汉族	林周县人民政府办公室	女子跳绳第四名	2021年	林周县人民政府
温平庆	女	汉族	林周县人民政府办公室	女子羽毛球第一名	2021年	林周县人民政府

说明：由于各单位资料提供不全，可能有遗漏

贯通运用党的百年奋斗历史经验推动纪检监察工作高质量发展全力服务保障团结富裕文明和谐美丽的社会主义现代化新林周建设

——在中国共产党林周县第十届纪律检查委员会第二次全体会议上的工作报告

林周县纪委书记、监委主任 李 静

（2022 年 3 月 13 日）

一、2021 年工作回顾

2021 年，在市纪委监委和县委的坚强领导下，县纪委常委会团结带领全县各级纪检监察机关，深入推进正风肃纪反腐，在庆祝党的百年华诞、抗击疫情、县乡村换届和助推巩固拓展脱贫攻坚成果同乡村振兴有效衔接等重大工作任务中，充分发挥了监督保障执行、促进完善发展作用。

（一）提高政治定位，行动诠释“两个维护”

把学习习近平新时代中国特色社会主义思想作为首要政治任务和长期战略目标，及时跟进学习习近平总书记最新重要讲话和重要指示批示精神，深入开展党史学习教育、“三更”专题教育和“三新”大学习大讨论活动，县纪委常委会开展集体学习 15 次，支部集体学习 10 次，引领带动全系统一体学习贯彻。日常监督与专项监督相结合，纪委监委班子成员带队开展监督检查 69 次，发现问题 34 条，下发监察建议书 11 份。有力推动同级监督做细做实，纪委监委主要领导参加、纪委副书记列席县委常委会会议 30 次，专人列席县政府常务会议和县长办公会议 8 次，列席监督各级党组织班子民主（组织）生活会 53 家次。强化巡察整改和成果运用，会同县委组织部狠抓日常监督，开展巡察整改落实情况监督检查 4 次。严格落实意识形态工作责任制，开展涉宗领域“三个不增加”专项监督检查，对淡化宗教消极影响不力的 2 家党组织负责人进行谈话，推动化解意识形态领域风险。规范党风廉政意见回复程序，回复廉政意见 190 批次 4866 人次，提出暂缓意见 4 条。强化换届风气监督，开展专项监督检查 16 次，督促整改问题 6 条，办结问题线索 6 件，以强有力的监督保障县乡村换届顺利完成。

（二）严肃整饬风纪，一刻不停推动落实中央八项规定精神

建立党风政风监督室综合协调，机关科室和乡镇纪委上下联动的日常监督协作机制，统筹运用通报式、与会式、督导式监督法，开展会风会纪监督检查 5 次，发现问题 9 条，要求 13 人次作出书面检讨，推进监督具体化、常态化。紧盯毕业升学等重点时段和“三大节日”等重要节点开展监督检查 29 次，查处违规公款吃喝、违规设立“小金库”等违反中央八项规定及其实施细则精神问题 2 件 7 人，给予党纪政务处分 3 人，释放出正风肃纪越往后执纪越严的强烈信号。将公务用车管理使用、干部作风转变提升融入常态化作风建设整治工作中，督促整改问题 424 条，追缴违规使用资金 106.36 万元，谈话提醒 8 人，作风建设持续走深走实。

（三）坚守人民情怀，持续整治群众身边腐败和作风问题

坚持以民心所向为工作导向，紧盯群众反映强烈的突出问题，查处群众身边腐败和作风问题5件10人，给予党纪政务处分7人。严格落实全面从严治党监督责任，向县委常委会汇报纪委监委工作情况4次，分析研判政治生态状况2次，推动主体责任和监督责任贯通联动、形成合力。全力保障政法队伍教育整顿专项工作，开展日常监督4次、专项督查1次，督促整改问题21条，查办问题线索8件次，给予党纪政务处分2人次，诫勉谈话1人次。聚焦生态环境保护开展监督检查8次，发现并督促完成问题整改5条，为推动乡村生态文明建设奠定了良好基础。对社会保险基金管理情况开展监督检查9次，督促完成整改问题2条，正在整改问题1条，切实维护群众根本利益。紧盯全县野生动物保护领域廉政风险隐患，督促林草部门履行行业监管职责，健全野生动物死亡报备、移交处置全过程登记机制。

（四）“三不”一体推进，始终保持反腐高压态势

坚持“严”的主基调不动摇，全年受理信访举报19件次，处置党员干部问题线索33件次，贯通运用“四种形态”批评教育帮助和处理违纪党员干部46人次，其中运用第一种形态批评教育帮助27人次，占58.7%，运用第二种形态处理12人次，占26.1%，运用第三种形态处理1人次，占2.2%，运用第四种形态处理6人次，占13%，给予党纪政务处分19人次，追缴违纪资金39万余元，“不敢腐”的震慑进一步强化。紧盯干部职工借用公款、公款代缴水电费等方面开展监督检查，要求各单位健全制度管理，督促职能部门强化制度执行监管，着力维护制度的权威性，“不能腐”的笼子进一步织密。做好审查调查后半篇文章，深化以案促改、以案为鉴，下发典型案例通报5期，进一步引导广大党员干部自觉筑牢思想防线。联合政法部门组织30余名党员干部集中观看当雄县洛某涉嫌受贿罪一案庭审直播，用身边事警示身边人，主办廉政党课2场次，通过“林周纪检监察”微信公众号等推送宣传党风廉政建设信息和工作动态46期178条，持续巩固林周廉政文化宣传阵地，广大党员干部“不想腐”的自觉进一步提升。认真落实“三个区分开来”要求，对3名党员干部给予党纪轻处分。

（五）持续深化改革，增强监督全覆盖有效性

县纪委常委会专题学习监察法及其实施条例，坚持以上率下，扎实做好贯彻执行，切实推动纪检监察工作持续改革、向前发展。严格落实纪检监察体制改革要求，调整内设机构人员配备，努力将工作力量向监督检查、审查调查倾斜，进一步聚焦中心任务、突出主责主业。强化县乡纪委上下联动，健全完善班子成员及科室负责人分片联系指导工作制度，打通县乡联络关节，激活基层监督“神经末梢”，对51个产业项目开展交叉检查，发现问题77条，推动监督网状延伸、无缝覆盖出成效。

（六）深化政治巡察，巡察利剑作用充分彰显

县委严格落实巡察主体责任，把巡察工作作为“书记工程”抓紧抓实，有形有效完成九届县委巡察全覆盖并有序启动十届县委第一轮巡察工作。先后主持召开3次常委会会议进行研究部署，召开2次书记专题会议，听取每轮巡察综合情况汇报，鲜明提出处置意见。县委巡察工作领导小组召开4次会议专题研究巡察工作。全年围绕“三个聚焦”共发现并反馈突出问题550条，督促立行立改问题88条，移交问题线索5件，向被巡察党组织提出整改意见145条，向有关单位部门交办巡察建议5个。坚持向社会公开整改进度，推动被巡察党组织建立完善规章制度71项，挽回经济损失21.38万元。强化市县巡察上下联动，配合市委巡察机构完成对软弱涣散村党组织市县联动巡察试点工作，并接受市委巡察调研指导1次。加强巡察制度建设，研究制定县委巡察“两库”管理办法，有效解决巡察“抽人难”问题。选派2个巡察组参加市委提级巡察、交叉巡察，以巡带训，着力提升巡察队伍能力素质。落实巡察办主任进纪委班子要求，不断助力巡察监督与纪检监督贯通融合。

（七）紧抓自身建设，着力锻造纪检监察铁军

认真学习习近平法治思想，牢固树立法治意识、程序意识、证据意识，筑牢审查调查安全底线，年内审查调查安全“零事故”。创新开展村级纪检

监督员全员培训，采取以老带新、以强带弱的方式，持续开展乡村纪检监察干部“跟岗锻炼”“以案代训”工作，8名乡村纪检监察干部参与办案31件，培养乡镇纪委独立办案能力，持续推进乡镇纪委实现问题线索“零突破”，加大案件审核把关力度，推动“乡案县审”，保障和提高案件质量。选派县乡2批4名干部赴太仓市纪委监委挂职锻炼，安排28人次参加中央和区市各类业务学习，进一步开阔眼界视野，提升能力素质。以支部形式创新开展“晨学晨读”活动33场次，委机关、巡察机构干部以解读最新法规条例、讲解时事政治、分享工作经验等内容领学讲课，实现纪检巡察干部政治素质和业务能力双提升。

一年来，全县各级纪检监察机关和纪检监察干部坚守初心使命、勇于担当作为，在推动纪检监察工作高质量发展的生动实践中有了更加深刻的认识和体会：必须聚焦“两个维护”强化政治监督，始终对“国之大者”心中有数。必须坚持以人民为中心的根本政治立场，自觉践行党的群众路线。必须为党分忧、为民解难，在党和人民最需要的时候和地方挺身而出、迎难而上。必须把正风肃纪反腐同完善治理体系相结合，更加突出发挥监督治理效能、持续深化纪检监察体制改革。必须不断深化政治巡察，推进政治监督具体化、常态化。必须有效运用科学思想方法和工作方法，在思想政治引领、实事求是、依规依纪依法上狠下功夫，不断提高政治能力和专业化水平。

成绩来之不易，但我们也要清醒地看到，我县全面从严治党、党风廉政建设和反腐败斗争还存在着不少差距和不足：一些党组织履行主体责任不严不实，职能弱化、责任虚化，对党风廉政建设抓而不实、抓而不严，高压之下仍有少数党员干部顶风违纪，有的违规报销差旅费用，违反中央八项规定精神；有的私设小金库，违反廉洁纪律；有的责任心缺失，作风不严不实，使国家和群众的利益受损；有的纪法意识淡薄，心存侥幸，以身试法，因酒后驾驶机动车受到党纪国法的严肃惩处。“四风”问题树倒根存，不担当、不作为及庸政懒政怠政等形式主义、官僚主义依然存在，违规发放津补贴等问题禁而未绝，有的落实上级党委决策部署走过场，推进工作迟缓；部分党组织党内政治生活缺乏政治性、原则性、战斗性，民主（组织）生活会、“三会一课”等党内政治生活质量不高、敷衍应付。同时，与县委要求和群众期待相比，我县纪检监察工作和干部队伍建设还存在差距和不足：纪委常委会服务全县大局的意识和能力不足，日常监督执纪审查等业务工作为县委县政府决策提供科学参考较少，在探索具有纪检监察特色服务大局的途径和方法上发力不够。纪检监察干部队伍“血液循环”不畅，少数干部业务素质和履职本领还不适应新形势的需要，系统内力量调配有时出现被动局面。个别纪检监察干部工作满足于被动接受、消极应付，极个别甚至违纪违法，等等。对于这些问题，我们必须要高度重视，采取有力措施切实加以解决。

二、2022年主要工作

今年是迎接党的二十大胜利召开之年，是贯彻区市县第十次党代会精神开局之年，做好全县纪检监察工作至关重要。总体要求是：坚持以习近平新时代中国特色社会主义思想为指导，深入贯彻落实党的十九大和十九届历次全会精神以及中央第七次西藏工作座谈会精神，深入贯彻落实习近平总书记关于西藏工作的重要论述和新时代党的治藏方略，深入贯彻落实十九届中央纪委六次全会和区市县第十次党代会以及区市纪委十届二次全会精神，以高度的政治自觉思想自觉行动自觉，坚定捍卫“两个确立”、坚决做到“两个维护”，立足新发展阶段，完整准确全面贯彻新发展理念，服务融入新发展格局，自觉运用党的百年奋斗历史经验，忠实履行党章和宪法赋予的职责，坚持全面从严治党战略方针，坚持稳中求进工作总基调，突出政治监督，强化日常监督，深化“三不”一体推进，持续加强纪检监察机关规范化法治化正规化建设，更好发挥监督保障执行、促进完善发展作用，努力取得更多制度性成果和更大治理效能，为建设团结富裕文明和谐美丽的社会主义现代化新林周提供坚强保障。

（一）突出政治监督，持续严明党的政治纪律和政治规矩

要坚定捍卫“两个确立”，坚决做到“两个维护”。聚焦学习贯彻党的十九届六中全会和习近平总书记视察西藏时的重要讲话精神，督促各级党组织持之以恒学懂弄通做实习近平新时代中国特色社会主义思想，教育引导广大党员干部坚守初心使命，不断增强“两个维护”的自觉性、坚定性，心怀“国之大者”。不断巩固拓展党史学习教育成果，盯住党内政治生活不放，坚决防止搞形式、走过场甚至弄虚作假，用实际行动当好“两个确立”的忠诚拥护者、“两个维护”的忠实践行者。要以良好政治生态促进发展环境持续优化。严明政治纪律和政治规矩，深入贯彻落实《中共中央关于加强对“一把手”和领导班子监督的意见》，继续开展政治生态谈心谈话，巩固风清气正的政治生态，营造干事创业的良好氛围。加强对职能部门履职情况的监督检查，促进主动担当作为、增强服务意识，推动县委第十次党代会各项任务顺利完成。要坚持政治监督具体化常态化。坚持党中央的决策到哪里，区市县党委的部署到哪里，政治监督就跟进到哪里，保障各项部署安排落地落实。把乡村振兴落实情况纳入政治监督范畴，抓好县乡“五个紧盯”的监督检查。进一步突出反分裂斗争纪律，严肃查处党员信仰宗教问题，坚决清除政治上的“两面人”。

（二）持续纠治“四风”，坚定不移推进纪律作风建设

要持续加固中央八项规定精神堤坝。综合运用日常监督、专项检查、交叉互查、巡察监督等手段，紧盯重要节点，盯住具体人具体事，密切关注新动向，严查无接触送礼、不吃公款吃老板等隐形变异问题，驰而不息督促落实中央八项规定及其实施细则精神，持续释放“严”字当头、一“严”到底的鲜明信号。不断完善统筹协调、分析研判、信息共享、督促检查工作机制，巩固形成整治“四风”工作合力。坚持纠“四风”和树新风并举，引导党员干部增强党性修养、破除特权思想，以党风政风持续好转带动社风民风向上向善，以优良作风展现新气象、彰显新作为。要深入改进作风，狠抓工作落实。以作风转变推动工作落实、以狠抓落实提升工作成效，坚持查问结合、标本兼治，紧盯对习近平新时代中国特色社会主义思想和习近平总书记关于西藏工作的重要论述、新时代党的治藏方略等不真学真懂真信真用问题，用好问责利器，着力解决空泛表态、敷衍塞责、不作为慢作为等作风问题，对工作推动不力的严肃追究责任，切实解决“虚”“浮”“弱”的问题。有力整治以总结部署工作等名义随意向基层派任务要材料、同一工作内容层层套开会议、“指尖上的形式主义”等问题，真正为基层减负。落实“三个区分开来”，做到真容错敢纠错，坚持严管厚爱结合，协同组织部门探索干部“落实力”的评价监督，旗帜鲜明为担当者担当、为负责者负责、为干事者撑腰，提振干部队伍干事创业的精气神。从严从实加强教育监督，引导年轻干部对党忠诚老实，坚定理想信念，牢记初心使命，正确对待权力，时刻自重自省，严守纪法规矩，扣好廉洁从政的“第一粒扣子”。

（三）站稳人民立场，推动解决群众急难愁盼问题

要聚焦“十四五”规划任务落实开展监督。对党中央和区市县党委增进民生福祉、改善人民生活品质的各项部署落实情况跟进监督、精准监督、全程监督，保障各项惠民富民、共同富裕政策措施落地落实，不断增强人民群众的幸福感、获得感。要聚焦民生领域强化监督。紧盯教育医疗、养老社保、生态环保、民政救助、道路住房等领域和村集体“三资”管理使用，严肃查处吃拿卡要、优亲厚友、虚报冒领、克扣侵占、贪污挪用等腐败和作风问题，巩固深化扫黑除恶专项斗争和政法队伍教育整顿成果，让群众从一个个具体问题的解决中切实感受到公平正义。要聚焦过渡期抓实专项监督。紧盯产业项目决策和实施环节，大力纠治盲目决策定项目、未批先建违反程序，甚至搞形象工程、面子工程、政绩工程等问题，严肃查处项目建设背后的腐败和作风问题。

（四）深化政治巡察，充分发挥巡察标本兼治作用

要高标准制定并实施巡察工作规划。全面贯

彻中央巡视工作方针，结合全国制定巡视工作规划专题辅导会议精神和区市巡视巡察机构有关要求，研究制定十届县委巡察工作五年规划，贯通运用常规巡察、专项巡察、“机动式”巡察及“回头看”，着力强化巡察监督触角向村延伸。要健全完善巡视巡察上下联动工作格局。主动接受区市巡视巡察机构的督导指导，提高政治站位，在构建市委统筹市县巡察人员、一体开展巡察工作机制上提供基层力量。突出抓好巡察成果运用，研究制定巡察整改落实和成果运用办法，把整改落实与深化标本兼治结合起来。要强化巡察信息化建设。管好用好巡视巡察工作网络平台、巡视巡察发现问题线索管理系统，按要求建立健全巡察数据中心，提高用数据分析问题和成果运用的能力，努力推动实现“让数据跑路”。

（五）推动贯通融合，发挥监督治理效能

要推动主体责任和监督责任一贯到底，严格精准监督执纪问责。认真贯彻落实全面从严治党主体责任规定，加大同级监督力度，更好发挥列席县委常委会会议、县政府常务会议、县长办公会议和各党组织领导班子民主（组织）生活会的作用，深入了解“一把手”和领导班子坚定捍卫“两个确立”、坚决做到“两个维护”、执行民主集中制、廉洁自律等情况。精准运用“四种形态”，坚持实事求是、依规依纪依法，把握政策策略、贯通纪法情理，实现政治效果、纪法效果、社会效果的有机统一。要贯通融合各类监督，协同高效提升治理效能。以党内监督为主导，协助党委推动各类监督与党内监督同心同向、形成合力，构建党统一领导、全面覆盖、权威高效的监督体系，推动制度优势转化为治理效能。探索县纪委与巡察机构、县乡纪委协作联动机制，实现监督职责再强化、监督力量再融合、监督效果再提升，推动监督下沉、监督落地、监督于问题未发之时，让干部感受到监督、习惯被监督，让群众知道有监督、参与监督，切实以监督促进基层治理、密切党群干群关系。

（六）深化体制改革，着力破解重点难点问题

要抓实落细纪检监察体制改革任务。发挥改革在落实“十四五”时期重大发展战略任务中的突破先导作用，围绕贯彻落实十九届六中全会关于全面深化改革的新部署新要求，抓好党中央部署和区市县党委确定的纪检监察体制改革规划任务。加强县纪委监委对乡镇纪委、派出监察室的领导指导，落实好“两为主一报告”制度，推动纪检监察系统上下贯通。要推进规范化法治化建设。稳步推进纪委监委内设机构改革，建立健全乡镇片区协作工作机制，推动监督从有形覆盖向有效覆盖迈进。配合做好监察官等级确定工作，稳慎有序推进监委向本级人大常委会报告专项工作。持续深化纪法贯通、法法衔接，探索反腐败协调领导小组成员单位新型协作配合机制，不断增强反腐败工作合力。

（七）坚持常管长严，稳步实现“三不”一体推进

要坚持严的主基调不变。坚持无禁区、全覆盖、零容忍，坚持重遏制、强高压、长震慑，坚持受贿行贿一起查，聚焦决策权、审批权、监管权及执法司法权，紧盯关键少数特别是“一把手”，重点起底查处十八大以来问题线索反映集中、群众反映强烈的腐败案件，开展政法、教育、医疗、国企和乡村振兴等领域政府采购、项目实施的专项监督，严肃查处群众身边的腐败和作风问题，持续保持“不敢腐”的震慑。要持续强化制度立行。结合全面从严治党新形势、新要求，进一步加强纪检监察建议工作，推动各级党组织认真整改党风廉政建设内控管理等方面存在的漏洞，督促全县各级党组织做好制度的“立、改、废”，强化制度执行力，突显制度的监督和制约功能，进一步扎牢“不能腐”的笼子。要宣教并举筑牢思想防线。坚持纪委书记讲廉政党课要求，高质量举办一期以“一把手”为主要对象的深化全面从严治党培训班，持续加大“林周纪检监察”微信公众号创新和推广力度，吸引受众群体，通过新媒体强化党风廉政建设和反腐败宣传，用好林周农场基地系列资源，让党性教育“明灯”长明常亮，不断夯实“不想腐”的思想根基。要扎实做好以案促改。坚持典型案件必须通报曝光、必须查摆剖析、必须警示教育、必须回访督促，实现处理极少数、教育大多数的目的，推动“治标”的阶段性成果转化为“治本”的战略性成效。

（八）加强自身建设，始终做党和人民的忠诚卫士

要注重思想淬炼。深学笃用习近平新时代中国特色社会主义思想，深刻领会、准确把握党的十九届六中全会、十九届中央纪委六次全会对纪检监察工作提出的新要求，深入学习贯彻《中国共产党纪律检查委员会工作条例》，全面贯彻落实区市县第十次党代会和区市纪委十届二次全会对纪检监察工作的具体部署，不断提高政治判断力、政治领悟力、政治执行力，充分发挥监督保障执行、促进完善发展作用。要不断强化内部建设。持续加强县纪委常委会自身建设，提高政治站位，将习近平总书记重要讲话、重要指示批示精神作为常委会会议“第一议题”，进一步修订完善常委会工作规则，突出执行力，在推进林周纪检监察工作高质量发展上发挥带头表率作用。坚持刀刃向内，严格监督执行纪检监察干部行为规范，坚决防止“灯下黑”，让打铁的人首先成为铁打的人。要着力提升能力素质。持续深化全员培训，进一步加大对乡村纪检监察干部特别是村级纪检监督员的培养，把政治和业务、培训和培养、管理和使用更好结合起来，更加突出学用结合，加强跟班学习、跟案实践力度，促进纪检监察干部在实训实战中熟练掌握政策策略、纪法规定、专业知识，不断提升问题线索自查自办能力，建设高素质专业化干部队伍。要坚持安全文明办案。牢固树立“没有安全就没有办案”的意识，抓好审查调查安全，及时发现和整改安全隐患，严守安全底线，精准把握全面从严治党政策策略，注重“同志式”“帮助式”审查调查，既用问责加压又用信任加力，实现执纪执法力度与温度的统一。

同志们，纪检监察工作站在新征程新起点，承载着党和人民的新要求新期待，我们要更加紧密地团结在以习近平同志为核心的党中央周围，在市纪委监委和县委的坚强领导下，不忘初心、牢记使命，踔厉奋发、笃行不怠，持续加强作风建设，狠抓各项工作落实，全力服务保障林周经济社会高质量发展，奋力谱写全面从严治党、党风廉政建设和反腐败斗争新篇章，以优异成绩迎接党的二十大胜利召开。

林周县人民法院工作报告

——在林周县第十三届人民代表大会第三次会议上

林周县人民法院院长 王永伟

（2022 年 1 月 18 日）

2021 年主要工作

2021 年以来，林周县人民法院坚持以习近平新时代中国特色社会主义思想为指导，深入贯彻党的十九大和十九届二中、三中、四中、五中、六中全会精神，认真学习贯彻中央第七次西藏工作座谈会精神、习近平总书记“七一”重要讲话精神和在西藏视察时重要指示精神，贯彻落实西藏自治区、拉萨市第十次党代会精神，立足新发展阶段，贯彻新发展理念，融入新发展格局，坚持服务大局、司法为民、公正司法，忠实履行宪法法律赋予的职责，全面加强审判执行工作，扎实推进司法体制改革，不断提升法院队伍建设水平，奋力推进新时代人民法院工作高质量发展。今年以来，共受理各类案件 716 件，审结 648 件，结案率 90.50%，为林周长治久安和高质量发展提供了应有的司法保障。

一、履职尽责，全面加强审判执行工作

深入贯彻习近平法治思想，充分发挥法院职能作用，为区域经济发展营造了良好稳定的法治环境。

依法惩处刑事犯罪活动。贯彻总体国家安全观，坚持宽严相济刑事政策，推进平安林周建设，坚决维护国家安全和社会稳定。共受理刑事案件 26 件，审结 26 件，结案率 100%，主要为危险驾驶罪案件 14 件、盗窃犯罪案件 6 件、故意伤害罪案件 4 件、信用卡诈骗罪案件 1 件、受贿罪案件 1 件。

妥善化解民商事纠纷。认真实施《中华人民共和国民法典》，充分发挥民商事审判服务高质量发展的职能作用，依法妥善化解民商事纠纷。共受理民商事案件 424 件，审结 372 件，结案率 87.74%，主要为合同类纠纷案件 295 件、婚姻家庭纠纷案件 49 件、人格权纠纷案件 4 件、侵权责任纠纷案件 3 件。

切实加大执行工作力度。以司法的强制力和严厉的信用惩戒，切实保障当事人合法权益的实现。共受理执行案件 250 件，执结 234 件，执结率 93.60%。通过网络查控及线下冻结、扣划案款共计 346.98 万元；限制高消费被执行人 32 人，纳入失信被执行人名单共计 25 人，查封车辆 26 辆，冻结公司股权 31 例；实施执行救助案件 15 件，发放救助金 49.88 万元。

新冠疫情防控工作。一是适应防疫工作需要，充分运用智慧法院建设成果，无接触式诉讼服务广泛运用，远程开庭 50 次，当事人足不出户就能参加诉讼，实现“审判执行不停摆、公平正义不止步”。二是全面落实疫情“零报告”制度，有效排查和掌握全院干警疫情期间行程并及时上报，认真做好外来当事人信息登记和健康管理，对重点区域、重点部位实行循环消毒，切实从源头上杜绝疫情输入。

二、人民至上，努力践行司法为民宗旨

坚持以人民为中心的发展思想，践行司法为民宗旨，积极回应人民群众新要求新期待，不断创新便民利民措施，用法治保障人民安居乐业。

一站式诉讼服务持续优化。推进诉讼服务和信息技术的深度融合，升级网上诉讼服务平台，开通西藏移动微法院、网上立案、跨域立案服务，持续深化立案登记制改革成果，全面畅通“线上 + 线下”一体化立案渠道，切实做到“有案必立，有诉必理”，为当事人提供登记立案、诉前调解、智能答疑等一站式诉讼服务。今年通过网上立案 29 件，完成跨域立案 17 件，接待来访群众 5500 余人次，“12368”诉讼服务热线受理诉讼咨询 2100 余人次。

多元解纷机制日趋完善。深入学习推广新时代“枫桥经验”，主动把司法工作融入社会综合治理体系，精准对接人民调解、行政调解、行业调解、专业调解等解纷力量，不断完善多元化解纷机制。今年委托委派调解案件 77 件，成功调解 74 件；坚持调解优先，民事案件调撤率达 74.07%；减免缓诉讼费 24635.02 元，解决困难当事人诉讼难问题；利用流动法庭深入到各乡（镇）村居提供法律咨询 800 余人次，车载流动法庭行程 5800 余千米，巡回办案 57 件；开展“我为群众办实事”专项活动 39 项。

着力破解“执行难”。聚焦执行领域群众关注度高的热点难点问题，强化执行综合治理，不断加大执行工作力度，狠抓执行指挥中心实质化运行，开展“执行大会战”专项活动，完善执行联动协调机制，推进涉民生案件的集中专项执行；切实加强“一案一账户”的运用管理，成立清理终本案件整治组，及时清理积压执行案款，今年来执结涉民生案件 117 件，共计追回案款 427.6025 万元。

促进和谐家庭建设。不断深化家事审判方式和工作机制改革，形成以调为主、以判为辅的审判理念，选择优秀女法官，组建起彰显“温情司法”家事审判团队，创建家事纠纷诉源治理、多元化解的新路径，努力为濒临破裂的家庭调判促和，促进家庭和睦、和谐社会。今年来，本院受理家事案件 55 件，已结 49 件，调解 30 件，调解率 61.22%。

人民法庭工作不断加强。建立派出人民法庭与司法所、人民调解委员会等综治力量的联动机制，与各乡镇、司法所、村调解委员会签订多元解纷合作协议，建立“派出法庭 + 司法所 + 人民调解委员会 +N”联调中心，对乡村多发、易发矛盾纠纷开展联合排查化解。今年来派出法庭受理案件 72 件，调解案件 51 件，撤诉 7 件，调撤率达 84.06%。

乡镇便民诉讼服务点初步建立。积极参与和融入基层社会治理，建立“包乡诉讼服务团队”工作机制，在全县未设立派出法庭的 8 个乡（镇）设立“林周县人民法院便民诉讼服务点”，采取“1+3”（包乡法官 + 本乡（镇）人民陪审员 + 法官助理 + 书记员）模式，立足纠纷排查、就地立案、就地审理、诉调对接、法治宣传等职能，在各乡（镇）形成稳定高效的解纷团队，多元化解矛盾纠纷。

“八五”普法宣传不断深入。开展普法宣传教育 25 场次，发放藏汉双语宣传资料 2300 余份，受教育群众近 2000 余人次。搭建“两微一抖”新媒体宣传阵地，开设“普法课堂”“以案释法”等专栏，发布新媒体推文、短视频 624 条，推送法院动态 197 条，102 篇稿件被西藏高法、拉萨中院等媒体采用。

助力巩固脱贫攻坚成果同乡村振兴有效衔接。切实做好对江夏乡的结对帮扶工作，入户走访听取乡情民意，深入调查摸底，做好信息收集和政策宣传解读工作，今年以来，组织 70 余人次参与结对帮扶慰问和宣讲工作，共帮扶对象 35 户，捐款捐物折合人民币 6600 元。指派 1 名干警参与驻村工作并担任工作队队长，执行驻村任务。

三、开拓创新，全面深化司法体制综合配套改革

坚持改革不停步，不断深化司法体制综合配套改革，加快智慧法院建设转型升级，强化审判管理和监督制约，持续提升审判质效。

审判运行机制更趋合理。认真落实院庭长审判监督和带头办案制度，今年院庭长共办理案件 351 件。修订审委会工作规则，完善法官会议制度，召开审委会 1 次，法官会议 20 次，审判决策辅助机制作用得以充分发挥。严格结案审批流程管理和卷宗相互评查制度，使案件质量得以有效保证。完成 4 名员额法官入额遴选及 24 名干警的职务套改工作，以法官为核心的人员分类管理体系更加合理有序。

智慧法院建设加快完备。坚持把加强审判信息化建设作为服务司法改革的重要支撑，加大司法公开力度，大力推进电子卷宗随案同步生成及深度应用，利用信息技术为法官制作裁判文书、查阅法律法规和类案查询等提供技术支持。依法公开裁判文书 517 份、执行信息公开 123 条、庭审直播 47 场次，形成电子卷宗 716 卷，电子卷宗同步生成率 100%。

绩效考核制度成效显著。制定《林周县人民法院工作人员绩效考核奖金分配实施细则》,依据岗位性质和职责分工定制部门负责人、法官、法官助理、书记员及行政人员的5类考核表,形成业务部门与综合部门的分类考核,切实做到奖勤罚懒、突出工作业绩的目的。本院绩效考核工作成效凸显,走在全市法院前列。

制度建设不断完善。为实现政法队伍教育整顿成果制度化、常态化,将问题整改与构建长效机制有机结合,修订完善并探索新建了《干警日常管理档案制度》《案件季度自查及回头看制度》《司法监督工作制度》《审限监督管理机制》《当事人申请执行免于提供生效证明制度》等14项制度机制,形成以制度管人、以制度约束的良好生态。

基层基础建设持续完善。依据最高人民法院《人民法院"六专四室"建设规范》文件精神及上级法院工作要求,认真实施"六专四室"建设,现已投入使用。唐古派出法庭、强嘎派出法庭信息化庭审设备配置采购项目进入采购阶段,审委会会议室升级改造、院内车库建设及唐古法庭维修项目已完成询价。

四、依法履职,自觉接受各界监督

自觉主动接受人大法律监督和政协民主监督,保障人民群众有序参与司法,切实回应社会关切,更好满足人民群众司法需求。

代表委员监督更加广泛。持续开展"两代表一委员"大走访活动,向"两代表一委员"征求对法院工作的意见建议,进一步提升司法能力,倒逼司法行为规范。今年共计走访"两代表一委员"24人,获得意见建议10余条,邀请人大代表、政协委员旁听监督案件开庭各1次。

依法接受检察机关法律监督,认真听取检察机关提出的检察建议,及时检查和纠正案件审判过程中存在的问题,确保办案程序合法,裁判实体公正。

人民陪审员参审作用充分发挥。强化人民陪审员规范化管理,充分发挥人民陪审员参与案件审理和司法活动的重要作用,让人民参与司法,监督司法。本院人民陪审员共计36名,今年来,组织开展人民陪审员业务培训1次,人民陪审员参审案件49件,陪审率为51.58%。

五、激浊扬清,切实加强法院队伍建设

以学习教育为先导,不断加强理论武装,严格队伍管理,努力打造政治过硬、业务过硬、责任过硬、纪律过硬、作风过硬的法院队伍。

教育活动成果更加凸显。以"四项教育"活动为契机,深入开展党史学习教育、政法队伍教育整顿活动,队伍政治素质进一步提高。召开集体学习52次,理论中心组学习12次,组织"三更""三新"专题研讨学习会5次,书记讲党课4次;观看警示教育片6次,组织干警参观强嘎红色革命基地、"两路"精神纪念馆、烈士陵园悼念活动4次;撰写心得体会观后感18次共478篇;召开民意测评座谈会3次,收集到意见建议41条,上报六大顽瘴痼疾问题线索21条,完成办结21条。

党风廉政建设不断巩固。大力加强廉洁自律教育,认真贯彻中央八项规定及实施细则精神,持之以恒正风肃纪,从严从实执纪问责,努力提升广大干警的廉洁自律意识。党组认真履行党建和党风廉政建设主体责任,认真落实"三会一课"等党建工作制度,以零容忍的态度惩治腐败,推动防止干预司法"三个规定"落地落实,确保司法公正廉洁。

廉政风险防范管理日益增强。深入推行廉政风险防控,定期排查各庭室和全院干警在工作中存在的廉政风险点,制定《林周县人民法院廉政风险防范管理办法》,进一步扎实推进惩治和预防腐败体系建设,提高廉政风险防控管理工作的水平和成效。

素质能力建设稳步提升。围绕创建"学习型法院",建立健全各项学习制度,院内坚持每周二晚上政治学习和每周四晚上业务学习制度,组织全院干警常态化学习政治理论和业务知识,并将学习资料汇编成册,不断提高干警的政治、业务素质;院外积极参加各项业务培训,组织干警参加各类培训17期,培训干警18人次,选派干警前往其他省市法院跟班交流1人次。

工作成绩的取得,最根本在于以习近平同志为核心的党中央的掌舵领航,在于习近平新时代中国特色社会主义思想的科学指引,在于县委的坚强领导、人大有力监督、上级法院正确指导和县政府、县政协及社会各界的关心支持。在此我代表林周县人民法院，对关心支持法院工作的各位领导、各位代表和同志们表示衷心的感谢。在看到成绩的同时，我们也清醒地认识到，法院工作还存在很多不足：司法理念与新时代的要求相比存在差距，服务高质量发展水平还需提升；司法能力还有不足，办案质量和效率需要进一步提升；智慧法院建设需要继续深化，信息化技术运用水平需要进一步提升；基层基础工作薄弱，人民法庭工作需要进一步加强等，这些问题必须切实加以解决。

2022 年工作安排

2022 年，我院将坚持以习近平新时代中国特色社会主义思想为指导，认真学习贯彻习近平法治思想，全面贯彻党的十九大和十九届二中、三中、四中、五中、六中全会及自治区、拉萨市第十次党代会精神，认真落实本次大会决议，在县委的坚强领导和上级法院的有力指导下，忠实履行宪法法律赋予的职责，坚持稳中求进、守正创新，推动新时代人民法院工作高质量发展，为全面建设社会主义现代化新林周提供有力司法保障。

一是加强政治建设。深入学习贯彻习近平新时代中国特色社会主义思想，贯彻落实习近平法治思想，增强“四个意识”、坚定“四个自信”、做到“两个维护”，不断提高政治判断力、政治领悟力、政治执行力。深入贯彻《中国共产党政法工作条例》，坚持党对司法工作的绝对领导，坚定不移走中国特色社会主义法治道路。

二是积极服务大局。依法履职，积极服务常态化疫情防控和经济社会高质量发展，积极推行远程开庭和无接触式诉讼服务，实现疫情期间“审判执行不停摆、公正正义不止步”。树立总体国家安全观，全面落实以审判为中心的刑事诉讼制度改革，坚持依法打击各类刑事犯罪，确保国家安全、社会安定、人民安宁。认真实施民法典，提升人民群众民事权利司法保护水平，坚持调解优先，调判结合，妥善化解民商事矛盾纠纷，为高质量发展优化法治环境。切实加大执行工作力度和规范化水平，充分发挥执行联动机制作用，加大信用惩戒和强制执行力度，切实实现当事人合法权益。

三是坚持司法为民便民。充分发挥派出人民法庭和乡（镇）便民诉讼服务点的作用，积极参与基层社会治理，就地化解矛盾纠纷，让司法更便利人民、贴近人民。加强“一站式”多元解纷及诉讼服务体系建设，持续开展 12368 法律服务热线、网上立案、电子送达、远程开庭等司法便民利民举措。优化司法确认工作，促进调解成果当场固定、矛盾纠纷就地化解。深化家事审判改革，探索设立家事诉讼特别程序，发挥人民调解优势，维护家庭和谐稳定。

四是坚持深化司法改革。以问题导向和目标导向推进司法改革，深化司法责任制综合配套改革，完善权责一致的审判权力运行机制，完善法官员额管理和配套保障机制，实现能进能出、良性运行。健全审判权责清单制度，压实院庭长审判监督管理职责。建立类案检索、专业法官会议讨论咨询、审判委员会研究决定的审判研究机制。规范民事案件繁简分流，探索法官办案类型的适度分工。深化智慧法院建设，充分运用智能化审判辅助系统，保障在线诉讼规范进行。推进诉源治理，与人民调解、司法调解、行政调解加强对接，加大诉前调解和分流力度，降低成讼率。

五是坚持建设过硬队伍。切实加强政治理论学习，铸牢政治忠诚之魂，坚定理想信念，提升政治能力。加强专业化能力建设，努力提高员额法官业务素质和司法能力。提高群众工作能力，妥善化解纠纷，既解决案件的法结，又化解群众的心结。自觉接受人大监督、民主监督、人民监督和各方面监督。持之以恒纠治“四风”，坚决整治顽瘴痼疾，纯洁法院队伍。严格落实防止干预司法“三个规定”等铁规禁令，以零容忍态度严惩司法腐败，确保法官清正、法院清廉，司法清明。

各位代表，做好新时代人民法院工作责任重大，使命光荣。林周县人民法院将不忘初心、牢记使命，埋头苦干，勇毅前行，充分发挥法院职能作用，认真践行司法为民宗旨，积极推动新时代人民法院工作高质量发展，努力为建设社会主义现代化新林周提供有力司法保障，以优异成绩迎接党的二十大胜利召开。

林周县人民检察院工作报告

——在林周县第十三届人民代表大会第三次会议上

林周县人民检察院检察长 索朗晋美

（2022 年 1 月 18 日）

2021 年工作回顾

一年来，在县委和上级检察机关的坚强领导下，在县人大及其常委会的有力监督下，在县政府的大力支持、县政协的民主监督和社会各界的关心支持下，林周县人民检察院坚持以习近平新时代中国特色社会主义思想为指引，深入学习贯彻党的十九大、十九届历次全会精神和中央第七次西藏工作座谈会精神，深入学习贯彻习近平总书记关于西藏工作的重要论述和新时代党的治藏方略，深入学习贯彻区市第十次党代会精神，以高度的政治自觉、法治自觉、检察自觉主动担当、能动履职，各项检察事业取得新成效。

一、以政治建设为统领，确保党对检察工作的绝对领导

坚决筑牢政治忠诚。把学习贯彻习近平新时代中国特色社会主义思想作为首要政治任务，扎实开展“两学一做”常态化、制度化学习教育，政法队伍教育整顿和党史学习教育，不断增强“四个意识”、坚定“四个自信”、做到“两个维护”。认真贯彻《中国共产党政法工作条例》，主动向县委政法委请示报告重大事项 10 次，召开党组会议 28 次，议事 46 项。

以政治建设引领业务发展。坚持把政治建设与业务建设相融合、相促进，以高度的政治自觉、法治自觉、检察自觉，确保党中央、区市县重大决策部署在检察环节落细落实，实现司法办案政治效果、法律效果、社会效果的有机统一。

把抓好党建作为最大政绩。严格落实党建工作责任制，扎实推进党建融入业务，探索“党建＋检察”特色品牌，践行新时代党的建设总要求，着力提升“三会一课”质量，落实党员大会 5 次，支部委员会 12 次，主题党日 12 次，书记讲党课 4 次，党支部集中学习 12 次，撰写各类学习心得 200 余篇。认真贯彻落实区党委第二轮巡视整改和最高检党组第三巡视组反馈意见整改工作，并将反馈问题主动认领，认真整改、持续整改，有力推动了党建工作和检察工作同频共振、深度融合。

用政法队伍教育整顿，实现纪律作风持续好转。把学习教育贯穿始终，抓实党史学习教育，认真开展政法队伍教育整顿、“三更”专题教育、“三新”大学习大讨论，参观拉萨市检察院党史检史馆 1 次、西藏和平解放 70 周年展馆 1 次、林周县红色教育基地 5 次、“两路”精神纪念馆 1 次；观看爱国主义电影 4 次、英模事迹报告片 2 次；开展“政治忠诚”大研讨 2 次、重温入党誓词及检察官誓词 2 次、唱革命歌曲活动 1 次、瞻仰烈士陵园 2 次、讲述革命先烈故事 3 次、民族团结教育 3 次，扎实为民办实事 31 件次。及时整改中央第十四督导组、区市两级检查指导组、县教整办等反馈的意见建议，强力整治“六大顽瘴痼疾”，力推常态化治理，制定完善制度 20 项，固化教育整顿成果。认真落实防止干预司法办案“三个规定”，记录报告有关事项 13 条。开展纪律作风检务督察 40 余次，提醒谈话 10 人次。

二、紧扣发展大局，以检察服务中心工作

服务保障脱贫攻坚战。全院干警投入全县脱贫攻坚主战场，结对帮扶贫困群众31户，走访慰问结对户4次，共计发放慰问金1万余元。分别选派3名优秀干警参加驻村工作。检察长带头赴“三岩”片区搬迁点开展慰问3次，并结合慰问工作开展各类政策宣传和法律宣传工作4次。争取到“2021年度西藏自治区农牧民心理健康科普教育”培训项目，积极开展农牧民心理健康教育工作，受训群众1500余人，从心理健康教育角度减少、预防农牧民违法犯罪案的发生，真正做到为民服务零距离。

三、紧扣主责主业，以检察监督维护公平正义

刑事检察更加有力。充分发挥捕诉一体化办案职能，一年来，共受理刑事案件38件40人，审查逮捕案件9件10人，其中批准逮捕6件7人，不批准逮捕3件3人。审查起诉29件30人，其中提起公诉25件26人，不起诉2件2人，附条件不起诉1件1人，正在办理1件1人。在办案中，落实检察官以案释法制度，做好释法说理，在检察环节，开展以案释法2件2人，召开不起诉公开听证3件3人。

民事行政检察不断做强。充分发挥检察一体化优势，组建优秀办案团队，共办理民事案件25件，其中，监督审判程序违法行为16件，生效裁判文书调解书监督5件，执行活动监督3件，支持起诉案1件，共发出检察建议10份。对我县人社局就2021年办理的“双拖欠”案卷进行抽查，对发现的问题下发社会治理类检察建议1份。调取2020年县交警案件卷宗共71份，发现问题10余件，下发检察建议1份。与县司法局签订关于支持起诉的联系机制1份。

公益诉讼持续做实。以“扬尘污染”“医疗废物处置”“固体垃圾堆放”“食品安全”“两违”“森林督查”为主线，加强公益诉讼案件线索摸排力度，共发现公益诉讼案件线索86件，发出公益诉讼诉前检察建议及督促履职检察建议11份，涉及到水源地污染、耕地、林地保护等问题，相关部门高度重视，已采取措施积极整改或正在整改，与相关部门召开磋商会2次、联系会议3次、制定联系机制3份，向上级院移送文物案线索1件，联合县林草局设立“检察联络室”，投入资金6万余元，设立“西藏雅鲁藏布江中游河谷黑颈鹤国家级自然保护区”警示宣传牌，并联合县水利局签订“河湖长+检察长”协作机制，取得了良好社会效果。

法律监督稳中增效。依托法律专项监督检查工作要求，把做实做细法律监督业务作为发展之本，强化监督，提升效果，努力维护公平正义。充分行使宪法赋予的法律监督权，对辖区内2018年以来的256起治安案件开展监督检查，从多个角度防范“有案不立”“压案不查”现象。对涉及法院财产刑执行的13起案件开展监督，并提出相关意见建议。协同相关单位对全县开展食品安全专项检查5次，全力保障我县群众舌尖上的安全。加强社区矫正监督检查，对24名社区矫正人员建立一人一档，针对县司法局案卷档案装订不规范的问题下发检察建议1份。

护航未成年人成长。依法惩戒和精准帮教未成年人，开展未成年人羁押必要性审查、社会调查、心理疏导评估帮教、亲职教育10人次。以干警担任五所中、小学法治副校长、法治辅导员为契机，开展“法治进校园”宣讲4次及检察开放日活动1次。积极回应政协委员提出的“关于加强青少年法治教育工作”的提案，加强相关部门的沟通联系。为切实预防娱乐场所存在未成年出入的问题，对辖区内监管的娱乐场所开展专项监督检查4次。落实强制报告、入职查询制度，联合县公安局、县教育局对全县范围内37所学校1121名教职员工开展入职查询工作。与团县委签订《未成年人检察工作社会支持体系建设合作协议》，逐步推动未成年人检察工作社会支持体系的构建。通过与自治区红十字会沟通协调，争取到青岛西海岸新区红十字会“博爱小学资助”项目，为林周县唐古乡、阿朗乡中心小学每年各资助5万元为期5年，为偏远困难学校和关心关爱留守儿童贡献检察力量。

深入推进“谁执法谁普法”。全年开展法治宣传15次，发放宣传资料4500余份，宣传物品2000余份，提供法律咨询50余次，受教育群众达5000余人次。依托“两微一端”平台共计宣传14次。开展不起诉案件回访工作4次，加大以案释法的效力，

努力营造全县范围内的良好法治氛围，增强广大群众的法律意识和宗旨意识，建设法治林周贡献检察力量。

四、推进司法体制改革，持续提升检察工作质效

深化检察体制改革。严格按照《自治区市县级人民检察院内设机构改革方案》实施，规范内设机构设置，初步完成内设机构改革前期准备工作。全面落实司法责任制，全面实行“捕诉一体化”办案模式。落实人员分类管理制度，健全完善检察人员业绩考评工作机制，做到权责统一。

加大检察队伍建设。落实检察队伍扩充工作，择优招录5名应届大学毕业生，5名聘用制书记员，激发检察队伍新动力。指派干警参加民事检察业务知识竞赛1次，选派干警前往南京、北京、市委党校、县委党校接受政治轮训、挂职锻炼、业务学习及理论学习12人次，同时，参加上级检察机关和县里各类理论培训27次。

健全检察工作新机制。全面落实认罪认罚从宽制度，适用率达100%，大力节约司法资源，提升诉讼效率，促进矛盾化解。着力降低“案件－比”，深化案件快办机制，不断提高简易程序、刑事速裁程序的使用率，切实提高办案质效。

完善检察权运行机制。运行好检委会监督机制，召开检委会3次，检察官联席会1次，严把案件质量关，规范检察权运行。加强对检察官办案活动的监督，认真开展案件线上、线下评查31件，努力提升司法办案质量。强化案件信息公开机制，通过12309中国检察网公开程序性信息43条，法律文书21条，重要案件信息12条，打造智慧检务新高地。

用心对待群众解诉求。充分发挥12309检察服务热线以及检察长接待日作用，一年来，检察长接待4人次，接待群众来访3件3人，群众来信案件1件1人，法律咨询5人次，确保“群众来信件件有回复”，坚决做到7日内程序回复、3个月内办理过程或结果答复，并积极引导农牧民群众合法理性表达诉求。

增强信息化建设。积极推动科技成果与检察办案深度融合，今年投入80万资金，用于内外网机房改造、检察业务应用系统2.0工作网及检察公开听证的建设工作。积极更换办公楼内相关设施、更新办公设备，改善干警办公环境带动干警工作积极性。

五、推行阳光司法，自觉接受各方监督

牢固树立“监督者更要接受监督”的理念，通过主动邀请人大代表、政协委员、人民监督员视察工作、参与公开听证、召开座谈会等活动5次，听取社会各界对检察工作的意见建议，自觉接受社会监督，主动向同级人大常委会专题报告工作2次。主动走访县、乡两级人大代表及政协委员，以座谈会形式汇报检察工作，征求意见建议，助推检察工作开展。

一年来，我们践行党和人民要求，发挥检察职能作用，更好更优服务林周长治久安和高质量发展，有新的进步。最根本在于习近平新时代中国特色社会主义思想的科学指引，最关键在于习近平法治思想提供的强大思想武器，离不开党委坚强领导、人大有力监督、政府大力支持、政协民主监督，监察、公安、审判、司法等机关的配合制约，以及各位代表、各位委员和社会各界的关心帮助。在此，我谨代表林周县人民检察院表示衷心的感谢！

我们清醒认识到，检察工作与党和人民更高要求、时代发展赋予的更重责任不尽适应；服务保障林周长治久安和高质量发展的影响力和贡献度还不够突出；公益诉讼的社会效果还没有充分显现；队伍整体素能与新时代发展要求还不相匹配。我们坚信，向党和人民交上一份合格的检察答卷，是对我们担当尽责的重大考验。

2022年工作安排

2022年，林周县人民检察院将以习近平新时代中国特色社会主义思想为指引，紧紧围绕“旗帜鲜明讲政治、主动融入保大局、坚守法治促公正、凝心聚力谋发展”的新阶段西藏检察工作总体思路和“一围绕、两聚焦、四提升”的西藏检察工作思路，以完善检察机关法律监督体系、提升法律监督能力为主线，以“清单式管理、项目化推进、标准化考核”为抓手，持续优化“四大检察”“十大业务”法律监督

格局，为建设团结富裕文明和谐美丽的社会主义现代化林周，提供有力法治服务保障，以高质量检察履职书写对党和人民的无限忠诚。

第一，主动融入大局忠诚履职。围绕十九届六中全会、区市第十次党代会确定的发展目标和“十四五”规划，紧扣“四件大事”“八大任务”“四个确保”，找准检察服务的着力点，增强群众的获得感幸福感安全感。针对影响国家安全、社会安定、人民安宁的突出问题，重点惩治危害国家安全犯罪、网络诈骗犯罪。坚决打击黑恶势力及其“保护伞”，持续用力推进扫黑除恶常态化。从严惩治危害食品药品安全和污染环境等犯罪，加大危害安全生产犯罪防治力度，维护农民工等弱势群体利益。融入基层社会治理，助力巩固拓展脱贫攻坚成果同乡村振兴有效衔接。

第二，依法履职强监督。以贯彻落实《中共中央关于加强新时代检察机关法律监督工作的意见》为契机，推动检察工作全面充分均衡发展，融入法治林周建设，加大执法司法制约监督力度。深化“少捕慎诉慎押”司法理念，提升认罪认罚从宽案件办理质效。推动行政执法与刑事司法双向衔接，推进行政争议实质性化解。深入推进12309控告申诉检察工作，用好检察听证，做到案结事了人和。加强妇女儿童、残疾人权益保护，进一步做实未成年被害人司法保护与社会综合保护。深化落实“谁执法谁普法”，积极开展“法律十进”工作。

第三，从严治检锻造过硬队伍。牢牢把握新时代党的建设总要求，自觉运用伟大建党精神、老西藏精神、“两路”精神，强化党性修养、站稳人民立场、坚定理想信念，推动党建与业务深度融合。围绕“让人民群众在每一宗司法案件中都感受到公平正义”这个目标，深化司法责任制综合配套改革。严格落实全面从严治党主体责任，以政法队伍教育整顿“回头看”和最高检党组巡视整改为契机，坚定不移正风肃纪反腐，坚决整治顽瘴痼疾，清除害群之马，着力建设一支忠于党、忠于国家、忠于人民、忠于法律的社会主义检察队伍。

各位代表，回望建党100周年、西藏和平解放70周年的历史，时光砥砺信仰，岁月见证初心。在新的历史起点上，我们将更加紧密地团结在以习近平同志为核心的党中央周围，坚持以习近平新时代中国特色社会主义思想为指导，全面贯彻落实习近平法治思想，贯彻落实习近平总书记关于西藏工作的重要论述和新时代党的治藏方略，贯彻落实区市第十次党代会精神和本次会议要求，在新的一年，履行法律监督职能，自觉接受人民监督，为“建设美丽幸福西藏　共圆伟大复兴梦想”贡献智慧和力量，以优异成绩迎接党的二十大胜利召开。

附件

林周县人民检察院工作报告有关用语说明

1.《中共中央关于加强新时代检察机关法律监督工作的意见》：党中央就检察机关法律监督工作专门印发《意见》，充分彰显了以习近平同志为核心的党中央深入落实全面依法治国的坚定决心，体现了党中央对党和国家监督体系建设特别是检察机关法律监督工作的高度重视，是习近平法治思想在检察机关法律监督工作中的具体体现，是当前和今后一个时期加强党对检察工作领导纲领性文件。

2.“案－件比”：是以“案”为基准数，选取16项业务活动为“件”的集合，直观反映检察机关办案质效。比如，一个案件经过2次退补、3次延期，“案－件比”则高达1∶6，说明“案”经历的诉讼环节或业务活动越多，办案质效相对较差；反之，案件流程只走1次，则达到“案－件比”理想状态1∶1，说明案件进入每一个环节，都以求极致的态度，优化压减非必要环节，人民群众减少诉累、降低成本，能够更好更快地实现公平正义，感受司法程序的有序与效率，感受检察机关的司法温度。

3.认罪认罚从宽制度：是指犯罪嫌疑人、被告人自愿如实供述自己的犯罪，对于指控犯罪事实没有异议，同意检察机关的量刑意见并签署具结书的案件，可以依法从宽处理。2018年10月26日，通过并实施的修改后刑事诉讼法正式确立了该制度。

4.检察公开听证：是在新时代背景下，检察机关积极践行以人民为中心的发展思想，更好地满足人民群众知情权、参与权和监督权的重要举措，也是检察机关不断探索增强司法公信力的有益实践，已成为化解社会矛盾、促进社会治理、落实司法为民、提升检察公信力的有力抓手，实现办案政治效果、社会效果、法律效果有机统一。

5. “一围绕、两聚焦、四提升”：是指围绕习近平新时代中国特色社会主义思想，聚焦中心大局、聚焦主责主业，提升首府检察创新发展首位度，提升智慧检务建设水平，提升人才队伍建设水平，提升基层检察院建设水平。

林周县2021年国民经济和社会发展计划执行情况与2022年国民经济和社会发展计划的报告

——在林周县第十三届人民代表大会第三次会议上

林周县发展和改革委员会

（2022年1月17日）

一、2021年国民经济和社会发展计划执行情况

2021年是中国共产党成立一百周年和西藏和平解放七十周年，全县上下全面贯彻落实党的十九大和十九届历次全会精神，深入学习贯彻习近平总书记视察西藏时的重要讲话精神和中央第七次西藏工作座谈会精神，统筹疫情防控和经济社会发展，统筹发展和安全，持续做好“六稳”“六保”工作，持续改善民生，保持经济运行在合理区间，保持社会大局稳定，构建新发展格局迈出新步伐，高质量发展取得新成效，实现了“十四五”良好开局。

2021年全县地区生产总值完成19.68亿元，同比增长6.5%；一般公共预算收入完成38856万元，同比增长51.4%；规模以上工业增加值9462万元，同比增长14.7%；社会消费品零售总额完成3.9亿元；农村居民人均可支配收入达到18667元，同比增长15.8%。

（一）重预防、促稳定、社会安全再上新台阶。持续抓好疫情防控。全县各级各部门和广大党员干部进一步增强“四个意识”、坚定“四个自信”、做到“两个维护”，坚决防止麻痹思想、厌战情绪、侥幸心理、松劲心态，以更加顽强的意志、更加有力的举措抓实抓细疫情防控各项工作。为有效防治新冠疫情，安排350万元疫情防控经费，其中87万元用于改造核酸检测实验室和购置全自动核酸提取仪、恒温样本灭活仪等医疗设备，满负荷运作每日达2256份，核酸检测能力得到有效提升。全年开展排查8.44万人次，接种新冠疫苗6.82万剂次。社会大局持续稳定。强化打防管控，构建防控体系。紧紧围绕经济社会发展大局，以林周人民群众满意为目标，建设更高水平的平安林周，扎实推进总投资约4711.19万元的“雪亮工程”建设项目，坚持打防管控相结合，构建切实有效的防范体系，全力维护全社会治安大局稳定。在重大节日和重要节点期间，积极组织开展全方位、立体化、地毯式治安清查和打击整治专项行动，累计对46.27万余人次，25.69万余台次车辆盘查检查，消除了输入型、潜入型隐患。为保障全县各行业领域的安全生产工作，按照“全覆盖、零容忍、严执法、重实效”要求切实加强了对道路交通、消防、建设工程、校园安全等重点领域的安全生产隐患排查治理。截至目前，全县共开展各类安全隐患排查2050家次，发现隐患1160余处，下发责令改正通知书269份，全部整改完毕。加大应急物资储备力度。我县粮食储备库共8栋，总仓容13900吨，区县两级政策性储备粮1722吨，其中青稞1216吨、大米372吨、面粉122吨、食用油12吨；救灾物资储备库7栋，总建筑面积2424.72平方米，储备区、市、县三级物资总值469.01万元的

31类应急救灾物资，切实加强应急物资储备工作，及时为突发事件和事故抢险提供物资保障，提高应急处理事故能力。

（二）稳增长、促转型，产业发展增添新动力。农牧业生产稳步推进。2021年种植粮食作物15.20万亩（其中青稞10.68万亩、小麦4.53万亩），实现粮食总产量5.81万吨（其中青稞4.07万吨，小麦1.74万吨）；种植饲草7.75万亩，实现产量3.07万吨；牲畜存栏22.4万头（只、匹），牲畜出栏3.42万头（只、匹）。区县两级政策性储备粮1722吨，其中青稞1216吨、大米372吨、面粉122吨、食用油12吨，结合2020年秋粮收购工作，我县共收购青稞1801.48吨，兑现收购资金720万元，向311户群众支付青稞价补分离补助金15.92万元。实现县级储备粮油从无到有，全县粮食保障力15天以上。蔬菜、粮油、肉类蛋奶等物资供应比较充足，价格基本平稳，粮食安全得到有效保障。积极推进高原养殖产业。以格桑塘现代农牧示范园区为基础，实施总投资约3300万元的高效节水饲草生产示范基地、牦牛产业研发和服务中心和格桑塘智慧牧场项目，打造集“饲草种植—牦牛繁育—科学养殖”于一体的全产业链条牦牛产业发展行动计划，聚合“良种、设施、营养、技术、模式”等创新要素，积极打造高原特色养殖产业；投入计划外援藏资金73万元，开展澎波牦牛“两品一标”申报、牦牛肉营养品质分析评价，打造林周牦牛品牌、提升产品附加值。探索科学养殖方式，满足奶牛营养需要，实现日单产由10公斤/头提高到11.5公斤/头。文化旅游事业繁荣发展。2021年林周农场被授予“全国关心下一代党史国史教育基地”称号；热振曲卓入选第五批国家级非物质文化遗产名录；虎头山水库、卡孜水库、龙泉水库、强嘎乡小学入选西藏首批“革命文物（不可移动）名录”。总投资约4000万元的唐古乡旅游集散中心、林周农场提升改造、平措康桑唐古店等文旅工程建成投用；投入计划外援藏资金125万元，编制完成旅游口袋书《拉萨后花园—林周》，为融入“拉北环线”奠定坚实基础。全年接待游客18.36万人次，实现旅游总收入2172.53万元。

（三）促招商、抓项目，投资发展开创新局面。招商引资持续发力。按照“走出去”“请进来”招商引资工作计划，先后前往宁夏、广西、贵州和重庆等地开展招商引资考察活动。与智诚科创有限公司签订了关于打造数字产业基地的战略合作协议；与广西鲜友公司就热带水果种植项目达成投资意向（金阳果项目），项目建成后可促进当地运输、餐饮、休闲观光旅游等产业发展；成功与贵州省保利集团对接，总投资1.8亿元的12000吨乳化炸药生产线建设项目预计2022年建成投产。双创工作持续开展，年内创业园累计入驻创业企业16家，涉及劳务派遣、酒店管理、民族手工艺、电商平台、藏药种植与加工、食用菌种植与开发等，全年实现就业244人，其中大学生就业174人，农牧民70人，增收209万元。现代服务业蓬勃发展，电商物流体系逐步完善，新建电子商务进农村综合体系项目、成立电商协会、开发“林周同城”便民微信小程序、注册林周电商抖音直播号、推进供销合作社与电商服务站点融合发展，借助社会各界资源加大对本地特色产品的推广与顺丰、邮政达成乡镇物流配送合作意向，为让群众切实享受寄递服务带来的生活便利，打通农村物流“最后一千米”。

（四）补短板、保生态，城乡治理取得新成效。城乡建设持续提升。总投资约8500万元的县道102、104、105道路维修工程项目、江热夏乡、边交林乡“幸福路”工程、卡孜乡林春路至亏组公路、春堆乡洛巴堆村赤组公路等10个项目的建设，为全县人民出行带来极大的便利；进一步优化升级城乡基础设施，持续跟进G561线拉萨至林周段新改建工程建设、“美丽乡村·幸福家园”示范村、自来水厂改扩建、强嘎乡强嘎村人居环境提升改造、卡孜乡康姆桑村易地搬迁配套基础设施提升工程等项目的建设，为更好地融入拉萨半小时经济圈奠定基础。全力推动生态环境持续改善。环境治理体系不断完善，投入900余万元新建江热夏乡、松盘乡垃圾转运站，投入422万元建设旁多乡生活垃圾低氮低温裂解处理项目；投入182万元实施江热夏乡江热夏村和卡孜乡一期易地搬迁点农村污水试点项目；制定《林周县2021年县域环境质量监测方案》《林周县2021年农村环境质量监测方案》,定期对县域环境空气、地表水、地下水、人工湿地污水处理站进出水以及全县46个行政村环境质量开展常规监测。广泛开展国土绿化工作,种植树苗18.45万株,播撒草种花种807斤。投入资金1880余万元实施城乡建设用地增减挂钩等项目。

(五)惠民生、增福祉,共享发展取得新成果。乡村产业发展得到保障。深入实施乡村振兴战略,深化"美丽乡村·幸福家园"建设。实施总投资3.2亿元的"美丽乡村·幸福家园"示范村建设行动计划整村推进项目,使广大群众共享发展成果,提高老百姓获得感、幸福感。为更好地使"输血"功能变为"造血"功能,实施产业项目24个,涉农整合资金1.34亿元。就业创业工作稳步推进。创业带动就业倍增效应进一步释放,结合"双创"及转移就业等相关政策开展职业技能培训40期,培训农牧民1881人,完成全年目标任务104.5%,全县转移就业1.26万余人,转移就业收入达1.23亿元。医疗卫生事业持续发展。基本医保体系逐步健全,城镇职工医疗保险、城乡居民基本医疗保险基本实现全覆盖。总投资3.6亿元的县医院整体搬迁项目正在开展前期工作,总投资约3879万元的人民医院改扩建项目(急诊楼)、人民医院感染防治综合楼和旁多乡卫生院改扩建项目的建成,使林周群众民生福祉达到新水平。基础教育水平不断提升。投入约6600万元组织实施了林周县中学维修改造等6个教育类项目建设;借助信息化2.0学员培训、拉萨市课程直播等网络教育平台,基础教育软件条件得到有效改善;借助强嘎乡中心小学校园电视台设计,为打造"一校一品""一校一特色"示范学校打下坚实基础;为扩充幼儿教育师资力量,提升保教水平,联合疾控中心对107名新分教师就工作中常见问题进行岗前培训。养老服务逐渐完善。为丰富老年人日常生活,投入约1000万元建成老年人日间照料中心和特困人员集中供养中心景观改造项目的投入使用,进一步完善养老基础设施,为实现让所有老年人都能老有所养、老有所依、老有所乐、老有所安夯实基础。

(六)破难题、解新题,深化改革取得新进展。加快推进"数字政府"建设。推进"互联网+政务服务"工作,在全县安装电子政务外网112个。实施林周县雪亮工程,进一步强化公共安全视频监控系统和联网应用,提高社会治安综合治理水平现代化。林周县42所学校监控联网建设、教育厅智慧校园等项目的实施,为创建教育信息化、校园安全及互联网教学提供保障。我县推行的预算管理一体化系统2.0,全面提高预算管理规范化、标准化、自动化水平。加大确权清产核资力度。2021年受理不动产登记业务932次,发放不动产登记证书886本,不动产登记证明7张。完成了集体经济组织成员身份确认、经营性资产股份合作制改革和农村集体经济组织设立等工作,顺利通过了区市两级农村集体产权制度改革工作验收。行政许可事项平均承诺时限4.64个工作日,压缩比例84%,县乡两级便民服务大厅共受理行政审批事项和便民服务事项18.42万件,按时办结率100%,满意率为99%。

(七)重谋划、抓落实,援藏工作取得新实效。扎实开展项目推进工作,2021年计划实施项目76个(续建19个,新建50个,新增项目7个),总投资24.99亿元。年内完工项目36个,在建项目30个,10个未开工项目均已进入招投标阶段。统计入库投资500万元以上项目61个(其中续建项目19个),计划投资约6.43亿元,年内完成投资约5亿元。科学谋划编制发展规划。为保障我县未来五年稳步有序推进,编制完成《林周县国民经济和社会发展"十四五"规划和二〇三五年远景目标纲要》,积极编制《林周县"十四五"时期产业发展规划(2021—2025)》,将为全县"十四五"时期经济社会发展提供了重要参考。对口受援力度持续加大。2021年,实施援藏项目11个,总投资约1.72亿元,年度完成投资7884万元,涉及特色产业发展、人居环境改善、教育医疗提升等领域。苏州市18批次各级代表团到访林周,累计捐助计划外援藏资金521万元,对口乡镇、结对开发区累计捐助计划外援藏资金603万元,公益捐助物资折价150余万元。顺利推动"鹤舞江南"苏州林周交流合作周、苏州林周青少年"石榴籽”工程、“苏林一家”苏州援藏纪实展等活动；打造“苏林云诊”医疗援藏品牌，开展“苏州–拉萨共享大医生”“情暖心窝”“援藏光明行”等系列活动，建成总投资300万元的远程超声诊断系统项目，创新发布藏语汉语健康系列科普视频，为2名先天性心脏病儿童、10例白内障患者实施公益手术。

各位代表，2021年是“十四五”开局之年，是国家现代化建设进程中具有特殊重要性的一年，也是疫情后经济复苏的关键之年。在县委、县政府的正确领导下，在县人大、政协的支持和监督下、在苏州市的无私援助和社会各界的热心帮助下，全县各族人民统一思想，明确目标要求，凝聚工作合力，各项经济指标均保持在合理区间。面对取得的成绩，我们倍加珍惜；正视存在的问题，我们积极改正；主要是投资增长压力持续加大，招商引资环境需进一步改善，产业水平不高、发展不平衡需进一步完善，民生领域发展不平衡、不充分问题亟待解决，对于这些存在的困难和问题，我们要高度重视，在今后的工作中认真研究并努力加以解决。

二、2022年国民经济和社会发展预期目标和主要任务

2022年经济社会发展的总体要求。以习近平新时代中国特色社会主义思想为指引，全面学习习近平总书记关于西藏工作的重要指示精神和新时代党的治藏方略，贯彻落实区党委经济工作会议，坚持稳字当头、稳中求进工作总基调，完整、准确、全面贯彻新发展理念，加快构建新发展格局，坚持创新驱动发展，推动高质量发展，以深化供给侧结构性改革为主线，持续做好“六稳”工作，全面落实“六保”任务，加快构建现代化经济体系和城乡治理体系，全面提升基础设施、公共服务、特色产业、生态环保、城乡建设综合发展水平，为建设团结富裕文明和谐美丽的社会主义现代化新林周打下坚实基础。

2022年经济社会发展主要预期目标。地区生产总值增长8%以上，农村居民人均可支配收入增长13%以上，社会消费品零售总额增长10%左右，固定资产投资增长11%以上，规模以上工业增加值增长10%左右，一般公共预算收入保持平稳增长。

为实现2022年经济社会发展目标，全县上下将继续按照县委、县政府的工作部署，重点抓好以下几个方面的工作：

（一）积极打造县域特色产业，共享高质量发展新成果

推动农牧业提质增效。全力推进高原特色产业高质量发展。结合县域农牧业发展现状、资源条件等因素，优先发展牦牛、澎波半细毛羊特色养殖和饲草产业，全力配合格桑塘牦牛选育与高效扩繁项目组织实施牦牛高效扩繁和育肥实验，强化高原特色农牧业产业规模化、高效化水平，全面提升林周农牧产品品质。力争牦牛养殖出栏周期缩短至3.5年到4年，年内牦牛存栏12.5万头、出栏达到2.9万头，年内生猪出栏突破0.3万头，力争澎波半细毛羊存栏达到3.2万只，优质种羊达到1200只。严守耕地红线，保持粮食产量稳定在6万吨以上。做大做强旅游文化产业。加快开展投资约6000万元的热振景区基础设施提升改造、林周农场旅游基础设施建设、藏地生态旅游、边交林乡当杰村特色旅游等项目前期工作，充分发挥旅游产业与乡村振兴相结合，借助热振片区、林周农场等旅游资源，着力打造集特色乡村、红色基地、康养休闲为一体的特色旅游目的地；持续开展旅游推介活动，借助对口援藏资源积极参加苏州创博会，利用媒体、微信公众号、抖音等平台开展宣传活动，拓宽旅游客源市场，确保旅游基础设施服务及接待能力持续向好。积极培育绿色经济产业。以格桑塘现代农牧产业示范园为平台，加快推进帕林牦牛核心选育群、牦牛纯种扩繁高效繁育技术及牦牛牧草适口性研究并推广应用，提升牦牛繁育能力、降低饲养成本，提升牦牛附加值。借助边交林乡现代农业示范园等重要载体，大力推广集农业生产、观光旅游、休闲娱乐为一体的规模集约化产业。

（二）积极推进重点项目建设，有效促进县域经济发展

为顺利开展项目前期工作，加大项目储备力度，2022年将足额保障项目前期经费。目前共储备

500万元以上项目52个，总投资约18.76亿元，年内计划投资8.98亿元。涵盖民生保障、旅游设施、城镇基础、农业农村、社会治理等方面。重点加快2021年高标准农田、2022年高标准农田、人民医院（疾控中心）整体搬迁、2021年公共租赁住房、乡土草种繁育基地、旁多至阿朗乡河道治理等几个重大在建项目建设完成并投入使用。加快推进中央投资、地方政府专项债项目储备和实施。按照“要素跟着项目走”的原则，加大土地、资金等要素保障力度。规范有序推进政府和社会资本合作项目，建立吸引民间资本投资重点领域项目库，完善向民间资本推介重点领域项目机制。

（三）持续做好民生保障工程，全面提高群众幸福感

大力推动就业创业工作。围绕“创业”“培训”两个工作重点，将“创业带就业”和“培训促就业”作为民生工程来抓。充分利用“互联网＋就业”新模式，搭建精准对接服务平台，为大学生、失业人员、农民、复退军人等重点群体提供送政策、送指导、送信息等服务，确保就业创业形式多样，就业创业人员持续攀升。借助对口援助省市教育资源，积极对接专业院校，为乡村产业振兴、战略性新兴产业、现代服务等行业，培育一批高精尖实用新型技术人才。持续办好公平优质教育。积极对接上级相关部门，争取苏州小学提升改造、县中心幼儿园附属幼儿园、强嘎乡中心小学改扩建、唐古乡中心小学改扩建、卡孜乡白朗村幼儿园改扩建等项目及时落地。借助苏州林周青少年“石榴籽”工程，开展好苏州、林周两地教育教学互动交流，利用好网络远程课堂，进一步加强中小学教师培训和教学研讨的交流与合作。扎实推进健康林周建设。积极对接对口援助医院及上级医院利用“互联网＋医疗卫生服务”开展远程诊断业务，全面实现“下级检查、上级诊断”功能；加快推进县医院整体搬迁、藏医院、乡镇卫生院等基础设施建设，着力提升公共卫生服务水平。全面推进医疗社会保障事业发展。加强医保基金管理，严格落实医保基金管理使用规定，深化医疗支付方式改革，提高医保基金使用效率，做到相关费用及时兑现，保障好居民的基本利益。强化社会保险扩面征缴，争取实现“全员、足额”参保，确保社保主要险种应保尽保。加快提升窗口服务水平，优化服务流程，实现医疗社会保障服务标准化、一窗式。提升完善养老服务设施。力争实施总投资约900万元的江热夏村、朱加村、春堆村等3个幸福院工程，进一步完善城乡养老服务设施。

（四）持续推进生态文明建设，着力打造绿色美丽林周

坚决贯彻习近平生态文明思想，着力推进绿色发展。践行“绿水青山就是金山银山、冰天雪地也是金山银山”的发展理念，严禁“三高”项目落地林周；全面强化环境综合治理，积极开展生态文明建设示范县、乡、村三级联创工作，不断巩固生态文明建设示范创建成果，力争2022年成功创建自治区生态乡村。加快补齐农村污水处理设施短板，积极申报在10个乡镇所在地行政村实施农村污水处理项目，改善城乡人居生态环境，不断提高生态环境治理水平；大力开展水源地保护和生态治理修复工作，计划实施总投资4500余万元彭波曲水源地保护和唐古乡取土点生态修复项目；为完善森林、草原、湿地生态保护工作，持续推进“四旁”植树工作，投入林改资金1500万元用于甘曲湿地保护与恢复和雅鲁藏布江中游河谷黑颈鹤国家级自然保护区湿地项目。

（五）持续加大改革开放力度，全面激发招商引资活力

深化放管服改革。以解决实际问题为导向，构建公开、透明、规范的公共权力清单，持续完善权责清单制度，厘清政府部门权责；提升企业、群众办事创业积极性，利用“互联网＋政务服务”，强化线上线下融合体系，更多事项实现全网办理，真正实现让数据多跑路、群众少跑腿，实现“一网、一门、一次”目标。扩大开放成果。巩固受援成果，实施好总投资约2.17亿元的12个援藏项目建设。结合县域实际及援藏资金投资方向，挖掘关联性强，能够补齐补强县域产业短板的项目，加快培育形成新的经济增长引擎。组织“走出去”招商活动至少3次，重点在净土健康产业、高新数字产业、现代服务业、绿色工业、旅游文化产业等方面引进企业、项

目。优化营商环境。持续激发市场活力和社会创造力，把优化营商环境作为推动高质量发展的首要任务，积极构建亲清政商关系，持续优化营商环境，聚焦企业和群众办事的政策难点、审批堵点、监管盲点、服务痛点，强化政务服务保障，引导企业做大做强，推进企业提质增效。持续推进供销合作社与电商物流体系建设融合发展，按照"多站合一、资源共享"原则，协力打通农村物流"最后一公里"和"最初一公里"，让农牧民切实享受寄递服务带来的生活便利。

（六）全面开展平安创建活动，努力构建和谐稳定社会

科学制定疫情常态化防控方案，持续坚持"外防输入，内防反弹"总体防控策略，科学准确分析研判疫情形势走向，做好疫情防控工作，坚持严防死守、精准防治，持续巩固来之不易的防疫成果。强化风险意识，充分利用"雪亮工程"等系统，科学制定县域治安防控体系，重点完善落实安全生产责任制，集中整治道路交通、建筑施工、消防、危险化学品、校园安全等领域安全隐患。贯彻总体国家安全观和国家粮食安全战略，全力抓好保供稳价工作。加强食品药品安全、特种设备安全、重点产品质量安全等监管。深入开展反分裂斗争，严厉打击分裂破坏活动。依法加强宗教事务管理，采取务实举措淡化宗教消极影响。深入推进扫黑除恶专项斗争，严厉打击和惩治违法犯罪行为。

（七）积极推进乡村振兴战略，描绘农业农村发展蓝图

用好涉农整合资金，积极推进新兴产业集聚发展，进一步突出项目带动就业、就业带动增收的长效机制。充分发挥生态资源优势，大力发展绿色富民产业，将生态扶贫与乡村振兴有效衔接，让更多群众受益。持续实施"百企帮百村"行动，做好金融扶贫服务，不断完善扶贫资产管理，增强扶贫资产对巩固脱贫攻坚和促进乡村振兴的积极作用，实现由集中资源支持脱贫攻坚向全面推进乡村振兴平稳过渡。积极调研县域发展情况，结合群众所需所盼所想，逐步补齐基础设施和公共服务领域短板。加快推进"美丽乡村 · 幸福家园"整村推进工作，确保群众生产生活环境得到大幅提升。

各位代表，2022 年是"十四五"时期国民经济和社会发展的重要之年，我们要深入学习习近平新时代中国特色社会主义思想，切实把思想和行动统一到区市县党委、政府对当前经济形势的判断和工作部署上来，着力增强"四个意识"、坚定"四个自信"、做到"两个维护"，在县人大、县政协和社会各界的监督支持下，主动适应新常态，积极挖掘新潜力，努力创造新亮点。为促进全县经济社会高质量发展，全面完成会议确定的目标任务，建设更加富裕文明和谐的社会主义新林周而努力奋斗。

林周县2021年财政预算执行和2022年财政收支预算的报告

——在林周县第十三届人民代表大会第三次会议上

林周县财政局

（2022年1月17日）

一、2021年财政预算执行情况及财政主要工作

2021年是中国共产党建党100周年，西藏和平解放70周年，“十四五”开局之年，回顾过去一年，在以习近平新时代中国特色社会主义思想为指引，在县委、县政府坚强领导，县人大和县政协的监督支持下，财政部门坚持稳中求进工作总基调，立足新发展阶段，全面贯彻新发展理念，着力推动高质量发展，持续巩固经济社会发展成果，扎实做好“六稳”工作、全面落实“六保”任务，立足当前、着眼长远，为全面建成小康社会和“十四五”规划目标任务，提供了坚实的财政保障。

（一）2021年一般公共预算收支情况

全县一般公共预算本级收入38856.29万元，为年初预算的155.43%，同比增长51.42%。其中税收收入34842.82万元，较上年增长55.06%；非税收入4013.47万元，较上年增长25.81%。比预算数25000万元超收13856.29万元，按照《中华人民共和国预算法》规定，超收收入全部补充预算稳定调节基金；转移性收入为190363.48万元，较年初预算增加66050.86万元，同比增长32.03%；动用预算稳定调节基金3000万元，与年初预算一致；国有资本经营预算收入调入一般公共预算1万元，较年初预算数减少65万元；全县一般公共预算总财力为232220.77万元，比年初预算增加79842.15万元，同比增长30.57%。2021年度一般公共预算总支出为162418.94万元，同比下降6.34%；上解支出390.61万元。

2021年，全县一般公共预算收支相抵后，结余69411.21万元，其中55620.96万元安排本级预算稳定调节基金，13790.25万元列为一般公共预算年终结余。截至2021年末，全县预算稳定调节基金余额60459.29万元。

（二）2021年政府性基金预算收支情况

政府性基金财力合计为5739.1万元，为年初预算的239.62%，同比增长26.11%。其中国有土地使用权出让收入3913.58万元，上级补助政府性基金收入1825.52万元，政府性基金预算支出为2035.51万元，同比下降55.27%。

2021年，全县政府性基金预算收支相抵后，结余3703.59万元，列为本年结转资金。

（三）2021年国有资本经营预算收支情况

按照国有资本经营预算管理有关规定，国有资本经营预算收入按照《西藏自治区本级国有资本经营预算收入收缴管理暂行办法》中规定，国有企业上年实现净利润18%的收取比例进行收缴，同时按照收支平衡原则安排相关支出。

2021年全县国有资本经营预算收入为3万元，比年初预算数减少216万元。国有资本经营预算支出为2万元，用于林周县净土产业投资开发有限

公司注资；调入一般公共预算 1 万元。

以上为财政收支初步决算情况，待拉萨市财政局审核批复后，将专题向县人大常委会报告。

（四）政府债务情况

2021 年林周县新增地方政府一般债券 6807 万元，专项用于精准扶贫异地搬迁项目，该债券期限为 7 年期，年利率 3.43%。

截至 2021 年末，我县政府性债务总额为 19451 万元。

（五）预备费动支情况

2021 年我县年初预算安排预备费 1524 万元，按照《中华人民共和国预算法》规定，因预算执行中未发生自然灾害救灾开支及其他难以预见的特殊开支，2021 年不动支预备费，全部转入本级预算稳定调节基金。

（六）2021 年财政主要工作

今年以来，财政部门认真贯彻党的十九大，十九届二中、三中、四中、五中、六中全会精神，贯彻落实县委、县政府重大决策部署，紧紧围绕第十一届人民代表大会第六次会议通过的财政收支预算，统筹疫情防控与经济社会发展，大力实施乡村振兴战略，统筹做好“稳增长、促改革、调结构、惠民生、防风险”工作，为全县“十四五”规划开好局、起好步提供了坚实的财力支撑，促进全县经济社会健康发展。

1. 支持产业谋发展。全面落实各项减税降费和惠企利民政策，立足县域实际，挖掘发挥特色资源的优势，积极有效地推进招商引资工作，坚持不懈支持园区企业发展，为县域经济的发展凝聚新动力，2021 年统筹财力 22014.38 万元用于产业园区发展。

2. 坚守底线防风险。实行政府债务常态化监测，确保风险可控。严格按照隐性债务化解方案，通过申请再融资债券 6807 万元，化解存量隐性债务。强化财政运行分析和监测，密切关注财政收支运行状况、库款保障水平，切实兜牢“三保”底线。

3. 突出重点保民生。一是大力实施乡村振兴战略，统筹 13392.25 万元用于涉农资金整合使用，巩固脱贫攻坚成果，做好脱贫攻坚与乡村振兴有效衔接；安排 9258 万元用于美丽乡村 · 幸福家园建设；安排 460 万元用于村级组织工作开展。二是着力把控粮食安全风险，安排 12033.26 万元用于高标准农田建设，落实习总书记“藏粮于地、藏粮于技”的粮食安全战略部署，提高粮食稳产高产；安排 9866.58 万元，用于中小河流治理、水库维修养护等项目，加强水安全保障；安排 2182.74 万元用于农业保险保费和能繁母猪保险，有效保障农副产品稳增稳产；安排 392.67 万元用于县级粮油储备及种粮农民补贴，确保粮食储备安全，有效调节粮食供求平衡、稳定市场价格。三是持续推进污染防治攻坚，投入 1662 万元开展重点生态功能区环境建设，坚持“绿水青山就是金山银山”。四是继续推动教育事业发展，安排 36576.04 万元用于教育事业发展、基础设施完善和高校大学生资助等，促进教育事业蓬勃发展。五是全面保障医疗卫生事业，安排 4406.95 万元用于疫情防控支出及推进医疗制度改革，有力提升基层医疗卫生服务机构的服务能力和基本公共卫生服务均等化。六是落实财政资金直达机制，安排 26442.92 万元中央直达资金用于困难群众救助、“三保”支出、草原生态修复治理等方面，切实发挥直达资金效益。七是加大国有企业资本注入，安排 3000 万元注册资金投入林周县净土产业投资开发有限公司，保障国有企业提质升级。

4. 加强统筹提绩效。强化预算约束，落实预算执行按月通报制度，督促预算单位加快预算执行。全面实施绩效管理，健全“花钱必问效、无效必问责”的绩效管理机制，2021 年聘请第三方事务所对全县 4 个重点项目及 2022 年预算项目进行绩效评价，逐步建立将绩效评价结果作为预算安排的重要依据。

5. 深化改革建标准。一是全面推行预算管理一体化改革，提高预算管理规范化、标准化和自动化水平，作为全区试点县，首先上线实施了预算管理一体化系统，一年来，不但圆满完成了本县的预算编制、执行、核算等全流程业务，也为来我县学习交流的县区提供了宝贵经验。二是深化财政管理改革，持续推进预算信息公开。根据县人大及其常委会关于预算、预算调整和决算的审查意见，将政府预决算、部门预决算及三公经费预决算通过政府门户网站向社会公开，全面接受社会监督。三是积极推进财政投资评审和政府采购。通过政府购买服务的方式，引入第三方机构参与评审，对项目评估变更严格进行现场工程测量。全年共组织完成评审项目36个，总投资19456.14万元，审减资金627.36万元，审减率3.32%。按照简化程序与强化监管并重的原则，政府采购效率、规模不断提高，全年共审批完成采购项目88个，预算资金11628.24万元，节约资金306.43万元，节约率2.64%。

6.优化顶层促转型。按照区市县关于深化国有企业改革工作部署，结合我县实际情况，制定出台了《林周县深化国资国企改革三年行动方案(2021—2023年)》，从顶层设计推动我县国有企业改革，提升企业盈利能力，助推县域经济高质量发展。

总的看，今年以来预算执行情况符合预期，有力保障了县委、县政府重大决策部署的贯彻落实。同时，财政运行和预算执行中也存在一些困难和问题：一是收支平衡难度不断加大。财政收入增长基础不稳，重点和刚性支出增长较快，财政收支矛盾依然突出。二是预算绩效管理有待加强。项目前期工作不足，预算执行偏慢，“钱等项目”情况明显，资金利用效率不高。三是财政管理能力仍需提升。预算执行刚性约束不强、预算调整调剂频繁，财政基础管理和预算管理还需加强。我们高度重视这些问题，将积极采取措施加以解决。

二、2022年财政预算(草案)安排情况

根据《中华人民共和国预算法》《预算法实施条例》的规定，结合我县实际，认真编制完成了2022年全县财政预算(草案)。

(一)预算编制指导思想

以习近平新时代中国特色社会主义思想为指导，全面贯彻党的十九大，十九届二中、三中、四中、五中、六中全会，中央第七次西藏工作座谈会，中央、自治区党委经济工作会议精神，贯彻习近平总书记关于治边稳藏的重要论述和建设美丽幸福西藏共图伟大复兴梦想的重要指示，按照区市县第十次党代会精神、市委十届二次全会、县委十届五次全会工作部署，在做好常态化疫情防控工作前提下，坚持稳字当头、稳中求进工作总基调，坚持新发展理念，坚持以改革开放为动力推动高质量发展，积极的财政政策更加积极有为，大力支持“六稳”工作，落实“六保”任务，真正发挥稳定经济的关键作用。坚持以收定支、量入为出，科学预算全年收入预期，合理安排预算支出总规模。坚持统筹兼顾、突出重点，大力优化支出结构，集中财力支持中央、区、市、县的重大发展战略和重点领域改革，切实保障和改善民生。牢固树立艰苦奋斗、勤俭节约的思想，真正过“紧日子”，大力压减一般性支出，严控“三公”经费支出。全面实施预算绩效管理，促进财政资金提质增效。严格规范政府预算编制，强化预算法定约束。加强地方政府债务管理，积极防范化解地方政府隐性债务风险。

(二)预算编制基本原则

1.厉行勤俭节约。坚持勤俭办事业的理念，严禁铺张浪费，坚持精打细算，从严控制“三公”经费和非刚性、非急需、非重点的一般性支出预算规模，进一步降低行政运行成本。

2.坚持以收定支。按照量入为出、收支平衡的原则编制，有多少钱办多少事，做到支出安排与事业发展需要、财力水平相适应。

3.保障重点领域。调整优化支出结构，各类结余、沉淀资金应收尽收，进一步优化预算支出安排，将“六稳”“六保”支出作为财政支出预算保障的重要内容，把有限的财政资金用到“刀刃”上。

4.深化预算改革。强化零基预算理念，打破基数概念和支出固化格局，完善能增能减、有保有压的预算分配机制。

5.全面预算绩效管理。积极推行新增重大政策、项目事前绩效评估机制，硬化绩效目标前置约束作用，强化绩效运行监控，加强评价结果应用，切实提高资金使用效率。

(三)2022年全县财政收支预算安排情况

1.一般公共预算收支安排情况。2022年，全县一般公共预算总财力为222584.32万元，同比增加70205.7万元，增长46.07%。其中：一般公

共预算本级收入 32000 万元,上年结余收入 13,790.25 万元,上级补助收入 118782.07 万元,动用预算稳定调节基金 58,000 万元,从国有资本经营预算调入 12 万元。拟安排 2021 年一般公共预算支出 222584.32 万元,同比增加 70205.7 万元,增长 46.07%。

2. 政府性基金预算收支安排情况。2022 年,政府性基金总财力为 10225.78 万元,同比增加 7830.74 万元,增长 326.96%。其中,政府性基金本级收入为 2,100 万元,上年结余收入为 3703.59 万元,上级补助收入为 4422.19 万元。拟安排 2022 年政府性基金支出为 10225.78 万元,同比增加 7830.74 万元,增长 326.96%

3. 国有资本经营预算收支安排情况。2022 年,全县国有资本经营预算总财力 30.51 万元,其中本级国有资本经营收入 41 万元,同比减少 178 万元,降低 81.28%;上级补助收入 0.68 万元,上年结余收入为 0.83 万元。拟安排 2022 年国有资本经营预算支出 30.51 万元,同比减少 122.7 万元,降低 80.09%;按照《西藏自治区本级国有资本经营预算收入收缴管理暂行办法》(藏政办发〔2017〕91 号)规定,调出资金 12 万元至一般公共预算。

(四)2022 年财政预算安排重点

1. 以财源建设为引领,切实推进高质量发展。不断提升税收收入和可用财力“两个比重”,把涵养税源作为基础性工作常抓不懈。一是持续推进招商引资,立足我县县域实际,下大力抓好效益财源建设。二是持续推进项目建设,加强项目前期谋划,利用好项目库,打破“钱等项目”的局面,优先安排完成可行性研究等项目前期工作的支出,切实提高资金使用效益。

2. 以优化支出为重点,切实保障民生福祉。坚持量入为出原则,积极运用零基预算理念,打破支出固化僵化格局,合理确定支出预算规模。一是切实兜牢“三保”底线。强化政府主体责任,强化“三保”组织保障,加大预算收入统筹力度,优先安排“三保”支出 116554.55 万元。二是加大民生事业投入。坚持教育优先发展,落实教育事业资金 34253.95 万元,完善学校基础设施建设,保障教育事业发展。着力补齐民生事业短板,加大债券资金申请力度,支持县医院整体搬迁建设。安排 564.19 万元,全力做好疫情防控工作。三是加大乡村振兴投入。进一步加大资金整合力度,安排 16523.38 万元用于巩固脱贫攻坚成果、开展乡村振兴战略发展,以脱贫攻坚促进乡村振兴,以乡村振兴巩固脱贫攻坚,保障困难群众持续稳定增收,切实提高群众满意度、幸福感和获得感。四是加大生态环保投入。牢固树立“绿水青山就是金山银山,冰天雪地也是金山银山”理念,加大资金投入,安排 1691.07 万元用于生态环保建设。

3. 以预算改革为契机,切实提升管理水平。预算管理改革既是机遇也是挑战,不断完善预算管理制度,挖掘潜力、释放活力。一是继续实施预算一体化管理。2022 年我县深入推进一体化系统运用,在保证使用范围的同时,提高系统运用质量,为科学研判经济形势提供坚实基础。二是加强资金绩效管理。按照“先有项目,再安排预算”的原则,进一步规范政府预算资金使用,提高政府项目投资效益。

4. 以债务管理为抓手,切实防范政府债务风险。对地方政府债务实行规模控制,严格限定政府债务增长,把政府债务纳入全口径预算管理,实现“借、用、还”相统一。一是持续推进常态化监测,充分发挥债务监测平台作用,确保不新增隐性债务。二是认真落实化解计划,将防范化解政府债务风险作为重大政治责任。

各位代表,征程万里云鹏举,笃力奋楫开新篇。2022 年我们将更加紧密地团结在以习近平同志为核心的党中央周围,高举中国特色社会主义伟大旗帜,坚持以习近平新时代中国特色社会主义思想为指导,增强“四个意识”、坚定“四个自信”、做到“两个维护”,认真贯彻县委、县政府的决策部署,自觉接受县人大的监督,认真听取县政协的意见和建议,切实贯彻落实好本次会议的各项决议,坚定信心、开阔思路、解放思想、奋力拼搏,确保 2022 年财政收支预算任务全面完成,为全面建设社会主义现代化新林周做出新的贡献。

名词解释

一般公共预算：即公共财政预算，是对以税收为主体的财政收入，安排用于保障和改善民生、推动经济社会发展、维护国家安全、维持国家机构正常运转等方面的收支预算。

政府性基金预算：是对依照法律、行政法规的规定在一定期限内向特定对象征收、收取或者以其他方式筹集的资金，专项用于特定公共事业发展的收支预算。政府性基金预算应当根据基金项目收入情况和实际支出需要，按基金项目编制，做到以收定支。

国有资本经营预算：是对国有资本收益作出支出安排的收支预算。国有资本经营预算应当按照收支平衡的原则编制，不列赤字，并安排资金调入一般公共预算。

预算稳定调节基金：是指为实现宏观调控目标，保持年度间政府预算的衔接和稳定，各级一般公共预算设置的储备性资金。

一般公共预算本级收入：指实施分税制财政体制改革后，各级财政部门通过一定的形式和程序组织并纳入本地区（或本级）预算管理的各项收入（不含基金收入），包括税收收入和非税收入。其中：税收收入主要包括增值税、企业所得税、个人所得税、契税、印花税等；非税收入主要包括纳入预算管理的行政事业性收费收入、罚没收入、专项收入等。

一般公共预算支出：指通过一般公共预算收入统筹安排的支出。从2014年起，按照新的政府收支分类科目，其功能分类范围主要包括：一般公共服务、外交、国防、公共安全、教育、科学技术、文化体育与传媒、社会保障和就业、医疗卫生、节能环保、城乡社区事务、农林水事务、交通运输、住房保障、粮油物资储备及金融监管等事务、其他支出等。

“三公”经费：指财政拨款开支的政府部门人员因公出国（境）经费、公务车购置及运行费、公务招待费。

财政转移支付制度：指均衡各级预算主体间收支规模不对称的预算调节制度。现行财政转移支付制度是在1994年分税制的基础上建立起来的，是以政府间纵向转移支付为主，主要包括：税收返还，由“两税（增值税和消费税）”返还和所得税基数返还构成；一般性转移支付，指上级财政安排下级财政补助支出，是缩小地区财政差距的重要手段，主要包括均衡性转移支付、民族地区转移支付、农村税费改革转移支付、调整工资转移支付、缓解县乡财政困难转移支付、其他财力性转移支付；专项转移支付，是上级财政为实现特定的宏观政策及事业发展战略目标设立的补助资金，重点用于各类事关民生的公共服务领域。

地方政府一般债券：是指省、自治区、直辖市政府（含经省级政府批准自办债券发行的计划单列市政府）为没有收益的公益性项目发行的、约定一定期限内主要以一般公共预算收入还本付息的政府债券。

林周县 2021 年国民经济和社会发展统计公报

2021 年，是建党 100 周年、是西藏和平解放 70 周年。在县委、县政府的坚强领导下，在苏州市的大力支援和无私关怀下，全县上下坚持以习近平新时代特色社会主义思想为指导，全面贯彻党的十九大和十九届历次全会精神，深入学习贯彻中央第七次西藏工作座谈会精神、习近平总书记视察西藏重要讲话精神和新时代党的治藏方略，坚持稳中求进工作总基调，立足新发展阶段，贯彻新发展理念，构建新发展格局，全面推动高质量发展，聚焦抓好“四件大事”、实现“四个确保”，扎实做好“六稳”工作，全面落实“六保”任务，团结一心、奋勇攻坚，呈现出社会稳定、经济发展、民族团结、宗教和顺、人民安居乐业，各项事业欣欣向荣的良好局面，实现“十四五”良好开局。

一、综合

区划及面积：年末全县共有 9 个乡 1 个镇，45 个行政村，行政区划面积 4464.5 平方公里。

经济发展：全县实现地区生产总值 19.68 亿元，同比增长 6.5%。其中：第一产业增加值 3.63 亿元，同比下降 1.8%，增速比 2020 年下降 7.4 个百分点；第二产业增加值 6.45 亿元，增长 3.0%，增速比 2020 年下降 1.2 个百分点；第三产业增加值 9.60 亿元，同比增长 7.3%，增速比 2020 年增长 7.5 个百分点。三次产业结构比例为 18.4：32.8：48.8。按常住人口计算，人均地区生产总值 38778 元，比 2020 年增长 22%。

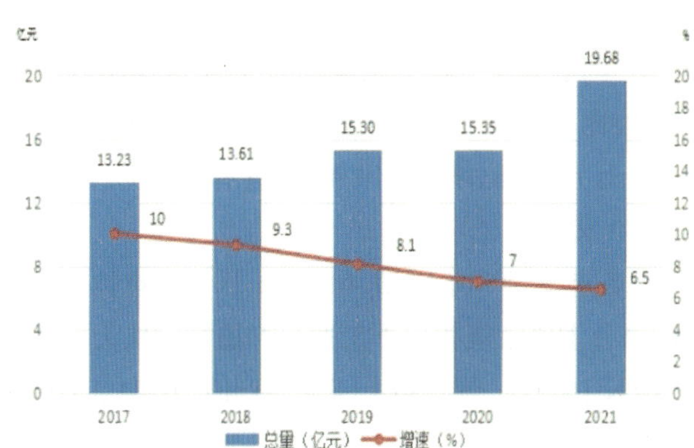

图 1　2017—2021 年地区生产总值及增长速度

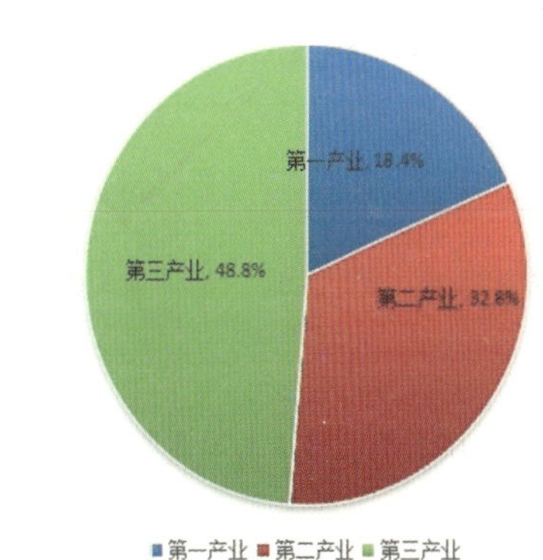

图 2　2021 年三次产业结构比例

二、农牧业

农林牧渔业总产值：全县农林牧渔业总产值 6.19 亿元，同比增长 1.2%。其中：农业产值 2.78 亿元，同比下降 5.4%；林业产值 0.05 亿元，同比增长 353%；牧业产值 3.32 亿元，同比增长 5.2%。

农作物种植面积：农作物总播种面积 16668.69 公顷，其中：青稞种植面积 7117.43 公顷，小麦种植面积 3017.02 公顷，油菜种植面积 645.17 公顷，蔬菜种植面积 619.76 公顷。

农作物产量：粮食总产量58128.19吨，其中：小麦17415.95吨，青稞40712.24吨。油料作物产量1172.64吨，蔬菜产量16728.99吨。

畜产品产量：年末牲畜存栏数22.39万头（只、匹），同比增长1.9%，其中：大牲畜存栏19.06万头，同比增长2.5%。肉类产量3491.5吨，同比下降9.7%，奶产量21364.93吨，同比增长10%。

三、工业

工业：工业增加值完成22622.6万元，同比增长32.4%；其中：规下工业增加值完成13160.6万元，同比增长45.1%；规模以上工业增加值完成9462万元，同比增长14.7%，全县有规模以上工业企业2家。

工业总产值完成40485.2万元，同比增长76.7%。其中：规模以下工业总产值23501万元，同比增长107.5%，规模以上工业总产值16984.2万元，同比增长46.7%。。

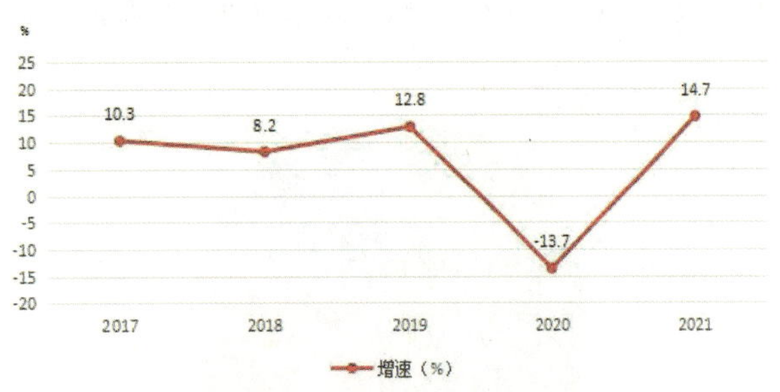

图3 2017—2021年规模以上工业增加值增长速度

图4 2017—2021年规模以上工业总产值及增长速度

四、固定资产投资

固定资产投资：共有500万元以上建设项目69个。固定资产投资总额同比下降54.9%。其中：第一产业同比增长9.6%、第二产业同比下降93.2%、第三产业同比下降53.9%。国有及国有控股投资同比下降59.9%；民间投资同比增长871.0%。

图5 2017—2021年固定资产投资增长速度

五、贸易、旅游

社会消费品零售总额：社会消费品零售总额完成38955.2万元，同比增长6.2%，增速比2020年提高11.2个百分点。

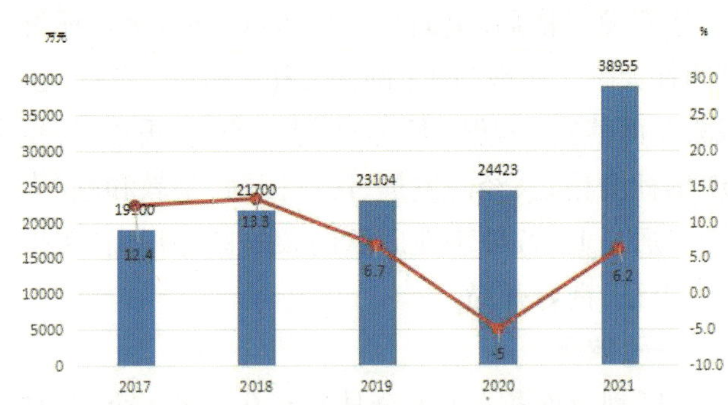

图6 2017—2021年社会消费品零售总额及增长速度

旅游：全年接待游客18.59万人次，同比增长41.9%；旅游收入2200.1万元，同比增长26.3%。

六、财政、金融

财政：全年一般公共预算收入38856万元，同比增长51.4%。其中：税收收入34843万元，占总收入的89.7%；非税收入4013万元，占总收入的10.3%。一般公共预算支出162419万元，同比下降6.3%。

图 7　2017—2021 年财政收入及增长速度

金融：年末全县金融机构人民币各项存款余额 125416 万元，比年初下降 2.3%，其中：对公存款 68435 万元（包含机关团体和企事业单位），比年初下降 13.1%，居民存款 56981 万元，比年初增长 14.8%；人民币各项贷款余额 149010 万元，比年初增长 11.9%，其中：短期贷款 26470 万元，比年初增长 240.5%，中长期贷款 122540 万元，比年初下降 2.3%。

七、电力

用电量：全社会用电量 3669.42 万千瓦时，同比下降 1.0%。其中：工业用电量 450.79 万千瓦时，同比增长 113.1%；居民生活用电 1780.36 万千瓦时，同比下降 29.2%。

八、教育、卫生

教育：年末全县有普通中学 1 所，小学 10 所，幼儿园 40 所，专任教师 690 人。其中：普通中学专任教师 181 人、小学专任教师 338 人；幼儿园专任教师 171 人。在校学生 6857 人，其中：中学 1940 人、小学 4917 人。在园幼儿 2446 人。小学适龄入学率 100%，初中适龄入学率 103.1%。

卫生：年末全县共有卫生机构 49 个，其中：二级乙等医院 1 个、乡镇卫生院 9 个、疾控中心 1 个、村级卫生室 36 个、诊所 2 个。医疗卫生机构技术人员 326 人，其中执业（助理）医师 95 人，医疗机构床位数 65 个。

九、人口、人民生活、社会保障

人口：年末全县户籍户数 15773 户，户籍人口 65342 人，根据人口抽样调查推算，常住人口 50827 人。

人民生活：农村居民人均可支配收入 18667 元，同比增长 15.8%，增速比 2020 年提高 3 个百分点，其中：工资性收入 8312 元、同比增长 23.0%；经营性净收入 7104 元、同比增长 3.4%；财产性净收入 571 元、同比增长 41.0%；转移性收入 2080 元、同比增长 28.9%。

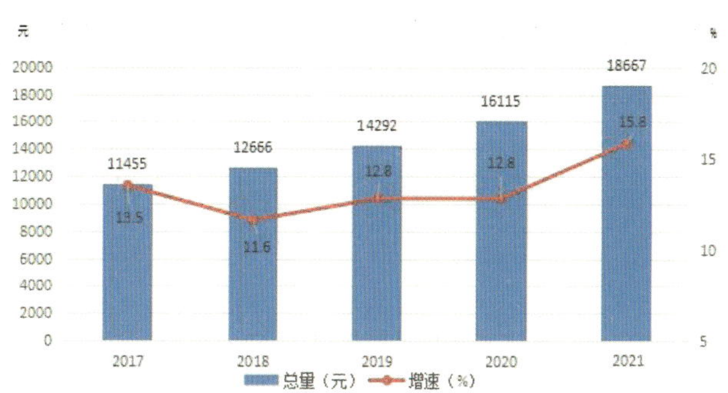

图 8　2017—2021 年农村居民人均可支配收入及增长速度

社会保障：提供住宿的社会工作机构 2 个，提供住宿的社会工作机构床位数 264 床。城镇居民最低生活保障人数 685 人，农村居民最低生活保障人数 788 人；城镇职工基本养老保险参保人数 2927 人，城乡居民基本养老保险参保人数 38795 人，基本医疗保险参保人数 59549 人，其中城乡居民基本医疗保险参保人数 56001 人，失业保险参保人数 2079 人。

十、交通、邮电

交通：年末全县公路总里程 1325.28 千米，其中：国道 110.34 千米，省道 118.99 千米，县道 270.52 千米，乡道 136.93 千米，村道 479.79 千米，寺庙牧场专用道路 208.71 千米。全县 45 个行政村通畅率已达 100%，184 个自然村全部实现通达。

邮电：完成邮电业务总量 5650.15 万元，同比增长 17.3%，其中：邮政业务总量 225.15 万元，同比下降 13.6%。电信业务总量 5425 万元，同比增长 19.1%。年末移动电话用户数 40710 户，同比增长 1.7%。固定电话用户数 483 户，同比增长 34.2%。年末宽带用户数 12350 户，同比增长 8.8%。

十一、环境、安全生产

环境：县域内设置空气环境质量监测 4 项指标，全年共监测 4 次。县域空气各项指标均满足《环境空气质量标准》（GB3095—2012）一级标准；地表水水质各项指标均达到或优于《地表水环境质量标准》(GB3838—2002)Ⅲ类标准;地下水水质各项指标均达到或优于《地下水质量标准》(GB/T14848—2017)Ⅲ类标准。

安全生产:县辖区共发生安全生产事故4起,死亡4人。其中:非煤矿山事故2起、死亡2人,道路交通共发生事故2起、死亡2人。事故期数和死亡人数同比均下降20%。

注:

1. 地区生产总值及各产业增加值指标绝对数按现价计算,增长速度按可比价计算。

2. 财政、金融、文化、旅游、民政、教育、卫生、社会保障、人口、环境保护、安全生产、交通邮电等方面的数据均由相关部门提供。

3. 因国家投资统计制度改革,全社会固定资产投资总量不具有可比性,故不公布投资完成总量。

索 引

说明

一、本索引采用主题分析法编制。索引范围包括篇目、类目、部(门)目、条目等。

二、本索引按主题词首字汉语拼音音序(同音按音调)排列,若首字拼音相同则按第二字音序排列,以此类推。

三、索引款目后的数字表示内容所在的页码,数字后的拉丁字母(a、b、c)表示栏别(从左至右)。

四、篇目、类目、部(门)目用黑体字。

D

E

F

G

H

J

K

L

M

N

P

Q

R

S

T

W

Z